THEA DORN
Die neue F-Klasse

THEA DORN

Die neue F-Klasse

Wie die Zukunft von Frauen gemacht wird

Mit 11 Schwarz-weiß-Porträts von Kerstin Ehmer

Piper
München Zürich

ISBN-13: 978-3-492-04903-0
ISBN-10: 3-492-04903-6
© Piper Verlag GmbH, München 2006
Satz: Filmsatz Schröter, München
Druck und Bindung: Clausen & Bosse, Leck
Printed in Germany

www.piper.de

Für meine Mutter.
Für meinen Vater.

Inhalt

Was bisher geschah ...

Ich wuchs im festen Glauben daran auf, dass der Tag 24 Stunden hat, die Erde eine Kugel ist und der Feminismus überflüssiger als Fäustlinge im Hochsommer. Oder wie es eine Generationskollegin vor nicht allzu langer Zeit formulierte:»Die Schlachtfelder des Geschlechterkampfes sind leer.« Aber sind sie es wirklich? Oder kommt zu dieser forschen Einschätzung nur, wer den Wunsch zur Mutter des Gedankens macht?

Meine philosophische Lehrerin pflegte in Seminaren zu schnauzen:»Da verwechseln Sie schon wieder faktisch mit normativ!« Das tat sie stets dann, wenn ein argloser Student aus der Forderung, der Mensch möge edel, hilfreich und gut sein, ableitete, dass der Mensch automatisch edel, hilfreich und gut ist. Verhält es sich bei der Frage des Geschlechterkampfes nicht ebenso? Aufgeklärte Zeitgenossen, allen voran unser Grundgesetz, vertreten die Ansicht, dass Männer und Frauen gleichberechtigt sein *sollen*. Schließen wir aus diesem Umstand nicht in derselben naiv-falschen Weise, dass Männer und Frauen in unserer Gesellschaft tatsächlich gleichberechtigt *sind*?

Zum ersten Mal in der Geschichte der Bundesrepublik haben wir eine Bundeskanzlerin – deren Berufsbezeichnung es sogar zum »Wort des Jahres 2005« brachte. Auch der Generalbundesanwalt ist zum ersten Mal eine Frau. Sonntagszeitungen überbieten sich mit Reportagen über »starke Frauen« und »Macherinnen«. Wir sind Fußballweltmeisterin, und selbst die Biathletin Uschi Disl, einst als »Flintenweib« bespöttelt, wurde zum Ende ihrer Karriere, von Fans und Sportreportern gleichermaßen, als »Turbo-Disl« verehrt. Frauen dürfen im Fernsehen das *Aktuelle Sportstudio* und seit einer Weile sogar die *Sportschau* moderieren. Als Kommissarinnen dürfen sie Mörder jagen, als Talkshow-Gastgeberinnen Politiker befragen. Sind also alle Kämpfe an der Geschlechterfront nur noch Schattenkämpfe?

Wunschkind einer stolzen Rabenmutter

Ich kam 1970 in Offenbach am Main zur Welt. Dass ausgerechnet Frankfurts hässliches Schwesterchen, das bislang allenfalls für seine Lederwaren bekannt war, in jenem Sommer zum Publikumsmagneten werden sollte, lag allerdings mitnichten an meiner Geburt, sondern an einem historisch weit bedeutsameren Ereignis: Kurz vor Abschaffung des »Sittlichkeitsparagrafen« fand in Offenbach die erste deutsche Sexmesse statt. Ich bezweifle, dass meine frisch gebackenen Eltern unter den Besuchern waren.

Meine Mutter war eine starke Frau in Zeiten, in denen die Boulevardblätter solche Frauen noch nicht mit zwölfteiligen Spezialserien, sondern mit der Bezeichnung »Amazone« bedachten. Aus einem rheinland-pfälzischen Kleinbürger- und Bauernhaushalt stammend war sie 1952 die Erste in der Familie, die das Abitur machte. Sie studierte Volkswirtschaftslehre, promovierte – ihr Studium musste sie durch Bürojobs selbst finanzieren. An den Wochenenden half sie daheim bei der Heuernte. In den späten 50ern fuhr sie mit dem Motorroller von Haßloch bis zum Nordkap. Allein. Als sie meinen Vater kennen lernte, war dieser der ideale Heiratskandidat für eine starke Frau, die von ihrem Vater gelernt hatte, dass Beziehungen dann am robustesten sind, wenn einer den anderen »braucht«.

In seiner bayerisch-oberpfälzischen Heimatstadt Amberg hatte mein Vater eine Lehre zum Riemenschneider abgebrochen, das Münchner Volkswirtschaftsstudium war irgendwo in Schwabing versandet. Mit straffer Hand führte meine Mutter den mittlerweile Dreißigjährigen an die Uni zurück und übernahm in der jungen Ehe die klassische bundesrepublikanische Ernährerrolle. Das *Bürgerliche Gesetzbuch* hätte meinem Vater als Ehemann erlaubt, seiner Frau die Erwerbsarbeit zu verbieten, falls diese darüber ihre häuslichen und familiären Pflichten vernachlässigte – das entsprechende Ehegesetz wurde erst 1977 geändert. Mein Vater tat allerdings nichts dergleichen: Er entwickelte zum ersten Mal in seinem Leben beruflichen Ehrgeiz, machte sein Diplom, unterrichtete eine Weile als Lehrer an einer Berufsschule, promovierte und wurde schließlich Professor an einer Fachhochschule.

Meine Mutter war 1963 stellvertretende Geschäftsführerin des neu gegründeten Frankfurter Intercontinental-Hotels geworden. Auf diesem Posten, der ebenso schick klang wie er miserabel bezahlt war, harrte sie 25 Jahre aus – bis die Hotelkette an einen anderen Investor verkauft wurde, und dieser sie schasste. Als Argument für die erbärmliche Bezahlung musste zunächst herhalten, dass meine Mutter Anfängerin sei. Als die »Frau Doktor« keine Anfängerin mehr war, wurde sie Mutter, die nur noch »halbtags« arbeiten wollte. »Halbtags« bedeutete, dass sie auch mal um elf Uhr kommen konnte – was selbstverständlich durch Arbeitszeiten bis spät in die Nacht wieder auszugleichen war. Doch vermutlich hatte ihr Chef noch nicht einmal Argumente gebraucht, um meiner Mutter die schlechte Bezahlung schmackhaft zu machen. Es reichte, dass er ihr in die Augen schaute und sagte: »Kind, was würde ich ohne Sie machen.« Und schon stand die gelernte Vatertochter zu Billigsold Gewehr bei Fuß.

Heute noch klingt Stolz aus ihrer Stimme, wenn meine Mutter erzählt, wie niemand im Büro gemerkt haben soll, dass sie schwanger war. Am Vormittag meiner Geburt will sie noch eine Konferenz geleitet haben – um eine Woche danach wieder am Schreibtisch zu sitzen. Schwer zu sagen, ob es daran lag, dass der deutsche »Mutterschutz« erst 1976 ausgeweitet wurde. Ich vermute, meine Mutter hätte lieber gegen bundesrepublikanisch geltendes Recht und Gesetz verstoßen, als dass sie sich dem Verdacht ausgesetzt hätte, durch ihren neu erlangten Mutterstatus in besonderer Weise »schutzbedürftig« und somit schwach geworden zu sein. Mich zu stillen hätte meine Mutter als stillos empfunden. Jawohl: Ich habe Allergien. Und: Ich habe volles Verständnis für die Haltung meiner Mutter. Am genauesten trifft es die Sache, wenn ich mich als »Wunschkind einer stolzen Rabenmutter« bezeichne. Im vergangenen Frühjahr hatte ich das Vergnügen, im Baum vor meinem Arbeitszimmer ein Rabenpaar bei der Brutpflege zu beobachten. Alles, was ich dort sah, gefiel mir besser als das, was ich bei den Glucken auf dem Bauernhof meiner Großeltern beobachtet hatte.

Von den Frankfurter Buchmessen schleppte meine Mutter zentnerweise Bilder-, später Kinderbücher an. Ich konnte lesen, bevor ich lesen konnte: Ganze Krokodil-Abenteuer las ich dem geneigten (und auch dem ungeneigten) Besucher vor. Die meisten hatten den Takt, mich nicht darauf hinzuweisen, dass das, was ich »vorlas«, erst auf der übernächsten Seite stand. Umgekehrt kleidete die »Frau Doktor« ihr Büro mit jedem Stückchen Papier aus, das ihre kleine Meisterin bekritzelt hatte. Zerschnitt ich eine Brokatgardine, um mir daraus einen Umhang zu machen, war sie stolz auf mich. Ich lernte früh, mich mit mir selbst zu beschäftigen. Und ich lernte früh, dass das, was dabei herauskam, wenn ich mich mit mir selbst beschäftigte, gelobt wurde.

Für die Spielereien des Alltags war mein promovierender Vater zuständig. Beschloss ich, ein halbes Jahr »Hund« zu sein, machte mein Vater mit. Beschloss ich, dass im nächsten halben Jahr mein Vater der Hund war, machte er gleichfalls mit. In der Küche blieb er der unangefochtene »Spinat-mit-Spiegeleier«-König. Dank seiner Vorliebe für Pfeffer kann ich heute beim Thai auch die Gerichte mit den drei Chilischoten auf der Speisekarte bestellen, ohne ins Schwitzen zu geraten. Den Erziehungs- und Fürsorgerest besorgte in den ersten Jahren eine Tagesmutter. Später, als mein Bruder geboren wurde, kamen wir zu einer Tagesfamilie. Ihre Kinder in den Kindergarten zu schicken, hätte meine Mutter als Sakrileg betrachtet. Irgendwie muss sie den Begriff wörtlich genommen haben: Bis heute spricht sie von »Kindergärten« mit einem Abscheu, als würden dort die Sprösslinge in Reih und Glied gebunden, auf dass sie besonders artiges Spalierobst würden.

Schule dagegen fand meine Mutter gut. In der Schule war sie gut gewesen. Auch ich fand Schule gut. Die einzige Krise ereignete sich in der vierten Klasse: Zur Weihnachtszeit sollten wir einen Comic zeichnen, der schildert, wie sich unsere Familie aufs Fest vorbereitet. Ich malte und schrieb eine Geschichte, in der Mutter, Vater, Tochter, Sohn einen Baum kaufen gehen. Und die Mutter im Wesentlichen damit beschäftigt ist, den Kindern zu erklären, dass der Vater leider zu blöd sei, den Baum ordentlich aufzustellen. Die entsetzte Klassenlehrerin rief meine Mutter zu sich in die Sprechstunde. Dreißig Jahre später frage ich mich, ob sie auch meinen Vater einbestellt hätte, hätte *er* in meinem Comic darüber gelästert, dass Frauen zu blöd sind, einen Weihnachtsbaum aufzustellen? Oder tue ich meiner 70er-Jahre-

Grundschullehrerin unrecht, und findet man es erst in unserem postpostpostfeministischen Jahrzehnt wieder normal bis brüllend komisch, wenn unter Anleitung des pfiffigen Günther Jauch die Geschlechter gegeneinander antreten, um zu »beweisen«, dass Frauen keine Klappstühle aufbauen und Männer keine Kaffeemaschinen bedienen können?

Wie dem auch sei: Von meiner Mutter war es weder besonders freundlich (noch besonders klug), dass sie meinem Vater permanent zu verstehen gab, wer von ihnen beiden der angeblich Schwächere war. Andererseits genoss ich auf diese Weise das Privileg, ohne falschen Respekt vor dem männlichen Geschlecht groß zu werden. Ich liebe meinen Vater, weil er in meiner Kindheit und Jugend der emotional Nahbarere war. Ich bewundere ihn, weil er nie das Gefühl hatte, sich etwas zu vergeben, wenn er im Sommerurlaub die gewaschenen Unterhosen seiner Kinder als Kopfbedeckung trug, damit sie schneller trockneten. Ich habe Hochachtung vor seinen couragierten Ausbrüchen, wie etwa jenem legendären aus meiner Gymnasialzeit, wo er bei einem Elternabend den anderen, professoral besserwisserischen Eltern erklärte, er habe es satt, wie hier die Lehrer geschlachtet würden, aufstand und ging. Aber ich hatte nie Respekt vor meinem Vater als »Mann« oder »Familienoberhaupt«, dessen Wille zu geschehen hätte, wie im Kinderzimmer so am Esstisch. Großen Respekt hingegen lernte ich vor dem traditionell männlichen Prinzip »Kreativität-Leistung-Disziplin« – das in unserer Familie eben von meiner Mutter vertreten wurde.

Das heftigste Aufbäumen der »alten Ordnung« geschah, als mein Bruder geboren wurde. Der Großvater väterlicherseits, der meine Geburt mit einem bayerisch-lakonischen »passt scho« quittiert hatte, legte für meinen Bruder ein Sparbuch an. Auch wenn ich mich nicht mehr an den Originalkrach erinnere, den meine Eltern damals gehabt haben müssen – die Geschichte vom »Stammhalter-Sparbuch«, das an den Opa Karl zurückgegeben wurde, gehört bis heute zum Schatz der Familienlegenden.

Der kleine Unterschied

Obwohl dies alles in den 70er Jahren geschah, war das Erziehungsprogramm meiner Mutter keineswegs feministisch grundiert. Die Studentinnen, die 1968 im Vorlesungssaal vor dem verdutzten Theodor W. Adorno die Blusen lüpften, waren meiner Mutter ein Graus. Ich bezweifle, dass meine Mutter je einen BH verbrannt hat – auch wenn sie die Miedermonster verfluchte, in die sie sich allmorgendlich zwängte, bevor sie ins Bürokostüm stieg. Während der »Frankfurter Weiberrat« sein berühmt gewordenes Flugblatt verteilte, auf dem die abgehackten und jagdtrophäenartig an die Wand gehängten Schwänze der SDS-Alphatiere Kunzelmann, Krahl und Rabehl gezeichnet waren, schlug sich meine Mutter mit den preußischen Herrenreitern herum, die im Aufsichtsrat des Interconti-Hotels saßen. Ihr Rebellionspotential beschränkte sich darauf, jeden Urlaubstag mit ihrer Familie unerbittlich zeltend zu verbringen und einen zwanzig Jahre alten milchgrünen Opel Kadett zu fahren, der in der Hoteltiefgarage einen feinen Rostregen hinterließ, wenn meine Mutter die Tür zu heftig zuschlug. Im *Stern* bekannten am 6. Juni 1971 knapp vierhundert zum Teil prominente Frauen unter der Federführung von Alice Schwarzer: »Ich habe abgetrieben« und eröffneten damit die heiße Phase im Kampf um die Liberalisierung des bundesrepublikanischen Abtreibungsgesetzes. Meine Mutter fuhr in jenem Sommer mit uns nach Italien – wo die Tochter nicht einschlafen wollte, und der Mann, indem er die erste Strophe von *Der Mond ist aufgegangen* in Dauerschleife sang, zum Schrecken des Campingplatzes wurde. In West-Berlin öffnete 1976 das erste Frauenhaus seine Türen. Es muss die Zeit gewesen sein, in der unsere Sonntagsausflüge immer häufiger in den Taunus führten – meine Eltern waren auf der Suche nach einem geeigneten Grundstück für den Eigenheimbau. 1977 gründete Alice Schwarzer die *Emma*. Ich bastelte meine geliebten Schnipsel-Collagen aus dem *Manager Magazin*, das mein Vater abonniert hatte. Nicht erinnern kann ich mich, dass es bei uns zu Hause die klassischen Diskussionen ums Müll-Hinuntertragen gegeben hätte, wie Katja Kullmann sie in *Generation Ally* als das beschreibt, was bei den »Makramee-Müttern im Eigenheim-Idyll« vom feministischen Frontkampf übrig geblieben war. Da mein Vater in Sachen »häuslicher Dreck« mit einer deutlich niedrigeren Toleranzschwelle geschlagen war als meine Mutter, war meistens er derjenige, der zum Staubsauger griff – während die lesende Tochter auf dem Sofa die Füße hob.

Rollenspiele

Auf dem Gymnasium begann meine große Zeit. Die meine Mutter zunächst einmal als ihre große Zeit geplant hatte. Sie selbst war von ihrem beim Holzhacken Schiller rezitierenden Vater auf ein humanistisch-altsprachliches Gymnasium geschickt worden. Somit war klar, dass auch ihre Tochter durch die harte Latein- und Griechisch-Schule gehen sollte. Die guten Noten, die ich nach Hause brachte, waren die guten Noten meiner Mutter. Das Minus hinter der Eins traf sie härter als der hartnäckigste Fehler in der Interconti-Bilanz.

Wenn ich heute über meine Schulzeit nachdenke, muss ich sagen, dass meine Mutter das meiste richtig gemacht hat – auch wenn ich das vor allem in pubertären und postpubertären Zeiten naturgemäß anders sah. Ihrem Leistungsdruck, den ich damals als Leistungsterror empfunden habe, verdanke ich die Durchhaltekraft, die ich heute brauche. Auch mit der Wahl des *Lessing-Gymnasiums* dürfte sie mir einen Lebensgefallen erwiesen haben. Das verwöhnte Nutella-Pampers-tum, wie es Florian Illies später im Begriff der *Generation Golf* ideell überhöhte, war an unserer Schule keinesfalls Mainstream. Klar wussten die »Coolen« auch bei uns eine Benetton- von einer s.Oliver-Hose zu unterscheiden. Viel wichtiger fürs Prestige aber war die Frage, wie schnell man vom kleinen, ins mittlere, ins große Schulorchester aufstieg. Womöglich noch entscheidender war die Frage, welche Rolle man in den beiden Theater-AGs spielte. Da ich seit frühester Kindheit mit diversen Blockflöten und dem Hang zur Rampensau ausgestattet war, nahm ich beide Herausforderungen begeistert an. Allerdings bescherte mir unser Schülertheater auch das einzige Geschlechterrollen-Waterloo, an das ich mich aus meiner Gymnasialzeit erinnern kann. Die siebenbürgische Deutschlehrerin hatte beschlossen, den *Faust* in Angriff zu nehmen. Goethe, versteht sich – (fast) ungeschnitten und in Farbe. Ich wollte unbedingt den Mephisto spielen. Meine Lehrerin guckte mich an, als hätte ich ihr offenbart, der Leibhaftige selbst zu sein. Das Ende vom Lied war, dass ich dank meiner »lyrischen Ausstrahlung« das Gretchen spielen durfte. Und mein Vater an der Stelle, an der Mephisto in Gretchens Kammer spöttelt: »Nicht jedes Mädchen hält so rein«, mit seinem Lachanfall beinahe die Aufführung gesprengt hätte.

Die 80er waren für mich das Zeitalter der Pubertät und können somit kaum im Verdacht stehen, an der Front der Geschlechtsidentität per se harmlos gewesen zu sein. Dennoch empfand ich dieses Jahrzehnt, an dessen Ende der Mauerfall stehen sollte, als das Jahrzehnt, in dem Männer und Frauen problemlos »zusammenwuchsen«. Die paar Lehrer, von denen ich mich schlecht behandelt fühlte, behandelten die Jungs in unserer Klasse noch schlechter. Ich trug kurze Röcke, dafür umso längere Haare und hatte dennoch nie das Gefühl, für dumm gehalten zu werden – schließlich gehöre ich der Generation an, in der zum ersten Mal mehr Mädchen als Jungen das Abitur machen sollten. Mein geschlechtsneutrales Selbstbewusstsein konnte wachsen – und das, obwohl ich von den Selbsterfahrungsgruppen nichts mitbekam, in denen sich die feministisch verunsicherten Männer trafen, um gemeinsam zu erforschen, wie sie sich den Stachel des Vergewaltigers ziehen und trotzdem Männer bleiben könnten. Auch die weiblichen Powerplayer wie Madonna und Cyndi Lauper oder die zarten Glamourboys von David Bowie bis Michael Jackson gelangten mit ihrer androgynen Botschaft nicht bis in mein Jugendzimmer.

Meine private Pubertät überstand ich vergleichsweise unbeschädigt, obwohl (oder gerade weil?) just in dem Moment, in dem mein Körper beschloss, auf das Programm »Frau« umzustellen, meine Leidenschaft für die Oper erwachte. Das Drama »Mann und Frau«, gern auch »Liebe« genannt, bekam damit eine klare Richtung: *Les histoires d'amour finissent mal en général* – wie es die Nicht-ganz-Opernsängerin Rita Mitsouko so schön auf den Punkt brachte. Opern, bei denen am Schluss nicht mindestens eine Leiche auf der Bühne lag, wurden radikal von meinem Spielplan gestrichen. Die kritische Zeitgenossin darf an dieser Stelle gern einwenden, dass das Männer- und Frauenbild, das Opern von *Aida* (verliebter Feldherr mit schöner Sklavin versus eifersüchtige Königstochter) bis *Parsifal* (tumber Erlöser versus Ex-Hexe, die im dritten Akt nur noch »dienen, dienen« singen darf) transportieren, nicht zur Speerspitze der Emanzipationsbewegung zu zählen ist. Doch offensichtlich verausgabte ich mich als Zuschauende und später als Singende in diesem »Kraftwerk der Gefühle« so sehr, dass sich im echten Leben mein Drang, für einen Mann ins Feuer zu gehen, in Grenzen hielt.

Das berühmte »Erste Mal« brachte ich im reifen Alter von 17 hinter mich – ohne bleibende Schäden, ohne bleibenden Eindruck. Bis in die mittleren 90er hinein zeichnete sich mein Beziehungsleben vor allem dadurch aus, dass es nicht existierte. Ich hatte gelegentlichen Sex, wobei ich mit den wenigsten ein zweites Mal schlief. Allerdings trieb mich dabei weniger die Angst um, zum Establishment zu gehören, als vielmehr die Skepsis, dass die Wiederholung es wert sein würde. Es dauerte, bis ich zu der Beherztheit fand, die auch eine Mutter braucht, um ihren Sprössling, der mit der Schaufel tumb aufs Eimerchen drischt, nicht zu loben, sondern ihm zu zeigen, wie man anders spielen kann. Endgültig schön wurde es mit dem Mann, den der klassische Männerspruch »*Sex is like Pizza – even if it's bad it's good*« noch ratloser machte als mich.

Mit der Tatsache, »als Frau« und nicht mehr primär als begabtes Wesen wahrgenommen zu werden, wurde ich zum ersten Mal konfrontiert, als ich nach dem Abitur eine Hospitanz an der Oper machte. In meinem spätpubertären Größenwahn fand ich es nicht weiter erstaunlich, dass der Regisseur mich bereits bei der ersten Probe aufforderte, mich neben ihn zu setzen. Dass er mir mitteilte, wie sehr er mein Parfüm mochte, quittierte ich mit geschäftigem Blättern im Klavierauszug – und drückte am nächsten Morgen einmal mehr auf den Zerstäuber. Ich war so eitel und naiv wie Röslein auf der Heiden. Dennoch muss mir irgendein Instinkt gesagt haben, dass die Beachtung, die ich von allen (männlich heterosexuellen) Seiten erfuhr, nicht dazu führen würde, dass man mir übermorgen die Hauptrolle antrug. Und dass der Weg durch berühmte Betten der Holzweg sein würde. So begann ich, nur noch mit der einen Hirnhälfte von der Divenkarriere zu träumen. Mit der anderen nahm ich das Philosophie-Studium in Angriff, wo das Kind wieder solitär am Schreibtisch sitzen konnte.

Was ich an der Uni erlebte und wie es dazu kam, dass ich »Krimi-autorin« wurde, kann ich nicht erzählen, ohne über meine älteste und beste Freundin Uta Glaubitz zu reden. Dies will ich in dem Kapitel tun, das ihr gewidmet ist.

Im Herbst 1994 erschien mein erster Roman *Berliner Aufklärung*, der damit beginnt, dass ein Professor in 54 Teile zerlegt und auf die Postfächer des Philosophischen Instituts verteilt wird. Die Presse begrüßte mein Debüt hymnisch. So schrieb eine Rezensentin unter dem Titel *Eiskaltes Elend*: »Was auch immer sich hinter dem viel versprechenden Buchtitel, der so schöne Anklänge an Theodor Wiesengrund erwarten lässt, verbergen mag – der Autorin Thea Dorn scheint die Seele erfroren zu sein. Nach der Lektüre ihres so genannten Krimis fürchte ich ernsthaft um den Gemütszustand der Schreiberin.« Damals sank mir die Zeitung aus der Hand. Sollte sich die Geschichte mit dem Weihnachtsbaum-Comic knapp zwanzig Jahre später wiederholen? Heute frage ich mich, welches Entsetzen die seelenvolle Dame bei der Erstlektüre von Bret Easton Ellis' *American Psycho* befallen haben mag. Ob sie da gleich zum Hörer gegriffen und beim FBI angerufen hat? Ein männlicher Rezensent warnte unter dem Titel *Die Frau als Marlboro-Mann*: »So gesehen ist die ersatzweise am Mörder durchgeführte Masturbation mit abschließender Ejakulation das konsequente Ende dieser quälend langen Selbststimulierung.«

Im Rückblick muss ich sagen, es war für meine Karriere ein Segen, dass mich das Feuilleton damals nicht wie manch andere junge Kollegin zum »Fräuleinwunder« hochjubelte. Aber natürlich tat es weh, den ersten Roman, den ich vielleicht nicht mit Herzblut, dafür mit umso größerer Herzenslust geschrieben hatte, auf diese Weise verrissen zu sehen. Gott sei Dank ist meine Krimilektorin, die eine meiner besten Freundinnen wurde, auch dann eine kluge Frau, wenn es darum geht, zertrampelte Dichterpflänzchen wieder aufzurichten. Von Gabriele Dietze lernte ich, dass ein fünffacher Wodka die einzig angemessene Reaktion auf feuilletonistisch getarnte Invektiven unter die Gürtellinie ist. Und sicher gab es mir Auftrieb, dass sich das Buch trotz aller Anwürfe gut verkaufte.

Am meisten half mir aber, dass ältere Krimikolleginnen rasch auf mich aufmerksam wurden und »das Küken« unter ihre Fittiche nahmen. In den späten 80ern und frühen 90ern griff die »Frauenkrimi«-Revolution, die in den USA mit Autorinnen wie Sara Paretsky, Sue Grafton und Linda Barnes begonnen hatte, auch auf Deutschland über. Der Kriminalroman, das machistischste aller Literaturgenres, war plötzlich weiblich geworden. So sehr, dass manch männlicher Kollege kurzfristig erwog, sich ein weibliches Pseudonym zuzulegen. Davon, dass ich mit *Berliner Aufklärung* »voll im Trend« lag, hatte ich beim Verfassen des Buches allerdings keinen Schimmer gehabt. Die Bücher von Ingrid Noll, Doris Gercke und Sabine Deitmer begann ich erst zu lesen, als ich die Autorinnen persönlich kennen und schätzen gelernt hatte.

Eine Psychologie-Studentin untersuchte Ende der 90er Jahre in ihrer Diplomarbeit, wie es zu erklären war, dass plötzlich so viele Frauen Krimis schrieben. Sie kam zu dem Ergebnis, dass Autorinnen im Kriminalroman ein Ventil für ihre Wut darüber gefunden hatten, dass die Gesellschaft trotz allem Feminismus, trotz aller Emanzipation nach wie vor von traditionellen Rollenklischees bestimmt war. Ingrid Noll ließ ihre Protagonistinnen die bestehenden Verhältnisse unterwandern, indem sie sich den Weg zum Traumprinzen still und leise frei mordeten. Bei Doris Gercke quittierte die Kommissarin Bella Bock – anders als im Fernsehen – am Schluss des ersten Romans den Polizeidienst, weil sie ein junges Mädchen nicht verhaften will, das aus Rache an ihren Vergewaltigern zur dreifachen Mörderin geworden war. Eine Autorin wie Sabine Deitmer, die in den späten 80ern von ihrem männermordenden Erzählband *Bye-Bye, Bruno* Hunderttausende verkaufte, gab selbst an, vor allem deshalb zur Krimiautorin geworden zu sein, weil sich der politisch-feministische Kampf tot gelaufen hatte. In die Frauencafés oder Frauenbuchläden mit ihren Schildern »Männer müssen leider draußen bleiben« gingen in den 90ern offensichtlich nicht einmal mehr die Feministinnen selbst.

Obwohl – oder gerade weil – der »Frauenkrimi« kommerziell extrem erfolgreich wurde, haftete ihm der Gout des Minderwertigen an. Hielt man bei aller genuin deutschen Verachtung des Genres »Krimi« den sozialdemokratisch geprägten Krimi-

Recken wie – ky oder Hansjörg Martin immerhin noch zu Gute, dass sie in ihren Romanen wenigstens über echte gesellschaftliche Probleme schrieben (Nazis, Korruption, Ausländerfeindlichkeit), wurde den Krimiautorinnen bald vorgeworfen, seichte Geschichtchen zu fabrizieren, die einzig und allein dem Zweck dienten, sich auf hämische Weise Genugtuung an einer zur Karikatur verzeichneten Männerwelt zu verschaffen. Nicht gerade hilfreich für die Rezeption des »Frauenkrimi« war es, dass ungefähr zur selben Zeit ein anderes Genre die Buchhandelsregale überschwemmte: Der »Freche-Frauen«-Roman à la Hera Lind und Gaby Hauptmann, der heute mit Ildikó von Kürthy zum Mondscheintarif erhältlich ist. Das Superweib rückt der Gesellschaft ganz ohne Mordwaffen zu Leibe. Stolz führt es vor, wie die moderne Frau Kinder, Karriere und Sexyness unter einen Hut zaubert, indem sie ganz gleich ob beim Chef oder beim Babybrei-Anrühren einfach mal ne kesse Lippe wagt. In Wahrheit aber verhalten sich Bella Block und ihre Schwestern zum Superweib und deren Töchtern wie straßenkluge Rottweiler zu überzüchteten Pekinesenweibchen. Noch heute habe ich den Drang, die Streichhölzer aus der Tasche zu holen, wenn ich eine Buchhandlung betrete und entdecke, dass meine oder die Bücher meiner Krimikolleginnen im Regal »Freche Frauen« einsortiert sind.

Selbstverständlich wurde im Genre »Frauenkrimi« viel Schrott produziert. In der Tat fehlte nicht wenigen der Bücher (wie zahlreichen Krimis aus männlicher Feder) jeglicher literarischer Ernst. Außerdem konnte man dem heiteren Männer-Exekutieren zu Recht vorwerfen, letztlich doch allzu impotent und harmlos gewesen zu sein. Die Autorinnen, die klug sind, haben dies selbst erkannt und sich anderen Erzählformen zugewandt.

Eine Weile trafen sich die deutschen Pionierinnen der *Sisters in Crime* alljährlich, um sich miteinander auszutauschen. Bei den Treffen stellten wir uns wechselseitig unsere aktuellen Romanprojekte vor, diskutierten übers Schreiben und über die Frage, welche Maßnahmen zu ergreifen waren, wenn der Regisseur, der gerade einen der Romane verfilmte, beschlossen hatte, dass die Kommissarin in der ersten Szene nicht im Motorradanzug, sondern in Strapswäsche zu sehen ist. Die offene, kollegiale und tatsächlich komplett »unzickige« Atmosphäre bei diesen Treffen hat mich extrem beeindruckt. Nie hatte ich Angst, die Plot-Idee, von der ich vage berichtete, im nächsten Jahr im Buch einer anderen realisiert zu sehen. Als ich meinen Eltern von einem dieser Treffen erzählte, merkten sie so erstaunt wie ungewohnt einträchtig an: »Du kannst mit Frauen?« Kollegialität unter Frauen ist weder im Weltbild meiner Mutter noch meines Vater – noch unserer gesamten Gesellschaft – vorgesehen. Solange die Mädels ihre Kräfte publikumswirksam im »Zickenkrieg« verschleißen, besteht keine Gefahr, dass sie tatsächlich die Macht übernehmen.

Ich bedauerte es, dass diese Treffen in den späten 90ern einschliefen. Gewiss hatte dies mit dem allgemeinen Niedergang des Genres »Frauenkrimi« zu tun. Vielleicht spielte aber auch eine Erfahrung eine Rolle, die mich in meiner Einstellung zum Thema »*Working Girls* und Haushalt« bis heute prägt: Nachdem die Treffen zuvor in Hotels oder Akademien stattgefunden hatten, bot eine der Kolleginnen an, das nächste Treffen bei ihr zu Hause zu veranstalten. Dass sie die ganze Mühe der Vorbereitung und Organisation auf sich nahm, war wahnsinnig nett und wurde von uns auch so empfunden – führte aber dazu, dass über dem Treffen beständig die Sorge schwebte, ob nicht gerade der Apfelkuchen im Ofen verbrannte. Es tat mir in der Seele weh, meine starken Krimikolleginnen als gehetzte Hausfrauen zu erleben.

Trotz dieser leichten Wehmut waren die 90er mein »Jahrzehnt der Frauen«: Ich studierte und unterrichtete am Lehrstuhl einer Professorin, hatte eine Lektorin, hatte eine Verlegerin und ein engmaschiges Netzwerk von Kolleginnen. Im Januar 2000 nahm ich meinen ersten *Tatort – Der Schwarze Troll –* in Angriff, der mit einer Kommissarin, einer dominierenden Hauptdarstellerin, einer Redakteurin, einer Regisseurin und einer Kamerafrau der einstweilen »weiblichste« *Tatort* aller Zeiten werden sollte.

Einstürzende Neu- und Altbauten

Ich gestehe es ohne großen Stolz: Der Mauerfall hat mich ungefähr so erschüttert wie der Wasserrohrbruch im Haus meiner Eltern, der sich ungefähr zur selben Zeit ereignete. In der schriftlichen Gemeinschaftskunde-Abitur-Prüfung im Mai 1989 hatte ich links-orthodox erklärt, wieso die deutsche Teilung als Strafe für die Verbrechen der Nazizeit zu akzeptieren sei. In meinem Jugendzimmer hing das Wahlplakat der Grünen, mit dem sie 1985 erfolgreich darum gekämpft hatten, in Hessen zum ersten Mal Mitregierungspartei zu werden. Ein Nachbar schenkte mir zur Konfirmation ein Buch übers Waldsterben. Ich las es und sorgte mich beim nächsten Taunusspaziergang um den deutschen Wald, wie ich mich nach der Lektüre von Gudrun Pausewangs *Die letzten Kinder von Schewenborn* vor dem atomaren Winter gefürchtet hatte. Nach Tschernobyl durfte ich einen Monat lang nicht in der Interconti-Kantine zu Mittag essen. Daheim gab es Suppe aus garantiert unverstrahlten Linsen. Irgendwo im Keller meiner Eltern findet sich womöglich noch der Regenmantel mit dem Petting-statt-Pershing-Aufkleber, der mich in den 80ern bei meinem bislang einzigen Kontakt mit einem Wasserwerfer mehr oder weniger trocken gehalten hatte.

Das erste Ereignis, das mein politisches Weltbild ins Wanken brachte, waren die Attentate vom 11. September 2001. Im Sommer zuvor hatte ich – ausgerechnet in New York – an einem Stück geschrieben, in dem ein westliches, mit den Jahren in die Sinnkrise geratenes Wohlstandsbaby darüber phantasiert, einen großen Platz in einer großen Stadt in die Luft zu jagen. Dass nur zwei Monate später eine Phalanx muslimischer, mit den Jahren in die Sinnkrise geratener Wohlstandsbabys die beiden Türme des *World Trade Center* tatsächlich in Schutt und Asche legte, schockte mich bis ins Mark. Es war, als ob das Gebet meiner Protagonistin aus *Bombsong* erhört worden wäre, in dem diese darum fleht, dass uns endlich »was Richtiges« geschickt wird, eine »Hungersnot, Dürre, Pest, Sintflut«, oder besser noch: ein Krieg, damit wir die Katastrophen nicht länger am Bildschirm verfolgen und die »armen Menschen« bedauern, wo es doch die ganze Zeit in uns schreit:

warum passiert so etwas nicht endlich einmal bei uns
wer holt uns raus aus diesem beschissenen streichelzoo
in dem wir lebenslänglich hocken
wer verjagt uns endlich aus dem paradies
denn wir selber haben nicht mal mehr die kraft
unsere ärsche über den unsichtbaren zaun zu heben
der unseren streichelzoo umgibt

wer nimmt uns alles
damit wir endlich wieder von dem leben träumen können
das wir jetzt einfach nur leben

Nach dem 11. September wurde mir klar, dass die Vertreibung aus dem Streichelzoo begonnen hatte. *Flirting with Disaster* war der Titel einer Hollywood-Komödie gewesen, die 1996 in die Kinos kam. Die Flirtlust mit dem Desaster begann mir zu vergehen, als mir dämmerte, dass es auf diesem Planeten genug Menschen gibt, die sich nicht damit begnügen, die Werte der Aufklärung wie Individualität, Rationalität, Freiheit und Selbstverantwortung irgendwie »fad« beziehungsweise »kalt« zu finden und diese in philosophischen Oberseminaren »kritisch zu hinterfragen«, sondern diese Werte mit tödlicher Wut hassen. Die Attentäter von *nine/eleven* haben mich in die Arme der Aufklärung zurückgebombt. Das Thema »Liberalismus«, das ich an der Uni in den 90ern unterrichtet, und bei dem ich mich selbst fast ebenso gelangweilt hatte wie meine Studenten, interessierte mich mit einem Mal brennend.

John Stuart Mill, einer der »Väter« des Liberalismus, bekennt sich in seinem Essay *The Subjection of Women* als vermutlich erster männlicher Philosoph zum »Feminismus« – und erklärt, wieso es keinen Liberalismus geben kann, der lediglich für die eine, nämlich die männliche Hälfte der Gesellschaft gilt: Solange Männer aufgrund des biologischen Zufalls, als Mann auf die Welt gekommen zu sein, sich Herrschaftsansprüche über diejenigen anmaßen, die zufällig als Frauen geboren wurden, ist mit ihnen kein liberaler Staat zu machen. Wer sich vom biologischen Mehrwertgefühl durchs Leben tragen lässt, nimmt das liberale Ur-Credo »Jeder zählt eine und nur eine Stimme« nicht ernst. Ganz abgesehen davon, dass in den Jungen individuelle Potentiale ungenutzt bleiben, wenn sie in dem Geist erzogen werden, dass sie sich bereits aufs nackte Faktum »ein Mann zu sein« etwas einbilden dürfen.

Damals hatte ich diesen Essay achselzuckend beiseitegelegt – nach dem Motto: Warum soll ich einen Tee aufbrühen, der in England vor hundertfünfzig Jahren mal frisch gewesen sein mag? Als ich den Essay unlängst wieder hervorholte, erschien er mir als brillanter Kommentar zu der Ignoranz, mit der der

Westen die staatlich geförderte Frauenverachtung in den muslimischen Ländern bis heute toleriert: Hauptsache, die Scheichs spielen uns ein bisschen Menschenrechte und Demokratie vor. Dass ihre Frauen, Töchter und Mütter nicht mitspielen dürfen, ist ein »Schönheitsfehler«, um den man sich später mal kümmern wird – oder ist, wie unser ehemaliger Kanzler zu scherzen beliebte: Gedöns. Warum interessierte der Terror, dem die afghanischen Frauen unter den Taliban ausgesetzt waren, den Westen erst, nachdem er zwei Türme und dreitausend Menschenleben eingebüßt hatte?

Ich muss mich an die eigene Nase fassen. Er interessierte uns nicht, weil wir »mit anderen Dingen« beschäftigt waren. Ich sagte es bereits: Die *Emma*, die seit ihrer Erstausgabe 1977 immer wieder die frauenverachtenden Praktiken in muslimischen Ländern wie Klitorisverstümmelungen anprangert, kam für mich noch nicht einmal als Bastelmaterial in Betracht. Immerhin war ich weckbar. Seit ich mich mit dem Thema beschäftige, ist es mir nicht länger egal, wenn ich lese, dass die Frauen in Afghanistan sich immer noch nicht trauen, ohne Burka auf die Straße zu gehen. Ich kann mich nicht dazu entschließen, es für einen »Fortschritt« zu halten, wenn im Iran eine 15-Jährige, die angeblich mit einem älteren Mann Händchen gehalten hat, nicht zu Tode gesteinigt, sondern gehenkt wird. Und ich kann mich gleichfalls nicht dazu entschließen, das Kopftuch für ein Zeichen der Emanzipation zu halten – als welches es die gut meinende Kulturwissenschaftlerin auch aus meiner Generation gern betrachtet. Zwischen der Schlangenlederjacke, die Nicolas Cage in dem Kultstreifen *Wild at Heart* als »Ausdruck seines Glaubens an Individualität und persönliche Freiheit« verklärt, und dem Schamlappen, unter den muslimische Mädchen auch hierzulande von ihren Familien so lange gezwungen werden, bis sie am Schluss selbst behaupten, ihn »freiwillig« und »stolz« zu tragen, bleibt ein kategorialer Unterschied, der sich weder mit Jacques Lacan noch Judith Butler auflösen lässt.

Das vorläufige Endergebnis meines Reflexionsprozesses, der am 11. September 2001 begonnen hat, lässt sich knapp zusammenfassen: Die Gleichberechtigung von Mann und Frau ist nicht die Sahne auf der Torte – kein Luxusthema, das man in Angriff

nehmen kann, wenn die »wichtigen Themen« geklärt sind. Eine
Gesellschaft, die Frauen – offen oder latent – als minderwertig
betrachtet, ist eine von der Wurzel her kranke.

Schöne Neue Frauenwelt

Mit diesem Misstrauen ausgestattet ging ich daran, genauer
zu schauen, wie sich die Dinge zwischen Mann und Frau bei
uns, in Deutschland, dem Mekka der Gleichberechtigung, tatsächlich verhielten. Ich bestellte den vom Familienministerium
Ende 2005 herausgegebenen *Gender-Datenreport* und glaubte
bald, in den *Märchen aus 1001 Nacht* zu blättern. So stimmten
im Jahre 2004 der These: »Ein Kleinkind wird sicherlich darunter leiden, wenn die Mutter berufstätig ist«, siebzig Prozent
der westdeutschen Männer und immerhin noch 56 Prozent der
westdeutschen Frauen zu. In Ostdeutschland bekannte sich die
Hälfte davon, nämlich 35 Prozent der Männer und 23 Prozent
der Frauen, zur Ideologie der Vollzeitmutter. Fast keine Unterschiede zwischen Ost und West gab es bei der folgenden Befragung: »Auch wenn eine Frau arbeitet – sollte der Mann trotzdem der ›Hauptverdiener‹ sein, und die Frau die Verantwortung
im Haushalt tragen?« Hierzu sagten 36 Prozent der Männer und
25 Prozent der Frauen »ja«. Die Pointe: Die Umfrage fand nicht
etwa unter Senioren, sondern in der Gruppe der 16- bis 29-Jähri-
gen statt. Wen kann es da noch überraschen, dass hierzulande – je
nach Statistik – ganze zwei bis fünf Prozent der Väter Elternzeit
in Anspruch nehmen, sprich: Sich allerhöchstens nach Feierabend und an den Wochenenden an der Brutpflege beteiligen.
  Zu meinem absoluten Lieblingskapitel im *Datenreport* wurden die »Geschlechtsspezifischen Einkommensunterschiede bei
unterschiedlichen Beschäftigtengruppen«. So verdienten Frauen
2003 im Schnitt nur 77 Prozent des männlichen Einkommens.
1995 hatte die Quote immerhin schon mal bei 79 Prozent gelegen. Den freundlichen Erklärungshinweis eines Herrn aus dem
Wirtschaftsfeuilleton, diese Zahl weise mitnichten auf Diskriminierung hin, sondern ließe sich ganz einfach damit erklären,
dass Frauen eben hauptsächlich im schlecht bezahlten Dienstleistungssektor tätig seien, merkte ich mir für den nächsten Abend

in meiner Eckkneipe. Trotzdem wunderte ich mich erst neulich wieder, wieso der Klempner, der meinen Badewannenabfluss auch nach einstündigem Einsatz nicht flottbekommen hatte, am Schluss achtzig Euro (plus Materialkosten) von mir haben wollte – während sich die Friseurin, zu der ich allwöchentlich zwecks Haare Waschen und Fönen gehe, um dem Klempner den Beruf zu erleichtern, bei gleicher Arbeitszeit stets mit zwanzig Euro zufriedengibt. Aber wahrscheinlich würde mir der Herr aus dem Wirtschaftsfeuilleton auch hier stichhaltig nachweisen können, wieso es eine viermal anspruchs- und verantwortungsvollere Tätigkeit ist, Haare aus einem Abfluss zu beseitigen als Haare auf einem Kopf zu frisieren. Mein banaler Erklärungsversuch, dass die Friseurin nur ein Viertel verdient, weil sie in einem typischen Frauenhandwerksberuf tätig ist, wohingegen der Klempnerberuf ein klassisches Männerhandwerk ist, würde den Wirtschaftsfeuilletonisten nur müde in sein Bierglas lächeln lassen. Vielleicht würde er sich aber doch aufraffen und zu dem schlagenden Argument greifen: Wer zwingt denn die Frauen, so massenhaft ins Friseurgewerbe zu streben? Hindert sie doch keiner, Klempner zu werden! Meinen Einwand, dass in zehn Jahren Friseure viermal so viel wie Klempner verdienen würden – sollten plötzlich alle Jungs Friseure und alle Mädels Klempnerinnen werden – würde nur noch ein Bierglas mit schalem Rest hören. Schade eigentlich. Hätte er länger durchgehalten, hätte ich dem Herrn aus dem Wirtschaftsfeuilleton nämlich noch erzählen können, was aus dem Beruf des »Amtsstubenschreibers« wurde, als dieser im frühen 20. Jahrhundert zum Beruf der »Sekretärin« mutierte: Das Einzige, was noch schneller in den Keller ging als sein soziales Prestige, war die Bezahlung.

Ein weiteres Highlight im Buch der Geschlechterzahlen ist das »Dezilen«-Kapitel. Dort werden die Einkommen der Deutschen oberhalb der Geringfügigkeitsgrenze (die 2002 bei 324 Euro im Monat lag) und unterhalb der Beitragsbemessungsgrenze (die je nach West oder Ost bei 4 500 beziehungsweise 3 750 Euro im Monat lag) in gleichmäßige Zehntel geteilt. Auf diese Weise lassen sich die deutschen »Normal«-Einkommen in zehn »Dezilen« aufteilen – wobei sich in der ersten »Dezile« die zehn Prozent Niedrigstverdiener und in der zehnten »Dezile« die zehn Prozent Bestverdiener finden. Was glauben Sie: Welches Geschlecht stellt in der Niedrigstverdiener-Dezile mit 69,3 Prozent die absolute Mehrheit? Richtig: Die Frauen. In der Bestverdiener-Dezile dagegen, am anderen Ende des Spektrums, machen die Frauen schlappe 16,1 Prozent aus. Wie war das mit den »leeren Schlachtfeldern des Geschlechterkampfes«?

Noch finsterer wird die Lage, schaut man sich bei den Führungspositionen in der Wirtschaft und damit den eigentlich interessanten Einkommen um. Einem Bericht des Deutschen Instituts für Wirtschaftsforschung (DIW) zufolge lag der Frauenanteil an allen Führungskräften 2004 bei dreißig Prozent, in Positionen mit »umfassenden Führungsaufgaben« lag er bei 22 Prozent. Na, ist doch gar nicht so schlecht – könnte man meinen. Die eigentliche Pointe kommt jedoch noch: Die weiblichen Führungskräfte verdienten im Schnitt 27 Prozent weniger als ihre männlichen Kollegen. Bei denjenigen mit »umfassenden Führungsaufgaben« betrug die Differenz sogar 33 Prozent.

Endgültig dunkel wird es, hält man in den absoluten Top-Etagen unserer Wirtschaft nach Frauen Ausschau. Als ich diesen Text zu schreiben begann, saß im Vorstand der dreißig DAX-notierten Unternehmen eine einzige Frau: Die Niederländerin Karin Dorrepaal bei der Schering AG. Mittlerweile wurde das Unternehmen von Bayer übernommen. Und wie zu lesen war, wird Frau Dr. Dorrepaal dem Vorstand der Bayer Schering Pharma AG nicht mehr angehören …

Was ist also mit all den schicken »Macherinnen«, über die die Zeitungen neuerdings so gern berichten? Klar, es gibt mehr Chefinnen und Unternehmerinnen als je zuvor, gerade im mittelständischen Bereich. Aber eine Schwalbe macht bekanntlich keinen Sommer. Machen ihn zehn Schwalben?

Die beiden Film- und Fernsehwissenschaftlerinnen Barbara Sichtermann und Andrea Kaiser haben 2005 ein Buch veröffentlicht, in dem sie untersuchen, wie präsent Frauen im Fernsehen sind und in welcher Weise sie hinter den Kulissen die Fäden spinnen. Ihr Ergebnis: Frauen dürfen als Fernsehkommissarinnen genauso oft Mörder jagen wie ihre männlichen Kollegen – wohingegen es im echten Polizeileben noch immer kaum eine Leiterin einer Mordkommission gibt. Sie dürfen Politrunden moderieren und seit Januar 2004 sogar die *Sportschau* – die eigentliche Macht halten nach wie vor Männer in den Händen. Besonders deutlich wird dies bei den öffentlich-rechtlichen Rundfunk- und Sendeanstalten, die der Verfassung und damit auch dem Gleichheitsgrundsatz von Mann und Frau verpflichtet sind. Ein einziger öffentlich-rechtlicher Sender, der RBB, hat eine Intendantin, Dagmar Reim. Für diesen Tatbestand »vorn: emanzipiert – hinten: *Old Boys Network*« haben die beiden Medienwissenschaftlerinnen einen schönen Begriff gefunden: »Emanzipationsfassade«. Als wollte es diesen Begriff illustrieren, schmückte das Magazin *Cicero* im Frühjahr 2006 seine ominöse Liste der fünfhundert aktuell wichtigsten deutschen Intellektuellen mit drei Frauenfotos (Alice Schwarzer, Viola Roggenkamp, Bascha Mika) und nur einem einzigen Männerbild (Daniel Kehlmann). Wer sich die Mühe machte, die Liste durchzugehen, musste feststellen, dass sich auf dieser mitnichten drei Viertel Frauen befanden. Sondern 67, sprich: 13,4 Prozent. Der Vollständigkeit halber sei erwähnt, dass uns von der Titelseite des besagten Heftes allerdings drei Männer angrinsten: Der Literaturnobelpreisträger, der *Late-Night-King* und der Literaturpapst, die sich die Podiumsplätze teilten.

Geht es uns also wie den Bewohnern der Matrix, denen ein raffiniertes Computerprogramm vorgaukelt, sie würden in einer heiteren, ausbalancierten Welt leben – wohingegen sie in Wahrheit doch nur in Plexiglaseiern gehaltene Humanbatterien sind?

Das Wichtigste an einer Frau ist immer noch der Kopf

Einen sensationellen Anschauungsunterricht in Sachen »leere Schlachtfelder des Geschlechterkampfes« bot der Bundestagswahlkampf mit anschließendem Regierungsbildungspoker im Sommer und Herbst 2005. Angela Merkel erklärte nach ihrer Kür zur Kanzlerkandidatin im Mai selbstbewusst: »Die Tatsache, dass ich eine Frau bin, wird keine Rolle spielen.« Im Oktober 2005, nur wenige Monate später, sagte sie in einem Interview: »Ich habe den Eindruck, die Tatsache, dass ich eine Frau bin, spielt für viele durchaus eine Rolle.« Was war geschehen?

Alles hatte damit begonnen, dass der Ex-Kanzler durch seine Misstrauenskomödie im Deutschen Bundestag vorzeitige Neuwahlen erzwungen hatte. Damit übertölpelte er nicht nur seine eigene Partei und seinen Koalitionspartner, sondern vor allem die Prinzengarde der CDU. Den Jungs vom so genannten Anden-Pakt blieb diesmal keine Zeit, das Mädchen aus dem Osten recht-zeitig in die zweite Reihe zurückzupfeifen, wie sie es 2002 erfolg-reich getan und für 2006 wohl wieder geplant hatten. Schröder zwang die Kochs und Wulffs dazu, »wie *ein* Mann« hinter »Angie« zu stehen. Selten hörte man lächelnde Gebisse schö-ner knirschen. Das Lächeln des Noch-Kanzlers wurde dagegen immer breiter, je näher der Wahltag rückte: Die Umfragewerte der CDU brachen ein, Merkel traf Personalentscheidungen, die sie dem Wahlvolk nicht richtig erklären konnte. Das Übrige tat ein TV-Duell, bei dem sich nach Meinung der versammelten Journalisten Angela Merkel mindestens so gut geschlagen hatte wie der arrogant mit seiner Rechten in der Hosentasche spie-lende Gerhard Schröder – der Voting-Scharfrichter deutete das Unentschieden noch am selben Abend in eine klare Niederlage der Kanzlerkandidatin um.

Die Frage, ob das alles irgendwie damit zu tun haben könn-te, dass sich der deutsche Wähler zum ersten Mal in seiner Geschichte mit einer Kanzlerkandida*tin* konfrontiert sah, wurde reflexartig mit »Neiiiiin!!!« beantwortet. Aber welches Steuer-Hinterzieherle würde schon bei einer direkten Befragung in der Einkaufspassage zugeben, dass es das deutsche Steuerrecht im Grunde auch nicht so ernst nimmt. Während die *Gerd Show* mit dem Blödel-Hit *Im Wahlkampf vor mir liegt ein Zonenmäd-chen* durchs Land tingelte, und die Zeitungen spritzig titelten: *Mädchen können fies sein (Berliner Zeitung), Hat Angela Mer-kel Murmeln geklaut? (Die Zeit)* oder *Das wichtigste an einer Frau ist immer noch der Kopf (FAZ),* sagte der deutsche Michel, sobald ihm ein Mikrofon unter die Nase gehalten wurde: »Na klar find ick det juut, dass endlich ma ne Frau ran kommt, wa?!«

Kein Wunder also, dass sich Angela Merkel und mit ihr fast die gesamte Nation am 18. September 2005, Punkt 18 Uhr, wun-derte, wieso die CDU die Wahlen dann doch nur haarscharf gewonnen hatte. Die Freude des Noch-Kanzlers war so enorm, dass er in der legendär gewordenen »Elefantenrunde« seine Wahlniederlage zu einem klaren Sieg für sich uminterpretierte, und ein herzhaftes »Sie nicht!« in Richtung der versteinerten Wahlsiegerin trompetete. Aber wer will Schröder seine Freude verdenken? Beinahe wäre ihm sein Coup ja gelungen: Wie es sich für einen Kanzler gehört, war er vielleicht der Einzige, der wusste, was sein Volk tatsächlich denkt, wenn es im Hinterzimmer beisammensitzt. Schröder ahnte, dass massenhaft Deutsche sich lieber die Hand abhacken würden, als ihr Wahlkreuz bei der Partei mit der Kanzlerkandidatin zu machen. Spätere Wahlanalysen zeigten, dass der *Rex Populi* nicht nur seine deutschen Buben, sondern auch seine deutschen Mädels richtig eingeschätzt hatte: Edmund Stoiber hatte bei der Bundestagswahl 2002 drei Prozentpunkte mehr Stimmen von Wähler*innen* bekommen als Angela Merkel 2005. Frauen hätten sich von der kühlen Art der Wissenschaftlerin nicht repräsentiert gefühlt, durften wir zur Erklärung lesen. Ein stammelnder bayerischer Jurist hatte der deutschen Damenwelt also mehr Vertrauen eingeflößt als eine gelassene ostdeutsche Physikerin. Nie werde ich die Fernseh-Redakteurin vergessen, die ihrer Merkel-Ablehnung mit den folgenden Worten Ausdruck verlieh: »Die trägt ja noch nicht mal ne Handtasche.« Willkommen in der Matrix.

Züge einer Science-Fiction-Satire, und zwar einer der kruderen Art, hatte, was sich in der Zeit nach der Wahl abspielte. Zunächst brauchte der Ex-Kanzler einige Wochen und die sanften Ermahnungen seiner Gattin Doris, um öffentlich einzugestehen, dass sein Auftritt am Wahlabend »suboptimal« gewesen war und er die Wahl vielleicht doch nicht gewonnen hatte.

Es war einer der schönsten redaktionellen Zufälle dieses verrückten Herbstes, dass just in derselben Ausgabe des *Spiegel*, in der es um Schröders »Elefantenauftritt« ging, André Glucksmann zu seinem Buch *Hass* interviewt wurde. Zum großen Erstaunen des Interviewers, der Frauenhass gern als »spezifisch islamisches Problem« abgetan hätte, erläuterte der französische Philosoph, der bislang nicht im Verdacht stand, Radikalfeminist zu sein: »Es gibt eine weltweite Emanzipationsbewegung der Frauen, die islamischen Gesellschaften hängen dabei besonders weit zurück. Aber Hass weckt sie überall, denn sie stellt die Männer in ihrer Autorität, in ihrer Macht in Frage. Daher der Wunsch nach Kontrolle, nach Beherrschung, nach Versklavung – wenn in der Regel auch nicht nach Vernichtung, da die Männer die Frauen nun mal bis auf weiteres brauchen. Gewalt gegen Frauen ist in allen Kulturen virulent, auch in Europa. Die Frauen konfrontieren die Männer mit ihrer Endlichkeit, ihrer Fehlbarkeit und ihrer Anfechtbarkeit. Der Mann aber möchte Supermann sein – also ist die selbstständige, unabhängige Frau eine unerträgliche Herausforderung für ihn.« Konnte es einen prägnanteren Kommentar zu den aktuellen Ereignissen geben? Denn kaum hatte Super-Gerd seinen Rückzug in Aussicht gestellt, erklärten die verbliebenen SPD-Supermännchen, dass jetzt auch Angela Merkel ihren Anspruch, Kanzlerin zu werden, aufgeben müsse. Die Forderung hatte dieselbe Logik, als hätte *Bayern München* im April 2006 von Jürgen Klinsmann verlangt, er solle bei der Fußballweltmeisterschaft Timo Hildebrand ins Tor stellen, nach dem Motto »Wenn nicht Oliver Kahn, dann auch nicht Jens Lehmann!« Trotz der offensichtlichen Absurdität der Forderung dauerte es weitere Wochen und brauchte es gleich zwei von Frauen aus dem öffentlichen Leben unterschriebene Aufrufe, bis die SPD einsah, dass sie wohl oder übel Frau »Sie-kann-es-nicht« zur gemeinsamen Regierungschefin einer großen Koalition würde wählen müssen. Die *Bild*-Zeitung begrüßte am 11. Oktober 2005 die erste Frau, die ins Kanzleramt einziehen würde, als »Miss Germany«. Und die *taz* freute sich: »Es ist ein Mädchen«.

Wer glaubte, damit sei endlich Ruhe im Sandkasten, durfte Augen reibend miterleben, wie noch am selben Tag der quicke Bayer, der theoretisch im selben Boot wie die frisch designierte Kanzlerin saß, mit dem Vorschlag kam, Angela Merkel dürfe keine »Richtlinienkompetenz« beanspruchen. Klar, dass ein Franz Müntefering da nicht widersprechen wollte. Dass die »Richtlinienkompetenz« des Kanzlers in der deutschen Verfassung verbrieft ist und auch dann gelten dürfte, wenn es sich ausnahmsweise um eine Kanzler*in* handelt, musste eine schmunzelnde Angela Merkel ihren Jungs selbst erklären. Woraufhin diese endgültig die Nerven verloren: Der eine wollte nicht mehr Wirtschaftsminister werden und ging nach Bayern zurück, um zu »leiden wie ein Hund«. Der andere warf kurze Zeit später den roten Schal hin, als ihm auch noch eine Frau aus den eigenen Reihen damit drohte, gegen den von ihm favorisierten Generalsekretär zu kandidieren.

Dies alles geschah in einem Land, das die Geschlechterkämpfe schon lange hinter sich gelassen hatte.

Nun wird Deutschland seit einem knappen Jahr von einer Frau regiert. Und alle Welt scheint es irgendwie schick zu finden, dass wir eine »*Madame le Chancelier*« haben. Die Franzosen liebäugeln sogar damit, es uns bei den nächsten Wahlen gleich zu tun, indem sie Ségolène Royal an die Spitze der *Grande Nation* berufen, damit »*Angèle*« auf den EU-Regierungschefs-Gruppenfotos nicht mehr als einzige Frau herumsteht. Und ob Monsieur Chirac »*Madame Merkèle*« immer noch die Hand küsst, wenn diese aus der Staatskarosse steigt, wissen wir nicht – die Kameras halten nicht mehr drauf. Auch wir Deutschen selbst scheinen uns an die Tatsache, von einer Frau regiert zu werden, gewöhnt zu haben. »Angies« Zustimmungswerte sind in den Monaten nach ihrem Amtsantritt kontinuierlich in die Höhe geklettert, und auch die Bemerkungen über ihre Frisur sind seltener geworden.

Man könnte also meinen, der Geschlechterburgfrieden (und vielleicht sogar ein bisschen mehr) sei wieder eingekehrt, hätte nicht – ja hätte nicht ein Rudel deutscher Chefredakteure im vergangenen Frühjahr beschlossen, die demographische Apokalypse auszurufen, um im selben Atemzug zum *Backlash* zu blasen und damit ein neues Hohelied auf die alten Geschlechterrollen anzustimmen.

Die Parole gab der instinktsicherste Diskurswerfer des Landes, Frank Schirrmacher, aus. In seinem Bestseller *Minimum – Vom Vergehen und Neuentstehen unserer Gemeinschaft* kann eine vor Angst erbleichende deutsche Öffentlichkeit lesen: »Die Tragödie unseres Lebens besteht nicht mehr darin, liebend unterzugehen, sondern darin, arbeitend, ohne genügend Nachwuchs abzutreten.« Und später: »Die Familie und die verwandtschaftlichen Netzwerke, so müssen wir jetzt erkennen, sind Urgewalten, mit denen wir gespielt, deren Kräfte wir entfesselt haben und deren Kontrolle uns und unseren Kindern zu entgleiten droht […] Eine Gesellschaft braucht ein Minimum an wachsenden Familien, damit die Selbstlosigkeit, die in Familien produziert wird, in der Gesellschaft spürbar wird.« Das Buch war kaum erschienen, da raunte es schon aus dem *Spiegel* in Gestalt des Kulturchefs Matthias Matussek zurück: »Dies ist nicht die Sprache der romantischen Illusion, sondern die der Selbsterhaltung, der Biologie! Eine Schöpfungsnotwendigkeit, an der wir herumgefummelt haben, bei Strafe unseres Untergangs.« Himmel hilf! Begnügte man sich in den späten 90ern noch damit, die Soziobiologie zu bemühen, um Putzigkeiten à la »Warum Männer nicht zuhören und Frauen schlecht einparken« zu begründen, werden die Lehren der Evolutionsbiologen jetzt in Stellung gebracht, um den Frauen klarzumachen, dass sie »Überlebensmaschinen« sind, und den Männern zu versichern, dass »das evolutionäre Erbe sie nicht besonders gut für verwandtschaftliche Fürsorglichkeit ausgerüstet hat«. Dumm gelaufen.

Um den Kreis zu schließen, räumte Deutschlands größte Boulevardzeitung dem Propheten der demographischen Apokalypse gleich einen Mehrteiler ein. Nur am Rande sei erwähnt, dass dieselbe Zeitung nur eine Woche zuvor auf lieb Frau gemacht hatte, indem sie am 8. März 2005, dem internationalen Frauentag, die gesamte Ausgabe unter dem Motto »Die Bild – unbändig – weiblich« redaktionellen Frauenhänden überließ. Sogar das »Seite-Eins-Girl« war an diesem Tag ein »Seite-Eins-Boy«. Jetzt durfte Frank Schirrmacher dort seine *Minimum*-Thesen in gedanklich wie sprachlich reduzierter Form unters feuilletonferne Fußvolk bringen: »Ohne Familie gehen wir unter! Sind Frauen unsere letzte Rettung? Töchter werden wichtiger als Söhne!«

Eine Schelmin, welche denkt, die ganze Aufregung könnte etwas damit zu tun haben, dass die Herren in Zeiten einer Kanzlerin die Felle, die sie seit der Steinzeit für sich beanspruchen, davon schwimmen sehen? Dass die Panik, die die Politiker im vergangenen Herbst zu ihren lemmingartigen Abgängen getrieben hatte, mit sechsmonatiger Verzögerung nun auch die Herausgeber und Chefredakteure erfasst? Oder hat die Schelmin einfach nur den berüchtigten Artikel *Männerdämmerung* vor Augen, in dem Schirrmacher bereits im Sommer 2003 düster verkündete: »Die entscheidenden Produktionsmittel zur Massen- und Bewusstseinsbildung in Deutschland liegen mittlerweile in der Hand von Frauen. In komplizierten, zuweilen von höfischen Intrigen begleiteten Strategien haben Frauen mehr oder minder deutlich die Zuständigkeit für gewaltige Komplexe der Bewusstseinsindustrie übernommen.«

Stammte dieser Artikel nicht zufällig von einem Mann, der

mit eigener Hand nicht ganz ungewaltige Anteile der »Bewusst-seinsindustrie« steuert, könnte man ob solcher Paranoia getrost lachen, die keine Unterschiede mehr kennt zwischen Patriarchen-witwen wie Friede Springer und *Self-Made Women* wie Sabine Christiansen, sondern überall nur noch »mächtige Frauen« sieht. Das Lachen vergeht einem jedoch endgültig, macht man sich klar, dass die Botschaft der neuen Chefbiologen eine Genera-tion Frauen erreicht, die ohnehin nicht so genau weiß, in welche Richtung sie ihr Leben lenken soll. Anstatt auf den Skandal hin-zuweisen, dass akademisch bestausgebildete Frauen jenseits des dreißigsten Geburtstages massenhaft im Schwarzen Loch des Vororthäuschens verschwinden, um sich dort Mann und Kind zu widmen, wird den Frauen von ebenso macht- wie karrierebe-wussten Männern eingeredet, dass sie mit ihrem Rückzug den sozial ach so viel wertvolleren Weg beschritten.

So erblödete sich der Fernseh-Chefredakteur des Bayerischen Rundfunks, Sigmund Gottlieb, in einem offenen Brief seiner Gattin dafür zu danken, dass diese den gemeinsamen Kindern all die Jahre mittags nicht einfach ein Essen auf den Tisch ge-stellt hat, sondern »mit Liebe zubereitete Leckerbissen, die ihre Lebensgeister zurückholten nach einem Kräfte zehrenden Schul-tag«. Ulrich Greiner, Literaturchef der liberalen Wochenzeitung *Die Zeit* fühlte sich bemüßigt, seine Frau in einem Artikel dafür zu loben, dass sie »nur gelegentlich schlecht bezahlte universi-täre Lehraufträge« wahrnimmt und sich stattdessen lieber der Familie widmet. Seinen Artikel beschloss er mit den Sätzen: »Würden meine Töchter Karriere machen, ich wäre zufrieden. Bekämen sie Kinder, ich wäre glücklich.« Hoffen wir, dass der öffentliche Gebäraufruf die beiden armen Mädchen nicht so traumatisiert, dass sie unfruchtbar werden.

Warum fordern die klugen Herren nicht, was gerecht und volkswirtschaftlich billig wäre: Dass akademische Hausfrauen – oder richtiger noch: die von diesen Frauen profitierenden Ehe-männer – die Studienkosten ihrer überqualifizierten Gattinnen zurückzuzahlen hätten? Weil es für sie selbst teuer würde? Das Studium einer Medizinerin kostet den deutschen Staat, und damit uns Steuerzahlern, im Durchschnitt 200 000 Euro. Selbst die Geisteswissenschaftlerin, auf die man in den Chefredaktions-gefilden wohl am häufigsten als Ehefrau stoßen dürfte, hat in

ihrem Studium noch durchschnittlich 17 000 Euro aus Staats-
mitteln in Anspruch genommen. Die Behauptung, es wirke sich
positiv auf die Volksbildung aus, wenn nicht Lieschen Müller,
sondern Frau Doktor ihrem Kind bei den Hausaufgaben hilft,
wird durch die Ergebnisse der PISA-Studie eindrucksvoll belegt:
Noch nie hatten deutsche Schüler gebildetere Mütter. Noch nie
waren deutsche Schüler so dumm. Die Chefredakteure sollten
für die dramatische Wiederverbesserung des staatlichen Schul-
systems plädieren. Nicht dafür, dass akademische Mütter ihre
Kinder zu Hause selbst unterrichten.

Die neue F-Klasse

Spätestens an jenem Abend, an dem ein distinguierter Kultur-
betriebsherr sich nach einer Talkshow mir indirekt als Samenspender anbot, mit dem Hinweis, es sei doch ein Jammer, wenn
meine Gene aus der ewigen Kette des Seins genommen würden – spätestens seit jenem Abend war mir klar: Weglachen
genügt nicht mehr. Ein Buch muss her. Mir war aber auch
klar: Es würde mich langweilen, einen längeren Essay zu schreiben, der den Reaktionären zu erklären versucht, warum es keine
Lösung irgendeines Problems darstellt, die Frauen an die Gebärfront zurückzuschicken. Auch erschien es mir müßig, eine Ab-
handlung zu verfassen, die den ewig Begriffsstutzigen darlegt,
warum im 21. Jahrhundert nicht das Lippenbekenntnis genügt,
dass Männer und Frauen gleichberechtigt *sein sollen*, sondern
dass sie es tatsächlich *werden müssen*. Die großen politisch-juris-
tischen Gleichstellungskämpfe um Abtreibung, Arbeit und Ehe
sind ausgefochten – wenngleich unser Gesetz immer noch letzte
Schmutzwinkel wie das Ehegattensplitting hat. Wir hatten beziehungsweise haben Virginia Woolf, Simone de Beauvoir und
Alice Schwarzer. In Sachen Emanzipation muss das Rad nicht
neu erfunden werden. Worauf es im Jahre 2006 ankommt, ist,
dieses Rad zu entrosten und wieder in Schwung zu bringen.
Unsere Gesellschaft braucht keine 95 brandneuen Thesen, die
eine Lutherine mit wuchtigem Hammer ans Kirchenportal zu
schlagen hätte. Es genügt, wenn sie ihren Hammer dazu benutzt,
die kleinen und manchmal auch etwas größeren Hebel in den

Köpfen der Männer und Frauen zu lösen, die bislang dafür sorgen, dass die Gleichberechtigung in unserer Gesellschaft eher eine abstrakt formale denn eine alltäglich gelebte ist. Deshalb wird es in diesem Buch um individuelle biografische Entscheidungen gehen. Um männliche und weibliche Verhaltensmuster, die gesellschaftlich so tief eingeschliffen sind und so selbstverständlich scheinen, dass niemand sie mehr als »diskriminierend« bezeichnen würde. Es geht um die netten kleinen Alltags-Sexismen wie in *Wer wird Millionär?*, wenn die Frage, mit der sich die im Kreis sitzenden Kandidaten qualifizieren müssen, lautet: »Drehen Sie den Temperaturregler am handelsüblichen Bügelgerät in die Höhe: Wolle, Nylon, Leinen, Baumwolle« – und die Regie nur Frauen zeigt, die wild auf die Tasten eintippen, obwohl unter den Kandidaten noch vier Männer sind. Es geht um Kellner, die ohne zu fragen dem Mann das Bier und der Frau die Apfelschorle hinstellen. Und es geht um das Phänomen, das mit der subtilen Misogynie korrespondiert: Den mit Nagellack und kesser Lippe gut kaschierten weiblichen Minderwertigkeitskomplex. Das Ziel muss sein, dass den Schulhof-Witz »Herren sind herrlich, Damen sind dämlich« am Ende wirklich keiner mehr versteht.

Im gleichen Maße, in dem mich eine akademische Grundlagenstudie in Sachen Geschlechterverhältnis gelangweilt hätte, interessierte mich herauszufinden, wie Frauen denken, die ich für ihre Lebensmodelle bewundere, die den Mut haben, Führung zu übernehmen, die ihre Projekte trotz Anfechtungen durchziehen und dennoch keine schmallippigen Karrieremaschinen geworden sind, denen man höchstens den Satz abringen kann: »Also ich hab' ja nie ein Problem als Frau gehabt.«

Bevor ich mich auf die Suche machte, beschäftigte mich allerdings die Frage, wie ich diese Frauen nennen soll, die meiner Meinung nach den richtigen Weg in die Zukunft gehen. Neo-Feministinnen? Lieber nicht. Aus meiner eigenen Sozialisation weiß ich, dass der »Feminismus« einen noch schlechteren Ruf hat als die Deutsche Bundesbahn. Außerdem gibt es inhaltlich unübersehbare Differenzen zum klassischen 70er-Jahre-Feminismus, der – wenigstens in seiner vulgärsten Form – die Trennlinie »Gut« und »Böse« schlicht zwischen »Frau« und »Mann« zog und in der »Zwangsheterosexualität« die Wurzel allen

Geschlechterübels ausgemacht haben wollte. Keine der Frauen, die mich interessieren, würde in irgendeiner Weise Wert darauf legen, für benachteiligt oder gar für »ein Opfer« gehalten zu werden. Ebenso würde keine der Frauen fürchten, sich bereits in dem Moment ins Patriarchat zu fügen, in dem sie den Lippenstift aus der Tasche holt. Auch dürfte den wenigsten der Frauen einleuchten, warum sie, nur weil sie sich für Gleichberechtigung stark machen, automatisch im selben Boot mit Tierschützern sitzen sollten – wie die *Emma* in ihrer ersten Ausgabe 2006 unbeirrt einforderte, frei nach der Devise »Solange der Mann Fleisch isst, ist die Frau für ihn Fleisch«.

Was aber bleibt, wenn »Feministin« einen unerwünschten Überbau mit sich herum schleppt und »Karrierefrau« ein Wort ist, bei dem frau sofort den Revolver ziehen möchte? Ein neuer Begriff muss gefunden werden für Frauen, die neue Wege zwischen Feminismus und Karriere gehen. Es geht um »Klasse-Frauen«. Warum den Spieß also nicht umdrehen, warum aus dem lax Dahergesagten nicht einen Begriff machen? Denn schließlich diskutiere ich in diesem Buch mit Frauen, die ich für Avantgarde halte. Frauen, die vor dreißig Jahren noch absolute Ausnahmeerscheinungen gewesen wären, jetzt aber – obwohl sie immer noch in der Minderheit sind – anfangen, eine eigene Klasse darzustellen? Warum nicht zugeben, dass es in diesem Buch nicht um Frauensolidarität um jeden Preis geht, sondern um eine bestimmte Klasse von Frauen, die sich allerdings nicht durch privilegierte Herkunft definiert, sondern einzig und allein durch das individuell von ihr Erreichte und Gelebte? So habe ich bei der Auswahl meiner Gesprächspartnerinnen von Anfang an darauf geachtet, dass sie aus den unterschiedlichsten sozialen und kulturellen Milieus stammen. Wobei ich zu meinem eigenen Erstaunen und erst nach Abschluss aller Gespräche feststellte, dass lediglich fünf von ihnen in der alten Bundesrepublik geboren sind und nicht einmal die Hälfte klassisch bildungsbürgerliche Eltern hat. So viel zu dem beliebten Vorurteil, nur »höhere Töchter« würden in diesem Land interessante Karrieren machen.

Natürlich hätte sich auch ein Begriff angeboten, der mit »Generation« beginnt: Da ich nur Frauen versammeln wollte, die einerseits so jung sind, dass sie beim 70er-Jahre-Feminismus noch nicht aktiv dabei waren, andererseits »alt« genug, dass sie bereits eine stabile eigene (Berufs-)Biografie aufbauen konnten, ist dieses Buch natürlich auch ein Buch über die Generation der heute Dreißig- bis Anfang Vierzigjährigen. Gegen den Begriff der »Generation« habe ich mich nicht nur entschieden, weil er inflationär gebraucht wurde, sondern weil er mir letztlich eine verschleierte Form des traditionellen Klassenbegriffs zu sein scheint. Denn welches »Proletenkind« hatte schon als größte Kindheitssorge, ob die Zahnspangendose auch tatsächlich die einzig wahre apfelförmige war? Solange sich die Jungs der »Generation Golf« bei ihrem Lebensmodell an einem Wagen der unteren Mittelklasse orientieren, sollten die Frauen nach anderen Sternen greifen.

Denn dieses Land braucht Vorbilder, die gerade den jüngeren Frauen leuchten können, die im Durcheinander der auf sie einstürmenden Forderungen: »Du musst die Deutschen vorm Aussterben bewahren!«, »Du musst die erste Chefin von Daimler Chrysler werden!«, »Du musst beides machen!« immer weniger wissen, wie ihr individueller Weg aussehen könnte. Die Frage, ob – und wenn ja, wie – Frauen Kinder und anspruchsvolle berufliche Tätigkeit vereinbaren können, ist viel zu ernst, um sie Zeitungsherausgebern, Chefredakteuren und anderen Sonntagsvätern zu überlassen. Deshalb war es mir wichtig, dass die Hälfte der Frauen in meinem Buch Mutter ist. In Zeiten, in denen kinderlose »Super-Frauen« als Fahndungsfries auf die Titelseiten von Boulevardzeitungen geklatscht werden, war es mir allerdings genauso wichtig, Frauen zu Wort kommen zu lassen, die sich bewusst gegen Mutterschaft entschieden haben.

Während sich Heidi Klum in diesem Frühjahr auf die Suche nach *Germany's Next Topmodel* machte, hielt ich also Ausschau nach *Germany's Next Rolemodels*.

Um die ersten zu finden, musste ich nicht lange suchen. Meine älteste Freundin Uta Glaubitz, Berufsberaterin, gehört für mich ohne jeden Zweifel dazu. Ebenso die Rechtsanwältin und Frauenrechtsaktivistin Seyran Ateş, die Minenräumerin Vera Bohle und die Restaurantbesitzerin und TV-Köchin Sarah Wiener, die ich vor einigen Jahren durch meine Büchersendung beim SWR kennen gelernt habe. Mit Katja Kullmann und ihrer *Generation Ally* war ich bei Erscheinen des Buches nicht an allen Stellen einverstanden, umso mehr reizte es mich, mit ihr noch einmal darüber zu reden. Die *Berlin Mitte*-Moderatorin Maybrit Illner, die Chefin der FDP-Fraktion im Europaparlament Silvana Koch-Mehrin und die Ex-VIVA-Moderatorin Charlotte Roche imponierten mir schon seit längerem mit ihren intelligent-souveränen Medienauftritten. Die Leiterin des Zentrums für Forensische Psychiatrie in Lippstadt-Eickelborn, Nahlah Saimeh, beeindruckte mich bei einer Kriminologen-Tagung, die ich im Rahmen einer Roman-Recherche besuchte. Die Marktforschungsleiterin Efstratia Zafeiriou fand ich, als ich mich auf die nicht ganz so einfache Suche nach F-Klassen im harten (und verschwiegenen) Wirtschaftsleben machte. Und besonders froh war ich, mit der vierfachen Weltmeisterin im Eisklettern Ines Papert doch noch eine der offenbar besonders diskursscheuen Hochleistungssportlerinnen ins Buch holen zu können.

Ihnen allen gilt mein herzlichster Dank. Für ihren Witz, ihre Unbeirrtheit, ihre Lebensklugheit und ihr Verantwortungsbewusstsein. Und dafür, dass sie bereit waren, (fast) jeden Gesprächsweg mit mir mitzugehen. Ganz herzlich bedanken möchte ich mich auch bei der Fotografin dieses Buches, Kerstin Ehmer. Und Julia Roth danke ich für ihre ebenso sorgfältige wie inspirierende Mitarbeit.

Im Juni 2006   *Thea Dorn*

UTA GLAUBITZ

Jahrgang 1966. Berufsberaterin.

Die Frau hatte die merkwürdigste Frisur, die ich in meinem bisherigen Leben gesehen hatte: Die linke Hälfte des Kopfes war mehr oder weniger kahl rasiert, rechts lockte sich schönstes Blond. Zum schwarzen Minirock trug sie drei Strumpfhosen übereinander, wobei jede der Strumpfhosen mindestens zehn Löcher beziehungsweise Laufmaschen hatte. Die Füße steckten in Schuhen, von denen ich damals noch nicht wusste, dass sie *Doc Martens* hießen. Die Frau war eine viertel Stunde zu spät ins Seminar »Probleme der Moralphilosophie« gekommen, hatte in dem überfüllten Raum keinen Sitzplatz mehr gefunden und sich deshalb irgendwo an die Wand gelehnt. Die Professorin hatte gerade eine Frage gestellt, ganz vorn waren die üblichen Hände in die Höhe geschnellt, die Professorin ließ ihren Blick gelangweilt darüber hinweg wandern, bis er an der Frau mit der Frisur hängen blieb, die sich nun ebenfalls gemeldet hatte. Und dann geschah das Unfassbare. Die Professorin sagte ein deutliches, nicht einmal unfreundliches »Ja bitte, Frau Glaubitz«. Ursula Wolf, die berühmte, am gesamten Philosophischen Institut gefürchtete Professorin, hatte die Frau mit der Frisur namentlich angesprochen! Hatte ihr die höchste Auszeichnung erteilt, die ein Student an einer Massenuniversität erteilt bekommen kann, die namentliche Anrede, die ihn aus dem Heer der Immatrikulationsnullnummern heraushebt! Ich verstand die Welt nicht mehr.

Obwohl ich in diesem Kapitel eigentlich nur über Uta sprechen will, kann ich es nicht vermeiden, ein paar Worte über den Zustand zu verlieren, in dem ich mich befand, als ich sie kennen lernte. Nur so kann ich vermitteln, in welcher Weise Uta mich und ich sie geprägt habe. Schließlich soll es in unserem Gespräch zentral um Freundschaft gehen und darum, wieso es das vielleicht größte Glück im Leben einer Frau ist, eine Freundin zu haben, bei der sie sich nicht nur ausheulen kann, sondern die sie im richtigen Moment in den Hintern tritt.

Meine Welt, das war im Frühherbst 1991 eine Mischung aus Ehrgeiz und Depression. Ich war frisch von Wien nach Berlin gezogen, hatte meinen Traum, Opernsängerin zu werden, endgültig in der Donau versenkt und beschlossen, nach Preußen zu gehen, um dort ordentlich Philosophie zu studieren. Die Stadt selbst hasste ich mit jeder Faser meines 21-jährigen, somit extrem hassfähigen Herzens. Die damals oberhalb und unterhalb des Ostberliner Trümmerbodens wachsende Clubszene war mir so egal wie ein dreibeiniger Leguan im Zoo. Die Lage auf dem Berliner Wohnungsmarkt war mit dem Wort »Alptraum« nur unzureichend beschrieben. Und doch: Schließlich war es die desaströse Wohnungssituation, die Uta und mich zusammenbrachte.

Nach einer Wolf-Seminar-Sitzung im Dezember stand der harte Kern der Seminarteilnehmerinnen im Institutsfoyer zusammen. Ich ließ irgendwann die Bemerkung fallen, dass ich jetzt wohl doch das Untermietzimmer bei der älteren Dame im Uni- und Villenviertel Dahlem nehmen würde – die ihre Zwölf-Quadratmeter-Dach-Kämmerchen für je fünfhundert D-Mark an den verzweifelten Studenten brachte. Daraufhin erklärte Uta, mit der ich bislang nicht wirklich wärmer geworden war, in kategorischem Ton: »Nein, das machst du nicht. So was ist unanständig. Für dasselbe Geld findest du eine Bude irgendwo in Neukölln oder im Wedding. Wenn's sein muss, fahr ich dir auch die Farbeimer.«

Dermaßen eingeschüchtert sagte ich der Dahlem-Dame ab und fand tatsächlich kurze Zeit später eine Eineinhalb-Zimmer-Wohnung in Neukölln. (Mit Kohleofen, Allesbrenner, versteht sich.) Da die Wohnung extrem renovierungsbedürftig war, und ich in Berlin zunächst kein Auto hatte, kam ich auf Utas Angebot zurück. Erst später erfuhr ich, dass ihr uralter, mittelblauer Mercedes mit den zitronen- und eitergelben Kotflügeln mitnichten eine Schrottkarosse war, sondern ein »Strich-Achter«. Unser Ausflug wurde ein voller Misserfolg. Uta hasste es, Farbeimer durch die Gegend zu schleppen – ich fand, sie hätte ruhig etwas begeisterter darüber sein können, mit mir durch den Baumarkt streifen zu dürfen, kurz: Nach erledigter Farbeimer-Mission kamen die Semesterferien, und wir hatten bis auf weiteres keinen Kontakt.

Der wurde auch nicht inniger, als das nächste Semester losging und wir uns im Seminar »Methodenprobleme der Ethik« bei Ursula Wolf wieder trafen. Doch dann kam der Mai, der erste Monat im Jahr, in dem Berlin sich in einen Ort verwandelt, an dem man leben kann. Uta arbeitete neben ihrem Studium in einer Software-Firma, die von einem Schwulen gegründet wurde und in der außer ihr 22 Männer arbeiteten. Wie es der Zufall wollte, hatte diese Software-Firma ihr Büro auch in Neukölln, wie es der Zufall weiter wollte, hatte Uta eines Abends Karten für die Open-Air-Vorführung der *Blues Brothers* in der Waldbühne und wie es der Zufall drittens wollte, versetzte der Kerl, mit dem Uta eigentlich verabredet war, sie in letzter Minute. Von den Jungs in der Firma hatte auch keiner Lust auf sonnenbebrillten Heterokult, so dass Uta nichts anderes mehr einfiel, als mich, das merkwürdige Alabastergesicht, anzurufen, das gleich um die Ecke wohnte. Ich wunderte mich ein wenig über das Angebot, aber meiner damaligen Lebenssituation (Ehrgeiz und Depression) entsprechend hatte ich am Abend nichts vor und willigte ein. Einen Schock, der meinen Frisur-Strumpfhosen-Schock damals im Seminar bei weitem übertroffen haben muss, erlebte Uta, als sie mit ihrem Strich-Achter vor meiner Haustür hielt, um mich abzuholen. Die Frau, mit der sie einen lustigen Abend in der Waldbühne verbringen wollte, erschien dezent geschminkt, im schwarzen Anzug *(Gaultier)* und schwarzem Wollcape (Kaschmir). Bis heute weiß ich nicht, wie ich Uta dafür danken soll, dass sie nicht einfach Gas gegeben hat und davongefahren ist. Unschwer zu ahnen: Die Party in der Waldbühne ließ sich zäh an. Im prinzipiell richtigen Anzug in ganz und gar falscher Ausführung saß ich inmitten des Volks und unterhielt Uta mit Bemerkungen à la »Wieso haben die Leute Mehltüten dabei?« (Wirklich wahr: Ich hatte von dem Film und dem ganzen Kult darum bis dato nichts gewusst.) Einen Hauch Respekt erarbeitete ich mir, indem ich beherzt von der Weißweinschorle mittrank, die Uta in professioneller Voraussicht in einer Eineinhalb-Liter-Plastikflasche mitgebracht hatte.

So richtig wissen wir bis heute nicht, an welcher Stelle dieser windschiefe Abend in den Anfang einer wunderbaren Freundschaft umschlug. Uta behauptet, es sei meine Bemerkung gewesen: »Das letzte Mal habe ich in einem solchen Amphitheater in

Epidauros gesessen und *Agamemnon* auf Griechisch gesehen.« Wie auch immer: Wir tranken bis morgens um sieben und waren danach unzertrennlich.

Zunächst einmal verdankte ich Uta die Erkenntnis, dass man nicht jeden Tag gepudert und im schwarzen Anzug zur Uni gehen muss. (In Frankfurt hatte die gewachsene Taunustochter sich das ganz selbstverständlich angewöhnt.) Uta erzählte mir Geschichten aus der Berliner Hausbesetzer-Szene, in der sie sich eine Weile getummelt hatte, und brachte mir das Biertrinken bei. Wir diskutierten offen gebliebene Fragen aus unseren Ursula-Wolf-Seminaren (»Wenn ich meinen Klon erschieße, ist das dann Mord oder Selbstmord oder beides?«) und entsetzten einen Dozenten mit der Ankündigung, am Abend aufs Postleitzahlenfest am Roten Rathaus zu gehen. (Die Hardcore-Gedächtnismenschen erinnern sich: »Fünf ist Trümpf!«) Die Clubszene erschien mir plötzlich doch um einiges spannender als der dreibeinige Leguan im Zoo. Mit Uta bekam ich zum ersten Mal eine Idee davon, dass Jugend nicht nur der Zustand sein muss, in dem man darauf wartet, endlich bei den Erwachsenen mitspielen zu dürfen. Aber es war nicht nur ein gesunder Jugendwahn, den ich von Uta lernte. Am meisten beeindruckte sie mich mit ihrer Freiheit und Selbstständigkeit.

Uta stammt aus einer klassischen Kölner Akademikerfamilie: Der Vater Jurist, die Mutter Altphilologin, ein Bruder und eine Schwester werden nach ihr geboren. Die gut katholische Familie legt Wert auf soziales Engagement, und so wachsen die Glaubitz-Kinder gemeinsam mit zwei kurdischen Pflegekindern auf. Als Uta zwölf ist, stirbt ihre Mutter an Krebs. »Damit die Kinder wieder eine Mutter haben«, heiratet der Vater zum zweiten Mal, eine Juristin, die eine Tochter aus einer früheren Beziehung mitbringt. Zwischen Uta und der Stiefmutter herrscht Krieg auf den ersten Blick, der darin gipfelt, dass Uta am Morgen ihres 18. Geburtstags die Koffer packt und auszieht. Das Abitur macht sie als Mitglied einer Kölner WG. In Köln beginnt sie auch zu studieren, Philosophie und Anglistik, um 1989 nach Berlin zu wechseln. Der große Einschnitt in Utas Leben geschieht im Sommer 1994, als sie nach 18 Semestern das Studium mit einer Magisterarbeit zur Moralphilosophie abschließt. Der Titel: *Ist alles verhandelbar? – Ein utilitaristisches Problem.* Und auch der Einstieg ins Berufsleben gestaltet sich problematisch. Eine klare Vorstellung davon, was sie mit ihrem »Magister Artium« beziehungsweise ihrer »Magistra Artium« (so ließen wir uns das damals in die Urkunden eintragen) anfangen soll, hat sie nicht. Und so bewirbt sie sich ziemlich wahllos bei verschiedenen Firmen, wird Mädchen für alles in einem Postkartenverlag und landet schließlich bei einem Wirtschaftsverlag, der im Auftrag von Unternehmen so spannende Bücher wie Immobilienratgeber und Steuerfibeln herausbringt. Utas stolzestes Produkt jener Zeit ist der *Golf-Guide Berlin-Brandenburg*. Die geistige Unterforderung ist gnadenlos, das Verhältnis zum Chef ein Desaster, und so tut Uta, was jede Frau tut, die sich nicht traut, selbst eine Entscheidung zu treffen: Sie benimmt sich dermaßen unmöglich, dass ihrem Chef nichts anderes übrig bleibt, als sie zu feuern. Es folgt der Gang zum Arbeitsamt.

Wie es der Zufall will – der allerdings auffällig oft mit denen ist, die starken Willens sind – erfahre ich zu dieser Zeit von einer Journalistin, dass zwei erfolgreiche Sachbuchautoren für einen bestimmten Text einen Ghostwriter suchen. Ich gebe der Journalistin Utas Telefonnummer, und drei Tage später ruft mich eine tobende Uta an, um mich zu fragen, wieso ich sie nicht vorgewarnt hätte. Gerade eben habe einer der bekanntesten deutschen Berufsberater bei ihr angerufen – und sie unter der Dusche gestanden. Im Lauf der nächsten zwölf Monate schreibt Uta vier Bücher für die Autoren. Bis sie sich irgendwann die entscheidende Frage stellt: »Warum soll ich im Schatten malochen, und die kriegen die Lorbeeren? Im Grunde kann ich das selbst doch viel besser als die.«

Keine zwei Jahre zuvor hat Uta mich bei meinem Vorhaben, aus der akademischen Kutte zu springen und einen Kriminalroman zu schreiben, rückhaltlos unterstützt. Wer weiß, ob ich *Berliner Aufklärung* je zu Ende geschrieben und das Manuskript tatsächlich an einen Verlag geschickt hätte, hätte ich nicht die jeweils frisch geschriebenen Szenen Uta vorlesen dürfen, während sie an ihrem Strich-Achter herumschraubte – und hätte sie nicht regelmäßig vor Lachen den Kreuzschlüssel fallen gelassen.

Nun kommt der Moment, an dem ich Uta »zurückzahlen« kann, was sie für die Entstehung meiner Karriere Gutes getan hat. Am Ende eines langen Abends mit viel Bier sagt sie: »Eigentlich müsste man mal einen Berufsfindungsworkshop geben.« Woraufhin ich erkläre, sie solle mir erst wieder unter die Augen kommen, wenn aus dem »eigentlich müsste man mal« ein »nächsten Dienstag werde ich« geworden ist. Offensichtlich wirkt die Drohung – nur wenige Wochen später hat Uta für achtzig D-Mark einen Raum in einer Sprachschule gemietet, über ihre Schwester einige Studenten mit beruflicher Orientierungslosigkeit zusammengetrommelt und ihren ersten Workshop gegeben. Uta ist mit dem, was sie dort geleistet hatte, nicht wirklich zufrieden – hat aber eine recht deutliche Vorstellung, was sie beim nächsten Mal besser machen kann. Und ihr ist klar geworden, dass Berufsberaterin genau das Richtige für sie ist. In der folgenden Zeit probiert sie sich in immer weiteren Workshops aus, bei denen die Teilnehmer anfangs sehr geringe, dann irgendwann echte Gebühren zahlen müssen, und entwickelt so ihr eigenständiges Konzept von Berufsfindung. Als konsequenten nächsten Schritt fasst Uta die Erkenntnisse, die sie in eigener Praxis gewonnen hat, in einem Buch zusammen. 1999 erscheint *Der Job, der zu mir passt*. Das Buch schaffte es auf Anhieb in die Bestsellerliste des *Manager Magazin*, mittlerweile ist es ein Klassiker unter den Berufsratgebern. In den folgenden Jahren veröffentlicht Uta zehn weitere Bücher zum Thema »Beruf« und »Berufsfindung« und gibt eine eigene Reihe heraus. Heute macht sie fünfzig Workshops pro Jahr sowie zahlreiche Einzelberatungen und dürfte damit im Bereich »Berufsfindung« Marktführer sein.

Zu unserem Gespräch treffe ich Uta in ihrer alten Studentenbude, die jetzt ihre Arbeitswohnung ist. An der einen Wand lehnt noch immer die alte Mercedes-Kühlerhaube, gegenüber hängt noch immer der überlebensgroße Lenin mit der *Prawda* unter dem Arm. Das quadratmetergroße Loch in der Decke des Bads, wo eines Nachts die Dusche des Nachbarn herunter gebrochen war, ist zugemauert.

TD: Empfängst du manchmal Leute, die sich von dir beraten lassen wollen, hier in der Wohnung?

UG: Wenn du damit andeuten willst, dass dir der innenarchitektonische Aspekt zu kurz gekommen zu sein scheint, kann ich dich beruhigen. Die Wohnung ist ausschließlich mein privates Büro. Meine Workshops gebe ich in Seminarräumen von Hamburg bis München. Schon als Kind hatte ich den Drang, nach draußen zu gehen. Zu Hause fand ich es stickig und eng. Ich vermute mal, dass dieser Drang in die Welt meine Rettung war.

TD: Wie meinst du das?

UG: Ich stamme zwar nicht aus einer Familie, in der mir als Mädchen gesagt wurde, dass ich mein Sonntagskleidchen nicht schmutzig machen darf. Aber dennoch kann ich nicht behaupten, dass es bei uns besonders emanzipiert zugegangen wäre. Meine Mutter hat nie gearbeitet, obwohl sie studiert hatte, meine Stiefmutter hat sofort zu arbeiten aufgehört, als sie in unsere Familie kam, und auch sonst kannte ich keine Mutter, die berufstätig gewesen wäre. In unserem Milieu war der »natürliche« Lebensraum für eine Frau das Zuhause – das habe ich instinktiv wohl früh gespürt. Und deshalb wollte ich immer nach draußen. Das Beste, was ich über meine Erziehung sagen kann, ist, dass meine Eltern mich nicht eingeschlossen haben. Auf Selbstständigkeit wurde bei uns großer Wert gelegt. Ich war sicherlich die Erste in der ganzen Grundschule, die allein mit dem Zug fahren durfte.

TD: Du hast außer deinen Schwestern einen Bruder und zwei kurdische Pflegegeschwister. Gab es Dinge, die die Jungs durften und die Mädchen nicht?

UG: Bis zur Pubertät gab es keinen nennenswerten Unterschied. Das ist vielleicht das Gute am bildungsbürgerlichen Milieu: Erst mal geht es um moralische Integrität und Leistung, und das wird von Jungs wie Mädels gleichermaßen verlangt. Meine Stiefmutter versuchte es später mit Späßchen wie: Ein Mädchen muss extra aufpassen, weil es schwanger werden kann. Aber zu dem Zeitpunkt habe ich eh nicht mehr auf das gehört, was sie sagt.

TD: Bist du gern zur Schule gegangen?

UG: Nicht wirklich. Ich war keine besonders tolle Schülerin, das Abitur habe ich mit 2,9 gemacht. Den Ehrgeiz, sehr gut sein zu wollen, habe ich erst relativ spät im Studium entwickelt.

TD: Erinnerst du dich an den ersten Berufswunsch, den du damals hattest?

UG: Wenn mich Verwandte gefragt haben, habe ich »Journalistin« geantwortet. Das genügte dem akademischen Anspruch meiner Eltern und es befriedigte meinen eigenen Anspruch, nicht so stromlinienförmig zu sein. Meine Eltern haben natürlich gewollt, dass ihre Kinder Jura studieren. Lustigerweise hat es außer meiner Pflegeschwester keiner von uns getan. Aber Journalismus war nie und nimmer ein echter Berufswunsch von mir. Keine Sekunde trieb mich der Gedanke, dass ich eines Tages die Zeitung aufschlagen und sagen will: »Ich habe den Aufmacher geschrieben.« Überhaupt war die Idee, Karriere zu machen, mir komplett fern, als ich jung war. Ich habe nie gedacht, dass Beruf etwas mit Selbstverwirklichung zu tun haben könnte. Berufe waren etwas, das hing wie bei C&A an der Stange, und wenn man einen gewählt hatte, war er bestenfalls warm und bequem und zwickte nirgends.

TD: Wie kam es, dass du ausgerechnet Philosophie studiert hast, ein Studium, das so gar keinen klar geschnittenen Berufsanzug in Aussicht stellt?

UG: Ich hatte in der Oberstufe Philosophie gehabt, wir haben Descartes gelesen, über den »systematischen Zweifel« gesprochen und solche Dinge. Das hat meinen intellektuellen Ehrgeiz geweckt. Was der andere Kram in der Schule nicht getan hat. Andererseits hatte ich eine riesige Angst, viel zu dumm zu sein, um Philosophie zu studieren. Und so habe ich an der Uni Köln auch erst mal mit Anglistik im Hauptfach begonnen und Philosophie nur im Nebenfach gewählt. Aber gleichzeitig hatte ich die ganze Zeit das Ticken: Eigentlich musst du Philosophie machen. Da, wo die Angst sitzt, geht der Weg lang. Aber ich habe ziemlich lange gebraucht, um das so klar zu erkennen. Die Tatsache, dass ich 18 Semester studiert habe, hatte sicher auch wieder mit der Angst zu tun, nicht gut genug zu sein für die Welt. Diese Ewigstudiererei ist ja eine der Lieblingsstrategien, wie man sich intelligent und wichtig fühlen kann und dennoch den Tag hinausschiebt, an dem man sich wirklich beweisen, Verantwortung übernehmen muss.

TD: War es nur die Erkenntnis »Da, wo die Angst sitzt, geht der Weg lang«, die dich zum Hauptfach Philosophie hat wechseln lassen, oder spielten noch andere Faktoren eine Rolle? Wenn ich mich recht erinnere, hattest du in Köln an der Uni ausschließlich männliche Philosophiedozenten gehabt, und erst an der FU Berlin Seminare bei Dozentinnen belegt.

UG: Im Nachhinein betrachtet hast du Recht. Aber damals spielte das in meinem Denken überhaupt keine Rolle. Alles, was nur irgendwie den Ruch hatte, »feministisch« zu sein, war ein rotes Tuch für mich. Ich erinnere mich an eine Episode aus meiner Schulzeit: Wir waren so ungefähr 16 Jahre alt, es wurde der Schulsprecher gewählt, die Kandidaten stellten sich in den Klassen vor, und diesmal war zum ersten Mal eine Kandidatin dabei. Die sagte: »Wir sind eine gemischte Schule, in den letzten dreihundert Jahren gab es nur männliche Schulsprecher, es wird Zeit, dass einmal eine Frau dieses Amt bekommt.« Ich kann nur sagen: Keiner in unserer Klasse hat kapiert, was sie wollte. Inklusive mir. Dabei war es so offensichtlich! Heute schäme ich mich fast dafür. Aber da, wo ich herkomme, gab es keine Diskussionen über Geschlechterrollen oder Gleichberechtigung. Und diese Haltung hatte ich auch an der Uni noch. An der FU gab es einen Kurs »Weibliche Philosophie«. Die Ankündigung reichte, dass ich mich lautstark darüber mokierte. Mein Vorurteil war: Da wird sicher wahnsinnig viel gejammert, und das wollte ich auf keinen Fall. Ich wollte immer schon stark sein – manchmal war ich es auch, aber erst einmal *wollte* ich stark sein.

TD: Es gab in deiner Schulzeit keine Lehrerin, die dich besonders geprägt hätte?

UG: Definitiv nicht. Über meine Lehrerinnen habe ich gedacht, die sind Hausfrauen und Mütter und dann unterrichten sie nebenbei halt noch ein bisschen. Einzig von meinem Deutsch- und meinem Philosophielehrer habe ich angenommen, dass die ihren Job machen, weil Literatur beziehungsweise Philosophie ihre Passion ist.

TD: Du bist also aus rein fachlichen Gründen bei Ursula Wolf gelandet?

UG: Ich bin nach Berlin gegangen, um moderne Moralphilosophie zu studieren. Und Ursula Wolf war eben die Professorin, die Seminare in diesem Bereich angeboten hat.

TD: In einem dieser Seminare haben wir uns kennen gelernt. Ich empfand die Tatsache, dass hier fast alle Wortführer Wortführerinnen waren, sofort als großen Unterschied zu den Seminaren, die ich aus Frankfurt und Wien kannte.

UG: Es hat lange gedauert, bis mir da was aufgefallen ist. Erst einmal habe ich bemerkt, dass es sehr spannende, intellektuell anregende Seminare sind. Es herrschte eine Atmosphäre, in der tatsächlich um kluge Antworten gerungen wurde, in der es darum ging, wie man die Dinge auch ganz anders beschreiben kann – es war zum ersten Mal so, wie ich mir Philosophie immer vorgestellt hatte. Und das hatte, würde ich heute sagen, vermutlich etwas damit zu tun, dass es ein sehr frauendominiertes Seminar war. Ursula Wolf hat keinen »Frauenbonus« verteilt. Sie ist eine der unfeministischsten Frauen, die mir einfallen. Aber vielleicht war der entscheidende Punkt, dass sie die typische männliche Wichtigtuerei, die man aus fast allen anderen Seminaren kannte, nicht gefördert hat, sondern bei Schwätzern gnadenlos war. Ich werde nie vergessen, wie sie einen Referenten, der in meinen Ohren zwar etwas geschwollen, aber beeindruckend kompetent klang, nach drei Minuten mit der Bemerkung unterbrach: »Kommen Sie auch noch zu dem Text, den Sie eigentlich referieren sollen?«

TD: Wohl jede Studentin macht in Seminaren bei männlichen Dozenten die Erfahrung: Sie sagt etwas – null Reaktion. Ein männlicher Kommilitone sagt fünf Minuten später ungefähr dasselbe und plötzlich ist es ein wertvoller Beitrag, der lang und breit diskutiert wird.

UG: Ich habe in zig Seminaren gesessen, wo ich das Gefühl hatte, gegen die Wand zu reden. Und natürlich kam ich nie auf die Idee, das Problem könnte beim Prof liegen. Lieber habe ich mich selbst fertiggemacht und mir eingeredet, dass ich zu blöd bin, mich klar auszudrücken. Im Grunde war das geheime Thema all dieser Seminare: »Wie baue ich meinen Minderwertigkeitskomplex aus?« In einem Kurs saß ich als einzige Frau, und ein Kommilitone sagte zu mir: »Na, die Uta kriegt den Schein dann über die Quote.« Und anstatt, dass ich dem übers Maul fahre, bin ich nach Hause gegangen und habe eine Mandelentzündung ausgebrütet.

TD: Du hast dein Studium mit einer Eins abgeschlossen. Glaubst du, das wäre auch der Fall gewesen, wenn du die Magisterarbeit bei einem Professor geschrieben hättest?

UG: Das ist schwer zu sagen. Selbstverständlich kannst du als Studentin auch bei einem Professor die Bestnote machen, in meinem zweiten Prüfungsfach, Anglistik, hatte ich schließlich nur männliche Prüfer. Aber ich glaube, ich wäre insgesamt weniger motiviert gewesen, Spitzenleistungen zu bringen. Bei einem Professor hätte ich vermutlich gedacht: Der ist mir wurscht, und ich bin dem wurscht. Vor Ursula Wolf dagegen wollte ich mich in keinem Fall blamieren.

TD: Könnte es sein, dass Männer und Frauen unterschiedliche Motivationen für Höchstleistungen haben: Männer wollen die Welt neu erfinden oder zumindest den Nobelpreis gewinnen. Frauen wollen von einer konkreten anderen Person Anerkennung erfahren?

UG: Ich glaube, da ist viel dran. Und in einer frühen Phase des Lebens ist das ja auch nicht die schlechteste Motivation – es würde zum Beispiel erklären, warum Frauen weniger zu Größenwahn neigen als Männer. Die erwachsene Frau sollte jedoch natürlich nicht deshalb großartige Leistungen vollbringen wollen, weil sie von jemandem dafür gelobt wird. Diese Haltung der ewigen Schülerin, die am glücklichsten ist, wenn ihr Chef sie lobt, ist einer der Hauptgründe, warum Frauen auf der Karriereleiter nicht weiter nach oben kommen.

TD: Du selbst hast deine Karriere als Ghostwriterin begonnen. Sprichst du aus eigener Erfahrung?

UG: Die Gefahr war auch bei mir da. Klar war ich erst mal überglücklich, als das Angebot kam, für *die* beiden Berufsgurus zu schreiben. Und klar war meine Ambition nicht sofort: In fünf Jahren bin ich berühmter als die, sondern ich wollte mich in meinem Zulieferantinnenjob unentbehrlich machen. Und das ist mir ja auch gelungen. Gott sei Dank dämmerte mir bald, dass es der Klassiker ist, in dem ich mitten drinsteckte: Vorn stehen zwei Männer, die sich wichtig machen, aber ziemliche Dünnbrettbohrer sind, dahinter arbeitet eine Brigade von Frauen. Wäre ich damals Mitte zwanzig gewesen, wäre mir das vermutlich nicht weiter aufgefallen. Aber mit Anfang dreißig war ich erwachsen genug, um zu sehen, was hier gespielt wird. An diesem Punkt habe ich mir gesagt: Ich will nicht Teil dieses Systems sein! Das ist gegen meine Ehre! Ich bin intelligenter, fleißiger und disziplinierter als die beiden, also kann es nicht sein, dass sie die Lorbeeren kassieren, und ich friste ein Schattendasein. Ich wollte mehr Anerkennung, mehr Aufmerksamkeit für meine Arbeit, als dass meine beiden »Chefs« mir einen feuchten Händedruck geben und sagen: »Frau Glaubitz, das haben Sie aber wieder wundervoll gemacht.«

TD: War die Entscheidung, dich selbstständig zu machen, auch ein Fall von »Da, wo die Angst sitzt, geht der Weg lang«?

UG: Absolut. Was meinst du, was ich für einen Puls an dem Tag hatte, als ich meinen ersten Workshop gegeben habe! Der pure Horror. Und vielleicht hätte ich sogar versucht zu kneifen, wenn du mir nicht so im Nacken gesessen hättest.

TD: Ist sich gegenseitig zu pushen eine komplett unterschätzte aber eigentlich zentrale Funktion von Frauenfreundschaften?

UG: Natürlich ist die beste Freundin auch dazu da, um mal über einen bescheuerten Vorgesetzten zu lästern oder sich einfach nur auszuheulen. Aber Frauen betreiben das viel zu extensiv. Frauen haben die fatale Neigung, gemeinsam darüber zu klagen, wie schlecht die Welt ist, um sich am Schluss gegenseitig zu versichern, dass sie (a) völlig unschuldig an der Situation sind, in der sie hocken, und (b) an dieser Situation leider nichts ändern können. Frauenfreundschaften sind viel zu oft so eine Art emotionaler Wischmopp. Böse gesagt: Die einzigen Bereiche, in denen Frauen einander zum Handeln animieren, sind: Abnehmen und schöner Wohnen. Wenn ich heute darüber nachdenke, bin ich ziemlich sicher, das war auch der Grund, wieso ich vor dir nie eine »beste Freundin« hatte, sondern immer nur mit Jungs rumgehangen bin. Offensichtlich hatte ich immer schon das Gefühl, Frauen bremsen einander mehr, als dass sie sich nach vorn bringen.

TD: Wie hat sich dein Freund, mit dem du damals schon zusammen warst, in der Frage verhalten, ob du dich selbstständig machen sollst?

UG: Mein Freund ist jemand, der mich bei allem unterstützt, aber trotzdem: Er hätte niemals gesagt: »Uta, du machst das jetzt, Ende der Diskussion.«

TD: Was ja bei Lichte besehen auch ganz richtig ist. Ich würde mir verbitten, dass mein Liebster zu mir sagt: »Du Weichei, mach endlich!«

UG: Eine Freundin darf dir deshalb die härteren Dinge an den Kopf werfen, weil du weißt, prinzipiell hat sie dieselben Probleme, kennt die ständigen weiblichen Selbstzweifel, die Frage: »Kann ich das, darf ich das überhaupt?« Wenn ein Kerl »Weichei«

zu mir sagt, würde ich denken: Typisch Mann. Der hat leicht reden, der kapiert doch gar nicht, *wo* mein Problem ist. Natürlich kennen Männer – zumindest die einigermaßen sensiblen – auch Versagensängste. Und deshalb habe ich mich schon gefragt, warum mein Freund nicht diese Funktion für mich hatte. Denn offensichtlich brauchte ich in meiner damaligen Lebenssituation jemanden, der sich mir gegenüber zwar freundschaftlich verhielt, aber dennoch sehr klar, hart und entschlossen auftrat. Heute kann ich sagen: Ganz gleich, warum er es nicht getan hat – für meine Entwicklung war es garantiert gesünder, dass dieser klare, harte und entschlossene Jemand du warst. Und mein Freund derjenige, der gesagt hat: »Schatz, ich liebe dich, ganz gleich, was du machst.«

TD: Ist das, was du heute beruflich machst, die professionelle Variante der »klaren, harten und entschlossenen« Freundin?

UG: Da ist auf jeden Fall was dran. Ein riesiges Problem bei den meisten Leuten, Männern wie Frauen, die in ihrem Berufsleben etwas verändern wollen, ist das Umfeld, und zwar das enge Umfeld, also: Freunde, Lebenspartner, Eltern. Dieses Umfeld ist üblicherweise nur damit beschäftigt, demjenigen, der sich verändern will, den Veränderungswunsch auszureden, nach dem Motto »Sei doch froh, dass du überhaupt einen Job hast! Wieso willst du denn in deinem Alter noch mal etwas anderes anfangen? Du warst doch immer glücklich, bei der Sparkasse zu arbeiten! Und außerdem kannst du doch sowieso nichts anderes!« Mein Job ist natürlich nicht nur, meine Kunden in ihrem Wunsch nach Veränderung zu bestärken, sondern ich muss gemeinsam mit ihnen überhaupt erst einmal herausfinden, wo ihr neuer Weg hingehen könnte. Die wenigsten kommen zu mir und sagen: »Ich bin Sekretärin, würde aber eigentlich viel lieber als Tauchlehrerin arbeiten.« Sondern die meisten kommen mit dem Gefühl, dass sie mit ihrer jetzigen Situation irgendwie unzufrieden sind, aber keine klare Vorstellung von einer Alternative haben. Üblicherweise höre ich so Sachen wie: »Vielleicht sollte ich zusätzlich Russisch lernen, ich habe gelesen, Fremdsprachensekretärinnen mit Russisch-Kenntnissen hätten jetzt besonders gute Jobchancen.« Mein Ziel ist es, die Leute von dieser Sichtweise wegzubringen. Ich will aus ihnen herauskitzeln, wo ihre wirklichen Ambitionen, Leidenschaften liegen, für welche Dinge im Leben sie sich am meisten begeistern und engagieren – jenseits der Bedürfnisse, die der Arbeitsmarkt angeblich gerade hat. Wenn die Augen der frustrierten Sekretärin zu leuchten beginnen in dem Moment, in dem sie erzählt, dass sie schon seit Jahren jede freie Woche zum Tauchen fährt – dann weiß ich: Treffer. Da ist etwas verborgen, das freigesetzt werden will.

TD: Gibt es einen Schützling, auf den und dessen beruflichen Erfolg du besonders stolz bist?

UG: Mein spektakulärster »Fall« ist sicher die Krankenschwester, die mit 35 zu mir kam, frustriert war und heute Kapitänin ist. Sie arbeitet bei der Reederei, die das größte Containerschiff der Welt besitzt, das heißt, »meine« Kapitänin ist also nicht nur eine der ganz wenigen Frauen in diesem Beruf, sondern irgendwann wird sie womöglich das größte Containerschiff der Welt fahren.

TD: Das klingt in der Tat spektakulär. Aber es gibt doch sicher massenhaft Fälle, in denen es nicht klappt?

UG: Nachdem wir im Kurs alle konkreten Schritte wie eventuelle Ausbildung oder Praktika durchgegangen sind, die in Angriff genommen werden müssen, dürfen meine Schützlinge noch einmal alle »Ja-Abers« loswerden. Trotzdem gehen viele nach Hause und haben nichts Besseres zu tun, als unterstützt von ihrem Umfeld 99 Gründe durchzuhecheln, warum alles nicht klappen wird. Obwohl wir exakt diese Punkte im Seminar eigentlich schon entkräftet hatten. Wir spielen sogar konkrete Situationen durch wie: Was sagst du, wenn dein Ehemann dich auf dem Sofa mit der Bemerkung empfängt: »Na, Schatz, wirst du jetzt Top-Managerin, höhö.« Aber bei vielen sitzt die Angst vor Veränderungen, diese totale Blockadehaltung, eben sehr tief. Solche Leute sollten erst mal zu einer Therapeutin gehen, bevor sie zu mir kommen.

TD: Gibt es auffällige Unterschiede zwischen den Problemen beziehungsweise Wünschen der Frauen, die du berätst, und denen der Männer?

UG: Ja und nein. Ich habe etwas mehr Kundinnen als Kunden. Das mag daran liegen, dass ich selbst eine Frau bin. Aber sicher auch daran, dass es Männern prinzipiell schwerer fällt, sich bei jemandem Rat zu holen. Männer denken viel länger, sie müssten mit allem allein klarkommen. Deshalb sind im Schnitt die

Männer, die sich an mich wenden, bereits in einem verzweifelteren Zustand als die Frauen. In der eben beschriebenen Blockadehaltung nehmen sich beide allerdings nicht viel. Die auffälligsten Unterschiede gibt es bei dem, was meine Kundinnen im »unaufgeklärten« Zustand erzählen, wenn ich sie also zu Beginn des Beratungsgesprächs frage, in welche Richtung der neue Beruf gehen soll. Über die Hälfte aller Frauen nennt dann erst mal Berufswünsche, die Verlängerungen des Privatlebens sind. Absoluter Spitzenreiter: Innenarchitektin. Mit der Begründung »Wenn ich draußen bin, ist immer alles so stressig, und wenn ich zu Hause bin, dann mache ich mir's schön.« Oder Ernährungsberaterin. Nach dem Motto »Ich habe gemerkt, wenn ich nur Gemüse esse, wird meine Haut besser – von dieser Erkenntnis würde ich gern andere profitieren lassen.« Solche Frauen übersehen, dass ganz schnell Schluss mit kuschelig ist, wenn man die Verantwortung hat, einen Laden aufzubauen, Kunden zu akquirieren und zu betreuen. Leider muss man sagen, dass Frauen der Gedanke, zu einem erfüllten Leben gehört ein erfüllender Beruf, häufig erst mal fremder ist als Männern. Selbst bei Frauen, die im Beruf stehen, geht unglaublich viel Energie ins Private. Frage ich Frauen, was für sie zu einem glücklichen Leben gehört, höre ich an erster Stelle: Partnerschaft und Kinder. Dann kommt: Zeit mit Freundinnen verbringen, Reisen und – mein Lieblingshasskandidat – Yoga.

TD: Was hast du gegen Yoga? Ich gehe da auch hin.

UG: Ich habe nichts dagegen, wenn eine zum Yoga geht, um sich fit zu halten. Aber oft wird eine Lebensphilosophie daraus à la »Wenn ich so könnte, wie ich wollte, würde ich nur noch Yoga machen.« Diesen Satz habe ich in letzter Zeit nicht einmal gehört, sondern zwanzigmal – und zwar hauptsächlich von Akademikerinnen. Dahinter steht: Ich muss mich nicht mehr mit Leuten auseinandersetzen, ich muss mir keine Meinungen zu Problemen bilden, ich muss mich nicht durchsetzen, ich muss keine Konflikte durchstehen.

TD: Haben Frauen mehr Angst vor Konflikten als Männer?

UG: Sie zeigen zunächst einmal ein anderes Konfliktverhalten als Männer. Unter Juristen gibt es das Gerücht: Wenn zwei Anwälte sich vor Gericht streiten, gehen sie anschließend zusammen ein Bier trinken. Wenn zwei Anwältinnen sich streiten, grüßen sie sich nicht einmal mehr im Treppenhaus.

TD: Könnte man das Beispiel nicht auch anders interpretieren? Vielleicht ist das Problem von Frauen, die sich im Beruf engagieren, dass sie diesen Beruf weniger als eine Rolle, sondern vielmehr als Teil ihrer Persönlichkeit sehen. Deshalb neigen sie dann auch dazu, einen beruflichen Konflikt persönlich zu nehmen. Eine Erklärung dafür könnte wiederum in der Erziehung beziehungsweise frühen Sozialisation liegen. Jungs gehen zusammen auf den Fußballplatz, spielen dort erbittert gegeneinander – aber nachher gehen sie zusammen wieder Kakao oder später Bier trinken. Mädels lernen weniger, miteinander in leistungsbezogener Weise zu konkurrieren. Bei ihnen geht es vielmehr darum, beliebt zu sein, zu einer tollen Gruppe dazuzugehören. Wenn es da Streit gibt, wird der sofort beleidigend und persönlich.

UG: Frauen und Konkurrenz ist ein heikles Thema. Nur sehr wenige Frauen haben ein gesundes Verhältnis dazu. Ich muss mich da an die eigene Nase fassen: Ganz lange habe ich mich dagegen gewehrt zuzugeben, dass es in unserer Freundschaft auch Konkurrenz gibt.

TD: Warum?

UG: Vermutlich weil ich dachte, das würde unsere Freundschaft beflecken. »Konkurrent sein«, das klingt ja gleich nach Neid und Missgunst und Stutenbissigkeit – alles Verhaltensmuster, die mir äußerst fremd sind. Aber leider ist es bei Frauen oft so: Wenn sie sehen, dass eine andere über sie hinaus wächst, Erfolg hat, spannende Dinge tut, dann denken sie nicht: »Wow, davon lasse ich mich anstacheln, das will ich auch versuchen!« Sondern sie reagieren feindselig, diffamieren das, was die andere tut, als »unweiblich« und sagen: »Ja, aber dafür ist sie in letzter Zeit ziemlich fett geworden, hat eine Scheißfrisur und außerdem ist sie eine schlechte Mutter.«

TD: Wenn es tatsächlich so wäre, und Frauen im Allgemeinen die Neigung hätten, auf erfolgreiche Frauen nicht positiv, sondern feindselig zu reagieren, hätte das nicht fatale Konsequenzen? Würde es nicht die Hoffnung zunichte machen, die Dinge könnten sich zum Besseren entwickeln, gäbe es mehr gescheite weibliche *Rolemodels*?

56

UG: So pessimistisch würde ich das nicht sehen. Es ist ja nicht so, dass Frauen nicht auch andere Frauen bewundern und ihnen nachzueifern versuchen. Nur orientieren sie sich im Augenblick leider bevorzugt an den komplett Falschen, nämlich an hirnlosen Schauspielerinnen und magersüchtigen Topmodels. Und damit landen wir wieder bei der zentralen Frage: Was ist das weibliche Rollenbild, das in einer Gesellschaft den Mainstream ausmacht? Und da ist es leider immer noch so, dass Heidi Klum für die tollere Frau gehalten wird als Angela Merkel. Aber vielleicht ändert sich das ja gerade.

TD: Wenn ich mich recht erinnere, warst du im letzten Herbst keine, die Angela Merkel ihre Stimme gegeben hat.

UG: Nein. Aber wenn die SPD Heidi Klum als Kanzlerkandidatin ins Rennen geschickt hätte, hätte ich garantiert Merkel gewählt. Im Ernst: Ich fand die Lage bei der letzten Bundestagswahl sehr schwierig. Das Frauenherz in mir sagte: »Wähl' die Merkel!« Aber mein politisches Herz hat es einfach nicht über sich gebracht, das Kreuz bei der CDU zu machen.

TD: Welche Rolle spielte es bei der Ablehnung, die Angela Merkel bei den Wählerinnen erfahren hat, dass sie eine so große Machtentschlossenheit ausstrahlt?

UG: Eine ganz entscheidende. Nicht nur Männer, sondern leider auch Frauen haben eine riesige Angst vor Frauen, die klar und ohne Augenaufschlag sagen: »Jawohl, ich will ganz nach oben. Ich will an die Macht.«

TD: Dann müssten deine Kundinnen ja eigentlich auch Angst vor dir haben?

UG: (Lacht.) Die hoffnungslosen Fälle vielleicht schon. Und ich finde es reizend, dass du mich in einem Atemzug mit unserer Bundeskanzlerin nennst. Aber im Vergleich zu deren Machtwillen bin ich doch eher ein kleines Licht.

TD: Immerhin hattest du damals, als du deine beiden Berufsgurus hinter dir gelassen hast, den Mumm zu sagen: »Ich bin besser als die. Ich habe genug davon, in deren Schatten zu stehen.«

UG: (Grinst.) So hat wohl jede Frau ihren Koch und ihren Wulff.

TD: Kann es sein, dass Frauen lernen müssen, wenn die Zeit gekommen ist, auch mal die Hand zu beißen, die sie gefördert hat! Hättest du immer nur gesagt: »Was meine beiden ›Chefs‹ alles für mich getan haben! Nein, denen darf ich jetzt nicht in den Rücken fallen!« – dann säßest du wahrscheinlich heute noch in deren Schreibkeller.

UG: Männer praktizieren den Vatermord ja schon viel länger. Frauen schmücken sich gern damit, dass sie die besseren, friedvolleren, loyaleren Menschen sind. Und natürlich reagieren sie dann mit extra großem Entsetzen und Abscheu, wenn eine wie Angela Merkel ihren Über-Ziehvater Kohl, dem sie doch alles verdankt, plötzlich kaltstellt, indem sie sich in einem öffentlichen Brief von seinem Spendensumpf distanziert. Wobei ich selbst meine beiden »Chefs« ja nicht kaltgestellt habe. Ich habe einfach nicht länger für sie, sondern für mich selbst gearbeitet.

TD: Warum haben so viele Frauen Angst vor dem Schritt: Raus aus dem Schatten des Beschützers, rein ins Rampenlicht?

UG: Du glaubst nicht, wie oft ich in meinen Beratungen von Frauen den Satz höre: »Ich stehe gern in der zweiten Reihe.« Als ich damals über meine Situation nachgedacht habe, bin ich zu dem Schluss gekommen, dass ich nicht gern in der zweiten Reihe stehe, sondern lieber in der ersten.

TD: Ist das die Haltung derer, die schon immer auf der glücklichen Seite des Lebens standen?

UG: Mit glücklicher Seite hat das gar nichts zu tun. Ich könnte dir zig Frauen nennen, die aus großbürgerlicheren Verhältnissen stammen, eine noch höhere akademische Qualifikation haben als ich und sich ohne Not klein machen. Es stimmt, ich hatte zwar immer eine große Klappe, aber ich habe ja vorhin geschildert, was für Minderwertigkeitskomplexe ich selbst im Studium noch hatte.

TD: Du bezweifelst also, dass die Frauen ehrlich sind, wenn sie sagen, dass sie gern in der zweiten Reihe stehen?

UG: Frauen sagen das, was sie für sozial akzeptiert halten. Egal, ob Mann oder Frau, jeder will geliebt, respektiert und bewundert werden. Nur setzen Männer und Frauen das eben unterschiedlich um. Männer werden geliebt, weil sie erfolgreich sind. Als Mann kannst du dick und doof sein, wenn du erfolgreich bist, hast du immer noch die Chance, eine tolle Frau abzukriegen. Frauen glauben eher, dass sie geliebt und bewundert werden, wenn sie das erfüllen, was man traditionell für die weibliche Rolle hält. Frauen haben oft Angst, dass sie für weniger attraktiv gehalten werden, wenn sie in der ersten Reihe stehen.

TD: Ist das nur ein Schreckgespenst, das bei Frauen im Kopf herumspukt? Oder ist es nicht tatsächlich so, dass Frauen Schwierigkeiten haben, einen Partner zu finden, je höher sie auf der Karriereleiter hinaufklettern?

UG: Die Realität ist: Frauen, die glauben, sie müssten dezent im Hintergrund bleiben, finden möglicherweise leichter einen Partner, aber letztlich landen sie dann doch nur bei einem Deppen. Wenn ich mich in meinem Bekanntenkreis umschaue, ist es eher so, dass die Frauen, die den Ruf haben, »Emanzen« oder »Nervensägen« zu sein, mit den spannenden Männern liiert sind. Nicht die, die sich bemühen, das klassische weibliche Ideal zu erfüllen.

TD: Du würdest sagen: Jeder Mann, der eine Frau verlässt, weil sie ihm karrieretechnisch über den Kopf wächst, ist ein Depp, dem frau nicht nachtrauern sollte?

UG: Beziehungen sind eine komplizierte Angelegenheit für Männer *und* für Frauen. Und Beziehungen gehen in die Brüche, auch wenn die Frau keine Karriere macht. Die meisten Beziehungen unter erwachsenen Menschen geraten doch ganz anders in die Krise: Mann arbeitet, Frau sitzt zu Hause und wickelt die Kinder, Mann lernt bei der Arbeit eine andere Frau kennen, verliebt sich – und wenn die andere Frau stark ist, holt sie den Mann aus der Beziehung raus. Eine der wichtigsten Mitteilungen, die man Frauen machen sollte: Vergesst die Idee, dass ihr einen besonders tollen Typen abbekommt, wenn ihr die Mäuschenrolle besonders toll erfüllt. Auch Männer fühlen sich hingezogen zu erfolgreichen Frauen.

TD: Hingezogen vielleicht schon. Aber sind sie wirklich bereit, das Leben an der Seite einer erfolgreichen Frau zu führen? Vor allem wenn Kinder da sind, kann das nämlich bedeuten, dass auch der Mann in seinen Plänen mal zurückstecken muss. Ist der Klassiker nicht eher: Für's Auf- und Anregende nimmt er sich eine Geliebte, bleibt aber natürlich bei der Frau daheim, die zwar ein bisschen nörgelig, frustriert und langweilig ist, ihm aber schließlich so hübsch den Rücken freihält?

UG: Natürlich gibt es souveräne, mutige Männer nicht wie Sand am Meer. Aber ich garantiere dir: Kein Mann, der eine Frau braucht, die sich ihm unterordnet, ist cool.

TD: In deinem Leben gab es längere Zeiten ohne festen Partner.

UG: Ich fühle mich bis in mein jetziges zartes Alter als Single.

TD: Obwohl du seit 14 Jahren mit deinem Freund »zusammen« bist?

UG: Mein Lebensstil ähnelt eher dem eines Singles als dem einer »gebundenen« Frau. Ich bin die Hälfte des Jahres beruflich unterwegs, und mein Freund ist als Fernsehjournalist auch viel *on the road* – oder er spielt mit seinen Kumpels Fußball und trainiert Marathon. Außerdem haben wir weitestgehend getrennte Freundeskreise. Die einzige Zeit, in der wir wirklich »als Paar« leben, ist, wenn wir Urlaubsreisen machen. Das tun wir allerdings regelmäßig und ausgiebig.

TD: Könnte man das Modell »liierter Single« nennen?

UG: Schöner Begriff. Und es ist das Beziehungsmodell, das nicht nur Frauen am besten bekommt, sondern meiner Erfahrung nach auch der Beziehung am besten tut. Es ist gefährlich, wenn man Tag für Tag, Nacht für Nacht aufeinander hockt.

TD: Hast du jemals mit dem Gedanken gespielt: Eigentlich wäre es toll, wenn ich einen Hausmann hätte, der mir rund um die Uhr den Rücken freihält?

UG: Ich finde es zwar lustiger, wenn sich eine Frau eine »Ehefrau« nimmt, als wenn ein Mann dies tut. Aber wenn ich ernsthaft darüber nachdenke, muss ich sagen: Nein. Ein falsches Rollenmodell wird nicht dadurch attraktiver, dass man die Geschlechtervorzeichen vertauscht. Fürs Grobe haben wir eine Putzfrau. Und wenn bei uns gekocht wird, macht das mein Freund – weil er das deutlich besser kann und lieber macht als ich.

TD: Warum haben Frauen eine solche Angst davor, allein zu sein?

UG: Tja, wenn wir auf diese Frage eine kluge Antwort wüssten... Vielleicht ist es so: Je mehr eigene Projekte eine Frau hat – und damit meine ich jetzt nicht, das Wohnzimmer neu zu dekorieren –, desto eher empfindet sie Alleinsein nicht als Bedrohung, sondern als die Bedingung dafür, dass sie ihre Sachen überhaupt realisieren kann.

TD: Virginia Woolf forderte schon, dass jede Frau »*A Room of One's Own*« braucht.

UG: Gott, bist du wieder gebildet. Aber klar: Meine wichtigste Quelle für Erholung, Regeneration und Kreativität ist – außer zu schlafen – allein zu sein. Und damit meine ich selbstverständlich nicht das Gefühl: Ich bin so einsam, keiner liebt mich. Einen Partner zu haben, den man tatsächlich liebt und der einen umgekehrt auch tatsächlich liebt, ist natürlich schöner, als keinen solchen Partner zu haben. Aber es ist hundertmal besser, ohne Partner zu sein, als in einer Beziehung auszuharren, die eigentlich nur Terror ist. Wer sich an einen Doofkopp bindet, ist sein Leben lang einsam.

TD: Wenn man die ganze Energie, die Frauen darauf verschwenden, offensichtliche Horrorbeziehungen am Laufen zu halten, in Karriereenergie umwandeln würde, gäbe es in diesem Land bald nur noch Top-Managerinnen.

UG: Und wenn man die Energie, die Single-Frauen darauf verschwenden, sich zielsicher in den falschen Kerl zu verlieben, sinnvoll einsetzen würde, gäbe es die nächsten hundert Jahre nur noch Nobelpreisträgerinnen und Bundeskanzlerinnen. Im Ernst: Man kann nicht genug betonen, wie wichtig emotionale Stabilität vor allem für die Karriere von Frauen ist. Eine Frau, die von einem Herzensdesaster ins nächste stolpert, hat natürlich nicht die Konzentration und die Kraft, die man braucht, um sich beruflich durchzusetzen. Ein ganz wichtiges Thema in diesem Zusammenhang: »Verlieben am Arbeitsplatz«. Männer können unbeschadet quer durch den Betrieb flirten. Als Frau läufst du schnell Gefahr, den Respekt zu verlieren. Am klügsten ist es sicher, Amouren am Arbeitsplatz komplett sein zu lassen. Wenn es aber partout sein muss, weil man zum Beispiel so viel arbeitet, dass man außerhalb der Arbeit gar keine Männer mehr kennen lernt, dann sollte man sich entscheiden, auf welchen man es abgesehen hat. Und es bei diesem einen Kollegen, der in der Hierarchie möglichst unter einem steht, belassen.

TD: Warum sollte es einer sein, der in der Hierarchie unter dir steht?

UG: Affären mit Männern, die in der Hierarchie über dir stehen, untergraben stets deine eigene Autorität. Das hat mir

»meine« Kapitänin geraten. Und die muss es ja wissen, als einzige Frau auf so einem Schiff.

TD: Wir haben über die Angst gesprochen, die Frauen haben, keinen Partner zu finden beziehungsweise den aktuellen zu verlieren, wenn sie beruflichen Ehrgeiz entwickeln. Ist diese Angst der einzige Grund, warum Frauen so gern beruflich zurückstecken?

UG: Es gibt eine Menge Frauen, die das Zeug dazu hätten, von der zweiten in die erste Reihe zu treten. Häufig sind sie ihren Chefs intellektuell und bildungsmäßig überlegen, sind kommunikativ besser und meistens sehen sie auch noch besser aus. Aber es verschafft ihnen ein diffuses Sicherheitsgefühl, im Schatten mächtiger Männer zu arbeiten. Dabei stimmt das natürlich überhaupt nicht. Man ist in diesem Schatten nicht sicher, sondern der Arsch vom Dienst. Meine wichtigste Botschaft: »Mädels, hört auf, daran zu glauben, dass ein Schattendasein Sicherheit bedeutet! Euer Ehemann, dem ihr dreißig Jahre eine treu sorgende Gattin wart, kann euch jederzeit sitzen lassen! Euer Chef, für den ihr euch dreißig Jahre krumm gearbeitet habt, kann euch von heute auf morgen feuern!« Diese Einsicht darf einen aber natürlich nicht dazu verleiten, in eine Depression zu verfallen. Im Gegenteil. Frau muss sie nutzen, um zu erkennen: Der Weg, der die größte Aussicht auf ein Leben verspricht, von dem man am Schluss sagen kann: »Ja, es war ein glückliches, ich habe vieles richtig gemacht«, ist der Weg, sich selbst zu wappnen, die Fähigkeiten zu erwerben, die man braucht, um eigenständig durchs Leben kommen zu können, Mut zu entwickeln.

TD: Ist das Bedürfnis nach Sicherheit in Deutschland besonders ausgeprägt?

UG: Ich glaube schon. Den Männern wurde jahrzehntelang erzählt, ihr Arbeitsplatz bei Siemens sei sicher. Frauen wurde – und wird leider immer noch – erzählt, sie seien sicher, solange sie im Schatten eines männlichen Beschützers bleiben. Es kann in diesem Land nur etwas passieren, wenn alle, Männer wie Frauen, begreifen, dass diese Sicherheiten trügerische sind. Die Kultur sich zu fragen: »Was kann ich selbst unternehmen, um Arbeit zu bekommen?«, und nicht gleich zum Arbeitsamt oder meinetwegen auch zur »Agentur für Arbeit« zu rennen, ist hierzulande komplett unterentwickelt. Nicht umsonst gibt es in Deutschland so erschreckend wenige, die beruflich selbstständig sind.

TD: Laut Mikrozensus 2004 hatten wir in Deutschland ungefähr 3,8 Millionen Selbstständige, von denen eine halbe Million auch noch angab, nur Teilzeit zu arbeiten.

UG: Und es sind nicht etwa nur schlecht ausgebildete Leute, die bei ihrem Berufsleben wie die Kindergartenkinder von Papa Staat an die Hand genommen werden wollen. Die preußische Beamtenstaatsmentalität sitzt unglaublich tief. In meiner eigenen Familie erlebe ich immer wieder, dass sie mich im Grunde für gescheitert halten, obwohl ich mehr verdiene als die meisten von denen. Wirklich zählen würde nur eine feste Anstellung, am besten beim Staat, oder bei staatsähnlichen Firmen wie der Deutschen Bank oder DaimlerChrysler. Sein Geld freiberuflich zu verdienen, gilt hierzulande immer noch als »Notlösung«.

TD: Wenn man sich anschaut, wie es mit Frauen und Selbstständigkeit aussieht, wird die Lage noch finsterer: 1,1 Millionen Frauen sind selbstständig, davon allerdings nur 770 000 Vollzeit. Und neunzig Prozent aller Selbstständigen sind im schlecht bezahlten Dienstleistungssektor tätig.

UG: Es ist interessant, kurz über unseren deutsch-europäischen Tellerrand hinauszublicken: In Asien zum Beispiel hat jede Frau irgendein kleines Business, und wenn es ein winziger Marktstand ist, an dem sie Plätzchen verkauft. Wohingegen die Männer im Schatten hocken und auf die Straße spucken. Frauen kümmern sich um Brot und Butter. Männer kümmern sich um Zigaretten und Mofas. Wenn's um eine Notsituation geht, zeigt sich, dass Frauen flexibler, energischer und ideenreicher sind als Männer. Das Problem, vor dem wir hier und heute in Deutschland stehen, ist also eher: Wie können Frauen aus Erwerbstätigkeit einen Beruf machen, der kein notwendiges Geldverdienübel, sondern anspruchsvoll ist, sie nach vorne bringt und zum Lebensglück beiträgt.

TD: Haben wir in Deutschland nicht eher das Problem, dass die Frau zu Hause bleibt und der Mann das Geld für Brot, Butter, Zigaretten und Mofas verdient?

UG: Unsere aktuelle Leitkultur sieht leider so aus: Der Typ verdient genug, dass die Frau nicht arbeiten muss. Dabei haben die Frauen in Deutschland schon einmal bewiesen, dass sie sehr wohl imstande sind, den Laden auf Vordermann zu bringen. Hätten die »Trümmerfrauen« darauf gewartet, dass die Jungs aus der Kriegsgefangenschaft zurückkehren und aufräumen, säßen wir vermutlich immer noch zwischen Ruinen.

TD: Gilt diese Leitkultur, dass der Mann voll arbeitet und die Frau am liebsten nur Teilzeit, auch noch bei der jüngeren Generation? Oder ändert sich da was?

UG: Wenn sich da was ändert, dann eher zum Schlechten, fürchte ich. Ich erlebe massenhaft Abiturientinnen, die mir ohne jeden Anflug von Zweifel oder Ironie sagen: »Soll ich auf Biegen und Brechen Karriere machen und damit möglicherweise den Träumen meines Mannes im Wege stehen?« Dann kommt die Sorge: »Werde ich den Beruf auch mit Familie vereinbaren können?« Und da muss ich sagen: »Babys, ihr seid 18! Ihr braucht nicht jetzt darüber nachzudenken, wie das mit der Familiengründung ist.«

TD: Ich mag nicht glauben, dass »unsere Jugend« tatsächlich so reaktionär ist …

UG: Klar, gibt es – und gab es schon immer – einzelne Frauen, die etwas wollen, vielleicht sogar ganz nach oben kommen. Und sicher sind es in den letzten dreißig Jahren ein paar mehr geworden. Allerdings scheint mir das nicht Mainstream zu sein. Mainstream ist höchstens, dass es schön wäre, wenn man als Frau irgendwas für sich hat, vielleicht einen »interessanten Teilzeitjob«, mit dem man auch als Repräsentationsobjekt für den Mann noch attraktiver wird. Denn natürlich ist der Vorstandsvorsitzende glücklicher, wenn er beim Empfang mit Damen sagen kann: »Das ist meine Frau, sie ist Innenarchitektin.« Aber es gibt eine klare Grenze, und die verläuft dort, wo es darum gehen würde, dass *sie* ihre beruflichen Träume durchsetzt, und *er* deshalb mit seinen zurückstecken muss. Schau dir die Heerscharen von Frauen an, die sich nach wie vor beruflich ihrem Mann unterordnen. Wenn ich in die Provinz komme, erlebe ich, dass acht von zehn – auch junge – Frauen im Büro, im Betrieb, in der Arztpraxis ihres Mannes mitarbeiten, meistens machen sie die Buchhaltung, die Vorzimmerdame oder Ähnliches. Außerdem erziehen sie die Kinder, pflegen die Schwiegereltern, machen Charity-Work von Kindergarten bis Sommerfest – ohne eigenes Geld, ohne Zeit für sich. Sie sind die Sklavinnen ihrer Familie.

TD: Glaubst du nicht, dass es Frauen gibt, die mit diesem Modell glücklich sind?

UG: Ich halte das für einen Mythos. Ein erschreckend hoher Prozentsatz der Bevölkerung leidet an Depressionen. Und Depressionen sind nun mal eine klassische »Frauenkrankheit« – auch wenn die Männer in letzter Zeit gewaltig aufholen. Jeder will Respekt, jeder will eine Aufgabe. Und Aufgabe heißt nicht: Die Wäsche machen oder das Medizinschränkchen des Herrn Doktor aufräumen. Ein amerikanischer Psychologe hat den Begriff des »*Flow*« geprägt. Diesen *Flow* gibt es bei Aufgaben, die groß genug sind, dass sie eine wirkliche Herausforderung darstellen, aber nicht so groß sind, dass ich mich hoffnungslos überfordert fühle. Ein solcher *Flow* kann natürlich nicht nur bei beruflichen Herausforderungen entstehen, sondern auch, wenn ich dafür trainiere, den ersten Marathon meines Lebens zu laufen. Oder beim nächsten Weihnachtskonzert das Solo zu singen. Aber er entsteht definitiv nicht, wenn ich den Frühjahrsputz oder die Postablage erledigt habe. Das verschafft höchstens eine flüchtige Befriedigung.

TD: Ich denke auch, die wenigsten Frauen würden heute noch erklären: »Meine tiefste Befriedigung finde ich, wenn mein Haus so schön geputzt ist.« Aber natürlich würden die meisten Vollzeitmütter sagen: »Das Glück, das ich empfinde, wenn ich meine Kinder heranwachsen, sich entwickeln sehe, ist so unendlich größer als alles Glück, was ich empfunden habe, als ich das letzte Projekt in meiner dämlichen Glühlampenfirma durchgedrückt habe.« Was sagst du zu denen?

UG: Eine tolle Mutter zu sein, Kinder zu erziehen, ist natürlich ein ziemlich attraktiver Kandidat für einen *Flow*, aber auch ein höchst zweifelhafter. Denn erstens ist Kindererziehung ein Projekt mit komplett unberechenbarem Ausgang. Und zweitens ist es mehr als fraglich, ob eine Mutter ihren Kindern tatsächlich einen Gefallen tut, wenn sie diese zu ihrer größten Herausforderung, zu ihrem größten Projekt erklärt. Ich stehe dieser Ideologie, das höchste Glück der Frauen liege in der Kindererziehung, sehr skeptisch gegenüber. Ich glaube nicht, dass Muttersein allein langfristig erfüllt.

TD: Wie viel hat die sprichwörtliche »gläserne Decke«, an die Frauen ab einer bestimmten Karrierestufe stoßen, damit zu tun, dass viele, gerade gut ausgebildete Frauen sich mit Mitte dreißig aus dem Arbeitsleben in die private Rolle der Hausfrau und Mutter verabschieden?

UG: Die Wirtschaftsjournalistin Barbara Bierach vertritt in ihrem Buch *Das dämliche Geschlecht* die These, dass Frauen, wenn es um Karriere geht, sich viel mehr selbst im Weg stehen, als dass die Jungs sie daran hindern würden, ganz nach oben zu kommen. Aus meiner praktischen Erfahrung mit Kundinnen, muss ich leider sagen: Da ist viel dran. Allerdings würde ich die Widerstände, die die *Old Boys Networks* immer noch aufbringen, wenn eine Frau in die oberste Ebene vorstoßen will, nicht unterschätzen. Denn natürlich ist es nicht so, dass den Frauen überall die Türen offen stehen, und das Einzige, was sie daran hindert, über die einladende Schwelle zu treten, ist ihre eigene Dämlichkeit. Häufig genug muss frau mit dem Rammbock kommen, um die Tür überhaupt erst mal aufzukriegen. Ich finde es zynisch, wenn Top-Manager in Interviews seufzen: »Ich hätte ja sooo gern eine Frau eingestellt, aber leider hat sich wieder keine beworben.«

TD: Womit der Satz: »Wo sind die Weiber?!« eine gänzlich neue Dimension erhält …

UG: Ein schlimmes Handicap ist die Furcht vieler Frauen, als »geldgeil« oder »unweiblich« zu gelten, wenn sie nach dem »großen« Geld greifen. Ein Bekannter aus dem Managementbereich hat mir erzählt, dass manche Firmen ihre Top-Stellen extra hoch dotiert ausschreiben – um zu verhindern, dass sich Frauen darauf bewerben. Natürlich kann man sagen: »Ist doch prima, dass Frauen so hart kämpfen müssen, um an die Spitze zu kommen. Auf diese Weise ist wenigstens sichergestellt, dass die Frauen, die ganz oben landen, etwas taugen. Genug männliche Luschen tummeln sich ja schon in den Chefetagen.« Allerdings sollte man sich dann von der Vorstellung verabschieden, man sei eine zivilisierte Gesellschaft. Und außerdem ist es volkswirtschaftlich verheerend, gut ausgebildeten Frauen den Aufstieg im Arbeitsmarkt extra schwer zu machen.

TD: Was entgegnest du einer Frau, die sagt: »Mir sind diese männlichen Kampfrituale einfach zu blöd. Ich will da nicht mitmachen.«

UG: So eine Haltung mag von einem freundlichen Charakter zeugen – an der gesellschaftlichen Realität wird sich auf diese Weise nie etwas ändern. Wir wissen: Die Atmosphäre in einem Betrieb ändert sich nicht, wenn da eine oder zwei Einzelkämpferinnen arbeiten, sondern erst, wenn eine kritische Masse an Frauen erreicht ist. Man schätzt, dass die bei dreißig bis vierzig Prozent liegt – und zwar auf allen Hierarchieebenen, nicht nur bei den Zuarbeiterinnen. Und deshalb würde ich der Frau entgegnen, dass sie ihre Entscheidung nicht nur für sich selbst trifft, sondern ihre Entscheidung massive Auswirkungen auf die Lage der Frauen insgesamt hat.

TD: In Norwegen hat die Regierung zum Jahresbeginn 2006 eine Quotenregelung auch für die Privatwirtschaft eingeführt: Wenn in den Aufsichtsräten von Aktiengesellschaften nicht bis Ende 2007 vierzig Prozent Frauen sitzen, drohen harte Geldbußen, im Extremfall kann die AG sogar vom Staat aufgelöst werden. Was hältst du von so einer Regelung?

UG: Viel. Wir haben hier in Deutschland dreißig Jahre Frauenpolitik, Frauenförderpläne, Frauenparkplätze und ich weiß nicht was, aber die Wirklichkeit hat sich im Vergleich zu diesem Überbau doch nur sehr sparsam verändert. Natürlich werden Quoten andere Ungerechtigkeiten produzieren, und Quoten sind nicht wirklich vereinbar mit einer liberalen Staatsauffassung, genau genommen sind sie sogar das Gegenteil davon – aber in anderen Punkten von der Gurtpflicht bis zum Dosenpfand ist die Bundesrepublik auch kein liberaler Staat.

TD: Von Frauen, die ohne Quote Karriere gemacht haben, hört man oft: »Ich empfände eine Quote als Beleidigung. Ich will meinen Job nur deshalb bekommen haben, weil ich die/der Beste war.«

UG: Diese Frauen sollten sich vielleicht einmal klarmachen, wie viele Männer ihren Job nicht deshalb bekommen haben, weil sie *der Beste* waren – sondern weil sie die richtigen Connections hatten. Denn das ist ja das Schlimmste an dem Kapitalismus, in dem wir derzeit leben: Er ist gar kein richtiger Kapitalismus – sondern ein *Old Boys Network*.

TD: Du hättest wirklich kein Problem damit, wenn ein Kollege dir hinterher rufen würde: »Quotenfrau!« Wir erinnern uns an die Geschichte aus dem Seminar.

UG: Damals hat mich das fertiggemacht. Aber inzwischen habe ich dazugelernt. Wenn man als Frau Karriere macht, muss man eh damit leben, Anfeindungen ausgesetzt zu sein. Und dann heißt in Gottes Namen eine Anfeindung halt »Quotenfrau«.

TD: Gäbe es außer der Quote noch andere feministische Forderungen, die du an die Politik stellen würdest?

UG: Zu allererst gehörte dieses verdammte Ehegattensplitting abgeschafft. Natürlich ist das Gesetz mittlerweile längst so formuliert, dass es geschlechtsneutral klingt, aber in Wahrheit befördert es einzig und allein ein Modell: Der Mann verdient die große Kohle, und deshalb ist es besser, wenn die Frau zu Hause bleibt und möglichst gar kein Einkommen hat.

TD: Ist die Errungenschaft der *Political Correctness*, immer von »Managern und Managerinnen« zu sprechen – auch wenn weit und breit keine einzige Managerin zu sehen ist – oder Gesetze so zu formulieren, dass sie geschlechtsneutral klingen, obwohl sie de facto ein ganz spezifisches Geschlechterverhältnis propagieren –, nicht eine der größten Plagen, wenn man sich derzeit mit der Lage des Geschlechterkampfes beschäftigt? Dient die politisch korrekte Rhetorik nicht vor allem dazu, reale Ungerechtigkeiten zu kaschieren?

UG: Absolut. Genau das hat zur Folge, dass sich keine mehr traut, in Frauenfragen den Mund aufzumachen, weil es sofort tönt: »Was wollt ihr Hysterikerinnen denn, es heißt doch überall Rentner und Rentnerinnen, Studenten und Studentinnen!«

TD: Mein Lieblingsbeispiel auf diesem Sektor: Im letzten Bundestagswahlkampf, nachdem die Grünen eine ihrer Grundfesten, die Doppelspitze, vorübergehend außer Kraft gesetzt hatten, um Joschka allein vorzulassen – übrigens mit bravster Zustimmung der grünen Frauen von Renate Künast bis Claudia Roth –, sprach dieser in einer Wahlkampfrede vom »Souverän und der Souveränin«.

UG: Insgesamt ist die gefühlte Gerechtigkeit in diesem Land ja viel größer als die reale. Nimm zum Beispiel die Klassen- und Bildungsfrage: Die PISA-Studie hat ganz deutlich gezeigt, dass Arbeiterkinder tendenziell Arbeiter werden und nicht dieselben Bildungschancen haben wie Akademikerkinder. Trotzdem macht niemand dieses Fass wirklich auf, indem er zum Beispiel massiv die Einführung von Ganztagsschulen fordert, um die Kids frühzeitig aus ihrem Milieu herauszuholen – was übrigens auch den meisten Akademikerkids gut täte. Alle jammern, dass die Wurst teurer und Hartz IV weniger wird. Aber keiner hat das Gefühl, er würde hierzulande wirklich strukturell benachteiligt. Der Fake, jeder könne in dieser Gesellschaft alles schaffen, garantiert den sozialen Frieden. Und so zetteln nicht nur die Arbeiter keine Revolution an, sondern auch die Frauen schlucken alles, was die Gesellschaft an strukturellen Ungerechtigkeiten für sie bereithält.

TD: Ich fange an zu begreifen, warum der Lenin immer noch an der Wand hängt …

UG: Kannst du an dieser Stelle bitte einfügen: Lenin steigt von der Wand herab und haut Thea Dorn die *Prawda* auf den Kopf. – Ist doch wahr: Das Schlimmste, was man heute öffentlich tun kann, ist in Frauenfragen die Klappe aufzumachen. Selbst wenn man sich gegen so offensichtliche Missstände äußert wie Gewalt gegen Frauen, schauen einen die Leute an, als würde man eine ansteckende Krankheit verbreiten. Es ist gesellschaftlicher Mainstream, sich über Ausländerdiskriminierung zu empören – zu Recht. Aber wenn ein Geschäftsmann im Zug sitzt und quer durch den Wagen posaunt: »Vergewaltigung ist doch mein Hobby! Hahaha!«, regt sich keiner und schon gar *keine* auf. Im Gegenteil, die Tante, die neben dem Kerl sitzt und vermutlich seine Sekretärin ist, lacht am lautesten. Es wäre extrem hilfreich, wenn mehr Frauen sich wieder trauen würden, blöde Machosprüche als das zu benennen, was sie sind. Und vor allem, wenn sich solche Frauen trauen würden, die eine positive Ausstrahlung haben, deren Empörung man nicht gleich abtun kann mit »Na, der alte Trauerkloß hat wohl lange keinen mehr abbekommen …«

TD: Verlangst du damit eine Wende weg vom Ironischen, hin zum Bierernsten?

UG: Absolut nicht. Ich habe nichts gegen gute Frauenwitze, zum Beispiel: Warum schauen sich Frauen Pornos immer bis zum Ende an?

TD: Weil sie darauf hoffen, dass die beiden heiraten.

UG: Spielverderberin.

TD: Sorry, das ist der einzig gute Frauenwitz, den ich kenne.

UG: Natürlich geht es nicht nur darum, sich über blöde Witze aufzuregen, sondern auch darum, etwas zu tun. Ich bin zum Beispiel Mitglied beim Fan-Projekt, das ist der größte Fanclub des 1. FC Köln. Und eines Frühstücks, als ich in deren Fanpostille, dem *Kölsch live*, herumblättere, entdecke ich, dass die mit einer Table-Dance-Bar kooperieren. Vor Schreck ist mir das halbe Brötchen aus dem Mund gefallen. Denn dieser Table-Dance-Schuppen gehört zum »Pascha-Club«. Das ist das größte Bordell Europas, nennt sich »Laufhaus« und behauptet, »saubere« Prostitution zu ermöglichen. Im Frühjahr 2005 gab es allerdings in der Kölner Filiale eine Razzia, und da sind nicht nur Waffen und Drogen gefunden worden, sondern auch Minderjährige, die dort als Prostituierte gearbeitet haben. So viel zum Thema »saubere« Prostitution. Ich habe also ein paar Leute angefunkt, die auch Mitglied im Fan-Projekt sind, Männer und Frauen. Das interessante Ergebnis: Die Männer waren alle mehr oder weniger auf meiner Seite, einige enthusiastisch, viele eher mit »mmh, na ja, hast ja Recht, toll ist das nicht«. Von den Frauen dagegen: Null Reaktion. Ich habe auch an den Manager des 1. FC Köln geschrieben, und der antwortete sehr verbindlich, dass er nicht besonders glücklich über die Zusammenarbeit sei, aber nichts machen könne. Natürlich stimmte das nicht wirklich. Das Fan-Projekt ist zwar in der Tat unabhängig, kriegt aber Geld vom Verein. Also hätte Herr Rettig, wenn er tatsächlich soo unglücklich über die Zusammenarbeit gewesen wäre, dem Fan-Projekt auch den Geldhahn zudrehen können. Aber ganz egal: Ich hatte eine Antwort vom Manager bekommen, in der stand, dass er diese Kooperation auch nicht gutheißt. Daraufhin rief ein Journalist bei mir an, der Wind von der Sache bekommen hatte. Er schrieb einen langen Artikel in der *Kölnischen Rundschau*: »FC Fans laufen Sturm« – wobei es wohl streng genommen nur ich war, die Sturm lief. Als Nächstes schaltete sich eine Frau von der *Lobby für Mädchen* ein, die hat unter anderem den Oberbürgermeister von Köln kontaktiert, der ebenfalls einen Protestbrief ans Fan-Projekt geschrieben hat. Das Ende vom Lied: Dem 1. FC Köln wurde der Druck zu viel, und plötzlich haben sie das Fan-Projekt doch dazu gebracht, die Kooperation mit dem »Pascha« zu beenden. Immerhin sind denen auf diese Weise mindestens zehntausend Euro durch die

Lappen gegangen, und das ist für so einen Fanclub eine Menge Geld.

TD: Irre ich mich, oder sind damals nicht der Trainer und eben jener Herr Rettig zurückgetreten?

UG: Aber leider nicht deshalb, sondern weil der FC so grottenmäßig im Ligakeller war. Wir haben hierzulande eine Situation erreicht, dass selbst die Männer, die es insgeheim gut – oder wenigstens nicht schlimm – finden, dass ein Fußballfanclub mit einem Laden kooperiert, in dem sich auch Minderjährige prostituieren, dass selbst diese Männer sich nicht mehr trauen, ihre Position öffentlich zu vertreten. Wenn man hartnäckig genug ist, kann man das ausnutzen und dafür sorgen, dass die rhetorische *Political Correctness* zu einer tatsächlichen Korrektheit wird.

TD: Kannst du dich in Köln im Stadion noch blicken lassen?

UG: Ich habe mich mit einem Typen vom Fan-Projekt getroffen, der gegen meinen Feldzug war, und alle haben gesagt: »Uta, geh da nicht hin, oder nimm wenigstens jemanden mit!« Aber ich habe mir dann gesagt: Moment, wo leben wir hier? Wir sind hier nicht in Kolumbien, wir sind hier nicht auf Sizilien, wir sind in Kölle. Und es kann nicht sein, dass ich Angst haben muss, dass der mich verprügelt. Eine Frau darf gar nicht erst anfangen, sich auf dieser Ebene einschüchtern zu lassen. Und außerdem: Wenn was passiert wäre, dann hätte ich am nächsten Tag eine Pressekonferenz gegeben, was meinst du, was die dann für einen Ärger am Hals gehabt hätten. Allerdings sollte ich nicht unerwähnt lassen, dass mich das Fan-Projekt inzwischen zum unbeliebtesten Mitglied gewählt hat.

TD: Meine Liebe, da bleibt mir nur noch, dir zu gratulieren.

SEYRAN ATEŞ

Jahrgang 1963. Anwältin, Frauenrechtsaktivistin.

Es war eine der Situationen, wie ich sie nicht besonders schätze. Ich saß im Anschluss an eine Aufführung meines Selbstmord-attentäterinnen-Monologs *Bombsong* auf einem Podium. Und neben mich hatten die Veranstalter eine Frau gesetzt, die im wirklichen Leben Opfer eines Attentats geworden war. Nach wenigen Minuten steuerte der Moderator zielsicher auf die unvermeidliche Frage an »das Opfer« zu: »Macht es Sie nicht persönlich betroffen, wenn Sie im Theater mit ansehen müssen, wie dort eine Attentäterin verherrlicht wird. Wo Sie selbst doch beinahe bei einem Attentat ums Leben gekommen sind?« Ich bereitete mich innerlich darauf vor, »dem Opfer« zu versichern, wie sehr mich seine Geschichte berührt hat, und dass es in meinem Stück mitnichten um die »Verherrlichung« einer Attentäterin geht, als die Frau neben mir, »das Opfer«, kurz und knapp sagte: »Ich fand das ein sehr spannendes Stück. Außerdem sehe ich nicht, wieso ich ›betroffen‹ sein sollte. Mich hat schließlich keine Deutsche angeschossen, die als Kind schon davon träumte, Jeanne d'Arc zu werden. Sondern ein türkischer Faschist.« Und es gab, was es bei solchen Diskussionen selten gibt: Lacher.

Dabei ist die Geschichte von Seyran Ateş in der Tat alles andere als lustig. Ihre Eltern stammten aus dem kurdischen Teil der Türkei. Sie selbst wird als drittes von insgesamt fünf Kindern im *Gecekondu*, wie die Armenviertel Istanbuls heißen, geboren. Die Mutter geht 1968 nach Deutschland, um bei Siemens Geld zu verdienen, der Vater folgt ihr ein halbes Jahr später. 1969 holen die Eltern Seyran und ihre drei Brüder nach Berlin, die kleine Schwester bleibt zunächst bei Verwandten in der Türkei. Seyran lernt schnell Deutsch, wird eine gute Schülerin. Doch der zunehmende Freiheitsdrang ihrer Tochter behagt den Eltern, vor allem dem Vater, nicht. Seyran wird geschlagen, muss die Familie und Gäste von morgens bis abends bedienen, es ist ihr verboten, nach der Schule Freundinnen zu treffen oder sonst etwas außerhalb der Wohnung zu unternehmen. An ihrem

17. Geburtstag beginnt Seyran, an der Wand hinter ihrem Bett Striche zu machen – wie eine Gefangene zählt sie die Tage. Doch schließlich hält sie es nicht mehr aus und haut ab, noch bevor sie volljährig wird. Eine Lehrerin bringt sie in einer Frauen-WG unter, eine Bekannte vermittelt ihr einen Job in einem Kreuzberger Frauenladen, der vor allem türkische Immigrantinnen betreut. Dort arbeitet Seyran auch an jenem Morgen im September 1984, an dem ein Mann in den Laden kommt, eine Waffe zieht und ohne Vorwarnung drei Schüsse abfeuert. Die Frau, die Seyran gerade beraten hat, stirbt im Krankenhaus. Seyran selbst wird durch einen Schuss in den Hals schwer verletzt. Monate dauert es, bis ihr Körper wieder einsatzfähig ist, Jahre, bis sie die psychischen Spuren des Attentats einigermaßen überwunden hat. Das Jura-Studium, das sie ein Jahr vor dem Attentat begonnen hatte, muss sie für sechs Jahre unterbrechen.

Und dennoch ist diese Frau, die ich an jenem Abend im Berliner Maxim-Gorki-Theater kennen lerne, alles andere als ein »Opfer«. Sie hat sich von dem, was ihr widerfahren ist, nicht brechen lassen. Im Gegenteil. Sie schließt das Jura-Studium ab und gründet eine Anwältinnen-Kanzlei, die vorrangig Frauen mit türkischem Hintergrund vertritt. Außerdem beginnt Seyran, sich zunehmend politisch zu engagieren: Sie hält Vorträge zum Kopftuchstreit, bei denen sie schon mal selbst im Tschador erscheint. In Talkshows äußert sie sich kompromisslos zu Zwangsheiraten und »Ehrenmorden«, in denen sie nur den sichtbarsten Gipfel eines viel größeren Problems sieht: Mangelnder Wille in weiten Teilen der türkischen Community, die Werte der Aufklärung und des westlichen Rechtsstaates zu akzeptieren. 2003 veröffentlicht Seyran Ateş ihre Lebensgeschichte *Große Reise ins Feuer* – wobei der dramatische Titel schlicht die Übersetzung ihres Namens ist. Aber sie greift auch konkret in politische Entscheidungsprozesse ein: Sie berät das Innenministerium Baden-Württemberg bei der »Lex Kopftuch« und ist Initiatorin des Antrags, Zwangsverheiratung künftig als eigenen Straftatbestand zu formulieren, der 2006 im Deutschen Bundestag verhandelt wird. Es verwundert nicht, dass die überzeugte Bi-Sexuelle unter türkischen Patrioten und muslimischen Fundamentalisten wenige Freunde hat. Aber auch Teile der deutschen Öffentlichkeit sind schnell dabei, sie für »umstritten« zu halten:

Nur ungern lässt man sich von einer, die es aus eigener Erfahrung besser weiß, in die Multikulti-Suppe spucken. Auf der anderen Seite erhält Seyran Ateş 2004 den Frauenpreis des Berliner Senats, ein Jahr später den Preis für Zivilcourage des Berliner *Christopher Street Day*, der Deutsche Staatsbürgerinnen-Verband wählt sie zur Frau des Jahres 2005.

Für unser Gespräch besuche ich Seyran in ihrer Anwaltskanzlei in Berlin Mitte. Wobei das kühle Wort »Anwaltskanzlei« eine falsche Vorstellung der dortigen Wohn- und Arbeitsverhältnisse vermittelt. Das Haus ist ein herrschaftlicher Altbau in direkter Nähe zu den Hackeschen Höfen, in einigen Zimmern sind beim Renovieren Deckengemälde aus dem frühen letzten Jahrhundert zu Tage gekommen. Zwei halbe Etagen darf Seyran ihr (Miet-)Eigen nennen. Und den Platz braucht sie: Schließlich ist hier nicht nur ihr Büro untergebracht, sondern ein sieben- bis zehnköpfiger Familienclan. Außer Seyran selbst leben hier ihre eineinhalbjährige Tochter, ihre Schwester samt drei Kindern, eine fast erwachsene Nichte und zwei Katzen. Wenn die Eltern wie jetzt aus Istanbul zu Besuch sind, haben auch sie hier ihre Bleibe.

Angesichts der anatolischen Lebensfreude, die im oberen Stockwerk tobt, beschließen Seyran und ich, das Gespräch in der unteren Küche zu führen. Als ich das Mikrofon aufbaue, kommt eine von Seyrans Nichten mit dem Tretauto hereingesaust, um Joghurt aus dem Kühlschrank zu holen – dicht gefolgt von ihrem Bruder, dem einzigen männlichen Dauerbewohner. Als Dritte erscheint Seyrans Mutter samt Kopftuch und einem Topf voll Bulgur, stellt diesen auf den Herd und erklärt uns, dass wir jederzeit davon essen können. Sie wünscht uns *»kolay gelsin!«* – »es möge euch leicht fallen!« – und scheucht die beiden Kinder aus der Küche hinaus.

TD: Ich muss sagen: Du hast deine Familie gut im Griff.

SA: (Lacht.) Vielleicht bekomme ich ja demnächst die Pestalozzi-Medaille für Elternerziehung.

TD: Mir fallen eine Menge Leute aus deutschen Familien ein, die in der Jugend von ihren Eltern weniger schlecht behandelt worden sind als du und dennoch endgültig mit ihnen gebrochen haben.

SA: Familie hat für mich einen sehr großen Wert – da bin ich ganz Türkin geblieben. Deshalb war für mich klar: Ich werde meine Familie nicht leichtfertig aufgeben. Ich will darum kämpfen, dass sie mein Leben doch noch akzeptiert. Und natürlich war das für meine Eltern ein langer Weg. Sie sind unter anderem auch deshalb in die Türkei zurückgegangen, weil sie nicht ständig mit anschauen wollten, wie ich lebe. Aber heute sitzen sie im Publikum, wenn ich eine Auszeichnung bekomme oder in einer Talkshow auftrete, und sind stolz auf mich. Neulich habe ich meiner Mutter auf der Straße eine Frau gezeigt und gesagt: »Die wär doch was für mich.« Und meine Mutter hat geantwortet: »Nee. Wenn schon, soll meine Tochter eine schöne Frau bekommen.« Da muss ich meinen Eltern ein riesiges Kompliment machen. Ich kenne viele türkische Frauen, deren Eltern so verbohrt geblieben sind, dass eine Annäherung bis zum Schluss nicht mehr möglich war.

TD: Gab es eine Zeit, in der dein Verhältnis zur Familie völlig unproblematisch war?

SA: Meine frühe Kindheit in Istanbul war paradiesisch. Das Leben im *Gecekondu* bedeutete eben nicht nur Armut, sondern auch Freiheit. Wir Kinder durften den ganzen Tag auf der Straße spielen, alle Häuser standen dicht beieinander, die Hütte meiner Großeltern war nur durch einen kleinen Garten von unserer getrennt, zu keiner meiner Tanten war es weiter als eine Minute zu Fuß.

TD: Die türkische Großfamilie kann also nicht nur ein Ort der Unterdrückung, sondern auch der Freiheit sein?

SA: In den ersten Lebensjahren kann einem Kind nichts Besseres passieren, als in einer solchen Großfamilie aufzuwachsen. Ich war zwar ein absolutes Mama-Rockzipfel-Kind, aber trotzdem wurde ich eben nicht nur von meiner Mutter behütet. Jedes Kind, das da herumwuselte, wurde von allen Erwachsenen beachtet. Wenn ich Hunger hatte und gerade bei einer Tante war, dann habe ich eben dort etwas zu Essen bekommen. Diese heilige deutsche Dreifaltigkeit »Frühstück-Mittagessen-Abendbrot«, alles streng nach Zeitplan, und wehe, einer schert aus – das gab es bei uns nicht. Meine Mutter hätte mich niemals gezwungen, mich mit an den Tisch zu setzen und zu essen, wenn ich vorher schon etwas bei der Tante oder der Großmutter gegessen hatte. Ich hatte die Freiheit, meinen Tag selbst zu gestalten. Ich habe auch hin und wieder bei Verwandten übernachtet – das war nie eine große Aktion mit Vorher-Anmelden oder Um-Erlaubnis-Fragen. Es herrschte einfach auf allen Seiten das Vertrauen: Das Kind ist im Schoß der Familie, da kann ihm nichts passieren. Ich bin sicher, dass Kinder auf diese Weise ein größeres Selbstbewusstsein ausbilden, als wenn sie eine ängstliche Mutter daheim haben, die sie ständig gängelt und ihnen erzählt, wie gefährlich und böse die Welt ist.

TD: Gab es in dem frühen Kindheitsparadies bereits kleine Evas und Adams, sprich: Wurdest du als Mädchen anders erzogen als deine drei Brüder?

SA: Nicht in dem Sinne, dass mir etwas verboten worden wäre, was meine Brüder durften. Das kam erst viel später in Berlin. Meine Eltern hatten sich ein Mädchen gewünscht, da sie vorher nur Söhne hatten, dementsprechend wurde ich als »Prinzessin« verhätschelt. Andererseits hat sich meine Mutter bei mir mit Schlägen ebenso wenig zurückgehalten wie bei meinen Brüdern.

TD: Was heißt »als Prinzessin verhätschelt«? Viele rosa Kleidchen und Püppchen?

SA: Gar nicht. Zuletzt waren wir fünf Kinder, da konnte mein Vater nicht einmal »seiner Prinzessin« Geschenke mitbringen, er hat ja kaum genug Geld verdient, die Familie zu ernähren. Morgens, wenn er zur Arbeit ist und ich ihn angebettelt habe, hat er immer zu mir gesagt: »Ich bring dir Lügen mit.«

TD: Eine ziemlich eigenwillige Art, seine Prinzessin zu verhätscheln …

SA: Na ja, es war eben seine Art, mir zu sagen: »Kind, es tut mir leid, ich kann dir nichts mitbringen.« Andererseits, wenn ich mir heute bei meiner Tochter anschaue, was die Spielzeugindustrie so produziert, bin ich ganz froh, dass meine Eltern damals kein Geld hatten, mich mit einem solchen Schrott zu überhäufen. Einmal habe ich eine Puppe geschenkt bekommen. Ich habe ihr ziemlich bald die Augen raus genommen, und dann landete sie in der Ecke. Wir haben als Kinder mit Steinen gespielt, mit Stöcken und alten Nägeln, das waren wunderbare Spiele. Ich kann mich aus meiner Kindheit an keine Unterscheidung Mädchenspiele/Jungenspiele erinnern.

TD: Das ist eine interessante Beobachtung. Sie zeigt, welchen Anteil die Spielzeugindustrie an der frühen Zurüstung zu Geschlechterrollen hat.

SA: Extrem. Neulich habe ich im Frühstücksfernsehen einen Bericht über einen Spielzeughersteller gesehen, der seinen Sitz ausgerechnet in einem Kaff namens Elterlein hat. Ein Reporter hat Kinder befragt, was sie sich vom Osterhasen wünschen. Und ein Mädchen hat ganz selbstbewusst geantwortet: »Ein Piratenschiff!« Worauf dieser Depp zu ihr sagt: »Du bist doch ein Mädchen. Du musst dir doch Puppen wünschen.« Deutsches Fernsehen! Öffentlich-rechtlich! Im Jahre 2006! Und dieser Kerl war höchstens Anfang dreißig! Natürlich haben sich bei uns, ohne industriell gefertigtes Spielzeug, Jungs und Mädchen auch unterschiedlich entwickelt – die Jungs hatten ihre speziellen »ungezogenen« Spiele wie Äpfel-beim-Nachbarn-Klauen oder Katzen-Quälen. Vor allem bei Letzterem hätte ich nie mitgemacht. Aber das Diktat, was oder womit ein Mädchen spielt und was oder womit ein Junge spielt, war bei weitem nicht so stark. Es war keine Frage, dass wir als Mädchen mit auf die Bäume geklettert sind, und da hat keine Mutter gesagt: »Du bist ein Mädchen, du darfst das nicht.«

TD: Wann verwandelt sich die Großfamilie – zumindest für die Töchter – vom Paradies zur Hölle?

SA: In der traditionellen deutschen Familie wurde bei der Erziehung bis in die 60er Jahre davon geredet, dass der Wille des Kindes rechtzeitig »gebrochen« werden muss. In den traditionellen türkischen Familien wird der Wille der Töchter immer noch gebrochen, wenn sie fünf, sechs Jahre alt sind. Also nicht länger als mehr oder weniger geschlechtsneutrales Kind, sondern als weibliches Wesen wahrgenommen werden. Vielleicht hat es auch etwas damit zu tun, dass die Kinder dann in die Schule kommen, zum ersten Mal weg sind von der behüteten Großfamilie. Es ist der klassische Zeitpunkt, wo sie ins Erwachsenenleben eingeführt werden – und damit beginnt die Geschlechterrollendressur, sprich: Die Mädchen lernen, im Haushalt zu helfen, die Jungs, dass sie sich weiter bedienen lassen können, das Sagen haben.

TD: Für dich fiel der Wechsel vom »Kind« zum »Mädchen« zusammen mit dem Ortswechsel Istanbul – Berlin.

SA: Zunächst einmal bin ich ja »allein« in Istanbul zurückgeblieben. Obwohl ich die Großfamilie hatte, und mein Vater die ersten Monate noch da war, war meine Mutter im Alltag doch die zentrale Bezugsperson für mich gewesen. Dass sie, deren Rockzipfel stets in meiner Nähe gewesen war, plötzlich weg war – das konnte ich nicht begreifen. Vorher war ich ein lebenslustiges Kind gewesen, bin viel durch die Gegend gerannt. Nachdem meine Mutter weg war, habe ich nur noch vor unserer Haustür auf der Schwelle gesessen und vor mich hin gestarrt.

TD: Du bist aber nicht nur in eine Depression versunken. In deinem Buch beschreibst du, deine Eltern hätten euch Kinder vor allem deshalb nach Berlin geholt, weil du »durchgedreht« bist.

SA: So wie es meine Mutter später erzählte, war ich nur noch ungezogen. Bis dahin hatte ich wie alle türkischen Kinder Respekt vor Älteren gelernt. Und diesen Respekt habe ich plötzlich verloren. Ich war unglücklich und fühlte mich durch meine Umwelt traktiert – die Jungs stürzten sich mit einem Mal bevorzugt auf mich, mein Onkel schlug mich – so dass auch ich nur noch um mich schlug. Mit Fäusten, aber vor allen Dingen wohl durch Beleidigungen.

TD: Gab es keine Tante oder Großmutter, die dich beschützen konnte?

SA: Für meinen Großvater brach eine Welt zusammen, als meine Mutter – seine Tochter – nach Deutschland ging. »Du willst dich zur Hure von Deutschen machen«, hat er gebrüllt. »Das akzeptiere ich nicht. Eine Frau, die arbeitet, ist eine Hure.« Mein Großvater hat meine Mutter verstoßen und dementsprechend hat er auch seiner Frau und seinen restlichen Töchtern verboten, sich um die Kinder von dieser »Hure« zu kümmern. Meine Großmutter hat uns dann manchmal heimlich etwas zu essen gegeben. Ich war also nicht nur meine Mutter los, sondern auf einen Schlag auch meine Großmutter und meine Tanten. Und da habe ich angefangen zu toben. Ich wollte meine beschützte Freiheit, mein Paradies wiederhaben.

TD: Im Juni 1969, kurz nachdem du sechs geworden bist, hat dich deine Mutter zusammen mit deinen drei Brüdern nach Berlin geholt. Eine Rückkehr ins Paradies wurde das aber nicht.

SA: Natürlich war ich erst einmal überglücklich, dass ich meine Mutter wieder hatte – so sehr, dass ich während der ganzen langen Reise keine Sekunde von ihrer Seite gewichen bin. Und in Berlin waren es jedes Mal Dramen, wenn sie morgens zur Arbeit ging. Es hat sehr lange gedauert, bis ich ihr geglaubt habe, dass sie am Nachmittag tatsächlich wieder kommt.

TD: Könnte man rückblickend sagen, in der Verletzung, die deine Mutter dir zugefügt hat, lag auch eine Chance zur »Emanzipation«? Dass du womöglich weniger selbstständig geworden wärst, hättest du deine ganze Kindheit bruchlos am Rockzipfel deiner Mutter verbracht?

SA: Ja, bei mir war es schon so, dass ich durch das Leiden, das ich erfahren habe, eine große Kraft entwickelt habe. Als meine Mutter weg war, musste ich plötzlich auf eigenen Füßen stehen, musste lernen, mich selbst zur Wehr zu setzen. Und was vielleicht am wichtigsten war: Ich habe angefangen, selbstständig zu denken, die Dinge, die in meiner Umwelt einfach unreflektiert gesagt wurden, zu hinterfragen.

TD: Hast du eine Vermutung, warum so viele Frauen sich von den Verletzungen, Krisen, die sie erfahren, brechen lassen und es nicht schaffen, negative Erfahrungen in positive Kraft umzumünzen?

SA: Ich glaube, dass die ersten Lebensjahre ganz entscheidend sind. Für mich persönlich würde ich sagen: Neunzig Prozent meiner Kraft schöpfe ich daraus, dass eben diese ersten fünf Lebensjahre bei mir so glücklich waren. Meine Mutter ist keine gebildete Frau, sie hat sich nie auf einer theoretischen Ebene mit Fragen der Kindererziehung beschäftigt – und dennoch muss sie mir in diesen ersten Jahren ganz unbewusst etwas beigebracht oder mitgegeben haben, was die Quelle für die spätere Kraft war. Heute neige ich dazu, es schlicht »Liebe« zu nennen. Dieses »Urvertrauen« habe ich in mich aufgesogen und später in »Selbstvertrauen« umgewandelt.

TD: Kehren wir zurück zu deiner ersten Zeit in Berlin, wo deine Mutter nicht länger reine »Vertrauensspenderin« war, sondern zur Dressurmeisterin wurde, die ein braves türkisches Mädchen aus dir machen wollte.

SA: Bereits die Wohnung, in der wir im Wedding wohnten, kam mir wie ein Gefängnis vor. Egal, wie ärmlich unser Haus in Istanbul gewesen war – es war ein eigenes gewesen, und wir hatten einen Garten mit vier riesigen Maulbeerbäumen gehabt.

Jetzt hockten wir in diesem Mietshaus. Ich, die ich mein ganzes Leben im Freien verbracht hatte, war plötzlich »drinnen«. Auf der Straße durfte ich als Mädchen nicht mehr spielen, im Hinterhof kippte uns der Hausmeister heißes Wasser über den Kopf. Und ich musste deutlich mehr im Haushalt helfen – nicht zuletzt, weil meine Mutter arbeiten ging. Schlimm war nicht, dass ich mithelfen musste. Schlimm war, dass meine Brüder keinen Handstreich machen mussten, und mein ältester Bruder sich zudem von mir bedienen ließ. Am meisten habe ich gelitten, wenn ich Hausaufgaben machen oder einfach nur lesen wollte, und meine Mutter sagte: »Von den Büchern wird die Wohnung nicht sauber.« Heute sagt meine Mutter zu ihren Enkeln: »Lasst den blöden Haushalt, lest lieber, das ist wichtiger.« Aber das war ein langer Weg, bis sie die Dinge so sehen konnte.

TD: Als ich eingeschult wurde, erklärte man mir, dass jetzt »der Ernst des Lebens« beginne. Für dich scheint die Schule vor allen Dingen ein Ort der Befreiung gewesen zu sein.

SA: Schule – das bedeutete für mich: Spielen, Lernen. In der Schule waren Erwachsene, die mir Selbstständigkeit und Freiheit vermittelten – das gefiel mir. Da gab es keine Schläge, keine Unterdrückung. Zwar gab es Disziplin, aber das fand ich gut. Das hatte ich ja vorher gelernt.

TD: Das klingt nach einer ziemlich idealen Schule. Heute hören wir eher davon, dass die Schulen in ihrem Auftrag, den Schülern Wissen, aber auch Selbstbewusstsein und Disziplin zu vermitteln, scheitern – vor allem die Schulen in Bezirken mit einem hohen Ausländer- beziehungsweise Immigrantenanteil, wozu der Wedding gehört. Würdest du sagen, die Schulsituation war 1970 insgesamt noch besser?

SA: Ich denke schon, dass die Schulen damals um einiges besser waren als heute. Ich hatte viele junge Lehrer, vor allem später in der Mittelstufe, die sprühten vor Engagement, die waren wirklich gern Lehrer. Natürlich gab es auch ältere, muffigere Lehrer, aber das waren die Ausnahmen. Meine Klassenlehrerin in der Grundschule habe ich abgöttisch geliebt. Sie war für mich die Personifizierung von Bildung und Freiheit. Sie hat uns nicht nur Stoff vermittelt, sondern erzählt, von ihrem Leben, von ihrer Familie, von Geschichten draußen auf der Straße – und das hat mir natürlich ganz neue Welten geöffnet.

TD: Könnte man sagen, dass sie eine Art zweite »geistige« Mutter für dich wurde?

SA: Absolut. Ihr habe ich zu verdanken, dass mein Wissensdurst geweckt wurde. Sie hat mich nie als Ausländerkind behandelt, auch nie als Mädchen, sondern einfach als ein aufgewecktes junges Wesen, das es zu fördern galt. Und so war ich von Anfang an eine sehr gute Schülerin. Vor allem in Deutsch …

TD: Obwohl du kein Wort Deutsch konntest, als du nach Berlin gekommen bist …

SA: Richtig, und diese Lehrerin hat mich stets ermuntert, den anderen – deutschen – Kindern bei den Aufgaben zu helfen. Sie hat mich also nicht nur gefördert, sondern mir auch beigebracht, anderen etwas beizubringen. Und irgendwie hat sie hingekriegt, dass die anderen Kinder das auch von mir angenommen haben. Das war eine große zusätzliche Quelle von Respekt und Anerkennung für mich. Andere Lehrer – meistens männliche – haben mich dagegen schon mal als das schlaue Ausländerkind vorgeführt à la »Jetzt zeigt euch die Türkin, wie das richtig heißt«.

TD: Machen wir ein kleines Gedankenexperiment: Wärst du damals an einer schlechteren Schule gelandet, mit überforderten, unengagierten Lehrern, glaubst du, dass du trotzdem den Weg hättest gehen können, den du dann gegangen bist?

SA: Vermutlich nicht. Obwohl ich eine große Kraft habe, wäre ich vermutlich vor die Hunde gegangen, wenn sich keiner für meine geistige Entwicklung interessiert hätte. Ich werde auch nicht müde zu betonen: Ich habe ein Riesenglück gehabt, dass ich an dieser Schule gelandet bin, die mir so viele Wege geöffnet hat.

TD: Normalerweise reagiere ich allergisch, wenn Frauen erklären, sie hätten es im Leben zu etwas gebracht, weil sie Glück hatten. Denn vermutlich war es auch nicht der Welt beste Schule, auf die du gegangen bist.

SA: Prinzipiell hast du Recht, diese weibliche Tiefstapelei ist furchtbar. In meinem Fall bekomme ich jedoch wirklich Gänsehaut, wenn ich daran denke, was aus mir geworden wäre, wäre ich auf einer schlechten Schule gelandet. Und zwischendurch ist ja genau das passiert: Die Berliner Schulbehörde hat eines Tages beschlossen, Ausländerkinder in besonderen Schulen beziehungsweise so genannten »Förderklassen« zusammen-zufassen.

TD: Warum?

SA: Weil sie so angeblich besser Deutsch lernen würden! Ich, die Klassenbeste in Deutsch, wurde also auf eine andere Schule geschickt, in eine Klasse mit lauter Ausländerkindern – von denen tatsächlich fast keins Deutsch konnte. Ich fühlte mich absolut unterfordert. »Was soll ich unter all diesen Deppen hier?«, das war meine Reaktion. Es gab keinen vernünftigen Unterricht, die haben auf den Tischen getanzt. Der Lehrer war dabei, Türkisch zu lernen – sei es um eine Chance zu haben, sich irgendwie mit der Klasse zu verständigen, sei es, weil er sich wahnsinnig liberal und tolerant fühlte, wenn er zuließ, dass die Kinder in seiner Klasse kein Deutsch sprechen mussten. Ich bin nur deswegen schnell wieder raus gekommen, weil ich das »Glück« hatte, dass mir ein Junge die Nase blutig gehauen hat. Und meine Mutter dann gesagt hat: »Auf eine solche Schule darf meine Tochter keinen Tag länger gehen.« Und so bin ich wieder auf meine alte Grundschule gekommen. Die anderen Kinder aus türkischen Familien, die in der »Förderklasse« gelandet sind – von denen hat es kein einziges zu einem Abitur, geschweige denn Studium gebracht. Es ist ein absoluter Skandal, was in den 70er Jahren in der Schulpolitik geschehen ist.

TD: Die Weichen zur heutigen Schulmisere wurden also damals gestellt, Stichwort: Rütli-Schule in Neukölln, wo die Lehrer keinen anderen Rat mehr wussten, als sich mit einem Hilferuf an die Politik zu wenden?

SA: Ich bin selbst Mitglied der SPD, muss aber leider sagen: Die deutsche »Linke« hat in Sachen Integrationspolitik viel Unheil angerichtet. Bis heute gibt es Leute, die glauben, das einzige Problem eines Immigranten sei seine Entwurzelung, weshalb die Mehrheitsgesellschaft alles unternehmen müsse, um seine kulturellen Eigenheiten zu schützen. Der Multikulturalismus ist eine schöne Idee. So wie der Sozialismus. Nur die Umsetzung ist – in beiden Fällen – vollkommen schiefgelaufen. Ich selbst bin meiner türkischen Herkunft extrem verbunden, aber ich fühle mich als Türkin *und* als Deutsche. Es kann nicht sein, dass ein türkischer Vater seiner Tochter verbieten darf, am Biologieunterricht teilzunehmen, weil er Angst hat, dass sie dort etwas über Sexualität erfährt. Es ist eine Katastrophe, wenn deutsche Lehrer entweder aus Resignation oder falschem Multikulti-Verständnis heraus sagen: »Ist schon in Ordnung. Wir wollen den armen türkischen Vater ja nicht ärgern.« Und was ist mit der Tochter? Wer sorgt dafür, dass sie ihre Rechte wahrnehmen kann? Eine frei bestimmte Sexualität beziehungsweise der Kampf reaktionärer muslimischer Kräfte, den Frauen diese sexuelle Selbstbestimmung verwehren zu wollen, ist für mich der Dreh- und Angelpunkt, wenn wir über die Situation muslimischer Frauen und Mädchen in Deutschland reden. Deutsche Lehrer müssen darauf bestehen, dass auch Immigrantenkinder am vollen Unterrichtsprogramm teilnehmen. Ausnahmen mit Rücksicht auf kulturelle Besonderheiten darf es nicht geben.

TD: Ohne die Integrationsdebatte hier in aller Breite führen zu können: Liegt nicht das komplementäre Problem darin, dass die meisten Türken in den 60er Jahren nicht nach Deutschland gegangen sind, weil sie Deutschland für das »gelobte Land« gehalten hatten, in dem sie Karriere machen wollen – eine Haltung, die beispielsweise die meisten Auswanderer hatten, die im späten 19. Jahrhundert in die USA gegangen sind?

SA: Richtig. In den 60er Jahren definierten sich die meisten Türken in Deutschland selbst nur als »Gastarbeiter«. Sie verbanden mit Deutschland nicht viel mehr, als dort angeblich leicht Geld verdienen zu können – was sich mehr oder weniger als Irrtum herausstellte. Irgendwie war man schon beeindruckt davon, dass es in Deutschland so sauber und ordentlich zugeht – aber dass diese Gesellschaft hier viel individualistischer ist, dass sie einen viel größeren Wert auf Bildung legt, dass Männer und Frauen wenigstens theoretisch gleichberechtigt sind – das interessierte nur die allerwenigsten. Und so entwickelte sich die Gastarbeitercommunity schleichend zu einer Parallelgesellschaft – um welche die »Linken« am liebsten einen Schutzzaun gezogen hätten. Und welche die »Rechten« einfach ignorierten, indem sie viel zu lange die Lüge aufrechterhielten, dass Deutschland kein Einwanderungsland sei. Alle Beteiligten haben Fehler gemacht. Deshalb ist meine Forderung: Deutschland muss endlich ein Einwanderungsland werden. Immigranten müssen als absolut gleichwertige Bürger Deutschlands akzeptiert werden. Auf der anderen Seite muss von den Immigranten gefordert werden, dass sie die freiheitlichen, individualistischen Grundwerte dieser Gesellschaft in vollem Umfang respektieren. Auch wenn es um die Sexualität und Selbstbestimmung ihrer Frauen, Schwestern und Töchter geht.

TD: Immer wieder wird beschrieben, dass viele Immigrantenkinder aus der zweiten, vor allem aber aus der dritten Generation, an dem Spagat zwischen der deutschen Gesellschaft und ihrer Herkunft scheitern. Du selbst warst in der Schule die respektierte, sehr gute Schülerin. Zu Hause wurdest du zur Putzfrau, Köchin und Dienerin für die männlichen Familienmitglieder erzogen. Wie ist es dir gelungen, diese beiden Welten zu integrieren?

SA: Ich empfand zu Hause eine zunehmende Einsamkeit. Verbunden mit einer großen Traurigkeit, denn: Das war doch meine Familie! Das waren doch die Menschen, die ich eigentlich am allermeisten liebte! Auf der anderen Seite konnte und wollte ich mit niemandem in der Schule über meine Lage zu Hause sprechen. Eine große Erleichterung war es, als ich es endlich konnte – mit dem Sozialarbeiter an der Gesamtschule, auf die ich dann später ging. Vorher musste ich das alles mit mir allein ausmachen. Ich bin täglich zwischen diesen beiden Welten hin und her gewandert und hatte niemanden, dem ich vermitteln konnte, wie schrecklich es sich für mich anfühlte, zu Hause dermaßen unterdrückt zu sein. Meine Eltern waren keine Monster, trotzdem haben sie mich oft geprügelt. Das Allerschlimmste war für mich aber die geistige Unterdrückung. Und das haben meine Eltern natürlich gar nicht realisiert.

TD: In eurer Familie ist von der Generation deiner Eltern zu dir ein riesiger Bildungsschritt passiert. Deine Mutter hat nur drei Jahre Grundschulausbildung, war Analphabetin, hat erst viel später Schreiben und Lesen gelernt – und die Tochter macht Abitur, studiert, wird Juristin. Wenn man sich Geschichten aus deutschen Familien anschaut, in denen ein solcher Bildungsschritt passiert ist, stellt man häufig fest, dass die Eltern (oder wenigstens ein Elternteil) ganz klar das Konzept hatten, dass ihr Kind sozial aufsteigen soll. Gab es diesen Aspekt wenigstens unterschwellig auch bei euch?

SA: Mein Papa hat oft gesagt: »Wir sind einfache Fabrikarbeiter, ich möchte, dass aus euch was Besseres wird« – auch zu mir hat er diesen Satz gesagt. Und natürlich hat er mitbekommen, dass ich deutlich bessere Noten nach Hause gebracht habe als meine Brüder. Irgendwo war er schon stolz auf mich. Das Problem war nur, dass er sich mir gegenüber nicht so verhalten konnte. Ich habe keine Unterstützung von ihm bekommen, wenn es konkret darum gegangen wäre zu sagen: »Seyran kann heute nicht im Haushalt helfen, sie hat morgen eine wichtige Klassenarbeit und muss lernen.« Wenn ich mit meinem Vater heute darüber spreche, gibt er zu, dass es damals einen großen Widerspruch in seinem Verhalten gegeben hat: Ich sollte gut in der Schule sein, studieren und einen vernünftigen Job kriegen. Das wollte er schon alles. Nur hat er nie begriffen, dass es dann auch bedeutet, mir die Freiheit zu lassen, dass ich beispielsweise ungestört meine Hausaufgaben machen kann.

TD: Deine Mutter hat sich aus der Frage der Schulbildung völlig herausgehalten?

SA: Sie war schon auch dafür, dass ich zur Schule gehe – aber dass ich ihr im Haushalt helfe und später gut heirate beziehungsweise sie einen guten Ehemann für mich finden – das war ihr viel wichtiger. Mit 15 wurde ich einem Cousin in der Türkei versprochen, ein Jahr später machten wir Urlaub dort, und der Plan wurde weiter verfolgt. Ich war nicht einmal völlig abgeneigt, obwohl ich mir aus dem Cousin nicht wirklich etwas machte. Wie so viele türkische Mädchen sah auch ich damals im Heiraten einfach eine Möglichkeit wegzukommen. Aber plötzlich war mein Vater strikt dagegen. Als es um die Verlobung ging, sagte er: »Mein Kind soll erst die Schule zu Ende machen.«

TD: Das klingt jetzt aber gar nicht nach dem kurdischen Haustyrannen, sondern eher nach einem Vater, der seine Tochter beschützen will.

SA: Das ist sehr komplex. Damals war er schon primär der Tyrann. Meine Brüder durften sich auf der Straße herumtreiben, und ich durfte noch nicht einmal eine Klassenkameradin besuchen, um mit ihr zu lernen. In der Mittelstufe gab es eine Zeit, wo meine Eltern ständig darüber geredet haben, in die Türkei zurück zu gehen, da habe ich aus Angst angefangen, in der Schule nachzulassen, so dass ich auch mal eine Drei im Zeugnis hatte. Das war in jeder Hinsicht eine Katastrophe für mich.

TD: Verhielt sich dein Vater deshalb so, weil er einen übermäßigen Besitzanspruch empfand? Meine Mutter zum Beispiel wollte mich auch nie auf Klassenfahrten mitfahren lassen, weil sie meinte, ich hätte ja sie. Oder sperrte er dich ein, weil er den traditionell-muslimischen Verdacht hatte, seine Tochter würde draußen auf freier Wildbahn nur Schande über die Familie bringen?

SA: Der soziale Druck spielte für meinen Vater eine sehr große Rolle. Er hätte nicht ertragen können, wenn Bekannte oder Verwandte ihm gesagt hätten: »Ich habe deine Tochter auf der Straße gesehen, deine Tochter ist eine Herumtreiberin, eine Hure.« Und natürlich hatte er Angst, dass die ganzen »unsittlichen«, »unmoralischen« Deutschen um uns herum mich verderben würden. Meine Eltern sind 1968 nach Berlin gekommen – aus Anatolien über Istanbul direkt in die sexuelle Revolution. In unserer Straße gab es eine Kommune, eine Ladenwohnung, wo Matratzen auf dem Boden lagen – und auf diesen Matratzen nackte Menschen. Einer meiner älteren Brüder ist in seiner Jungsneugier da mal rein gegangen, und auch meine Eltern haben gesehen, was sich in dem Schaufenster tat, und sind vor Schreck und Scham fast gestorben. Zusätzlich gab es bei meinem Vater einen individuellen, von Kultur und Tradition unabhängigen Besitzanspruch. »Ich wollte halt nicht, dass ein anderer Mann dich anfasst«, hat er zu mir gesagt, als wir lange Zeit später darüber geredet haben. Heute erkennt er, dass viel von seinem damaligen Verhalten mit Eifersucht zu tun hatte. Damals haben wir über solche Dinge natürlich nie gesprochen, wie wir überhaupt nie über Persönliches geredet haben.

TD: Für dich war die Konsequenz, dass du 1980, mit 17, von zu Hause abgehauen bist.

SA: Als ich das erste Mal weg bin, habe ich mich an den Kinder- und Jugendnotdienst gewandt – was, wie mir später klar wurde, ein großer Fehler gewesen war. Die haben mich an einen türkischen Sozialarbeiter beim Jugendamt verwiesen, der mir helfen sollte. Dieser Mann hat mir allerdings nicht geholfen. Im Gegenteil, er hat meine Eltern gegen mich aufgestachelt, hat ihnen erzählt, sie sollten mich sofort wieder nach Hause zurückholen, in den Heimen würde es zugehen wie Sodom und Gomorrha. Auch auf mich hat er eingeredet, dass ein türkisches Mädchen unbedingt seine Familie bräuchte, sonst könne es nicht überleben. Wie ich später erfuhr, hat er sich nicht nur in meinem Fall so verhalten. Schließlich war ich bereit, mich mit meinem Vater zu treffen. Unter Tränen sagte er: »Jetzt sehe ich ein, dass du deine Freiheit brauchst, dass du dich mit Klassenkameraden treffen willst, ich werde es dir erlauben. Gib mir noch eine Chance!« Also gab ich ihm eine Chance. Natürlich änderte sich rein gar nichts, und nach drei Wochen habe ich begriffen: Wer in drei Wochen keinen Fortschritt macht, der braucht viele, viele Jahre – was ja dann auch der Fall war. Und dann bin ich zum zweiten Mal weg – und diesmal richtig. Meine Abiturlehrerin, zu der ich übrigens immer noch Kontakt habe, brachte mich bei zwei Frauen in einer WG unter, in der ein Zimmer frei war.

TD: Dein Vater wird auch beim zweiten Mal nicht einfach aufgegeben haben. Woher hast du die Konsequenz und Kraft genommen, tatsächlich weg zu bleiben?

SA: Ich habe sehr unter der Angst gelitten, dass ich meine Eltern nie mehr wieder sehen würde. Allerdings habe ich heimlich meinen jüngeren Bruder und meine Cousine getroffen. Deshalb gab es die Gewissheit: Zu einem Teil meiner Familie werde ich immer Kontakt haben, die stehen hinter mir, die begreifen, was ich mache.

TD: Haben sie das tatsächlich begriffen?

SA: Mein jüngerer Bruder hat irgendwann mal gesagt: »*Abla* – große Schwester –, es ist so unerträglich geworden zu Hause, kannst du nicht zurückkommen?« Ich habe ihm erklärt: »Wenn ich zurückkomme, mache ich die Eltern glücklich, aber ich bin dann weiter unglücklich, und das geht nicht. Ich kann das nicht mehr. Ich will auch glücklich sein. Und das müssen die begreifen.« Meine Schwester, die ein Jahr nach uns aus der Türkei gekommen war, war erst zwölf, als ich abgehauen bin. Aber auch sie hat mich irgendwie verstanden. Und später hat sie von dem, was ich erkämpft habe, natürlich auch profitiert. Meine Cousine war sofort auf meiner Seite. Sie ist acht Jahre älter als ich, mit meinem ältesten Bruder verheiratet, die konnte gut nachempfinden, was mich angetrieben hat. Ich hatte also Mitwisser und Unterstützer, die mir geholfen haben, diese Zeit zu überstehen – hätte ich die nicht gehabt, wäre ich vielleicht in die Falle getappt, in die so viele Frauenhaus-Frauen tappen, die immer wieder zurückkehren in die Verhältnisse, denen sie entflohen sind.

TD: Es gab auch einen deutschen Mann, der dich in dieser Zeit unterstützt hat. Du hast dich noch während deiner Schulzeit in einen Lehrer verliebt, der an eurer Schule arbeitete.

SA: Stefan war deutlich einer meiner »Glücksfälle«. Als meine Abiturlehrerin von der Liaison erfuhr, hat sie ihm erst mal an den Kopf geworfen: »Hast du dir ne Putzfrau angeschafft oder was? Was willst du mit einer 18-Jährigen?« Schließlich war Stefan elf Jahre älter als ich, und natürlich sah das erst mal nach einem Horror-Klischee aus. Ich würde heute genau so reagieren, wenn ich von einer solchen Geschichte hören würde. Aber alle, die zunächst die Augen verdreht hatten, mussten einsehen, dass ich unabhängig und selbstständig genug war und mich nicht als hilfsbedürftiges, exotisches Mädchen halten ließ. Die meisten Leute, die uns zusammen erlebt haben, hatten ziemlich bald den Eindruck, ich unterdrücke Stefan und nicht umgekehrt …

TD: Anders als die Protagonistin in dem Film *Gegen die Wand* hast du deine neue Freiheit nicht genutzt, um Party zu machen, sondern hast dich erst einmal aufs Abitur konzentriert.

SA: Mir war klar, ich kann in dieser Gesellschaft nur Erfolg haben, wenn ich einen guten Schulabschluss mache. In der Mittelstufe sollten wir lernen, wie man Bewerbungen für Ausbildungsberufe schreibt. Und ich habe damals schon gesagt: »Ich weiß gar nicht, warum ich Bewerbungen schreiben lernen soll, ich werde keine schreiben. Ich werde Jura studieren.« Dieser Wunsch kam bei mir unmittelbar daher, dass ich als Mädchen so unterdrückt gewesen war. Außerdem habe ich immer, wenn ich bei irgendeiner Behörde als Dolmetscherin dabei war, mitbekommen, dass Ausländer ziemlich schlecht behandelt werden – nicht nur, weil sie die Sprache nicht können, sondern auch, weil sie ihre Rechte nicht kennen. Auch als Schulsprecherin hatte ich die Erfahrung gemacht: Wenn du deine Rechte kennst, kannst du dich besser durchsetzen.

TD: Wann gab es bei dir zum ersten Mal den Entschluss, dich speziell für Frauenbelange zu engagieren?

SA: Mit 15 oder 16 habe ich ein Buch gelesen, das hieß: *Wie schafft ihr das?* Es bestand aus zahlreichen Interviews mit Frauen, die Gewalterfahrungen hinter sich hatten und von ihren Familien abgehauen sind. Ebenfalls während meiner Schulzeit habe ich Alice Schwarzer gelesen, *Der kleine Unterschied* und

Simone de Beauvoir, *Das andere Geschlecht*. Und plötzlich öffnete sich mir eine Welt. Plötzlich wurde mir klar, dass das, was ich erlebe, nicht nur mein eigenes Schicksal ist, sondern dass es dahinter eine Struktur gibt – nicht nur in der Kultur, aus der ich stamme, sondern auch in Deutschland.

TD: Wo würdest du die größten Parallelen zwischen der türkischen und der deutschen Kultur sehen?

SA: In gewisser Weise hat Deutschland – oder allgemeiner: Europa vieles von dem, wogegen Frauen in der muslimischen Community heute zu kämpfen haben, in seiner Vergangenheit ganz ähnlich erlebt: Kinder konnten sich ihre Ehepartner nicht frei wählen, sondern die Ehen wurden von den Eltern arrangiert – manche Hochadelsfamilien praktizieren das ja heute noch. Und auch wenn hierzulande die Frauen nie unter ein Kopftuch gezwungen wurden: Die Idee, dass die Frau die böse Verführerin ist, und der Mann, der sie vergewaltigt, gewissermaßen ihr Opfer – diese perverse Umkehrung der Verhältnisse hat es ja lange genug auch in der christlich-jüdischen Kultur gegeben. Dieses Erbe ist bis heute spürbar – aber der riesige Unterschied ist, dass diese Haltung zumindest von einer Mehrheit der Deutschen nicht mehr akzeptiert wird.

TD: In den letzten Monaten gab es einige urdeutsche Herren, die viel von der unveränderbaren Natur des Mannes sprachen, welcher dieser mehr oder weniger hilflos ausgeliefert sei ...

SA: Ich kann nicht begreifen, wieso deutsche Männer nicht stolz darauf sind, dass sie sich im Vergleich zu ihren muslimischen Geschlechtsgenossen doch schon ein Stück weiter wegentwickelt haben vom Steinzeitmenschen. Dennoch machen mir solche Ausrutscher nicht wirklich Angst. Ich glaube, dass sind eher Geschichten, die sich frustrierte Chefredakteure an ihren Schreibtischen ausdenken – das letzte Aufbäumen des Patriarchats eben. In der Türkei dagegen hat erst kürzlich ein Vater seine 14-jährige Tochter getötet, weil sie vergewaltigt wurde. So etwas würde in einer deutschen Familie nicht mehr passieren – ganz gleich wie reaktionär und patriarchalisch sie im Kern noch ist.

TD: In dem Frauenladen in Kreuzberg, in dem du gleich nach deinem Abitur zu arbeiten begonnen hast, bist du von einem besonders aggressiven Exemplar Steinzeitmensch beinahe getötet worden. Gab es in der Zeit nach dem Attentat die Überlegung, zur Familie zurückzugehen?

SA: Klar. Ich kam aus dem Krankenhaus in meine WG zurück, wir lebten zu sechst in Kreuzberg in einer Fabriketage. Die haben schon rührend versucht, sich um mich zu kümmern. Vor allem Stefan – andererseits war unsere Beziehung unmittelbar vor dem Attentat eigentlich in der Krise gewesen, wir hatten kurz vor der Trennung gestanden. Danach wollte ich natürlich, dass er bei mir bleibt, und Stefan hat es auch nicht übers Herz gebracht, mich in dieser Situation zu verlassen. Aber es war alles andere als einfach: Ich war beinahe tot geschossen worden, mein einer Arm war gelähmt, ich konnte im Haushalt fast nichts machen, ich hatte Angst, auf die Straße zu gehen. Da gab es natürlich die Überlegung: Jetzt gehe ich zu meiner Familie zurück.

TD: Warum hast du diesem Drang dann doch nicht nachgegeben?

SA: Ich bin für ein paar Tage zu meinen Eltern. Meine Mutter hat mich gewaschen. Anfangs, als auch noch der andere Arm mit betroffen war, konnte ich ja nicht mal allein auf die Toilette gehen. Und natürlich war ich sehr dankbar für diese Hilfe. Aber dann habe ich schnell gemerkt: Das ist nicht mehr meine Welt. Ich gehe da geistig zu Grunde. Ich konnte mit denen weder über Bücher, noch über irgendwelche politischen Fragen diskutieren. Meine Eltern waren ganz klar bereit, mich wieder aufzunehmen, damit ich bei ihnen genesen kann – aber ich habe mich dagegen entschieden. Heute würde ich sagen: »Hätte ich das mal gemacht!« Wenn ich mich an den ganzen Stress erinnere, den ich in den WGs und mit den Umzügen hatte. Andererseits wusste ich, als sich mein Zustand langsam besserte: Hey, du hast das ganz allein durchgestanden. Ohne Familie! Diese Riesenkrise! Da kann dich im Leben nicht mehr viel erschüttern.

TD: Der Attentäter wurde wegen Mangel an Beweisen freigesprochen.

SA: Der Fall ist nie richtig aufgeklärt worden. Der Attentäter wurde damals auch nicht des Mordes und versuchten Mordes, sondern nur des Totschlags angeklagt. Der Prozess war 1985. Ich bin sicher, dass er heute anders verlaufen würde. Die Polizei hat sehr schlampig ermittelt. Schon im Krankenhaus sagte einer der Kommissare zu mir: »Dahinter steckt doch Ihr Vater! Wieso schützen Sie Ihren Vater?« Die wollten in jedem Fall, dass die Tat private Motive hatte. Gegen diese Vermutung der Polizei sprach aber von vornherein, dass ich an dem besagten Tag nur zufällig im Laden gewesen war. Eigentlich war es keiner der Tage, an denen ich normalerweise dort arbeitete. Was für einen ernsthaft arbeitenden Ermittler ein deutliches Indiz hätte sein können, dass der Attentäter eben nicht die konkrete Person Seyran Ateş treffen wollte, sondern andere Motive für sein Attentat hatte. Aber nach diesen anderen Motiven wurde im ganzen Ermittlungsprozess nie gefragt.

TD: Was wäre deiner Meinung nach herausgekommen, wenn es eine seriöse Ermittlungsarbeit und dementsprechend einen anderen Prozess gegeben hätte?

SA: Ich bin sicher, dass die Tat politische beziehungsweise weltanschauliche Motive hatte. Der mutmaßliche Täter stand den »Grauen Wölfen« nahe, das ist eine zwar kleine, aber extrem faschistoide türkische Vereinigung. Auch den Moscheen um uns herum war unsere Arbeit ein Dorn im Auge. Die Debatten, die seit dem Mord an Hatun Sürücü im Februar 2005 geführt werden, hätten anlässlich dieses Attentats vor zwanzig Jahren schon geführt werden können. Aber damals interessierte sich weder die deutsche Politik noch die Öffentlichkeit für diese Themen. Und jetzt klagen alle über die entstandenen Parallelgesellschaften. Da hätte viel früher gehandelt werden können und müssen.

TD: Dass männliche deutsche Politiker und Journalisten das Attentat in einem Kreuzberger Frauenladen nicht zum Anlass genommen haben, ein heikles Fass aufzumachen, braucht einen nicht weiter zu wundern. Habt ihr wenigstens von weiblicher deutscher Seite Unterstützung erfahren?

SA: In sehr bescheidenem Rahmen. Einzig die Redaktion *Zeitpunkte* beim SFB-Radio hat das Thema in ernst zu nehmender Weise aufgegriffen. Und ein paar Feministinnen haben eine winzige Demo organisiert. Bei der sie dann allerdings einen Freund von mir fast verprügelt hätten, weil er mitlaufen wollte …

TD: Wie bitte?

SA: Ja! Jener Sozialarbeiter, den ich seit meiner Gesamtschulzeit kannte, der mein politischer Ziehvater war und der mich in der Zeit nach dem Attentat sehr unterstützt hatte – den hätten wackere deutsche Feministinnen beinahe verprügelt.

TD: Du hast gesagt: Alice Schwarzer war für dich ein frühes Vorbild. Welches Verhältnis hast du sonst zum deutschen Feminismus?

SA: Ich habe leider sehr viele unreflektierte, dogmatische Frauen kennen gelernt, deren Haltung für mich mit Feminismus überhaupt nichts zu tun hat. Und am allermeisten entsetzen mich diejenigen »Feministinnen«, die heute immer noch behaupten, das Kopftuch sei ein Emanzipationssymbol.

TD: Weil seine »selbstbewusste« Trägerin angeblich die Haltung ausdrückt: »Seht her, ich bin von der Mehrheitsgesellschaft emanzipiert. Ich ordne mich nicht dem Deutschen unter, sondern stehe dazu, dass ich einer anderen Kultur angehöre.«?

SA: Diese »Argumentation« macht mich rasend. Das Einzige, was das Kopftuch ausdrückt ist: »Seht her, ich bin eine Frau, die akzeptiert, dass sie ihre Reize verhüllen muss, weil ich vom Mann, diesem Triebwesen, nun einmal nicht verlangen kann, dass er sich beherrscht.« Was daran in irgendeiner Weise »emanzipiert« sein soll, wird mir auf ewig verschlossen bleiben. Bevor »Feministinnen« das Kopftuch zum »Protestsymbol« erheben, sollten sie sich doch, bitte schön, vorher fragen, wogegen da protestiert wird. Deutschland ist bei allen Schatten, die es in seiner Vergangenheit hat, heute ein freiheitlicher Rechtsstaat. Und Frauen, die gegen die Grundwerte dieses Staates protestieren, sind keine heroischen Widerstandskämpferinnen. Das sind schlicht und einfach Gegnerinnen dieses Staates. Wie es im Übrigen auch diejenigen sind, die ernsthaft behaupten, ein Kopftuch könne ein Symbol der Befreiung sein.

TD: Spielt bei den feministischen deutschen Kopftuchfreundinnen außer dem Multikulti-Aspekt nicht noch ein weiteres Missverständnis eine große Rolle: Sie begrüßen die weibliche muslimische Kleiderordnung als Gegenkonzept zur westlichen Fleischbeschau?

SA: Du sagst es selbst: Was für ein Missverständnis! Ich bin die Letzte, die im Minikleid mit Riesendekolletee herumlaufen würde. Und ich empfinde die Übersexualisierung in der Werbung oder in den Medien als äußerst lästig. Aber das Kopftuch verdeckt die weiblichen Reize ja nicht souverän, sondern hysterisch – bei den strengen Varianten darf nicht einmal das kleinste Härchen hervorschauen. Und gerade dieses hysterische Verdecken betont in jeder Sekunde: »Ich bin eine Frau, ich bin ein Sexualobjekt.« Die Kopftuchträgerin und die Frau, die ihre Brüste zur Schau stellt, unterscheiden sich nur dahingehend, dass die Letztere signalisiert: »Vielleicht bin ich zu haben.« Während die andere das Zeichen gibt: »Ich bin nicht zu haben – ich habe meinen Herrn schon gefunden.« Fadela Amara hat in den französischen Banlieues eine Organisation muslimisch-stämmiger Mädchen und Frauen gegründet: *Ni putes ni soumises*, zu Deutsch: *Weder Huren noch Unterworfene*. Dieser Name bringt das Problem exakt auf den Punkt: Im muslimischen Denken hat sich die Frau ihrem Mann zu unterwerfen – oder sie ist eine Hure. Genau von dieser falschen Bipolarität müssen wir uns befreien. Und deshalb finde ich es schlimm, wenn deutsche, zum Teil sehr intelligente Frauen verkennen, dass die muslimische »Wohlanständigkeit« kein Ausdruck selbstbewusster Weiblichkeit ist, sondern einer von Unterwerfung.

TD: Wie müsste für dich ein intelligenter, zeitgemäßer Feminismus aussehen?

SA: Feminismus bedeutet für mich nicht, dass ich den Männern den Krieg erkläre. Feminismus bedeutet, dafür zu kämpfen, dass Frauen dieselben Rechte und Freiheiten in einer Gesellschaft haben wie die Männer, dass Frauen zu wirtschaftlicher Unabhängigkeit finden, dass sie in allen Bereichen Chancengleichheit haben. Das Ziel ist nicht die männerfreie Gesellschaft, sondern eine Gesellschaft, in der es keine Trennung mehr zwischen Männern und Frauen gibt, im Sinne von: Das darfst du nicht, weil du eine Frau bist. Oder: Das kann der doch besser, weil er ein Mann ist. Diese Rollenklischees müssen wir überwinden – sowohl in den Köpfen der Männer als auch in den Köpfen der Frauen.

TD: Viele Frauen, vor allem die jüngeren, würden an dieser Stelle sagen: »Gleiche Rechte, gleiche Freiheiten – das haben wir doch, zumindest in der deutschen Mehrheitsgesellschaft, längst erreicht.«

SA: Um Gottes willen, welche Naivität. Aber leider hast du Recht. Gerade erst vor ein paar Tagen kam eine junge *Bild*-Journalistin, Mitte zwanzig vielleicht, zu mir. Am Schluss des

Gesprächs, nachdem ich ihr mein Konzept von Freiheit und Emanzipation erklärt hatte, sagte sie: »Da, wo ich herkomme, in Halle, da gab es keine Frauenunterdrückung.« Als wir uns verabschiedeten, habe ich dann zu ihr gesagt: »Ich hoffe, ich trete Ihnen nicht zu nahe. Aber ich bin sicher, in zehn Jahren, wenn Sie ein paar Erfahrungen mehr gemacht haben, reden Sie anders.«

TD: Warum glauben junge Frauen so gern, im Kampf um mehr Freiheit, mehr Gleichberechtigung sei alles erreicht?

SA: Weil sie selbst in ihrer kleinen Welt etwas erreicht haben. Nimm zum Beispiel diese junge Frau: Die hat ihren Job bei der *Bild*-Zeitung, wird vielleicht ganz gut bezahlt, also ist doch alles okay. Und früher in der DDR haben die Frauen gearbeitet, haben dafür sogar das gleiche Geld bekommen wie die Männer – da kann natürlich der Eindruck entstehen, alles wäre gleichberechtigt. Aber wie viele Männer haben in der DDR die Hälfte der Hausarbeit übernommen? Wie viele Frauen saßen dort in Spitzenämtern? Klar, wenn man die Dinge oberflächlich betrachtet, gibt es in Deutschland keine Frauenunterdrückung mehr. Aber die Frauenhäuser, die sind nicht erst eingerichtet worden, als Immigrantinnen aus muslimischen Ländern nach Deutschland kamen. Und natürlich habe auch ich eine ganze Weile gebraucht, bis ich kapiert habe, wie die Frauenunterdrückung in Deutschland funktioniert. Denn in meiner Teenager-Vorstellung, da bedeutete ja die türkische Welt, die Welt meiner Familie, die Unfreiheit. Und die deutsche Welt, die bedeutete Freiheit.

TD: Wie funktioniert die Frauenunterdrückung in Deutschland?

SA: Ganz oft sind es hinterhältig subtile Mechanismen. Im Wahlkampf, bei Angela Merkel, haben wir erlebt, wie die Jungs tönten: »Die kann es nicht.« Zum einen empfand ich das als ungewöhnlich offensichtliche Diskriminierung, zum anderen traute sich natürlich keiner die eigentliche Wahrheit auszusprechen: »Wir wollen keine Bundeskanzlerin.« Die Misogynie verpackte man lieber in das neutrale »Argument«, die Frau sei nicht genügend qualifiziert. Oder schau dir an, welches Frauenbild Werbung, Fernsehen und Boulevardmagazine tagtäglich verbreiten: Seid schön und nett – dann werdet ihr einen tollen Mann finden, süße Kinder haben und von morgens bis abends glücklich sein. Da werden die Frauen nicht mit der Peitsche in den Rollenkäfig gedroschen, sondern mit Zuckerbrot hinein gelockt. Und wenn man das benennt, heißt es: »Was wollt ihr Emanzen denn? Passiert doch alles freiwillig!« Manchmal ist es einfacher, ein klar erkennbares Unrechtssystem wie das türkisch-muslimische Patriarchat zu bekämpfen.

TD: Aber auch deutlich gefährlicher, wie du am eigenen Leib erfahren musstest.

SA: Nach dem Attentat, als ich wieder anfangen konnte zu studieren, habe ich ganz klar versucht, mich von den sozialen, den Frauenthemen weg zu bewegen. Auf keinen Fall wollte ich noch einmal ein derart heißes Eisen anpacken, ich hatte die Schnauze voll von dem ganzen frauenengagierten Mist. Ich habe als Wahlfach im Studium tatsächlich Wettbewerbs- und Kartellrecht genommen – ein Themenbereich, von dem ich glaubte, dass er hinreichend harmlos ist. Und selbst als ich meine eigene Kanzlei gegründet hatte, habe ich mich zunächst um den Bereich Existenzgründung gekümmert und den ganzen Bereich Familienrecht einer Kollegin überlassen – insbesondere die Fälle, wo es darum ging, Frauen mit muslimischem Hintergrund bei Scheidungsprozessen zu vertreten. Ich habe als Anwältin sieben Jahre gebraucht, um zu erkennen, dass ich dieses Gebiet wieder selbst machen will und muss.

TD: Unterschwellig muss dich der »frauenengagierte« Mist aber die ganze Zeit weiter umgetrieben haben. Es kann kein Zufall sein, dass du dich mit deiner Kanzlei ausgerechnet in einem Haus niedergelassen hast, in dem zahlreiche Frauenprojekte von *Wildwasser* bis zum Frauencafé untergebracht sind.

SA: Ertappt. Natürlich konnte ich nicht ganz stillhalten. So habe ich während meines Studiums zum Beispiel ein Mädchen, das von ihrer Familie abgehauen ist, bei mir versteckt. Und natürlich war es auch kein Zufall, dass ich ein reines Anwältinnen-Büro gegründet habe.

TD: Wieso war dir das so wichtig? An deutschen Feministinnen hat dich die Haltung »Männer-müssen-leider-draußen-bleiben« gestört.

SA: Ich habe schon früh gemerkt, dass Frauen, wenn sie in einem Büro mit Männern zusammen arbeiten, eine Einschränkung ihrer Entfaltung erleben. Die Kommunikation zwischen Männern und Frauen am Arbeitsplatz fand ich immer schwierig. Ich habe viele männliche Juristen erlebt, die sehr überzeugt von ihrem Können sind und die es dann schon mal für unnötig halten, in einer Sache genau zu recherchieren. Der Stil, mit dem Männer zu überzeugen versuchen, ist ein anderer: Da spielen solche Dinge wie laute Stimme oder selbstsichere Gebärden eine viel größere Rolle, als wenn eine Frau versucht, ihr Gegenüber zu überzeugen. Meiner Erfahrung nach arbeiten Juristinnen im Schnitt penibler, wollen weniger sich selbst darstellen, als eine Sache gut machen. Diese größere männliche Gelassenheit, Fünfe mal gerade sein lassen zu können, diese Coolness ist natürlich gerade im Gerichtssaal überhaupt keine schlechte Sache. Aber hier, in meiner Kanzlei, wollte ich dieses Dröhnende oder Coole nicht erleben. Ich wollte mit meinen Mitarbeiterinnen eine tägliche Auseinandersetzung auf Augenhöhe. Während des Referendariats habe ich acht Monate in einer Kanzlei gearbeitet, in der alle Mitarbeiter Männer waren – bis auf die Sekretärinnen. Und diese Atmosphäre, die ich da erlebt habe, wollte ich in meinem Büro einfach nicht haben. Als sich dann abzeichnete, dass ich mich doch hauptsächlich mit Frauenthemen beschäftigen werde, war ebenfalls klar: Die Hemmschwelle für Frauen her zu kommen ist deutlich niedriger, wenn hier nur Frauen arbeiten. Und zwar nicht nur für Frauen, die gerade im Frauenhaus Zuflucht gefunden haben oder Opfer einer Sexualstraftat geworden sind – für die aber natürlich besonders.

TD: Nimmst du nur weibliche Mandanten an?

SA: Nein. Gerade im Bereich Strafrecht vertrete ich auch oft Männer, die Drogendelikte begangen haben oder Eigentumsdelikte, Körperverletzung. Allerdings könnte ich keinen Mann verteidigen, der eine Frau vergewaltigt oder ein Kind missbraucht hat. Wenn Männer hier auftauchen und sich in Familiensachen von mir vertreten lassen wollen, sage ich ihnen, dass ich frauenparteiisch bin.

TD: Wie meinst du das?

SA: Wenn ich mich in dieser Gesellschaft oder gar erst weltweit umschaue, ist es nun mal so, dass die meisten Menschenrechtsverletzungen an Frauen begangen werden. Es ist Tatsache, dass mehr Frauen und Kinder von häuslicher Gewalt betroffen sind als Männer. Das ist der Grund, warum ich mich so positioniert habe. Was aber natürlich nicht in dem Sinne missverstanden werden darf, ich würde glauben, Frauen seien an sich die besseren Menschen. Oder Frauen seien immer das Opfer, und Männer immer die Täter. Es gibt natürlich auch im Bereich Familienrecht ganz klar Fälle, wo die Frau »das Schwein« ist, und der Mann der arme sympathische Kerl, der von ihr ausgenommen werden soll. Das ist ja auch Teil meiner Kritik an Multikulti: Dass alle Migrantinnen von wohlmeinenden Deutschen als gut und unschuldig hingestellt werden. Dabei fallen mir jede Menge einfältige, dumme, bösartige, gehässige, neidische Frauen ein – türkische wie deutsche. Und natürlich wäre das muslimische Patriarchat längst zusammengebrochen, wenn es in vielen Müttern, Töchtern, Ehefrauen nicht so willige Vollstreckerinnen hätte.

TD: Hast du auch Mandantinnen mit rein deutschem Hintergrund?

SA: Klar, ich würde sagen, etwa dreißig Prozent.

TD: Unterscheiden sich deren Anliegen strukturell von denen deiner Mandantinnen mit Migrationshintergrund?

SA: Der auffälligste Unterschied besteht sicher darin, dass ich noch keine urdeutsche Mandantin hatte, die von ihrer Familie zwangsverheiratet worden wäre. Wohingegen fünfzig Prozent der Mandantinnen muslimischen Glaubens, die mich aufsuchen, um sich von ihrem Ehemann scheiden zu lassen, ganz deutlich zwangsverheiratet worden sind. Und nahezu neunzig Prozent der muslimischen Mandantinnen, die zu mir kommen, weil sie sich aus einer langen Geschichte häuslicher Gewalt befreien wollen, werden anschließend von ihrem Ehemann oder ihrer eigenen Familie mit dem Tod bedroht. Erst unlängst hat der Ehemann einer Mandantin diese und mich bis in die U-Bahn verfolgt, um seine Frau zu prügeln und mich zu beschimpfen. Die alljährlichen »Ehrenmorde« in Deutschland zeigen, dass solche Drohungen ernst zu nehmen sind.

TD: Aber es kommt auch hin und wieder vor, dass urdeutsche Ehefrauen von ihrem Mann getötet werden, weil sie ihn verlassen wollen.

SA: Schon. Aber nenn mir einen Fall, wo eine Urdeutsche von ihrem Bruder umgebracht worden wäre, mit dem Motiv »Du Schlampe hast Schande über unsere Familie gebracht.« Der muslimisch-türkische »Ehrbegriff«, der immer auf die Familie, immer aufs Kollektiv zielt, hat nichts zu tun mit dem individualistischen »Ehrbegriff« eines kriminellen deutschen Macho, der findet, er habe das Recht, seine Frau zu töten, weil sie ihn verlassen will.

TD: Würdest du eine Unterscheidung zwischen »Zwangsverheiratung« und »arrangierter Ehe« machen?

SA: Ich halte den Begriff »arrangierte Ehe« weitgehend für eine Verschleierungsstrategie. Denn wodurch unterscheidet sich »arrangieren« von »zwingen«, wenn die Frau keine Entscheidungsgewalt über ihr Leben hat – keine ernsthafte Möglichkeit, nein zu sagen zu der Wahl ihrer Eltern? Zwang fängt nicht erst da an, wo ein Messer gezückt wird.

TD: Einerseits distanzierst du dich sehr deutlich vom real existierenden deutschen Feminismus. Andererseits positionierst du dich selbst als »frauenparteiisch«. Empfindest du das als Dilemma?

SA: Ich wäre sehr froh, wenn es hierzulande endlich einen vernünftigeren Feminismus gäbe. Viele Kolleginnen aus Istanbul sind professioneller, stärker und undogmatischer als die meisten Frauen, mit denen ich hier beruflich zu tun habe. Ein Problem vieler frauenbewegter Frauen in Deutschland ist, dass sie nicht zugeben können: Eine ist die Chefin. Da wird lieber behauptet, es gäbe keine Hierarchien, alle seien gleich und hätten sich ganz doll lieb – obwohl hintenrum die Dolche fliegen. Manchmal habe ich den Eindruck, Frauenprojekte sind die letzten Häfen, in denen noch nicht erkannt wurde, dass die Kollektiv-Idee, wo jeder mitbestimmen darf, Humbug ist. Das älteste Frauenhaus hier in Berlin ist schlussendlich daran gescheitert, dass es den Mitarbeiterinnen nicht gelungen ist, klare, transparente Hierarchien aufzubauen, die eine solche Einrichtung überhaupt erst dauerhaft funktionstüchtig machen. Natürlich wird diesen Projekten auch finanziell der Garaus gemacht. Aber warum distanzieren sich denn so viele Frauen aus der Mehrheitsgesellschaft von den Frauen, die in Frauenprojekten arbeiten? Weil diese kein gutes, professionelles Bild abgeben. Dabei wäre es immens wichtig, dass sich mehr Frauen in diesem Bereich engagieren.

TD: Kannst du mit dem Begriff »Frauensolidarität« etwas anfangen?

SA: Ja und nein. Viel zu oft wird dieser Begriff in dem Sinne missbraucht, dass andere Frauen von mir verlangen, ich solle jeden Blödsinn, den sie verzapfen, unterstützen oder wenigstens gutheißen. Andererseits wäre ich sehr glücklich, wenn es mehr echte Frauensolidarität gäbe. Wie unsolidarisch Frauen sein können, erlebe ich verstärkt, seit ich Mutter bin. Als ich den Kolleginnen in meiner Kanzlei erzählte, dass ich schwanger bin, fielen denen die Klappen herunter. Damals waren wir noch zu dritt in der Kanzlei, und eine der beiden Kolleginnen verließ regelmäßig den Raum, wenn ich über meine Schwangerschaft sprach. Oder später, in Richtung Geburt, hatte ich bereits einen Kinderwagen besorgt und in den Flur gestellt. Die Kollegin schob ihn ins Badezimmer. Letztlich haben unter anderem diese Spannungen dazu geführt, dass ich die Kanzlei jetzt allein betreibe.

TD: Vielleicht hielt die Kollegin einen Kinderwagen im Flur einer Kanzlei für unprofessionell.

SA: Dann hat sie sich an den deutschen Schwachsinn gut assimiliert. Sie stammt aus einer türkischen Familie – in Istanbul käme keine professionelle Frau auf die Idee, sie müsse ihre Schwangerschaft verstecken wie eine Krankheit. In Wahrheit hatte sie wohl Angst, ich würde meine Arbeit vernachlässigen, sobald ich Mutter bin, und sie müsse für mich mitarbeiten.

TD: Ein Gedanke, der wohl jeder kinderlosen Frau durch den Kopf schießt, wenn sie erfährt, dass ihre Kollegin schwanger ist. Hattest du selbst keine Ängste, ein Kind könnte das Ende oder zumindest ein Einbruch in deiner Karriere sein?

SA: Natürlich habe ich mir darüber Gedanken gemacht. Aber ich war mir immer sicher: Ich kriege das irgendwie hin. Jetzt realisiere ich, dass ich mich bei manchen Dingen einschränken muss, die ich gern machen würde. Zum Beispiel war ich zu einem dreiwöchigen Programm »Islam und Demokratie« in die USA eingeladen – erst haben sie gesagt, es geht mit Kind, dann haben sie mich doch wieder ausgeladen. Und gerade bei meiner politischen Arbeit, die ich ja ohnehin schon immer zusätzlich zu meiner Anwaltstätigkeit gemacht habe, kann ich natürlich viele Termine nicht wahrnehmen. Trotzdem ist meine Tochter in keinem Fall ein Karriere-Killer. Ich würde sagen: Ich fahre zur Zeit karrieremäßig mit leicht angezogener Handbremse.

TD: Du bist mit 41 vergleichsweise spät Mutter geworden.

Waren es vor allem solche Karriereüberlegungen, die dich so lange damit warten ließen?

SA: Auch. Die größere Rolle spielte aber, dass ich zwischen dreißig und vierzig eigentlich nur Beziehungen mit Frauen hatte – nicht weil ich plötzlich erklärte Lesbe geworden wäre, sondern weil ich in dieser Zeit einfach keinem Mann begegnet bin, in den ich mich verliebt habe. Deshalb war für mich die Vorstellung, ein Kind zu bekommen, lange Zeit in weiter Ferne. Obwohl ich Kinder schon immer mochte. Aber erst mit Ende dreißig habe ich mir die Frage dringlicher gestellt und habe entschieden: Ja, ich will ein Kind. Ich will nicht mit sechzig dasitzen und bereuen, dass ich es damals nicht getan habe. Also musste ich etwas unternehmen. Zuerst habe ich mit einem Schwulen darüber geredet, ob wir nicht gemeinsam ein Kind zeugen sollen. Aber wie es der Zufall wollte, habe ich mich dann zum ersten Mal seit vielen Jahren wieder in einen Mann verliebt …

TD: Lustiger Zufall …

SA: Ich weiß schon, was du denkst. Schwer zu sagen, ob das vor allem deshalb geschehen ist, weil ich ein Kind wollte – schon möglich. Immerhin habe ich mit Kerim ein Jahr zusammengelebt. An der Schwangerschaftsfront klappte in dieser Zeit rein gar nichts. Ich habe sogar eine Hormonbehandlung gemacht – allerdings war mir dieser ganze technisch medizinische Aufwand zuwider, und ich habe es nach sehr kurzer Zeit sein lassen. Ich wollte auf natürliche Weise schwanger werden, nennen wir es kitschig: Ein Kind in Liebe zeugen. In dieser Frage bin ich – wie nannte es unsere frühere Familienministerin immer? – wertkonservativ. Deshalb habe ich damals auch den Plan, mich mit dem schwulen Freund fortzupflanzen, nicht weiter verfolgt. Kerim und ich hatten uns also getrennt, sahen uns aber noch. Und wie's sich eben manchmal so ergibt, sah man sich nicht nur – und da ist es plötzlich passiert. In dem Moment, in dem Kerim nicht mehr bei mir lebte, seine eigene Wohnung, sein eigenes Leben hatte, und ich den Gedanken an ein Kind schon halb aufgegeben hatte, bin ich schwanger geworden.

TD: Von den meisten Frauen, mit denen ich über ihren Kinderwunsch rede, höre ich den Satz: Ja – aber nur mit dem richtigen Partner.

SA: Das habe ich lange Zeit auch so gesehen. Weil ich – wieder wertkonservativ – denke, dass es für ein Kind schöner ist, wenn Vater und Mutter da sind. Meine ursprüngliche Idee war schon, das Kind mit einem Vater zu haben, der sich auch als Vater begreift – also nicht nur am Wochenende vorbeikommt und hallo sagt. Aber aufgrund meines Alters und meiner Lebensrealität habe ich mir diesen Zahn ganz schnell gezogen. Wenn ich gewartet hätte, bis der Richtige für diese harmonische Vater-Mutter-Kind-Welt gekommen wäre, wäre ich in diesem Leben nicht mehr schwanger geworden. Als ich dann tatsächlich schwanger war, ist dieser alte Traum schon wieder aufgeflackert. Aber ich habe den Dingen ins Auge geblickt und mir gesagt: Kerim ist nicht der Kindsvater, der Erzieher, den du dir in deinen Träumen ausmalst. Und seine Begeisterung, mit mir ein Kind großzuziehen, hielt sich auch in Grenzen. Mir war klar: Ich bin allein schwanger, also werde ich auch allein erziehende Mutter sein.

TD: Das klingt extrem abgeklärt. Ich habe auf meinem Handy inzwischen eine ganze Sammlung mit SMSen von Freundinnen, die verkünden, wie überglücklich Hans-Peter und sie über die Geburt von Sofia-Lara sind. Keine sechs Monate später kommt die zweite SMS: »Hans-Peter hat Sofia-Lara und mich verlassen. Weiß jemand eine Wohnung?«

SA: Ich kann anderen Frauen nur raten: Wenn es in der Beziehung vorher schon nicht so rosig ausschaut – hofft definitiv nicht darauf, dass der Mann euch plötzlich wieder begehrt, dass die Beziehung plötzlich wieder ins Lot kommt, weil ihr schwanger seid. Eher im Gegenteil.

TD: Was für ein Verhältnis hast du heute zu Kerim?

SA: Zunächst einmal habe ich dafür gesorgt, dass ich das alleinige Sorgerecht behalte. Kleiner Skandal am Rande: Als ich die Geburtsurkunde für meine Tochter bekommen habe, fragte ich, warum dort der Vater an erster und ich an zweiter Stelle stehe. Schließlich war zu diesem Zeitpunkt bereits klar, dass ich das alleinige Sorgerecht habe. Die Beamtin erklärte: »Egal, geht nicht. Bei uns wird der Vater zuerst genannt, dann die Mutter.« Und das, nachdem Kerim mich schon damit genervt hatte, meine Tochter müsse seinen Nachnamen tragen.

TD: Da kann ich eine Geschichte aus urdeutschem künstlerisch-intellektuellem Milieu beisteuern: Bekannte von mir sind unlängst Eltern geworden – nicht verheiratet, wohlgemerkt. Und der Kindsvater hat dennoch durchgesetzt, dass der Sohn seinen Namen erhält – damit er dem alten Patriarchen endlich den lang ersehnten »Stammhalter« präsentieren kann.

SA: Ich bin sicher, wenn mein Kind ein Sohn geworden wäre, hätte ich mit Kerim noch heftigere Kämpfe auszufechten gehabt. Natürlich unterschlage ich meiner Tochter nicht, dass sie einen Vater hat. Und Kerim darf sie auch so viel wie möglich sehen. So lange sie noch nicht sprechen, sich noch nicht vermitteln kann, darf er sie allerdings nur hier bei mir, in meiner Gegenwart sehen.

TD: Warum? Das klingt extrem misstrauisch.

SA: Ich bezweifle einfach, dass Kerim und ich dieselben Vorstellungen davon haben, was gut für unsere Tochter ist. Neulich hat er ihr zum Beispiel einen rosa Strampelanzug mitgebracht, und da habe ich gesagt: »Ich will so was nicht. Ich will nicht, dass mein Kind ständig in Rosa herumläuft.« Oder dieses schreckliche Barbie-Stofftier, so ein lila-silbrig-weißes Einhorn. Da habe ich auch gesagt: »Ich will nicht, dass du solche Tussi-Geschenke mitbringst.«

TD: Du versuchst also ganz klar, deine Tochter nicht als Mädchen zu erziehen.

SA: Oh ja. Und das fängt bei den Klamotten an. Solange ich sicher war, meine Tochter kriegt von dem, was sie anhat, nicht viel mit, war es mir wurscht, was sie geschenkt bekommt. Mit 15 Monaten ist es ziemlich egal, ob sie in einen grünen, blauen oder rosa Strampler hinein kackt. Aber jetzt, wo ich merke, dass sie die Umwelt bewusster wahrnimmt, fange ich an, nach den Farben zu gucken. Das gilt auch für die Spielsachen. Kinder werden ja mit Stofftieren erschlagen heutzutage. Und die Tussi-Tiere mit ihren Rüschen und Schleifchen und Glitterkram sortiere ich eben aus. Ich habe meiner Tochter einige Autos gekauft, wir spielen oft Bagger fahren. Und, was ich am allerwichtigsten finde: Sie bekommt jetzt schon viel vorgelesen. Allerdings werden die Seiten in den türkischen Kinderbüchern, wo Papa, Mama und Kind morgens am Frühstückstisch hocken, und Papa verabschiedet sich zur Arbeit, während Mama und Kind zu Hause bleiben – diese Seiten werden von mir überschlagen oder umgedichtet.

TD: Wie wirst du dich verhalten, wenn deine Tochter eines Tages aus dem Kindergarten kommt und sagt: »Alle Mädchen da haben rosa Turnschuhe mit Schleifen. Ich will jetzt auch rosa Turnschuhe mit Schleifen!«

SA: Es hat keinen Sinn, alles zu verbieten. Dass ich Tussitum ablehne, soll bei meiner Tochter nicht als Dogma rüberkommen. In meinem Leben habe ich gelernt, dass man viel mehr erreicht, wenn man mit den Dingen pragmatisch, flexibel umgeht. Und wenn meine Tochter plötzlich Tussiwünsche mit nach Hause bringt, dann werde ich eben an anderen Fronten versuchen, dagegen zu steuern: Ihr die richtigen Bücher zu lesen geben, mit ihr in die richtigen Filme gehen. Wenn es zu extrem wird, würde ich allerdings schon zur letzten Waffe greifen und sagen: »Mit mir nicht.« Mein größter Wunsch für meine Tochter ist: Dass sie keine Tussi wird, die Friseurin werden will, sich die Fingernägel lackiert und ansonsten nur auf Männersuche ist. Die Vorstellung wäre das Grauen für mich.

TD: Nun erziehst du deine Tochter ja nicht allein, sondern deine Schwester und deine Cousine kümmern sich ebenfalls intensiv um sie.

SA: Auf die Mädels kann ich mich verlassen, die würden es nie wagen, meine Tochter hinter meinem Rücken in Rosa zu stecken. (Lacht.) Im Ernst: Ich kann gar nicht genug betonen, wie dankbar ich meiner Familie bin. Ohne ihre Unterstützung wäre es sehr schwierig für mich, meine juristische und politische Arbeit in dem Ausmaß weiterzumachen, wie ich es tue. Meine Schwester, die selbst drei Kinder hat, hat immer zu mir gesagt: »Seyran, bekomm' nur ein Kind, wir ziehen das schon mit auf.« Und sie hat mich tatsächlich nicht im Stich gelassen. Ebenso meine Cousine, die selbst zwei Töchter hat. Auch mein jüngerer Bruder, der drei Kinder hat, passt öfter auf die Kleine auf oder begleitet uns, wenn ich zu einer Veranstaltung außerhalb von Berlin reise.

TD: Könnte man dein Lebensmodell »posttraditionell geläuterte Großfamilie« nennen?

SA: Gern. Natürlich bin schon ich die Person, die das Kind hauptsächlich versorgt. Aber es ist kein Thema, dass ich mich für einen halben Tag zurückziehen kann, um meine Arbeit zu machen. Ich halte nichts von dieser gerade in Deutschland sehr verbreiteten Ideologie: Eine Mutter muss rund um die Uhr für ihr Kind da sein. Ich hatte mir, bevor meine Tochter zur Welt kam, ein Leben aufgebaut, das ich liebe und das ich weiterleben will. Deshalb war für mich klar: Das Kind kommt in mein Leben. Und nicht umgekehrt. Bei vielen deutschen Müttern habe ich den Eindruck: Sobald das Kind da ist, bleibt in deren Leben kein Stein mehr auf dem anderen. Sie geben alles auf, was sie sich vorher als eigenes Leben aufgebaut hatten – um nur noch für das Kind da zu sein. Natürlich sind solche Mütter schnell bereit, über mich zu sagen: Rabenmutter! Egoistisch! Karrieregeil! Aber was hat denn so ein armes Kind von einer Mutter, die insgeheim frustriert ist, weil sie ihre gesamten eigenen Ambitionen im Leben über Bord gekippt hat? Ich schränke mich in manchen Bereichen wie Reisen oder Ausgehen ein. Und dafür muss mein Kind akzeptieren lernen, dass es mich nicht 24 Stunden am Tag um sich haben kann.

TD: Und diese Haltung hast du, obwohl du selbst beschrieben hast, wie sehr du in deiner frühen Kindheit genossen hast, dass deine Mutter ständig um dich herum war?

SA: Ich hoffe, dass es mir gelingt, dasselbe Geborgenheitsgefühl, das für mich damals so wichtig war, heute meiner Tochter zu geben. Die Kleine sagt derzeit zu mir, zu meiner Schwester und zu meiner Cousine »*Anne*«, also Mama. Das muss ich dann natürlich auch verkraften können und darf nicht anfangen, eifersüchtig zu werden. An dieser Front tun sich viele deutsche Profi-Mütter schwer. Aber wie sollte es auch anders sein, wenn man im Leben alles Eigene aufgegeben hat, um nur noch fürs Kind da zu sein.

TD: Frei nach dem Motto »Du sollst keine anderen Mütter haben neben mir!«

SA: Richtig. Ich freue mich für meine Tochter über die Freiheit, die sie durch unser Modell hat. Denn die deutsche Vollzeit-Mutter-Ideologie ist ja nicht nur die Ursache für viel biografisches Unglück bei den Müttern. Sondern auch ungesund für das Kind. Wir alle wissen: Kinder lassen sich von dem prägen, was sie in den ersten Lebensjahren mitbekommen. Und meine Tochter hat die Chance, zu vielen anderen Personen Vertrauen aufzubauen. Und das ist das Wichtigste, was man für das Selbstbewusstsein so eines heranwachsenden Menschen tun kann. Es geht nicht darum, ihm das Gefühl zu vermitteln, immer ist einzig und allein die Mama da, wenn er schreit. Ja, es ist immer jemand da. Aber dieser Jemand ist eben nicht immer die leibliche Mutter.

TD: Zusätzlich bringst du deine Tochter jeden Tag für drei, vier Stunden in die Krippe.

SA: Weil ich will, dass sie dort sicher Deutsch lernt. Meine Schwester und deren Kinder reden mit meiner Tochter zwar auch Deutsch, aber ich und meine Cousine reden mit ihr nur Türkisch. Außerdem möchte ich, dass sie sich an Kontakt zu anderen Kindern, außerhalb der Familie, gewöhnt. Ich finde sehr wichtig, dass Kinder früh erfahren, dass es auch noch eine Welt außerhalb der Familie, außerhalb des »Zuhause« gibt.

TD: Du hast es vorhin schon angedeutet: Das Wort »Rabenmutter« dürftest du mehr als einmal gehört haben. Bei welcher Seite stößt dein Lebens- und Mutterschaftsmodell auf die größte Ablehnung?

SA: Besonders gern machen mich Vollzeit-Mütter an. Erschütternder finde ich allerdings, dass mir häufig auch berufstätige Mütter mit Skepsis begegnen. Wenn ich zum Beispiel meine Tochter zu Veranstaltungen mitnehme, erlebe ich hin und wieder, dass auch diese Frauen hinter vorgehaltener Hand tuscheln: »Das gehört sich nicht.« Leider neigen in Deutschland nicht nur Männer oder kinderlose Frauen dazu, eine Frau im öffentlichen Leben für unprofessioneller, unintelligenter und schwächer zu halten, wenn sie offen damit umgeht, dass sie Mutter ist. Mutterschaft hat hierzulande eine vom Beruf strikt getrennte, private Angelegenheit zu sein. Dennoch verläuft einer der tiefsten sozialen Gräben in Deutschland zwischen den Menschen mit und denen ohne Kind. Da ist keine Seite wirklich bereit, die andere Lebensform mit ihren speziellen Bedürfnissen zu respektieren. So wie ich es von mir borniert fände, wenn ich einer Kollegin, von der ich weiß, dass sie mit Kindern nichts am Hut hat, stundenlange Vorträge über den besten Karottenbrei halten würde …

TD: … fändest du es von mir borniert, wenn ich mich über den Kinderwagen im Flur mokieren würde.

SA: Exakt.

TD: Da sind wir beide doch auf einem schönen Weg … Bevor

die kleinen Monster wieder in die Küche dürfen, noch eine letzte Frage: Als ob du nicht genug zu tun hättest, bist du im Oktober 2004 auch noch in die SPD eingetreten. Warum?

SA: Im Grunde war es nur die Konsequenz aus dem, was ich ohnehin seit Jahren tue. Bei meiner Arbeit als Anwältin merke ich immer deutlicher, dass ich mich dort um Dinge kümmern muss, für die eigentlich die Politik verantwortlich wäre. Vor Gericht versuche ich, in einem schlimmen Einzelfall das beste Ergebnis für die jeweilige Frau zu erzielen. Aber wenn ich mich immer nur in Einzelfällen engagiere, ändere ich natürlich nur sehr langsam etwas an den kulturellen, gesellschaftlichen Strukturen. Außerdem kann ich als Anwältin nur mit den vorhandenen Gesetzen operieren. In manchen Bereichen wie Zwangsheirat gibt es aber noch keine befriedigende Gesetzeslage. In der SPD bin ich gelandet, weil ich dort am ehesten die Hoffnung habe, dass die Ziele, für die ich im Augenblick als Rechtsanwältin und Individuum Seyran Ateş kämpfe, eines Tages parteipolitische Ziele sind. Zur Zeit stelle ich die Forderung, dass wir ein eigenes Ministerium für Einwanderungs- und Einbürgerungsangelegenheiten brauchen. Denn in Deutschland sind in 16 verschiedenen Bundesländern 16 verschiedene Institutionen in Fragen der Integration beauftragt, und dementsprechend gibt es 16 verschiedene Integrationskonzepte. Das Thema Integration ist aber ein gesamtdeutsches Anliegen, deshalb muss es auch gesamtdeutsch gelöst werden. Und Integration ist auch kein Randthema – als welches es bislang behandelt wurde: In diesem Jahr sind rund dreißig Prozent der Kinder, die in Berlin eingeschult werden, nichtdeutscher Herkunft. Bei der Frage, wie die in unsere Gesellschaft integriert werden, geht es also ans Eingemachte.

TD: Liebe Seyran, ich wünsche dir viel Glück. Und bedanke mich herzlich für das Gespräch.

VERA BOHLE

Jahrgang 1969. Expertin für Kampfmittelbeseitigung.

Beim heiteren Beruferaten hätte diese Frau beste Chancen, mit einem prall gefüllten Schweinderl nach Hause zu gehen. Ihre physische Erscheinung – 1,84 Meter groß, sportlich, blond – würde den Anfangsverdacht vermutlich in Richtung »Beach-Volleyballerin« lenken. Machte sie die für ihren Beruf typische Handbewegung, würde ein besonders aufgewecktes Mitglied des Rateteams wohl die »Präzisions-Spargelstecherin« ins Spiel bringen.

Vera Bohle ist Minenräumerin. Die erste Deutsche, die in diesem Beruf je im Ausland tätig war. Und Ausland heißt hier nicht: Frankreich, Spanien, Tirol, sondern liest sich wie ein *Where's Where* der Orte, an die ein vernünftiger Mensch nicht fährt: Afghanistan, Zimbabwe, Sudan. Den Hang zu Reisezielen, die nicht im *Baedeker* stehen, offenbart Vera schon als Studentin: Mit 22 wandert sie zu Fuß durch Madagaskar. Allein. Zwei Jahre später reitet sie drei Monate nur von ihren beiden Pferden begleitet durch die Steppe der Mongolei. Die Furcht vor der Fremde verliert sie schon als Kind: Der Vater arbeitet in leitender Funktion bei einem Pharmakonzern, die Familie zieht von Köln für einige Zeit nach Istanbul und weiter nach Teheran. Und dennoch wird Vera nach dem Abitur nicht Stammesfürstin in Papua-Neuguinea, sondern studiert erst einmal Theater-, Film- und Fernsehwissenschaften, Politik und Geographie in Köln. Aber natürlich träumt sie nicht davon, Dramaturgin am Wiener Burgtheater zu werden – das Marschziel lautet: Auslandskorrespondentin. Am liebsten Afrika. Um schneller dorthin zu gelangen, macht sie parallel zum Studium eine Ausbildung zur Cutterin und MAZ-Technikerin. Und prompt erhält sie 2003 einen Auftrag vom ZDF, der sie nach Somalia bringt. Dort erlebt sie, wie die Flüchtlinge unter ihren Augen sterben, schneidet abends die Berichte zusammen und beginnt zu zweifeln, ob der Beruf der Korrespondentin tatsächlich das Richtige für sie ist. Der Verdacht, nur ein »Secondhand-Leben« zu führen, das von den Problemen anderer profitiert, schwindet auch dann nicht, als sie eine Redaktionsstelle beim Politmagazin *Kennzeichen D* bekommt. In einer Zeitung entdeckt Vera eine kurze Notiz über eine Dresdner Sprengschule, die bosnische Flüchtlinge zu Minenräumern ausbildet. Und Vera sitzt senkrecht: Minenräumen! Ist es nicht genau das, was sie gesucht hat? Eine Arbeit, bei der sie nicht länger den Verdacht haben muss, Elendsprofiteurin zu sein. Und eine Arbeit, die sie in der Welt herumkommen lässt. Am nächsten Tag ruft sie bei der Sprengschule an, sie kündigt ihren Job beim ZDF, und vier Monate später beginnen die Lehrgänge. Zusammen mit bis zu 29 Männern, die vorher als Tiefbauer gearbeitet haben oder eigentlich Pyrotechniker werden wollten, lernt Vera, wie man einen Kopf- von einem Boden- von einem Seitenzünder unterscheidet, wie man Tretminen aufspürt, die unter der Erde verborgen sind, im Gegensatz zu Splitterminen, die durch einen überirdisch verlegten Stolperdraht ausgelöst werden. Erste praktische Erfahrungen sammelt die fertig ausgebildete »Munitionsräumarbeiterin« auf der Halbinsel Wustrow, wo sie jeden Morgen um fünf im morastigen Gelände steht, um Blindgänger und Munition aus dem Zweiten Weltkrieg und aus der Sowjetzeit zu bergen. Da sich das Gehalt auf Hilfsarbeiterniveau bewegt, arbeitet Vera im wechselnden Wochenrhythmus für das *Morgenmagazin* beim ZDF. 2000 ist es dann endlich soweit: Die Organisation *Help* fragt an, ob Vera nicht auf den Balkan möchte. Sie möchte. Und so steht die ehemalige Fernsehredakteurin nur zwei Jahre nach ihrem Entschluss, lieber »etwas Sinnvolles« im Leben zu machen, mit Detektor, Minensuchnadel, Schutzvisier und schwerer Splitterweste bewaffnet auf einer Wiese im Süd-Kosovo. Und lernt, was Geduld heißt: Zentimeter für Zentimeter will das Gelände mit dem Detektor abgesucht, und – wenn dieser ausschlägt – behutsamst mit der Nadel durchstochert werden. Ist es dann kein rostiger Nagel, sondern tatsächlich eine Mine, die im Boden liegt, jagt der Puls in die Höhe. Und trotzdem muss die Hand ruhiger bleiben als beim Oberkellner, der die Champagnerglaspyramide durchs Ritz balanciert. Manch ein beschädigter, hochexplosiver Blindgänger, den Vera hunderte von Metern zum Sprengplatz trägt, wiegt über zwanzig Kilo. In den folgenden Jahren arbeitet sie in Mosambik und Simbabwe, abermals auf dem Balkan und zwei-

mal in Afghanistan. Sie genießt die Befriedigung, dazu beigetragen zu haben, dass Menschen Land, das eben noch minen-
verseucht war, wieder nutzen können. Aber sie erlebt auch, wie
Kollegen verstümmelt werden. Und wie sie selbst mehrfach um
Haaresbreite einer Katastrophe entkommt. 2002 erhält sie für
ihr Engagement das Bundesverdienstkreuz. Doch irgendwann
wird ihr klar, dass auch die glücklichste Katze nur sieben Leben
hat. Vera beschließt, ihre Zeit als aktive Minenräumerin zu beenden, und beginnt, im Auftrag des Auswärtigen Amts Minenräumprojekte zu evaluieren. Sie arbeitet als technische Bera-
terin für den *Mine Action Service* der Vereinten Nationen, hält
vor Delegierten einer multilateralen Abrüstungskonferenz Vorträge über die Arbeit der Minenräumerin. 2005 leitet sie in Genf
zum ersten Mal selbst eine Abrüstungskonferenz, die Teilnehmer: über hundert Militärs aus siebzig Ländern. Um die Minenproblematik auch einer größeren Öffentlichkeit näher zu bringen und ihre eigenen Erfahrungen zu verarbeiten, schreibt Vera
das Buch *Mein Leben als Minenräumerin*, das 2004 erscheint.
2005 erhält sie den *Soroptimist Friedenspreis*.

Ich lerne »Mister Vera« – wie sie von afghanischen Kollegen
genannt wurde – kennen, als sie das Buch in meiner Sendung
vorstellt, und bin auf Anhieb fasziniert von der Frau, die gna-
denlose Entschlossenheit ausstrahlt und gleichzeitig einer der
lebenslustigsten Menschen ist, die mir je begegnet sind.

Zu unserem Gespräch treffe ich sie in ihrer frisch renovierten
Altbau-Wohnung in Berlin. Die Decken sind so hoch, dass auch
Vera noch viel Luft über dem Kopf hat. Es gibt Tee in auffällig
blauen Gläsern.

TD: Die Gläser sind hübsch. Aus Murano?

VB: Nix Murano. Afghanistan. Die einzigen Souvenirs, die ich
von meinem letzten Einsatz dort mitgebracht habe. Also besser
nicht fallen lassen …

TD: Gehe ich recht in der Annahme, dass du schon als Mädchen lieber mit Wasserpistolen als mit Puppen gespielt hast?

VB: Mein liebstes Spielzeug war: Barbie! Ich hatte die super-
blonde Ausgabe mit kompletter Garderobe von Badeanzug bis
Ballkleid, dazu den Barbie-Pool, das Barbie-Pferd und den Bar-
bie-Camper. Du hast einen echten Barbie-Profi vor dir.

TD: Ich fürchte, wir müssen das Interview an dieser Stelle leider beenden.

VB: Es gibt noch Hoffnung: Mein aller-allerliebstes Spielzeug war ein Gummiskelett in der Größe einer Barbiepuppe, dem passten alle Kleider. Also rannte ich immer mit meinem Gummiskelett in Barbiepuppenkleidern rum, was meine Eltern ganz lustig fanden, aber Freunde meiner Eltern doch mit der diskreten Empfehlung quittierten, das Kind solle mal einen Psychiater aufsuchen …

TD: Ich bin beruhigt. Über das Gummiskelett, meine ich, nicht über den Psychiater.

VB: Meine Eltern haben mich auch nie hingeschickt. Obwohl sie absolut keine 68er oder Verfechter einer »antiautoritären« Erziehung waren, sondern durch und durch bürgerlich, durfte ich mich als Kind ziemlich ausleben. Ich war oft bei meiner Großmutter, die in einem Dorf im Sauerland lebte, und da spielte ich am liebsten im Schlamm.

TD: Durftest du dich genauso dreckig machen wie dein Bruder?

VB: Klar. Meine Mutter ist in der Nachkriegszeit aufgewachsen, und dieses ewige »Ein Mädchen muss hübsch und sauber aussehen, ein Mädchen darf sich nicht dreckig machen« klang ihr noch im Ohr.

TD: Sah das dein Vater auch so?

VB: Vermutlich nicht ganz. Er stammt aus einem eher konservativen Milieu, eben von einem sauerländischen Bauernhof, und musste, weil sein Vater starb, als ältester Sohn früh Verantwortung übernehmen. Sein Umfeld, in dem klar definiert war, was die Männer- und was die Frauenrolle ist, hat ihn schon sehr geprägt. Meine Mutter dagegen stammt aus einer Familie mit lauter »starken Frauen«. Ihre Mutter hatte studiert, sprach fünf Sprachen und lebte zeitweise in Italien und in Spanien, was in dieser Generation ja nun wirklich nicht üblich war. Eine meiner Großtanten war mit 22 schon Unternehmerin gewesen. Und meiner Urgroßtante gehörte die Sophie-Stecker-Strickwaren-Fabrik im Sauerland.

TD: Deine Mutter ist aber nach deiner Geburt trotzdem erst mal zu Hause geblieben, um ganz für die Kinder da zu sein?

VB: Als mein Bruder zur Welt kam, drei Jahre vor mir, hatte meine Mutter gerade begonnen, als Studienassessorin an einer kaufmännischen Berufsschule zu arbeiten. Mein Vater promovierte zu der Zeit, und es war selbstverständlich für ihn, dass meine Mutter den Haushalt schmeißt, kocht und das Baby füttert, wickelt et cetera – obwohl sie diejenige war, die gleichzeitig mit beiden Beinen im Berufsleben stand. Als ich dann zur Welt kam, hatte meine Mutter das Gefühl, diese komplette Dreifachbelastung würde sie zerreißen und letztlich auf Kosten der Kinder gehen. Also ist sie zu Hause geblieben, bis ich in der dritten oder vierten Grundschulklasse war.

TD: Würdest du dennoch sagen, dass deine Mutter »emanzipiert« war?

VB: Ich weiß nicht, ob diese Kategorie in ihrem eigenen Denken eine Rolle spielte. Alice Schwarzer oder Feminismus waren keine Themen bei uns zu Hause, und meine Mutter hat gegen die herrschenden Rollenverhältnisse nicht wirklich rebelliert. Rückblickend sieht sie das durchaus kritisch. Aber sie ist in der Nachkriegszeit ohne Vater aufgewachsen und hat erlebt, wie hart es für ihre Mutter war, alle Aufgaben übernehmen zu müssen. Da empfand sie es weniger als Einengung, sondern vielmehr als Luxus, zu Hause bei den Kindern bleiben zu können und einen Mann zu haben, der sie ernährt. Allerdings fühlte sie sich als Nur-Hausfrau und -Mutter nach einer Weile unterfordert und ist deshalb wieder in ihren Beruf zurückgekehrt. Heute, wo ich selbst ungefähr in dem Alter bin, bewundere ich sie dafür, wie sie versucht hat, alles unter einen Hut zu bringen.

TD: Hat deine Mutter dich zur Emanzipation erzogen?

VB: Sie hat in jedem Fall sehr darauf geachtet, dass ich nicht als »das Mädchen« erzogen werde – nicht nur beim Schlammspielen. Ich empfand sie immer als Beschützerin, wenn mein Vater oder später auch mein Bruder versuchten, mich mit Sprüchen à la »Zieh doch mal einen Rock an!« oder »Du könntest wirklich damenhafter gehen!« zur Frau zu erziehen.

TD: Hatte dein Vater nur in der Gang- und Rockfrage konservative Ansichten oder hat er auch sonst versucht, dich auf den Pfad der Damenhaftigkeit zu bringen?

VB: Bildung war ihm wichtig, auf meine schulischen und später beruflichen Erfolge war er immer stolz. Allerdings hätte mein Vater mich damals lieber auf einer Mädchenschule mit gutem Ruf gesehen. Auf mein Drängen hin hat meine Mutter durchgesetzt, dass ich auf dieselbe Schule komme wie mein Bruder, ein ehemaliges Jungen-Gymnasium, das politisch ziemlich aktiv, fast schon alternativ war und auf dem es manchmal ein bisschen heftiger zuging. Und natürlich hat mein Vater bei meinem Bruder als dem »Stammhalter« mehr darauf geachtet, dass er einen guten Abschluss macht. Bei mir ist er wohl eher davon ausgegangen, dass ich ohnehin bald nach dem Abitur den Wunsch haben werde zu heiraten. Interessanterweise habe ich gegen diese Weltsicht von ihm damals nicht aufbegehrt. Noch nicht einmal unbewusst. Ich erinnere mich an ein Spiel aus meiner Schulzeit, da war ich vielleicht zwölf, und irgendwie ging es darum, mit welchem Alter man heiraten wird. Und ich war ganz überzeugt: Mit 24. Ich wusste, dass meine Mutter mit 26 geheiratet hatte, und das kam mir viel zu spät vor.

TD: Müssen wir uns deine Schulzeit so vorstellen, dass Fräulein Bohle im Wesentlichen auf der Suche nach einem Mann fürs Leben war? Auf einem ehemaligen Jungen-Gymnasium gab es sicher reichlich Auswahl …

VB: In meiner Klasse waren wir acht Mädchen und 26 Jungs. Und bis zur Oberstufe habe ich tatsächlich fast nur mit Jungs rumgehangen, bin mit denen Rudern gegangen oder habe Doppelkopf gespielt. Allerdings fand ich es eher unangenehm, wenn sich einer in mich verliebte – irgendwie störte das den Frieden in der Clique.

TD: Bei deinen Auslandseinsätzen bist du oft die einzige Frau unter Männern. Wie reagierst du da, wenn sich einer in dich verliebt?

VB: Damit keine Missverständnisse aufkommen: Ich nehme es keinem Mann übel, wenn er sich in mich verliebt …

TD: War es Brigitte Bardot, die an dieser Stelle zu sagen pflegte: »Wie soll ich's ihm verübeln, ich hätte mich auch in mich verliebt …«

VB: … Bisschen eingebildet, was? Die Probleme fangen nur dann an, wenn einer nicht akzeptieren kann, dass es auf meiner Seite keine Verliebtheit gibt. Leider habe ich häufig die Erfahrung gemacht, dass Männer mit dieser Form der Zurückweisung nicht gut klarkommen und sich das Verhältnis danach deutlich verschlechtert. Aber Gott sei Dank gibt es Männer, die ihren

Sportsgeist nicht in der Umkleide ablegen, nur weil sie sich verliebt haben und nicht erhört worden sind.

TD: Passiert es oft, dass *du* dich verliebst?

VB: In letzter Zeit immer seltener, irgendwann nimmt man nicht mehr irgendwas – oder wie heißt das in der Werbung …? Normalerweise versuche ich, Arbeit und Liebesleben getrennt zu halten. Aber natürlich ist das ein theoretischer Vorsatz, wenn das Arbeitsleben so stressig und zeitaufwendig ist, dass man rechts und links davon einfach keine Männer mehr trifft. Ein weiteres Problem ist, dass ein – sagen wir: Chemieprofessor meinen Lebensstil vermutlich zu wenig nachempfinden könnte und dementsprechend nicht genügend Verständnis dafür aufbrächte. Meinen letzten Freund hatte ich im Kosovo kennen gelernt. Ich lege also nicht das Nonnenkostüm an, wenn ich im Einsatz bin, aber die Konzentration auf einen reibungslosen Arbeitsablauf geht normalerweise vor.

TD: Du hast dir schon in der Schule ein eher männliches Umfeld gesucht. Was hat dich an Mädchen damals gestört?

VB: Ich fand die Jungs einfach aktiver und unternehmungslustiger. Wir waren nur acht Mädchen in der Klasse, dennoch haben die es geschafft, zwei Cliquen zu bilden: In der einen waren die, die nett aussahen und bei den Jungs Chancen hatten, in der anderen waren die, die ein paar Kilo oder ein paar Pickel zu viel hatten. Unangenehm fand ich, wenn beide Gruppen von mir forderten, ich solle mich zu einer von ihnen bekennen – hätte nur noch gefehlt, dass sie Parteibücher ausgeben.

TD: Gab es eine Lehrerin, die dich beeindruckt hätte?

VB: Leider nein. Bis zu meinem Studium kamen alle starken Frauen, die ich bewunderte, aus der Familie meiner Mutter. Allerdings wäre es hineininterpretiert, wenn ich sagen würde, dass ich damals weibliche Vorbilder vermisst hätte. »Feministisches Bewusstsein« während meiner Schulzeit: Totale Fehlanzeige. Ich erinnere mich an eine Geschichte aus dem Sportunterricht, das könnte ein erster Hinweis darauf gewesen sein, dass etwas in mir zu rumoren begann: Wir hatten bis zu Oberstufe gemeinsamen Sportunterricht und unser Lehrer stellte häufig Mädchen als Mannschaftskapitäninnen auf, die dann die Mitglieder wählen durften.

TD: Ich erinnere mich schmerzlich … Das waren die einzigen wirklich demütigenden Erfahrungen meiner Schulzeit: Einer nach dem anderen wurde gewählt, nur ich saß immer noch da wie das Brot vom Vortag …

VB: Mit mir als Mannschaftskapitänin wäre es dir vermutlich erst mal nicht besser ergangen. Natürlich wählte auch ich meine Mitglieder nicht unter dem Gesichtspunkt der Geschlechtersolidarität, sondern rein nach sportlichem Können aus. Die Frage, wie ätzend sich das anfühlen muss, immer die Letzte auf der Bank zu sein, interessierte mich null. Bis ich eines Tages beim Basketball furchtbar mit einem Kerl aneinandergeriet, der lieber einen Fehlpass machte, als dass er den Ball an ein Mädchen gespielt hätte. Da hat wohl irgendwas bei mir still und leise *klick* gemacht. Jedenfalls haben wir Mädchen uns anschließend zusammengesetzt und beschlossen, dass wir bei der nächsten Stunde erst mal alle Mädchen in die Mannschaften wählen und dann erst die Jungs.

TD: Und hat der Kerl die Lektion kapiert?

VB: Ich fürchte nein … Natürlich war es eine komplett hilflose Aktion zu beschließen: Ab morgen gelten keine Leistungskriterien mehr, sondern wir üben uns in weiblicher Solidarität. Im Grunde haben genau solche Aktionen den Feminismus in Verruf gebracht. Da wurden falsche Gräben aufgemacht. Denn die »guten« Jungs in der Klasse fanden das Verhalten dieses Möchtegern-Machos genauso bescheuert wie die »guten« Mädels. Wohingegen die »doofen« Mädels den Kerl nicht weniger verteidigten als die »doofen« Jungs. Die Demarkationslinie verlief für mich also nie zwischen »den Frauen« und »den Männern«, sondern immer zwischen den emanzipiert Denkenden und den Reaktionären beider Geschlechter.

TD: Erinnerst du dich noch an weitere »früh-feministische« Erlebnisse?

VB: Im Dorf meiner Großeltern gab es einen neuen Pastor, dessen erste Amtshandlung war, alle weiblichen Messdiener rauszuschmeißen. Nicht dass ich Messdienerin gewesen wäre – aber von jenem Tag an habe ich mich geweigert, noch einen Fuß in diese Kirche zu setzen. Was in dem katholischen Dorf ein ziemlicher Skandal war. Und ich erinnere mich an eine Episode vom ersten Tag auf dem Gymnasium: Ich hatte mich im Klassenzimmer in der ersten Reihe installiert, während sich die anderen Mädchen alle in eine hintere Ecke verdrückt hatten. Und dann kam der Lehrer, der gemischte Klassen noch nicht gewohnt war, und sagte, dass ich mich doch in die Ecke zu den anderen Mädchen setzen soll. Obwohl ich noch lange keine Ahnung hatte, was Diskriminierung heißt, fühlte ich mich mega-diskriminiert!

TD: Hast du rebelliert?

VB: Damals nicht. Ich kam mir einfach nur strafversetzt vor. Irgendwann später hat mir der Lehrer erklärt, er habe geglaubt, es sei besser für mich, wenn ich nicht so isoliert unter den Jungs, sondern in der Gemeinschaft mit den anderen Mädchen sitzen würde.

TD: Er hätte auch die anderen Mädchen zu dir noch vorn holen können … Soviel zum Thema: Frauen in der ersten Reihe …

VB: Vielleicht habe ich auch deshalb nicht weiter darauf bestanden vorn zu sitzen, weil ich zu dieser Zeit anfing, so ein Lulatsch zu werden – das hat mich ziemlich gequält.

TD: Du sprichst mit einer 1,63 Meter kurzen Frau, die immer länger sein wollte. Das musst du mir näher erklären.

VB: Heute habe ich ein völlig entspanntes Verhältnis zu meiner Körpergröße. In Ländern wie Afghanistan hat es mir autoritätsmäßig sogar extrem geholfen, dass ich die meisten Männer dort überrage, aber in der Pubertät hat mir meine Größe einen ordentlichen Haltungsschaden eingebracht – nach vorn gebeugt, Schultern krumm, ganz schlimm. Es hat ewig gedauert, bis ich mir das erste Paar Schuhe mit höheren Absätzen gekauft habe.

TD: Musstest du noch andere Pubertätsirrwege durchlaufen?

VB: Nach dem Abitur hatte ich überhaupt keine Vorstellung, was aus mir werden soll. Irgendwie ahnte ich, dass Reisen meine Leidenschaft sein könnte, deshalb erklärte ich einer Berufsberaterin, die zum Schulbesuch kam, ich wolle Auslandskorrespondentin – oder doch lieber: Außenministerin werden. Dass ich dann tatsächlich Theater-, Film- und Fernsehwissenschaften studiert habe, verdanke ich im Wesentlichen meiner Mutter. Sie hatte mir zugeredet, etwas zu studieren, das mir Freude macht.

TD: Was ja sehr frauentypisch ist. Jede dritte Studentin ist in den Geisteswissenschaften zu finden, bei den männlichen Studenten ist es nur jeder sechste bis siebte.

VB: Heute denke ich auch, es wäre vielleicht richtiger gewesen, ein handfesteres Fach zu wählen. Andererseits habe ich mich von dem Studium nicht lange aufs falsche Gleis führen lassen. Ich habe ja dann sehr bald ein Praktikum bei einer Fernsehproduktionsfirma gemacht, die Technik für Sportübertragungen bereitstellt.

TD: Damals hast du auch den LKW-Führerschein gemacht?

VB: Richtig. Ich habe mich immer darüber geärgert, dass die weiblichen Angestellten die kleineren Transporter zu den Veranstaltungsorten fahren mussten – wobei die oft keine hydraulische Bremsverstärkung und keine gescheite Servolenkung hatten, also viel schwieriger zu fahren waren als die großen Trucks. Das perfekte Outfit hatte ich außerdem: Mein Bruder hatte mir zur bestandenen LKW-Führerscheinprüfung eine Baseballkappe mit dem Aufdruck »German Trucker« geschenkt, und ich habe mir beim »Truck Grand Prix« am Nürburgring noch ein passendes T-Shirt gekauft.

TD: Ich wundere mich, dass deine erste große Solo-Reise keine Fahrt mit dem Monster-Truck von Detroit nach Dallas war.

VB: Meine Oma hatte immer von Madagaskar geträumt. Ich erinnere mich noch an das Buch *Monika fährt nach Madagaskar* – das habe ich als Kind mit Leidenschaft gelesen. Und dann gab es einen Schulkameraden, der Biologie studierte und sich auf die Erforschung von Fröschen spezialisiert hatte, der war mehrfach in Madagaskar gewesen, und den hatte ich gefragt, ob ich da allein hinreisen kann. Und er meinte: »Kein Problem!« Zuvor hatte ich tatsächlich eine Reise allein durch die USA gemacht – allerdings ohne Truck. Die Freundin, mit der ich eigentlich zusammen reisen wollte, war in letzter Sekunde abgesprungen. Von daher wusste ich, dass man als Frau besser allein reisen kann als zu zweit.

TD: Inwiefern?

VB: Wenn du allein reist, lässt du dich viel mehr auf deine Umwelt ein, du hast viel schneller Kontakte und übernimmst die volle Verantwortung für dich. Außerdem habe ich die Erfahrung gemacht, dass zwei Frauen auf Männer anziehender wirken als eine. Eine, die allein reist, strahlt Stärke, Selbstständigkeit und Selbstbewusstsein aus, da trauen sich die Jungs nicht so ohne weiteres ran. Zwei zusammen reisende Frauen dagegen erzeugen schnell den Eindruck: Hühner auf der Suche nach einem Hahn.

TD: So habe ich noch nie darüber nachgedacht, aber du hast Recht: Ich werde deutlich häufiger angebaggert, wenn ich mit einer Freundin unterwegs bin, als wenn ich allein in einer Bar sitze. Trotzdem: War auch ein Motiv für diese Reise, Angst zu überwinden?

VB: Überhaupt nicht. Grenzen überwinden: Ja. Aber Angst: Nein. Madagaskar war für mich eine reine »Lustreise«. Auch meinen Ritt durch die Mongolei habe ich völlig angstfrei in Angriff genommen. Klar gab es Momente, wenn die beiden Pferde mal wieder samt Gepäck abgehauen waren, in denen ich dachte: Das war's jetzt. Aber die Angst ist nie zu Panik geworden.

TD: Gab es später in deinem Berufsleben Situationen, in denen du das Fürchten gelernt hast?

VB: Ich würde es nicht »Fürchten« nennen. Natürlich ist der Beruf der Minenräumerin mit dem ständigen Wissen verbunden, dass jede falsche Bewegung die letzte sein kann, die du – zumindest als unversehrter Mensch – gemacht hast. Aber du kannst den Job nicht mehr ausüben, wenn du vor Angst schlotternd im Minenfeld stehst. Das ist der sicherste Weg, dich in die Luft zu jagen. Die eigentliche Gefahr liegt eher darin, dass du die Angst vergisst, leichtsinnig wirst. Im Kosovo, gleich bei meinem ersten Einsatz ist mir das passiert. Wir räumten auf einer schönen Waldlichtung, der Himmel war blau, die Vöglein sangen, den ganzen Tag hatte ich nur Nägel und Metallsplitter aus dem Boden geholt und plötzlich merkte ich, dass ich mit den Gedanken völlig woanders war. Das hat mir einen größeren Schrecken eingejagt als die Kuh zwei Wochen später, die plötzlich neben mir durchs Minenfeld trampelte. Wobei auch das nicht lustig war, pures Glück, dass sie keine Explosion ausgelöst hat. Als Minenräumerin brauchst du Respekt vor dem, was du tust, keine Angst.

TD: Ich kann mir kaum vorstellen, dass die Gefahr, körperlich verletzt, verstümmelt zu werden, keine Angst verursachen soll.

VB: Klar begleitet dich auf einer sehr unterschwelligen Ebene diese Angst die ganze Zeit. Als ich mich damals für den Job entschieden habe, habe ich versucht, mit dieser Angst so rational wie möglich umzugehen. Ich habe mich erkundigt, welche Überlebenschancen man bei welchen Verletzungen hat, was für Prothesen es gibt. Und natürlich habe ich mich ganz persönlich gefragt: »Vera, könntest du ohne deine Beine leben?« Und ich kam zu dem Ergebnis, dass ich es mir nur schwer vorstellen kann, aber: Ja, ich würde mir zutrauen, mein Leben so umzustellen, dass ich es dennoch weiterhin für lebenswert halte. Bei der alltäglichen Arbeit muss man die Angst allerdings eher verdrängen. Und trotzdem wachte ich eines Morgens mit dem Gefühl auf: Dank' dem Schicksal, dass du noch alle Glieder hast, und lass es gut sein.

TD: Wobei deine Arbeit nicht unbedingt ungefährlicher geworden ist, seitdem du »nur« noch Minenräumprojekte evaluierst.

VB: Absolut nicht. Damals hatte ich wenigstens meinen eigenen Detektor dabei. Wenn ich heute ein geräumtes Minenfeld besichtige, muss ich mich voll und ganz darauf verlassen, dass die Leute, die vorher dort gearbeitet haben, keinen Pfusch gemacht haben.

TD: Und du bewegst dich in Ländern wie Afghanistan, Kongo oder Sudan, allesamt Länder, die man als Privatperson nicht unbedingt bereisen sollte.

VB: Die Gefahr entführt zu werden, in eine Schießerei zu geraten oder sonst Opfer eines Attentats zu werden ist in vielen dieser Länder eine reale. Deshalb bin ich erstens heilfroh über jeden bewaffneten Soldaten, der mich begleitet, und zweitens versuche ich, keine Dummheiten zu machen.

TD: In deinem Buch erzählst du, wie du einmal in Kabul auf eigene Faust joggen gegangen bist.

VB: Das war hirnrissig. Aber ich habe dieses ewige Eingesperrtsein in dem UNO-Quartier einfach nicht mehr ausgehalten. Ich musste mich bewegen. Trotzdem würde ich so etwas nie wieder tun. Die Entführung von Susanne Osthoff im letzten Winter hat mich sehr nachdenklich gemacht. Allerdings weniger die Tatsache, dass sie entführt worden ist, sondern vielmehr die Art und Weise, wie die deutsche Öffentlichkeit nach ihrer Freilassung mit ihr umgegangen ist. Diese permanenten Vorwürfe: »Was hatte die überhaupt im Irak zu suchen! Und noch dazu als Mutter! Wieso ist die nicht brav bei ihrem Kind in

Bayern geblieben!« Was für ein krasser Ausdruck von totalitärem Geschlechterrollen-Verständnis! Seitdem stelle ich mir natürlich die Frage, wie viel Unterstützung ich erfahren würde, sollte mir etwas passieren. Ich habe zwar kein Kind, deshalb könnte man mich nicht als »Rabenmutter« anfeinden, aber den Satz »Was hat die da eigentlich zu schaffen!« würde wohl auch ich mir anhören müssen.

TD: Bist du sicher? Immerhin hast du für dein Engagement das Bundesverdienstkreuz bekommen.

VB: Ich hoffe, dass ich nie in eine Situation komme, in der sich beweisen muss, wie viel das in der Öffentlichkeit dann noch wert ist.

TD: Wir haben über die Bedrohung gesprochen, die von den Minen ausgeht. Welche Bedrohungen hast du erlebt, die von den Menschen, um nicht zu sagen: Männern ausgingen, mit denen du in deinen Einsatzländern zu tun hattest?

VB: Im Kosovo bin ich gleich bei meinem ersten Auslandseinsatz in eine ziemlich brenzlige Situation geraten. Ich war Teamleiterin und musste zwei Kosovo-Albanern, die wir zu Minenräumern ausgebildet hatten, sagen, dass sie leider nicht ins nächste Projekt übernommen werden können. Die beiden sind komplett ausgerastet, ich war mir sicher, dass sie auf mich losgehen. Gott sei Dank habe ich als Jugendliche Selbstverteidigungskurse gemacht. Ich bin also hinter meinem Schreibtisch aufgesprungen, mein Stuhl ist dramatisch gegen die Wand geflogen, ich habe mir eine leere Flasche geschnappt und den beiden ein entschiedenes »Raus!« entgegen gebrüllt. Tatsächlich waren sie von meinem Ausbruch so verdattert, dass sie sich getrollt haben. Allerdings ließ der eine es sich nicht nehmen, vorher noch freundlich in meine Richtung auszuspucken. Danach habe ich erst mal eine halbe Stunde da gesessen und gezittert. Doch insgesamt habe ich die Erfahrung gemacht, dass Situationen, in denen man aktiv etwas tun kann, einem viel weniger Angst machen als solche, denen man passiv ausgeliefert ist. Das finde ich auch eine ganz wichtige Lehre für »normale« berufliche oder sonstige Konflikte: Gib das Ruder nicht vorzeitig aus der Hand! Du kannst mit deinem Verhalten den Lauf der Dinge viel stärker beeinflussen, als du denkst! Leider neigen besonders Frauen dazu, sich in kritischen Situationen aufzugeben und in Duldungsstarre zu verfallen. Manche Tiere mag dieses Verhalten vor dem Gefressenwerden bewahren. Bei unserer Spezies, wenigstens beim weiblichen Teil, steigt die Gefahr, tatsächlich Opfer zu werden, wenn man sich im Kopf bereits zum Opfer gemacht hat.

TD: Wo lernen Frauen dieses falsche Verhalten? Ja wohl nicht im Zoo …

VB: Das hat mit den alten Ritter- und Kavalierswerten zu tun, die wenigstens in den westlichen Gesellschaften immer noch herumgeistern. »Ein Gentleman schlägt keine Frau.« Mit diesem Satz werden wir groß. Aber leider gibt es auf der Welt eben nicht nur Gentlemen. Für Frauen wäre es viel wichtiger, frühzeitig zu lernen, wie sie sich gegen die Nicht-Gentlemen zur Wehr setzen können – anstatt welchen Hüftkick sie machen müssen, um dem perfekten Gentleman zu gefallen.

TD: Wie setzt frau sich gegen afghanische Gentlemen zur Wehr, die hoch explosive Blindgänger-Raketen achtlos auf einen Laster werfen – anstatt sie mit größter Vorsicht zu behandeln, wie frau es ihnen gezeigt hat?

VB: Ganz, ganz schwierig. Da willst du nur noch schreien – oder wegrennen. Letzlich haben die Erfahrungen in Spin Boldak dazu geführt, dass ich erkannte, ich muss meinem Leben noch einmal eine andere Wendung geben. Nach wie vor bin ich überzeugt davon, dass humanitäre Kampfmittelbeseitigung eins der sinnvollsten Dinge ist, die ein Einzelner konkret für die Menschheit tun kann – aber die Ohnmachtserfahrungen, die man immer wieder macht, zehren natürlich an einem. Es ist schwer nicht zu verzweifeln, wenn man mitkriegt, dass geräumte Minen nicht ordnungsgemäß zum Sprengplatz gebracht und vernichtet, sondern von den einheimischen Minenräumern heimlich weggeschafft werden – mit dem Argument: Der nächste Krieg kommt bestimmt. Wär doch schade um die guten Minen …

TD: Die erste Konsequenz aus diesen Erfahrungen war, dass du sie in Buchform verarbeitet hast?

VB: Als ich 2002 aus Afghanistan nach Deutschland zurückkam, war mir klar, dass ich jetzt erst mal eine Pause einlegen muss, die Dinge in meinem Kopf sortieren. Deshalb habe ich mich hingesetzt und zu schreiben begonnen. Meine Entscheidung, Minenräumerin zu werden, war ja seinerzeit auch in einer

Situation entstanden, in der mir dämmerte: So geht es beruflich nicht weiter.

TD: Du meinst deine Zeit als *Kennzeichen D*-Redakteurin beim ZDF?

VB: Genau. Am Anfang schien es mir die Mega-Chance zu sein, für ein seriöses politisches Magazin im öffentlich-rechtlichen Fernsehen zu arbeiten. Schließlich träumte ich immer noch davon, Auslandskorrespondentin zu werden. Aber obwohl ich diesen Job so sehr wollte, habe ich mich nicht abgeschottet gegen die Zweifel, die mir kamen.

TD: Welche Zweifel waren das?

VB: Wenn du für ein Polit-Magazin arbeitest, ist es deine Aufgabe, hinter jeder politischen Aktion Lug und Betrug zu wittern. Und immer wieder decken politische Magazine ja tatsächlich Skandale auf, ich will die Berechtigung eines solchen Vorgehens also gar nicht bestreiten. Dennoch merkte ich, dass mir diese Dauerparanoia komplett gegen den Strich ging. Die ausschließliche Fixierung aufs Negative widerspricht meiner Lebenseinstellung. Ich bin niemand, der Probleme verdrängt, aber dennoch versuche ich immer mit aller Kraft, meine Wahrnehmung auf Positives in der Welt zu fokussieren – die negativen Dinge holen einen früh genug ein. Mein Chef beim ZDF warf mir dann vor, »unpolitisch« zu sein.

TD: Das erinnert mich an die Geschichte, als du bei der großen von Heather und Paul McCartney initiierten Anti-Minen-Benefiz-Gala eine Auszeichnung bekommen hast, und Vertreter eines »seriösen politischen Magazins im öffentlich-rechtlichen Fernsehen« begleiteten dich den ganzen Tag samt Kamerateam vom Flughafen bis an den Gala-Tisch …

VB: … Ich war zu dieser Preisverleihung extra aus Afghanistan eingeflogen und hatte sehr wenig Zeit für die Gala-Vorbereitung. Trotzdem habe ich mit dem Team zusammengearbeitet, Interviews gegeben und Szenen gedreht. Schließlich kam ich in dem Beitrag, den sie über die Gala brachten, mit keiner Silbe vor. Denn der Tenor des Films war ganz klar: *Adopt a Minefield* ist eine miese Organisation, die arbeiten doch Hand in Hand mit dem »Minenleger Nummer Eins«, der amerikanischen Regierung zusammen. Ich weiß selbst am besten, dass die USA die Ottawa-Konventionen nicht unterzeichnet haben –

dennoch hatte ich mir erlaubt, die Arbeit von *Adopt a Minefield* für sinnvoll zu halten.

TD: In diesem Land gilt man ziemlich schnell als »unpolitisch«, wenn das Herz nicht blind links schlägt …

VB: Mir geht diese »Rechts-Links«-Strickerei, die gerade in den Medien- und Kultur-Kreisen immer noch betrieben wird, gewaltig auf den Nerv – pragmatische, produktive Problemlösungen sind dann nämlich genau die Maschen, die fallen gelassen werden. »Rechts« und »links« ist genauso kalter Kaffee wie ein ideologischer Feminismus, nach dem alle Frauen arme Opfer und alle Männer böse Vergewaltiger sind.

TD: Ohne die Jungs in einen Topf zu werfen: Kannst du Beispiele berichten, wo Männer versucht haben, dich auf deinem Berufsweg zu behindern, weil du eine Frau bist?

VB: Zunächst einmal möchte ich mit dem Positiven anfangen: Der Leiter der Sprengschule in Dresden zum Beispiel hat sich mir gegenüber auf Anhieb extrem freundlich und kooperativ verhalten. Und auch als ich ihn ganz offen danach gefragt habe, ob es ein Problem ist, diesen Job als Frau zu machen, hat er nur abgewunken und mir erzählt, dass es in der DDR einige Frauen im Bereich Kampfmittelräumung gegeben hat. Aber natürlich habe ich dann auch die anderen Typen erlebt. So sagte ein holländischer Kollege bei einem Lehrgang zu mir: »Überlass diese Arbeit mal den Männern, das ist nichts für dich. Wäre doch schade um dich.« Nett gemeint, aber nun mal diskriminierend. Oder als ich mich ziemlich am Anfang bei einer internationalen Hilfsorganisation beworben habe, erklärte mir der Vorsitzende jovial am Telefon, ich müsse doch selbst einsehen, dass mich als Frau in den Projekten niemand ernst nehmen würde. Aber diese offenen Diskriminierungen habe ich vergleichsweise selten erlebt. Viel eher bin ich mit dem ganz gewöhnlichen Machismo konfrontiert, der in einer fast ausschließlich von Männern geprägten Domäne herrscht. An der Sprengschule teilte ein Gastdozent einmal eine Zeichnung aus, die eine schicke Mieze mit Riesenbusen und Strapsen zeigte, kokett auf einem Munitionshaufen drapiert. Und darunter standen so tolle Ratschläge wie: »Lasse Frauen/Munition nie ohne Aufsicht!«, »Überlass das Entschärfen von Frauen/Munition den Fachleuten!« oder »Das Berühren von gefundenen Frauen/Munition kann dich das Leben kosten!« Das Blatt schloss mit der umwerfenden Erkenntnis: »Solltest du ein Besserwisser sein, dann heirate nie! Dein Leben wird kurz.« Haha. Natürlich ist das kein Weltuntergang, aber trotzdem signalisiert es mir: »Mädchen, du bist hier nicht vorgesehen, du gehörst nicht dazu.« Ich würde mich freuen, könnte ich meinen Job »einfach so« machen und würde nicht ständig darauf gestoßen, dass ich in diesem Milieu als Frau ein Exotikum bin.

TD: Unsere Kanzlerin hat dieses Problem lange Zeit durch schlichtes Ignorieren gelöst. Im Wahlkampf kam sie mir manchmal vor wie eine Figur in einem Trickfilm, die ewig in der Luft weiter rennen kann, obwohl sie schon lange über die Felskante hinaus geschossen ist – erst sobald ihr klar wird, dass unter ihren Füßen kein Grund mehr ist, stürzt sie ab.

VB: (Lacht.) Ja, vielleicht habe ich diesen Speedy-Gonzales-Weg anfangs auch gewählt. Die Gefahr ist schon groß, dass es deinen Elan bremst, dich lähmt, wenn du dir an jeder Stelle bewusst machst, wie bescheuert Leute auf dich reagieren. Allerdings ist es schwierig, zur alten Naivität zurückzufinden, wenn man erst einmal damit begonnen hat, die Welt unter dem Gesichtspunkt der Geschlechterabsurditäten zu betrachten. Wobei ich persönlich nicht sagen kann, welches Klischee mich mehr nervt: »Sie kann's nicht!« oder die »Superbohle«, die fünf Blindgänger und drei Minen auf einen Streich entschärfen soll.

TD: Du arbeitest oft in muslimischen Ländern. Gibt es da besondere Probleme?

VB: Nicht direkt. Wie ich schon sagte: Durch meine Körpergröße und die sehr blonden Haare erscheine ich den meisten Männern dort wohl nicht als Frau, sondern eher als Alien.

TD: Trägst du Kopfbedeckung, wenn du in diesen Ländern arbeitest?

VB: Manchmal. Wenn ich irgendwo in der Wüstenmittagshitze stehe und ich verbrenne mir die Platte, weil ich so unglaublich feministisch bin und deshalb kategorisch nichts auf den Kopf setze, macht das natürlich wenig Sinn. Allerdings war ich schon sehr wütend, als ich in einer offiziellen, sehr hochkarätig besetzten Delegation zu einem Meeting mit einem afghanischen Provinzfürsten kam, und die Wachen haben mich am Eingang herausgefischt, ohne zu wissen, in welcher Funktion ich überhaupt dort war – sie haben nur die Frau ohne Kopftuch gesehen.

TD: Hast du deine Wut zum Ausdruck gebracht?

VB: Ich wollte die Minenproblematik, um die es bei dem Treffen ging, nicht mit »meiner« Problematik vermischen. Ich hatte ja bereits provoziert, indem ich ohne Kopftuch erschienen war. Es hätte nur geschadet, wenn ich in dieser Situation einen Aufstand gemacht hätte. Will man an der Verschleierungsfront etwas erreichen, ist es viel sinnvoller, die Organisationen zu unterstützen, die für die Emanzipation der Frauen in Afghanistan kämpfen. Ich bin mir auch nicht sicher, ob ich noch einmal zu einem solchen Meeting ganz ohne Kopfbedeckung gehen würde. Dann wickle ich mir halt in Gottes Namen irgendein leichtes Tuch um den Kopf – wenn ich damit erreiche, dass diese Provinzfürsten mir zuhören müssen.

TD: Warum haben deine Kollegen nicht darauf bestanden, dass sie nur verhandeln, wenn du dabei bist?

VB: Leichter gesagt als getan. Dieser Provinzfürst hatte keine besonders große Lust, überhaupt mit uns Westlern zu verhandeln. Natürlich mag auch eine Rolle gespielt haben, dass es viele der westlichen Männer einen nicht ganz sooo großen Skandal finden, wenn Frauen unter die Burka beziehungsweise unters Kopftuch gezwungen werden. Nur die wenigsten interessierten sich vor *nine/eleven* für die katastrophale Lage der Frauen unter den Taliban. Andererseits nervt mich die entgegengesetzte Extrem-Haltung genauso, nach der alle Frauen, die nicht so sexy und frei wie wir Westlerinnen leben, arme Opfermäuse sind. Gerade in afrikanischen Ländern, wo es die Frauen wirklich äußerst schwer haben, sehe ich viel mehr stolze und selbstbewusste Frauen, als wenn ich in Berlin über den Kudamm laufe. Da frage ich mich manchmal schon: Was machen die trotz allem richtiger als wir?

TD: Vielleicht haben sie einfach das bessere Wetter.

VB: Meinetwegen klingt das nach Afrika-Kitsch. Aber mich beschäftigt diese Frage tatsächlich. Denn auch bei der ganzen feministischen Diskussion kann es für mich nicht darum gehen, dass Frauen auf Teufel komm raus Karriere machen. Sondern letztlich geht es doch darum: Wie wird frau glücklich?

TD: Und wie wird sie das?

VB: Ich fürchte, da gibt es keine pauschale Antwort. Wenn ich mir mein eigenes Leben anschaue, sehe ich, dass sich da in den letzten Jahren einiges verändert hat. Zwischen zwanzig und dreißig war es mir wahnsinnig wichtig, in der Welt herum zu kommen. Jetzt, mit Mitte dreißig, wo ich so viel erlebt habe, merke ich, dass das vielleicht nicht mehr oberste Priorität hat. Jetzt kann ich mir auch vorstellen, längere Zeit in einem Land zu arbeiten, in dem ich mir den Rotwein abends nicht mehr aus Survival-Pack-Pulver anrühren muss.

TD: Höre ich da einen leichten Alters-Hedonismus heraus?

VB: Ich habe meine Lebensentscheidungen schon immer nach dem Prinzip getroffen: Was macht dir am meisten Spaß? Ich bin nicht Minenräumerin geworden, weil ich Mutter Teresa nach-eifern wollte. Ich bin misstrauisch gegenüber Zeitgenossen, die mir lautstark erzählen, wie sie sich den ganzen Tag von morgens bis abends aufopfern.

TD: Du bist Minenräumerin geworden, nur weil es dir Spaß gemacht hat!?

VB: Natürlich nicht in der Weise, die du mir jetzt unterstellst. Meine Mongolei-Reise war ein wichtiger Wendepunkt. So sehr ich die Zeit dort genossen habe – danach war mir klar, dass es mir künftig keinen Spaß mehr machen würde, meine Gesundheit oder gar mein Leben nur für ein Abenteuer zu riskieren. Der große Ego-Trip war durch diese Reise befriedigt. Seit dieser Zeit konnten mir im lebenswichtigen Sinne nur noch Dinge »Spaß« machen, die sinnvoll sind – und daran hat sich bis heute nichts geändert. Und irgendwann stellte sich dann auch die Frage, ob ich es für »sinnvoller« halte, ein Kind zu bekommen und großzuziehen, als zu versuchen, in den Nachkriegsgebieten dieser Welt aufzuräumen.

TD: Hast du schon eine Antwort?

VB: Im Augenblick vermute ich eher, dass ich kinderlos bleiben werde. Ich habe mich vor nicht allzu langer Zeit getrennt, und natürlich wirft die Frage nach einem Kind auch die Frage nach einem Partner auf. Denn obwohl ich kein Lebensmodell kategorisch ausschließen will, glaube ich nicht, dass ich gern allein erziehende Mutter wäre. Ich könnte mich wohl nur für ein Kind entscheiden, wenn ich sicher sein könnte, dass mein Partner einen ernsthaften Teil der Erziehungsarbeit übernimmt –

und so einer ist im Augenblick nicht in Sicht. Vielleicht kann man es so auf den Punkt bringen: Eine Vaterrolle im herkömmlichen Sinn würde ich sofort übernehmen. Aber beim Mutterwerden hätte ich große Angst, dass es mich zwischen Beruf, Partner und Kind genauso zerreißt, wie meine Mutter das erlebt hat.

TD: Muss man daraus schließen, dass unsere Gesellschaft sich in den letzten dreißig Jahren keinen Zentimeter nach vorn bewegt hat?

VB: Was die Frage Mutterrolle/Vaterrolle angeht, hat sich schockierend wenig verändert. Für mich war dies einer der Hauptauslöser, warum ich mich plötzlich für Frauenthemen zu interessieren begann. Solange ich nicht darüber nachdachte, Mutter zu werden, konnte ich vergleichsweise ungehindert das Leben eines Mannes führen. Aber sobald die Kinderfrage auftauchte, war mir klar: Nichts mehr wird sein, wie es vorher war.

TD: Hast du je darüber nachgedacht, dich zugunsten der Mutterrolle ganz aus dem Berufsleben zu verabschieden?

VB: Nicht länger als einen Nachmittag. Und dann setzte bei mir sehr schnell die Wut ein. Die Wut auf eine Gesellschaft, die den Konflikt Beruf/Mutterschaft erst in dem Augenblick ernsthaft zu thematisieren beginnt, in dem irgendwelche Demographen und Rentenspezialisten feststellen: Oh wei oh wei, die deutschen Frauen kriegen keine Kinder mehr! Als ob es nicht eine Frage der Gerechtigkeit wäre, dass die Vereinbarkeit von Karriere und Kind Frauen ermöglicht werden muss – so wie es für Männer kein Problem ist, Vater zu sein und mitten im Beruf zu stehen. Und ich habe auch arge Zweifel, ob uns die »Superweiber« einen Gefallen tun, die medienwirksam inszenieren, wie sie Karriere und Kind ganz spielerisch unter einen Hut bekommen, so dass der Lippenstift zu jedem Zeitpunkt perfekt sitzt.

TD: Ist es tatsächlich ein Problem, dass die Gesellschaft lösen kann, indem sie beispielsweise mehr und bessere Betreuungsplätze für Kinder zur Verfügung stellt? Oder bleibt nicht immer ein unauflösbarer Konflikt bei der einzelnen Frau? Könntest du dir ganz persönlich vorstellen, deinen ziemlich riskanten Beruf weiter auszuüben, wenn du Mutter wärst?

VB: Darüber habe ich mir viele Gedanken gemacht. Ich würde diese Frage sicher nicht auf die leichte Schulter nehmen. Aber egal, was uns über »die Stimme der Natur« erzählt wird, die angeblich einsetzt, sobald man schwanger ist – ich bleibe dabei, es ist keine biologische, sondern eine gesellschaftliche Ungerechtigkeit, dass ich mir diese Frage dreimal so laut stellen muss wie ein Mann, der Vater werden will und ebenfalls einen gefährlichen Beruf ausübt. Musste sich Zweifach-Papi Michael Schumacher je dafür rechtfertigen, dass er noch Rennen fährt?

TD: Jenseits der Kinderfrage – wie stellst du dir deine nähere Zukunft vor?

VB: Ich bin sicher, dass ich meinen Arbeitsschwerpunkt noch stärker ins Politische verlagern werde. Minen zu räumen ist sinnvoll, noch sinnvoller ist es, dafür zu kämpfen, dass künftig weniger oder zumindest für Zivilisten weniger schädliche Minen verlegt werden. Und es gibt in diesem Zusammenhang eine weitere Frage, die mich sehr beschäftigt, auf die ich aber noch keine abschließende Antwort habe: Wie können Frauen im Krieg beziehungsweise in Krisensituationen – oder am besten bereits vorher – eine aktivere Rolle übernehmen? Wäre es nicht extrem wichtig für die Einschätzung und Lösung internationaler Probleme, mehr Frauen und damit neue Perspektiven zu integrieren? Frauen verfolgen bekanntlich andere Lösungsstrategien als Männer, das geht mit der Schlägerei auf dem Schulhof los, wo Mädchen meist unbeteiligt daneben stehen. Wenn aus der »Schlägerei« aber irgendwann ein Krieg wird, können Frauen nicht mehr unbeteiligt daneben stehen, aus dem schlichten Grund, weil ihr Haus abgefackelt wird und sie selbst getötet oder vergewaltigt werden. Frauen sind normalerweise die totalen Verlierer von Kriegen, deshalb sollten sie stärker danach streben, ihre eher kommunikativ orientierten Lösungsstrategien in die Politik einzubringen.

TD: Zeichnest du da jetzt nicht ein allzu rosiges Frauenbild? Maggie Thatcher hat den Falklandkrieg mit ihrer üblichen Härte durchgezogen, und Soldatinnen wie Lyndie England haben auch nicht unbedingt zur Deeskalation von Gewalt beigetragen …

VB: Natürlich will ich nicht den alten feministischen Fehler begehen und behaupten, dass alle Frauen friedliebend und »gut« sind. Leider wahr: Auch in den KZs gab es Aufseherinnen. Die Entmenschlichung nicht nur der Opfer, sondern auch der Akteure, die in menschenverachtenden Zusammenhängen geschieht, macht vor Frauen nicht halt. Deshalb plädiere ich ja auch dafür, dass Frauen sich stärker einmischen, damit es nicht zu Kriegen kommt. Aus meinen eigenen Erfahrungen bei Einsätzen kann ich nur sagen: Wenn eine Frau die Chance sieht, Gewalteskalation mit anderen Mitteln als mit Gegengewalt zu verhindern, tut sie dies. Ideal wäre es zum Beispiel, wenn Krieg einfach unrentabel würde. Leider lässt sich im Irak der gegenteilige Trend beobachten: Krieg wird privatisiert in Form von so genannten »Sicherheits«-Firmen. Die Waffenproduktion war für Aktionäre und Fondhalter ja schon immer ein blendendes Geschäft, jetzt kommt dieser »Neue Markt« in den Nachkriegs-Krisengebieten hinzu. Das bedeutet auch, dass die Jungs, denen hier bei uns vorm Computerspiel zu langweilig wird, nach Bagdad reisen können und dort als »Security-Men« – völlig legal – mit allen Sorten von Waffen herumknallen dürfen, von denen sie zu Hause nur träumen können. Im Grunde ist das eine neue Art von Söldnertum. In einem Buch, das ich unlängst zu diesem Thema gelesen habe, habe ich auch die Namen einiger ehemaliger Minenräumkollegen entdeckt, die jetzt im Irak »privatisieren«. Das hat mich schon einigermaßen erschreckt. Da habe ich wirklich die Hoffnung, dass Frauen aufstehen und deutlich sagen: »Jungs, jetzt macht mal halblang und hört auf, einander die Köpfe einzuschlagen!«

TD: Erfahrungen auf politisch-militärischem Parkett sammelst du ja bereits, seit du in Genf Sitzungen bei Abrüstungskonferenzen leitest.

VB: Allerdings bin ich dort nicht als Vertreterin einer Delegation, die konkrete Abrüstungsforderungen stellt, sondern als *Chairperson*, die zu einer gewissen moderierenden Neutralität gezwungen ist. Dennoch sind es spannende Erfahrungen, die ich dort mache, angefangen bei der klassischen Frauenfrage: »Was ziehe ich da an?« – bis hin zu dem Punkt: Bin ich nun »*Madam Chairman*«, wie mich einer der Teilnehmer ansprach?

TD: Was hat es damit auf sich?

VB: Normalerweise ist der Leiter einer Konferenz der *Chairman*. So wollte ich nicht angeredet werden, *Chairwoman* fand ich allerdings auch albern, also habe ich den Titel *Chairperson* vorgeschlagen. »*Under the chairpersonship of …*« ist den Englisch-Muttersprachlern unter den Teilnehmern allerdings nicht recht über die Lippen gekommen. Fürs Protokoll haben wir uns dann auf »*Chaired by Vera Bohle*« geeinigt. Es freut mich sehr, dass wir endlich eine Bundeskanzlerin haben. In dem ganzen Bereich »Wie gehen wir mit Frauen in mächtigen Positionen um?« ist nämlich noch eine Menge Pionierarbeit zu leisten.

TD: Es gab eine Zeit, da wurde über die Frisur von Angela Merkel mehr geschrieben als über ihre politischen Ziele.

VB: Ich empfinde es als grobe Ungerechtigkeit, dass du dir als professionelle Frau so viel mehr Gedanken darüber machen musst, was du anziehst. Jungs tragen Anzüge, drücken dem Ganzen ihren individuellen Stempel durch die Krawattenfarbe auf und fertig. Ich könnte heulen, wenn ich mit meinem guten Freund und Einkaufsberater in einen Laden gehe und eine Stunde brauche, bis ich das erste Ensemble zusammen habe, das überhaupt irgendwie *passt* – wohingegen er in die Herrenabteilung geht, seine Körpergröße und seinen Brustumfang nennt – und schwupps kommt er mit einem Anzug aus der Kabine, der sitzt. Sollte ich jemals im größeren Stil Geld verdienen, werde ich mir als Erstes eine private Schneiderin zulegen, um dieses Elend abzukürzen.

TD: Welche Variante hast du denn für die Militärs gewählt? Das Condoleezza-Kostüm mit viel Bein oder den strengen Merkel-Anzug?

VB: Ich habe mich für den Hosenanzug entschieden. Allerdings nicht künstlich auf *Businessman* getrimmt, sondern schon feminin mit Make-Up und Dekolletee und allen Schikanen. Bei Militärs kommt so etwas an, das sind schließlich die letzten aufrechten Gentlemen.

TD: Wenn ich mich nicht irre, warst du mal mit einem Offizier liiert. Deine Schwäche für Militärs musst du mir ein bisschen genauer erklären.

VB: Auch wenn du lachst: Gerade die, die eine Offiziersausbildung durchlaufen haben, begegnen einer Frau erst einmal mit Respekt. Ich finde es leichter, mit solchen »Kavalieren alter Schule« zu tun zu haben, als vor zweihundert Rüpeln zu sitzen, denen du schon am Vormittag ansiehst, dass sie nachts »Wo sind die Weiber?« grölen. Natürlich mache ich mir keine Illusionen darüber, dass auch das militärische Gentlemantum ganz schnell an seine Grenzen stößt, wenn du als Frau versuchst, in ihren Hierarchien Karriere zu machen, also unmittelbar mit ihnen zu konkurrieren. Und wie bereits angedeutet: Ich bin neugierig zu erfahren, was passiert, wenn ich einmal nicht als *Chairperson* vor ihnen sitze, sondern als Delegierte einer Organisation, die konkrete militärische Abstriche fordert. Es würde mich sehr interessieren zu erfahren, ob ich das aushalte: Vor zweihundert Mann zu sitzen, die mich allesamt anfeinden.

TD: Angela Merkel hat angeblich das Credo: Frauen sind wie Teebeutel – du weißt nicht, wie stark sie sind, solange du sie nicht in heißes Wasser tauchst …

VB: Da hat sich bei mir in den letzten Jahren ebenfalls etwas verändert. Die Frage »Welche Strategie muss ich einschlagen, um meine Ziele auch gegen große Widerstände durchzusetzen?« fand ich früher eher lästig. Jetzt faszinieren mich diese »Machtspiele« deutlich mehr. Ich kann mir auch gut vorstellen, in die deutsche Politik zu gehen, allerdings immer mit Ausrichtung auf internationale Fragen.

TD: Hattest du nicht zu einer Berufsberaterin kurz vorm Abitur gesagt, du wolltest Außenministerin werden?

VB: (Lacht.) Ja, weil ich damals unbedingt viel reisen wollte. Jetzt ist mir der Rattenschwanz, der an dem Job hängt, weit mehr bewusst, so dass ich ihn nicht mehr als »Traumziel« bezeichnen würde. Und viel gereist bin ich auch so. Trotzdem – oder gerade deshalb – bleibt internationale Politik mein Hauptinteresse.

TD: Würdest du »Frauenpolitik« machen?

VB: In jedem Fall auch. Viele der Themen, über die ich mich aufrege, betreffen Frauen: Zwangsheiraten, häusliche Gewalt, Frauenhandel, unsere Doppelmoral hinsichtlich Prostitution, die immer auf Kosten der Prostituierten geht – all das sind Bereiche, in denen ich mir gut vorstellen kann, aktiv zu werden. Und zwar nicht nur im internationalen Rahmen, sondern auch hier in Deutschland.

TD: Was hältst du von staatlich durchgesetzten Frauenquoten?

VB: So wie die Situation im Augenblick ist, besteht auf dem Arbeitsmarkt kein lauterer Wettbewerb zwischen Männern und Frauen. Eine Frau, die sich um einen Job bewirbt, konkurriert nicht nur gegen einen männlichen Mitbewerber – sie konkurriert gegen einen männlichen Mitbewerber, der in der Regel ein komplettes Support-System im Rücken hat, sprich: Eine Ehefrau, die ihm den Haushalt und manchmal auch das Büro macht, Kinder, die sein emotionales Gleichgewicht stärken.

TD: Ich bin überrascht, dies aus dem Munde einer gestandenen Liberalen zu vernehmen.

VB: In einer Gesellschaft, die nicht genügend qualifizierte Frauen hat, sind Quoten natürlich eine Katastrophe. Keine Frau soll einen Job bekommen, *nur* weil sie Frau ist. Aber inzwischen haben wir in Deutschland genügend hoch qualifizierte Frauen – rein volkswirtschaftlich gesehen ist es ein Aberwitz, dass der Staat nicht mit aller Macht versucht, diese Frauen effektiver in den Arbeitsmarkt einzubinden.

TD: Die Gretchenfrage ist doch: *Wollen* diese Frauen eingebunden werden?

VB: Klar bringt es nichts, Frauen per Gesetz in anspruchs- und verantwortungsvolle Jobs zwingen zu wollen. Die Frauen müssen schon selbst ein Interesse daran haben. Wir kommen immer wieder zu demselben Punkt: Solange die Gesellschaft daran festhält, dass der gesamte Komplex Haushalt und Erziehung genuinstes weibliches Aufgabengebiet ist, wird sich nicht wirklich etwas ändern. Frauen – auch die gut ausgebildeten – machen in diesem Land immer noch einen Löwenanteil der Fußbodenarbeit. So lange das so ist, können sie natürlich nicht nach oben gucken und sagen: Ich will etwas Großes, Neues in Angriff nehmen.

TD: Gerade gestern habe ich in einem Zeitungsinterview mit der Vorsitzenden des Deutschen Hausfrauenbundes gelesen, sie fände, dass Hausfrauenarbeit etwas sehr Kreatives sei. Vor allem mit Blumen könne man im Haus viel Schönes bewirken.

VB: Wer Hausfrauenarbeit machen möchte, soll sie machen. Nicht jede, die keine Karriere machen will, ist eine dumme Gans. Dumme Gänse sind die, die eigentlich Karriere machen wollen, und trotzdem daheim bleiben. Ich halte es für sehr wichtig, dass Frauen sich an gesellschaftlichen Entscheidungen beteiligen, also Machtpositionen einnehmen, auch wenn das nicht immer ein Zuckerschlecken ist. Nur so kommen wir zu einem gerechten System, in dem sich Frauen und Männer gleichermaßen wohlfühlen.

TD: Würden sich die real existierenden Männer in diesem neuen System wirklich wohlfühlen?

VB: Mindestens so wichtig wie eine konsequente Frauen-emanzipation ist, dass die Männer sich emanzipieren. Im Augenblick hat ein Mann massive Karrierenachteile oder verliert sozial sein Gesicht, wenn er ein paar Jahre zu Hause bleibt und sich um Kind und Herd kümmert. Gegen dieses Muster müssen Männer rebellieren. Wir brauchen nicht nur Quoten, die Frauen auf dem Arbeitsmarkt, sondern auch welche, die Männer bei der Erziehungs- und Hausarbeit fördern. Das ist für mich eins der wichtigsten Merkmale eines neuen Feminismus: Nicht gegen die Jungs, sondern mit ihnen. Die nächste Emanzipationsstufe erreichen wir nur, wenn die Männer diesmal mit dabei sind.

TD: Ursula von der Leyen hat durchgesetzt, dass Elterngeld nur dann vierzehn Monate ausgezahlt wird, wenn zwei Monate der »andere Partner«, im Klartext also der Mann, zu Hause bleibt und sich ums Kind kümmert. Es brach ein Entrüstungssturm los, als habe die Familienministerin gefordert, die Jungs dürften samstags künftig bloß noch eine halbe Stunde Bundesliga gucken.

VB: Da müssen die Männer halt auch etwas mehr Selbstbewusstsein entwickeln. Ich bin ganz optimistisch, dass sie, wenn sie erst einmal stärker in die Erziehungspflicht genommen sind, bald merken, dass es nicht nur ein Ballast, sondern auch etwas Schönes ist. Manchmal muss man die Leute zu ihrem Glück zwingen.

TD: Stichwort Glück: Würdest du sagen, dass du heute glücklicher bist als vor zehn Jahren?

VB: In jedem Fall. Ab dreißig ging es bei mir stetig bergauf, ich möchte nicht geschenkt noch einmal 25 sein. Ich fühle mich so unendlich viel souveräner, freier und klarer im Kopf als damals, dass ich die paar Falten im Gesicht gern in Kauf nehme. Es gibt nur eine Frage, die mir wirklich Kopfzerbrechen bereitet: Wo kann ich mich intensiv austoben, etwas Wildes tun? Denn so befriedigend und mit »Spaß« verbunden mein Beruf auch ist – er ist anstrengend und stressig. Deshalb habe ich hin und wieder das Bedürfnis, mal einfach nur über die Stränge zu schlagen, ganz ohne Disziplin und Selbstkontrolle. Die Eskapaden, wie ich sie in meinen Zwanzigern angestellt habe, können mich nicht mehr befriedigen. Was machst du als Frau zum Ausgleich dafür, dass der Mann ins Bordell geht? *How can a Lady misbehave?*

TD: Keine Ahnung. Wir könnten einen Nacktputzer bestellen.

VB: Das ist eklig, degradierend und außerdem sind die längst aus der Mode.

TD: Schlamm-Catchen?

VB: Das finden doch auch wieder nur ein paar notgeile Männer toll.

TD: Letzten Sommer war ich in Tokyo. Da gibt es *Ladies Clubs,* wo nur Frauen hingehen dürfen, und die männlichen Hosts schenken ihnen den ganzen Abend Whisky ein.

VB: Okay. *Let's go Tokyo.*

CHARLOTTE ROCHE

Jahrgang 1978. TV-Moderatorin, Performerin.

Hildegard Knef soll über sie gesagt haben, sie besitze »eine gottgegebene Natürlichkeit«. Sie selbst würde sich wohl eher als »Natural Born Punk« bezeichnen: Charlotte Roche. Es kann kein Zufall sein, dass die Frau, die in den späten 90ern das rheinisch-katholische Köln mit einer öffentlichen *Headbang*-Session zwischen U-Bahn und Bürgersteig beglückte, ausgerechnet in England das Licht der Welt erblickte. Allerdings muss Charlotte Grace die britische Punkluft intensiv eingesogen haben: Als sie ein Jahr alt ist, zieht die Familie bereits in die Bundesrepublik, Destination: Oberkrüchten, Kreis Viersen im westlichen Nordrhein-Westfalen. Im Lauf ihrer Kindheit und Jugend erlebt Charlotte die Geburt von vier Geschwistern, drei Scheidungen ihrer Mutter und zwei neue Eheschließungen. Mit fünfzehn zieht sie von zu Hause aus. Im selben Jahr gründet sie mit Schulfreundinnen in Mönchengladbach die Garagen-Punk-Band *Buongiorno Adorno* – die sich vor allem dadurch auszeichnet, dass sie nicht probt und niemals auftritt. Doch eigentlich will Charlotte Schauspielerin werden, in der Schule mischt sie beide Theater-AGs auf, für kurze Zeit besucht sie eine Schauspielschule in London.

Der Durchbruch kommt 1998, völlig unerwartet: Die Zwanzigjährige bewirbt sich bei VIVA, die für ihren neu gegründeten Sender VIVA Zwei ein Frontgesicht suchen. Von achttausend Bewerberinnen und Bewerbern bleibt eine übrig: Charlotte Roche. Sie wird zu einer der markantesten Figuren des deutschen Musikfernsehens und trägt maßgeblich zu seiner kurzen Hochzeit rund um die Jahrtausendwende bei. Ihr Magazin *Fast Forward* zeigt Clips, die es nie in die Rotation schaffen würden, und widmet sich insgesamt eher der Alternativ- und Independentszene. Trotzdem bekommt Charlotte Roche in der Sendung auch Superstars von Prince bis Eminem vors Mikrofon. Legendär werden Szenen wie jene, in der Robbie Williams ihre Begrüßung mit der Frage kontert: »Wollen wir bumsen?« – und Charlotte sich nicht aus der Ruhe bringen lässt. Kult wird ihr Sound, der Sätze produziert wie: »Was hab ich heute für eine Themendichte. Da fliegt einem das Amalgam um die Ohren.« Oder wenn sie vor einer Metal-Rocker-Band warnt: »Die sind Christen, aber das ändert nichts daran – die Band will euer Geld, um sich zwölftürige Luxuslimousinen zu kaufen.« Hat Charlotte den Eindruck, ihre Gäste reden Blech, nimmt sie den Titel der Sendung schon mal wörtlich und lässt das Band in vierfacher Geschwindigkeit ablaufen, untertitelt mit »Scheißlangweiliges Gelaber«. In feminismusphoben Zeiten schreckt sie nicht davor zurück, prollige Musiker als »Machoschweine« zu bezeichnen.

2002 erhält sie den Bayerischen Filmpreis, *Spex* und *Emma* wollen den »kleinen, gut angezogenen Gnom« (Selbstbeschreibung Roche) beide auf dem Cover haben, Harald Schmidt lädt die »*Queen of German Pop Television*« gleich acht Mal in seine Show ein – wo sie zuletzt die schlichteren Gemüter erregt, als sie ihren Stiftzahn aus dem Mund nimmt, der Kamera ein kurzes Lückenlächeln schenkt, den Zahn in die Luft wirft, mit dem Mund auffängt und mit der Zunge wieder einsetzt.

2003 startet auf ProSieben *Charlotte Roche trifft*, eine reine Gesprächssendung, in der internationale Stars wie Quentin Tarantino auftreten. Das Interview mit jenem behält Charlotte allerdings als »extrem unfunky« in Erinnerung – der Meister ist nur zwölf Minuten gesprächsbereit, obwohl die Sendung eine Stunde dauern soll. Uneingeschränkt stolz ist sie darauf, das erste TV-Gespräch hinbekommen zu haben, in dem Helge Schneider nicht blödelt, sondern ernsthaft antwortet. Nach dreizehn Folgen wird das Format eingestellt. Ende 2004 steigt Charlotte nach sieben Jahren auch bei VIVA aus. Es ist einer der elegantesten Stinkefinger der deutschen Fernsehgeschichte, dass die »kompetent eigenwillige Moderatorin« (Jurybegründung) just in diesem Jahr mit dem Adolf-Grimme-Preis ausgezeichnet wird, für den sie 2001 bereits nominiert gewesen war.

Um ihren sonstigen Leidenschaften zu frönen, tritt Charlotte in dem Musikvideo zu *Club der schönen Mütter* von *Fehlfarben* auf und singt den Titel *Träume* auf dem Album *Here comes Love* von *Superpitcher*. In einem Horror-Film hat sie einen Gastauftritt als *Scream Queen*, deren Gedärme auf eine barock gedeckte Tafel platzen dürfen.

Charlottes Privatleben schwankt zu Beginn des neuen Jahrtausends zwischen existentiellen Extremen: Im Sommer 2001 kommen bei einem Autounfall drei ihrer Brüder ums Leben – just als die Mutter mit ihnen auf dem Weg nach England ist, zu Charlottes geplanter Hochzeit mit ihrem damaligen Lebensgefährten. Wochenlang kreisen die Geier vom Boulevard über dem Fall, Charlotte weigert sich, der *Bild*-Zeitung ein Interview zu geben, seitdem stehen das Blatt und sie auf Kriegsfuß. Im Winter 2002 kommt ihre Tochter Polly zur Welt.

2004 spielt Charlotte endlich ihre erste große Rolle in einem Kinofilm: Die weibliche Hauptfigur in dem Liebesdrama *Eden* des deutschen Regisseurs Michael Hofmann. 2006 gibt sie ein Fernseh-Comeback als Moderatorin des ARTE-Musikmagazins *Tracks*.

Ich treffe Charlotte Roche im Kölner Savoy-Hotel. Rasch sind wir uns einig, das Gespräch nicht in der Divas-Bar zu machen, wo die von einem *Wanna-be*-Warhol verunstalteten Marlene Dietrichs, Romy Schneiders und Marilyn Monroes hängen, sondern im »Kaminzimmer«, wo ein Gasflammenfeuerchen unter gläsernem Abzug tanzt.

TD: Seit einer Weile tourst du durch die Lande mit dem Programm *Penisverletzungen bei Masturbation mit Staubsaugern*. Du liest eine medizinische Doktorarbeit von 1978, die sich mit eben diesem Thema beschäftigt. Bei der Veranstaltung wird viel gelacht. Aber eigentlich ist es doch eher ein tristes Kapitel der männlichen Sexualgeschichte.

CR: Jede wirklich komische Geschichte ist in ihrem Herzen trist. Nimm zum Beispiel den Typen aus der Doktorarbeit, der in der Notaufnahme erzählt hat, er wolle eigentlich nur die Wohnung saubermachen, weil am nächsten Tag seine Frau zurückkommt – also etwas richtig Gutes tun. Und dabei sei er aus Versehen mit seinem Penis irgendwie in den Ansaugstutzen des Kobold-Staubsaugers geraten. Traurig. Aber leider auch sehr, sehr komisch.

TD: In Berlin hat dich ein männlicher Zuschauer gefragt, ob du auch eine Lesung über Vaginalverletzungen bei Masturbation mit Pürierstäben machen würdest. Da hast du geantwortet, dass du *das* nicht komisch fändest. Warum nicht?

CR: Wenn ich von zerfetzten Geschlechtsteilen bei Frauen höre, kommt mir sofort die Assoziation mit Afrika und den Klitorisverstümmelungen, die dort gemacht werden. Darüber kann ich beim besten Willen nicht lachen. Außerdem finde ich eine Frau, die versucht hat, sich eine Glühbirne reinzustecken und jetzt mit einer Muschi voll Glassplittern ins Krankenhaus kommt, einfach nur tragisch. Wenn Frauen sich selbst befriedigen, liegen sie im Bett oder auf der Couch. Die Männer dagegen, die in dieser Doktorarbeit vorkommen, haben sich alle stehend und quasi sehenden Auges in die Katastrophe gestürzt. Da hantiert so ein Kerl mit einem Staubsauger rum, dem weiblichsten aller Haushaltsgeräte, und versucht, seinen Penis, den er nicht wirklich steif bekommen hat, da reinzustecken. Die totale Technikbeherrschung! Geile Idee endet im Mega-Desaster.

TD: Spricht aus diesem Mitleid mit dämlichen Mädels und dem Gelächter über dämliche Jungs ein feministisches Kämpferinnen-Herz? Im zarten Alter von 23 warst du bereits *Emma*-Covergirl.

CR: Und damals war das für mich das Tollste! Meine Mutter ist oberfeministisch und hat mich auch so erzogen. Da musste bei irgendeinem Essen, bei dem gute Stimmung war und alle Spaß hatten, nur einer am Tisch was über »Brasilianerinnen« sagen: Wupps, Ende, Abend gelaufen. Seit ich denken kann, hat bei uns die *Emma* rumgelegen, und mit 13, 14 habe ich mir das auch alles reingezogen. Als ich zu VIVA kam, war ich noch absolut auf meinem Kampf-Feministinnen-Trip und fand alle Männer, die einer Frau mal kurz auf die Titten schielen, schon scheiße. Da hat sich Alice Schwarzer natürlich sofort drauf gestürzt und hat ein Gespräch mit mir und meiner Mutter über zwanzig Jahre Frauenbewegung und Töchter und Mütter und all den Kram gemacht. Aber ich bekam auch ziemlich schnell das Gefühl, Alice Schwarzer versucht, mich zu vereinnahmen. Außerdem finde ich mittlerweile einige der Eckpfeiler ihrer feministischen Theorie grundfalsch.

TD: Welche zum Beispiel?

CR: Womit ich überhaupt nichts mehr anfangen kann, ist dieser Hass auf Pornographie. Dieses Por-No!

TD: Die Charlotte Roche, die in den antifeministischen 90ern dafür berühmt wurde, Britney Spears' Lolita-Sex zu verdammen und sich über arschfixierte HipHopper zu erregen, sagt heute Por-Yes?!

CR: Definitely yes! Ich kriege keine Hitzewallungen mehr, wenn ich sehe, was Britney Spears oder die HipHopper treiben. Im Gegenteil. Denn im Pop geht es doch einzig und allein darum: *The Power of Sex*! Sich sexy zu fühlen und Leute aufzureißen. Und wenn so ein HipHopper in seinem Musikvideo hart an die Grenze des legal Darstellbaren geht, finde ich das nur ehrlich. Die Frauen, die da so unglaublich mit ihren Unterleibern zucken, tanzen ja nicht: Die haben Sex! Die zeigen im Prinzip nur, was sie mit ihrer Muschi könnten, wenn sie auf einem Mann säßen. Das ist doch eine klare Demonstration von Macht. Klar gibt es in diesen Videos auch Sachen, die widerlich sind. Aber wenn HipHopper Frauen zu Schmuck degradieren, haben nicht sie das erfunden. Sie spiegeln nur das wider, was in der Gesellschaft üblich ist.

TD: Wo verläuft für dich die Grenze, wo du Männer-Frauen-Geschichten in Musikvideos oder richtigen Pornos dann doch widerlich findest?

CR: Das kann ich abstrakt nicht sagen. Ich glaube nur, dass es gar nichts bringt, wenn man für die Dinge, die in unserer Gesellschaft an der Gleichberechtigungsfront schieflaufen, den Sex verantwortlich macht.

TD: Du kannst dich also auch nicht mehr darüber aufregen, wenn jede Provinz-Sanitärfirma mit einer Frau wirbt, die sich über die Wanne beugt und dabei dekorativ ihren Arsch in die Höhe streckt?

CR: Es stört mich nicht, wenn Firmen versuchen, für ihre Produkte mit Sex zu werben. Das Problem ist, dass diese Werbungen so entsetzlich stillos sind. Die Feministinnen haben wirklich einen Fehler gemacht, als sie Heterosex pauschal für böse erklärt haben. Auf diese Weise haben sie dazu beigetragen, dass Heterosex fast ausschließlich von Männern inszeniert und bestimmt wird.

TD: Dazu habe ich ein schönes Zitat aus *Der kleine Unterschied*. Alice Schwarzer schreibt 1975: »Sexualität ist der Angelpunkt der Frauenfrage [...] Hier fallen die Würfel. Hier liegen Unterwerfung, Schuldbewusstsein und Männerfixierung von

Frauen verankert. Hier steht das Fundament der männlichen Macht und der weiblichen Ohnmacht.«

CR: Oh Gott, ja! Und genau das finde ich aus meiner heutigen Sicht Schwachsinn. Keine Frau, die sich draußen im wirklichen Leben nicht traut, den Mund aufzumachen, wird dies plötzlich lernen, nur weil sie ab sofort zu Hause den Mund zumacht und sich weigert, ihrem Freund einen zu blasen. Jede coole Frau kann damit spielen, sich in der Sexualität auch mal zu unterwerfen. Denk an den Manager, der abends im fetten Auto zur Domina fährt, um sich auspeitschen zu lassen. Im wirklichen Leben büßt der dadurch von seiner Macht exakt gar nichts ein.

TD: Zu dem würde ich ja eher sagen: Wärst du tagsüber nicht ein solches Arschloch, müsstest du dir abends nicht den Arsch versohlen lassen. Dieses Phänomen scheint mir mehr mit der katholischen Idee vom Sündenablass zu tun zu haben als mit der Lust an Unterwerfung.

CR: Ich will ja auch gar nicht sagen, dass Frauen im Bett die Lust an der Unterwerfung entdecken sollen. Ich stehe auch nicht auf SM und solche Sachen. Ich kriege nur Anfälle, wenn ich mir anschaue, was landläufig als »weibliche Sexualität« verkauft wird: Alles verdruckst und verkitscht. Ich war kein Fan von *Sex and the City*. Aber ich fand es schon sehr angenehm, dass da über Sex geredet wurde, ohne dass gleich die Geigen los schnulzten.

TD: Was hältst du vom alle Jahre wieder ausgerufenen Trend zu Pornos von Frauen für Frauen?

CR: Nichts. Das geht genau in die falsche Richtung. Pornos von Frauen für Frauen sind wahnsinnig soft und schnulli – so mit Badewanne, Rosenblättern, Kerzenlicht. Ich glaube, dass auch Frauen ein Interesse an harter, ehrlicher Sexualität haben. Das heißt aber nicht, dass eine Frau im Bett automatisch alles macht, was der Typ von ihr verlangt. Sondern dass sie ziemlich genau weiß, was sie selbst will. Manche Frauen müssen ja erst dreißig werden, um das herauszufinden. Und vierzig, um sich zu trauen, es ihrem Typen auch zu sagen. Die Frau, die eine selbstbewusste Sexualität hat, fühlt sich bei den Sachen, wo die Feministin sofort »erniedrigend« kreischt, nicht erniedrigt. Blümchensex braucht nur die, die nicht cool genug ist, Sex als Spielwiese zu begreifen.

TD: Aber ist es nicht einfach nur zum Kotzen, wenn im Porno der Klempner klingelt, und die Hausfrau sofort alles stehen und liegen lässt, um »sein Rohr zu putzen«, haha?

CR: Bei Pornos muss man zwei Sachen auseinanderhalten: Das eine ist der pure, nackte und manchmal auch *roughe* Sex, der dort gezeigt wird – der ist meiner Meinung nach unschuldig. Das andere sind diese völlig beknackten Pseudohandlungen, in die der Sex eingebettet wird. Ich habe kein Problem, mir anzuschauen, wie ein Mann eine Frau packt, um mit ihr zu vögeln. Der Krampf fängt an, wenn mir vorher gezeigt wird, dass er der *Big Chef* ist und sie die dauernotgeile Sekretärin, die es kaum erwarten kann, sich die Haarnadeln aus der Hochsteckfrisur, die Brille von der Nase und die Klamotten vom Leib zu reißen.

TD: Guckst du ernsthaft Pornos?

CR: Supererernsthaft.

TD: Kannst du der geneigten Leserin – und dem geneigten Leser selbstverständlich auch – einen Regisseur oder ein Label empfehlen, dass ohne Chef-Sekretärinnen-Plot auskommt?

CR: Zum Einstieg vielleicht Andrew Blake. In seinen Filmen gibt es fast keine Handlung. Die Darstellerinnen sind keine grotesken Silikonmonster, sondern wunderschöne Frauen, die Darsteller sind keine fiesen Rammelböcke, häufig kommen gar keine Männer vor. Obwohl ich mich für nahezu hundertprozentig heterosexuell halte, gucke ich gern Pornofilme, in denen es nur Frauen gibt.

TD: Das sind dann aber keine Pornos wie die, in die man in schlaflosen Hotelnächten gerät, wo die Damen restlos uninspiriert aneinander rumfummeln und ständig in die Kamera stöhnen: »Wir seeeeehnen uns so sehr nach deinem dicken harten Schwanz!«

CR: Ich hasse Pornos, wo eine die Augen verdreht und lispelt: »Ich bin noch Jungfrau. Komm rein!« Da sitze ich nur und denke: Ja klar, du bist Jungfrau! Das Gute an den Blake-Filmen ist, dass sie nur eine ganz minimalistische Tonspur haben. Kein Fake-Gestöhne, fast kein Text, nur Musik. Außerdem ist der Akt auch nicht einfach platt von vorn bis hinten eins zu eins abgefilmt wie in den Null-Acht-Fünfzehn-Pornos – sondern es gibt immer wieder Zeitsprünge und Schnitte. Manchmal passieren drei unterschiedliche Sexsachen gleichzeitig, und es geht ständig zwischen der Frau, die allein masturbiert, und den beiden Frauen, die es miteinander treiben, und einer Frau, die es mit einem Mann macht, hin und her. Dadurch, dass es dann auch noch schön gefilmt ist – oft in Schwarz-Weiß – kriegt es was von Opiumrausch. Es ist das totale Gegenteil von *Rammel-Rammel-Spritz-Spritz*. Man guckt das und denkt: Wow, wieso guckt man überhaupt was anderes?

TD: Du hast mich überzeugt. Ich gehe heute Abend noch in die Videothek. – Ist deine feministische Mutter entsetzt, wenn sie erleben muss, dass ihre Tochter Pornos guckt?

CR: Mama muss ja nicht dabei sein, wenn ich mir Pornos anschaue.

TD: Okay, ich frage anders: Spielt Trotz gegen das feministische Erziehungsprogramm deiner Mutter auch eine Rolle bei deiner heutigen Abkehr vom Feminismus?

CR: Ich glaube nicht. In meiner Pubertät gab es eine Phase, in der ich allerkrassest gegen meine Mutter rebelliert habe. Da musste alles ganz heftig sein, so heftig wie man es sich in wildesten Träumen ausmalt, und das wurde sofort umgesetzt. Aus heutiger Sicht finde ich es korrekt, dass sie mich mit 15 rausgeschmissen hat.

TD: Das klingt nach ein bisschen mehr als dem ganz normalen Pubertätsterror …

CR: Irgendwie fing es damit an, dass ich beschlossen hatte, mich nicht mehr zu waschen oder zu duschen. Ich fand es cool, tierisch zu stinken. Dann habe ich meinem Stiefvater Geld geklaut und mir eine Glatze rasiert. Meine hochschwangere Mutter hat so einen Schrecken gekriegt, dass sie fast eine Fehlgeburt gehabt hätte.

TD: Wie ist euer Verhältnis heute?

CR: Super. Wobei es mit unserem Verhältnis ja schon wieder aufwärts ging, als ich 18, 19 war. Ohne meine Mutter wäre ich vermutlich nie zu VIVA gekommen.

TD: Wieso?

CR: Meine Mutter war diejenige, die zu mir gesagt hat: »Charlotte, wenn du das machen willst, dann musst du dich erst mal bewerben.« Sie war es dann auch, die mich im Garten vor die Tanne gestellt und die Bewerbungsfotos gemacht hat.

TD: Deine Mutter ist aber nicht so ein Tochter-Ehrgeizling wie der Vater von Steffi Graf?

CR: Nee! Sie hat mich nie zu Sachen gepusht, die ich nicht wirklich selbst wollte. Aber sie ist sehr, sehr stolz auf mich. So sehr, dass es mir manchmal schon unangenehm ist, wenn sie Leuten erzählt, was für ein tolles Interview ihre Tochter mit Robbie Williams gemacht hat. Da sitze ich daneben und denke: *Mama, please …*

TD: Nun bist du seit über drei Jahren selbst Mutter. Wie versuchst du, deine Tochter zu erziehen?

CR: Ich muss ehrlich sagen: Ich bin ziemlich skeptisch, was die großen Erziehungsprojekte angeht. Ich habe mich wahnsinnig gefreut, dass ich eine Tochter bekommen habe, weil ich lieber eine Tochter haben wollte. Und klar will ich nicht, dass sie eine Trulla wird. Aber ich kriege auch keinen Herzinfarkt, wenn sie einen Teddybär nimmt und ihm eine Windel von sich anzieht. Polly war schon mit zwei die perfekte Kinderkrankenschwester. Eine Weile habe ich versucht, dagegen zu arbeiten, indem ich ihr auch mal ein Auto oder ein Kettcar hingestellt habe. Völlig sinnlos. Meine Tochter interessiert sich nur für Dinge, die man wickeln kann. Und wenn sie rumnölt, dass wir alle leise sein müssen, weil ihre »Babys« schlafen, sage ich schon mal zu ihr: »Polly, du nervst.« Auf der anderen Seite ist sie so stolz auf das, was sie tut, dass ich einfach kapitulieren muss und sage: »Du bist so eine gute Mutter.« Wenn's Mama Natur partout darauf angelegt hat, dass Mädchen Puppen oder Bären beschützen wollen …

TD: Wenn ich mich recht erinnere, habe ich früher meinen Bruder von oben bis unten in Klopapier eingewickelt und Mumie mit ihm gespielt.

CR: Das heißt, du hast ihn auch gewickelt.

TD: Dann habe ich das Konzept des Wickelns wohl einigermaßen missverstanden … Was würdest du deiner Tochter zum zwölften Geburtstag schenken: ein *Emma-* oder ein *Bravo-*Abo?

CR: Die Zeitschrift, von der ich glaube, dass sie sie eher braucht. Mein Feminismus-Trip hat mir geholfen, halbwegs früh sagen zu können, wer ich bin und was ich will. Gerade in der Pubertät ist es unheimlich wichtig, klare Feindbilder zu haben. Indem ich fast alle Männer scheiße fand, habe ich meine eigene

Weiblichkeit irgendwie abgeschirmt, aufgewertet. Und es war gut für mich, dass ich auf einem ziemlich coolen Gymnasium war, wo meine Randalinski-Mentalität nicht bekämpft, sondern gefördert wurde. Die Lehrerinnen klatschten Applaus, wenn ich feministische Reden geschwungen habe. Aber heute sehe ich, dass der Feminismus in der Kinderfrage dieselben Fehler macht wie bei der Pornographie: Es geht doch nicht darum, Mädchen einzutrichtern: »Kriegt bloß keine Kinder!« Nicht das Kinderkriegen ist böse. Böse wird's, wenn eine Frau in dem Moment, in dem sie Mutter wird, plötzlich nur noch rumlullt. Bei den ganzen archaischen Themen wie »Leidenschaft«, »Sex haben«, »Kinder kriegen« sind die Feministinnen völlig auf dem Holzweg. Da wird seit Jahrzehnten die gleiche Schiene gefahren – wie in einer Partei, die auf Linie gebracht wird und keiner abweichen darf. Aber so eine Partei kann ich einfach nicht ernst nehmen. Wenn ich meiner Tochter irgendetwas mitgeben will, dann ist es: Meinung, Meinung, Meinung! Zieh' dein eigenes Ding durch, steh' zu deinen Sachen, ganz egal, ob andere finden, das gehört sich jetzt nicht. Ich will ihr Kampfeslust beibringen, sie soll keine Angst vor nichts und niemandem haben und wenn's darauf ankommt, genug Mut, sich mit jedem anzulegen. Eine Frau, die in dieser Weise cool ist, verändert sich nicht plötzlich in eine Trulla, nur weil sie ein Kind bekommt.

TD: Du hattest also nie Angst, dass in deinem Leben nichts bleibt, wie es vorher war, sobald du Mutter wirst?

CR: Nie. Und ich musste mir auch nie von meinem Management oder dem Sender anhören: »Charlotte, jetzt krieg mal lieber kein Kind, das wirft dich in deiner Karriere um Jahre zurück« – so wie mir das eine Kollegin neulich erzählt hat. Ich habe gearbeitet bis kurz vor der Geburt, habe das Kind gekriegt und sofort weitergearbeitet. Die Phase, in der ich gefehlt habe, war wie ein Sommerurlaub. Ich hatte als Lebensplanung immer im Kopf: Lieber ganz früh ein Kind kriegen – dann ist das schon mal erledigt. Der Gedanke, andere haben mit Mitte dreißig ein schreiendes Baby und ich habe dann schon eine zehnjährige Tochter, gefällt mir sehr gut.

TD: Bekommst du manchmal den Vorwurf »Rabenmutter« zu hören?

CR: Falls die Presse so einen Unsinn verzapft, habe ich das jedenfalls noch nicht mitbekommen. Und mir so was ins Gesicht zu sagen, würde sich keiner trauen.

TD: Hat bei deinen Überlegungen, ein Kind zu bekommen, jemals der Gedanke eine Rolle gespielt: Ich möchte dem Land etwas Gutes tun, ich will nicht, dass die Deutschen aussterben?

CR: (Lacht.) Huhu, Schirrmacher! Das ist ja der totale Wahnsinn, was der angezettelt hat. Eine Freundin von mir hat in der Sonntags-*FAZ* einen Artikel veröffentlicht, in dem sie schreibt, dass es doch eigentlich ganz gut wäre, wenn es keine Deutschen mehr gäbe. Wenn ich mir den Schirrmacher so anschaue, bin ich voll dafür! Historisch gesehen ist es ja gerade mal eine Minute her, dass Frauen keine Kinder kriegen wollen, sondern dasselbe tun wie die Männer: Arbeiten und Spaß haben. Und schon flippen alle aus. Eigentlich dürften die Frauen jetzt hunderte von Jahren die Männer in Grund und Boden rocken. Und das Lustigste an der ganzen Hysterie ist: Keiner macht einem Mann den Vorwurf »Hey, warum bist du eigentlich noch nicht Vater?«

TD: Aber hast du vorhin nicht auch geseufzt: Wenn Mama Natur halt will, dass meine Tochter Bären wickelt …? Bist du da nicht auf derselben Linie wie Schirrmacher, wenn er erklärt, die natürliche Bestimmung der Frau sei es, Mutter zu sein?

CR: Mal langsam! Meine Tochter ist drei. Also noch verdammt nah dran an Mama Natur. Und ich fände es total falsch, ihr das jetzt mit Gewalt austreiben zu wollen. Aber ich hoffe schon, dass sie nicht mit dreißig ihren zentralen Lebensinhalt immer noch darin sieht, von morgens bis abends mit drei Wickelkindern herumzulaufen. Ich bin die Letzte, die was für Geschlechterklischees übrig hat. Nichts regt mich mehr auf, als wenn Leute in Klischees denken und original das leben, was sie von ihren Eltern oder der Gesellschaft gelernt haben. Im Restaurant kriegt dann automatisch der Mann die Rechnung hingelegt und »Hach, alle Frauen fügen sich so schön ein!« Aaargh! Wenn ich zum Beispiel sehe, wie in irgend so einer RTL-Show Männer rumsitzen und sagen: »Frauen kaufen immer so viele Schuhe«, da kriege ich das kalte Kotzen. Und die Barbara Schönebergers dieser Welt dann lachen: »Ha, ja, super, Schuhe!« – damit machen sie die Kluft immer schlimmer. Bei mir geht es darum, zu finden, was Männer und Frauen gemein haben. Für mich ist es die totale Erleuchtung, dass ein Schwanz und eine

Muschi ineinander gesteckt oder übereinander gestülpt exakt dasselbe sind. Deshalb frage ich mich auch immer: »Warum haben Frauen so viele Probleme mit Männern?« Beziehungsweise: »Was sind das eigentlich für Frauen, die mit Männern zusammen sind, bei denen Abspülen eine Diskussion ist?« Das gibt es bei mir nicht.

TD: Du warst noch nie mit einem Mann zusammen, dem du erklären musstest, wie man eine Spülmaschine aufmacht?

CR: Nie! Ich kann mich nicht in einen Mann verlieben, der meint, nur weil ich eine Muschi habe, wäre ich für den Haushalt zuständig.

TD: Der logische Zusammenhang liegt ja auch nicht unmittelbar auf der Hand.

CR: An dieser ganzen Front liegt gar nix auf der Hand! Auch nicht, dass er, nur weil er einen Schwanz hat, das Geld reinholt oder irgendwas. Und natürlich bin ich meiner Mutter schrecklich dankbar dafür, dass sie mich so frei im Kopf erzogen hat. Das sitzt ganz tief in mir drin, wenn ein Mann zu mir sagen würde: »Die Gäste kommen, Charlotte, kannst du bitte kochen« – dass ich antworten würde: »Wie bitte? Wie sieht das denn aus?« Bei mir müssen schön beide in der Küche was machen, damit keiner auf die Idee kommt, ich würde immer die Familie bekochen. Glücklicherweise war ich noch nie mit einem Mann zusammen, der so etwas zu mir gesagt hätte. Wobei: Eigentlich sollte ich nicht von Glück reden. Es ist nämlich kein Zufall, dass ich immer an gute Männer geraten bin. Die Wahrheit ist: Ich verliebe mich gar nicht erst in dumme Männer-Männer-Schweine.

TD: Ich fange an, zu ahnen, welche feministischen Brandreden du auf dem Schulhof geschwungen hast …

CR: Wahr bleibt wahr! Die Männer, mit denen ich zusammen war, konnten auch nie was mit Frauenklischees anfangen. Die kennen das nicht, dass ihre Freundin sagt: »Ich habe Kopfschmerzen«, weil sie keinen Sex haben will. Oder: »Mein Mann soll das Geld reinholen, damit ich es raushauen kann.« Alles, worauf unsere Gesellschaft aufbaut, nämlich dass die Männer untereinander Spaß haben, auf die Piste gehen, Karten spielen, sich besaufen, und die Frau sitzt zu Hause und wartet – das gibt es nicht in meinem Leben. Deswegen kann ich auch fast nie über Comedy im Fernsehen lachen, weil die ganzen Scherze auf diesem Klischeekram basieren. Ich sitze dann da und muss mich erinnern: »Ach ja, stimmt, es gibt viele Paare, die sind zusammen, finden sich aber scheiße.« Und so wie ich nicht verstehe, warum Frauen sich an Männer hängen, denen sie jedes Mal wieder den Weg zur Spülmaschine erklären müssen, begreife ich nicht, warum Männer sich Furien aussuchen, die keinen Spaß wollen. Bei mir ist immer das Ziel: Männer sollen so weiblich sein, wie es nur geht – und Frauen so männlich. Alles muss gemischt und gemuscht sein. Und dann brauche ich auch keine Angst davor zu haben, eines Tages doch noch zu heiraten.

TD: Gibt es konkrete Pläne?

CR: Nee. Aber heiraten will ich definitiv. Das ist ganz, ganz wichtig für mich.

TD: Warum?

CR: Den Gedanken »für immer und ewig« – den fand ich schon immer etwas absolut Großes. Und auch das öffentliche Bekenntnis dazu. Was muss man anstellen, dass man ein Leben lang zusammenbleiben kann? Was muss passieren, dass der Sex nach Jahren noch spannend ist? Oder vielleicht gar nicht mehr nötig? Das sind Fragen, die mich sehr beschäftigen.

TD: Wenn dir der Privatpascha dank Lebensklugheit erspart geblieben ist – hattest du jemals mit Profipaschas zu tun?

CR: Ich habe es vorhin schon gesagt: Als ich zu VIVA kam, gab es da keine blöden Sprüche wie: »Krieg mal lieber kein Kind.« Und das war ja die Zeit, wo ich ständig in der *Emma* war oder Alice Schwarzer in meine Sendung eingeladen habe. Das war für die nie ein Thema. Die haben meine professionellen Qualitäten geschätzt. Die waren einfach froh, dass ich fließend Englisch spreche, dass man mich auf jeden internationalen Künstler loslassen kann und ein nettes Gespräch bekommt. Als *Fast Forward* dann den Bayerischen Filmpreis bekam und für den Grimme nominiert war, haben sie mich noch freier machen lassen.

TD: Und trotzdem warst du diejenige, die nach sieben Jahren den Krempel hingeschmissen hat.

CR: Die letzten zwei, drei Jahre waren nur noch ätzend. Ständig wechselten die Chefs, ständig musste ich darum kämpfen, dass ich die Sendung in meinem Stil weitermachen konnte, oder dass sie nicht ganz eingestellt wird. Plötzlich gab es diesen Quotendruck – den ich vorher nie hatte. Das war für mich der Anfang vom Ende, denn *per definitionem* machen die Sachen, die ich gern moderiere, und die Sachen, die ich gut finde, keine Quote. Zum Beispiel: *Die Sopranos* – das war eine ganze Weile meine Lieblingsserie. Kult – aber keine Quote. So ist das im deutschen Fernsehen.

TD: Regt es dich auf, wenn im deutschen Fernsehen Hugo Egon Balder Heinz Rudolf Kunze zu Gast hat, der sich darüber freut, dass es jetzt so viele erfolgreiche deutsche Bands gibt. Und Balder sagt: »Ja, aber das Problem ist doch, dass die alle ne Frontfrau haben müssen.«

CR: Ich kann nur sagen, wie ich das mit den neuen deutschen Bands finde. *Wir sind Helden* mag ich. Aber *Juli* und *Silbermond* oder *Julimond* und *Silber* oder wie die alle heißen, die finde ich schlimm. Ganz schlimme, weichgespülte emotionale Scheiße. Das ist so wie mit den »Frauenpornos«: Wenn das frauenmäßig sein soll, dann will ich lieber Männermäßiges.

TD: Gibt es in der aktuellen Musikszene eine Frau, die du toll findest?

CR: Letztes Jahr habe ich für ARTE eine Gala moderiert, und da traten unter anderem *The Kill* auf. Da habe ich die zum ersten Mal live gesehen: Der Hammer. Die Frontfrau ist so ein ganz kleiner Strich in der Landschaft, der totale Knochen mit schwarzem Pony und schwarzen langen Haaren, unfassbar weiß. Wenn man die im *Backstage*-Bereich rumlaufen sieht, hat sie nur die Haare vorm Gesicht, und ich denke: Ja Gott, Leute, die einem nicht in die Augen gucken können, sollen sich verpissen. Aber dann auf der Bühne ist die so, wie Mick Jagger früher war, völlig vom Teufel besessen. Die zuckt rum, reibt sich das Mikro zwischen den Beinen, hat eine tiefe Stimme, ist total sexy und gleichzeitig wahnsinnig bedrohlich. Man steht da nur und denkt: Hu, hu, hu! Schauder'! Gespenster! Das ist unglaublich! Musik muss auch dreckig sein. Diese *Julis* und *Silbermöndchen* mit ihren weit ausgeschnittenen, pastellfarbenen T-Shirts und langen Ohrringen sind mir einfach zu brav. Ich mag das nicht, wenn alle sich immer mit allen so gut verstehen.

TD: Wie geht es bei dir weiter?

CR: Jetzt kommt erst mal mein Film *Eden* in die Kinos. Da spiele ich eine Frau, die sich in einen sehr dicken Koch verliebt –

ein ganz, ganz großartiger Schauspieler und ein ganz, ganz großartiger Film. Außerdem werde ich weiter Fernsehen machen. Und irgendwann, wenn ich groß bin, hab ich noch was ganz anderes vor.

TD: Das wäre?

CR: Kennst du Colette? Diese coole Schriftstellerin, die in den 20er, 30er Jahren in Paris Frauenorgien gefeiert hat? Ich hab vor ewigen Zeiten schon davon gelesen, und ich finde, es wird langsam Zeit, einen anständigen Puff oder einen Swingerclub nur für Frauen zu eröffnen.

TD: Ich will ja nicht defätistisch sein: Aber glaubst du, das zieht hierzulande? In Berlin gab es mal so einen Versuch: Escort-Service nur für Frauen. Wenn mich nicht alles täuscht, waren die ziemlich schnell bankrott.

CR: Womit wir wieder bei meinem Lieblingsthema wären: Warum sind Frauen sexuell so verdammt introvertiert? Dabei muss ich immer an diese sensationelle Geschichte denken: Sieben VW-Betriebsräte und Manager vögeln zusammen in einem Raum in einer Villa sieben Nutten. Die haben alles gesehen voneinander. Jetzt stell dir mal vor, wir würden mit fünf anderen Frauen zusammen uns sieben Jungs bestellen, Callboys, und mal richtig schön voreinander rumvögeln. Stehend, sitzend, blasend, alles.

TD: Der Witz ist, bei denen waren es ja noch nicht mal »Kumpels«, sondern Arbeitskollegen ...

CR: Die ganze Führungsetage einer Firma! (Lacht.)

TD: Was bedeuten würde, wir und fünf weitere Fernsehkolleginnen von ARTE oder vom SWR fliegen nach Prag, fallen in die Hotellobby ein und grölen: »Wo sind die Kerle?«

CR: ... und unsere fiktiven Fernsehchefinnen haben das Ganze auch noch bezahlt ... Wahnsinnsgeschichte. Und wenn ich mich nicht irre, haben die Jungs noch nicht mal Drogen genommen. Das würde ja einiges erklären, wenn die alle auf Koks gewesen wären – aber nein! Die haben nur Champagner getrunken!

TD: Woran genau würde unser Kolleginnen-Szenario scheitern? Ist es uns nur zu peinlich? Oder sind wir zu selbstironisch und würden uns totlachen, weil die Szene so absurd ist?

CR: Machen das Männer nicht auch? Lachen die nicht auch über sich?

TD: Ich glaube nicht, dass Männer besonders zu Selbstironie neigen, wenn es um Sex geht. Schon gar nicht, wenn ihre eigenen Geschlechtsorgane im Spiel sind.

CR: Ich weiß nicht. Männer haben so eine irrsinnige Lust am Zeigen. Das fängt schon in der Pubertät an, wenn die Jungs miteinander konkurrieren, wer die vollere Gießkanne an seinen Schwanz hängen kann.

TD: Hatten wir nicht auch unsere Doktorspiele?

CR: Ja, aber bei den meisten Frauen geht diese exhibitionistische Neugier irgendwann in der Pubertät flöten. Ich kenne einen englischen Musiker, zu dem sage ich bei Partys immer: »Komm, mach noch mal den tollen Trick!« Und dann stellt der sich hin und lässt die Hose runter und zieht ganz fest an seiner Zigarette. Und dann steckt er sich die Zigarette in den Schwanz, vorn in die Vorhaut, das klebt ja ein bisschen. Und wenn er dann den Rauch ausbläst, sieht das aus, als hätte er durch den Schwanz inhaliert. So etwas finde ich große Klasse. Auf Partys, bei denen am Schluss alle losgelöst sind und sagen: »Komm, wir laufen einmal zusammen nackt ums Haus!«, denke ich, das ist die tollste Party, auf der ich je war.

TD: Kommt da das wilde britische Tier in dir zum Ausbruch?

CR: Absolut. In Sachen Hemmungslosigkeit bin ich hundert Prozent auf Seite der Engländerinnen. Deutsche Frauen sind sooo gesittet. Oder nimm das Beispiel Schlägereien: Die einzigen europäischen Frauen, die es fertigbringen, eine ordentliche Keilerei anzuzetteln sind Engländerinnen.

TD: Gut, dann werden Britinnen freien Eintritt bekommen, sollte ich in Berlin den ersten *Girls-Fight-Club* eröffnen, wo frau sich nach Feierabend die gepuderte Nase blutig hauen kann.

CR: So wie in dem Fincher-Film? Super-Idee! Da komme ich dich besuchen.

TD: Und ich besuche dich in deinem Kölner Mädelspuff. Fest versprochen.

INES PAPERT

Jahrgang 1974. Weltmeisterin im Eisklettern.

Wer hätte gedacht, dass in Bayerisch Gmain am Fuße der Alpen eine Villa Kunterbunt steht: Ein Holzhaus, der Balkon ein wenig windschief, umgeben von einem Garten mit kniehohem Gras und alten Bäumen. Und auch die Bewohnerin des Hauses könnte mit Pippi Langstrumpf verwandt sein: Vielleicht ist sie nicht so stark, dass sie ein ganzes Pferd in die Luft heben kann – aber stark genug, sich selbst mit einem Arm in die Höhe zu ziehen, während unter ihr ein paar hundert Meter Luft sind, ist sie allemal: Ines Papert ist vierfache Weltmeisterin im Eisklettern. Und die einzige Frau in Deutschland, die mit dem Klettersport genug verdient, um davon leben zu können.

Dabei sind es nicht Gletscher und Eisvorhänge, die Ines Paperts Kindheit prägen, sondern Kalter Krieg und Eiserner Vorhang. In Wittenberg, Sachsen, wird sie geboren, die Familie lebt in Bad Düben, einer Kleinstadt nordöstlich von Leipzig. Der Vater ist Architekt in einem Planungsbüro, die Mutter arbeitet zunächst als Chemielaborantin, später macht sie eine Umschulung zur Physiotherapeutin. Vier Jahre nach Ines wird ihre Schwester geboren. Die Eltern sind gläubige Katholiken, im Herbst 1989 ist die ganze Familie bei den Montagsdemonstrationen in Leipzig dabei. Die Paperts sind sportlich und verbringen ihre Urlaube am liebsten surfend auf dem Plattensee oder skifahrend im Riesengebirge, doch Ines zieht es zunächst eher zur Musik: Sie ist begeistertes Mitglied im Kirchenchor. Nach der zehnten Klasse beendet sie die Schule, um in Leipzig eine Ausbildung zur Physiotherapeutin zu machen. Obwohl sie sich mit ihrer Mutter bestens versteht, möchte sie nicht in derselben Reha-Klinik in Bad Düben arbeiten, deshalb beschließt sie 1993, nach ihrem Abschluss, »weg« zu gehen. Die Berge rufen. Und Ines folgt dem Ruf. Sie bekommt eine Anstellung an einer Klinik in Berchtesgaden. Schnell findet sie Kontakt in der bayerischen Outdoor- und Kletterszene – ihr Bergfieber ist erwacht. Michi, ein Diplomingenieur und passionierter Bergsteiger, nimmt sie mit

155

auf erste Klettertouren ins Berchtesgadener Land – die beiden werden ein Paar. 1997 steht Ines, die eben noch ein alpinistisches Greenhorn gewesen war, in den argentinischen Anden zusammen mit Michi und anderen Expeditionsmitgliedern auf dem 6963 Meter hohen Gipfel des Aconcagua – den sie allerdings nicht über die Steilwand, sondern über den Normalweg erklimmt. Ein Jahr später besteigt sie in Peru mehrere Fünf- und Sechstausender, unter ihnen den Torre del Parón. Doch Ines befriedigt es nicht mehr, immer nur hinter ihrem deutlich erfahreneren Freund herzuklettern oder die »Fußgängerwege« nehmen zu müssen, deshalb beschließt sie, allein zu trainieren, vor allem im Eis, wo sie die größten Defizite spürt. Im Mai 1999 kündigt sie ihre feste Anstellung in der Klinik, um sich ganz aufs Klettern zu konzentrieren. Finanziell hält sie sich mit Erspartem und kleineren Jobs im Olympiastützpunkt Berchtesgaden über Wasser. In Saas Fee nimmt Ines im Januar 2000 zum ersten Mal an einem Eiskletter-Weltcup teil – und belegt auf Anhieb den zweiten Platz. Nur wenige Wochen später erfährt sie, dass sie schwanger ist – die Nachricht lässt sie zwischen Euphorie und der besorgten Frage schwanken, wie es nun mit dem Klettersport weitergeht. Als im August Sohn Emanuel zur Welt kommt, weichen die Zweifel dem Glücksgefühl, Mutter zu sein. Größere Touren in den Bergen sind anfangs allerdings schwierig zu organisieren, deshalb kauft die junge Mutter im Baumarkt eine Metallleiter, lehnt diese an die Hauswand und trainiert mit ihren Eisklettergeräten eben dort. Die Trockenanstrengung wird belohnt: 2001 gewinnt Ines Papert den Gesamtweltcup, in den Jahren 2002, 2003 und 2004 wird sie Eiskletterweltmeisterin in den Disziplinen *Difficulty* beziehungsweise *Speed*, 2003 belegt sie außerdem vier erste Plätze im Weltcup. Zu den Wettkampfsiegen kommen alpinistische Erfolge: 2003 gelingt ihr in der Eiger-Nordwand die erste freie Durchsteigung an einem Tag der Route *Symphonie de Liberté*, im selben Jahr meistert sie die *Mission Impossible* auf der Südseite des Mont-Blanc-Massivs. Damit bezwingt sie als erste Frau eine *Mixed Route* im Schwierigkeitsgrad M11, den der gemeine Kletterführer folgendermaßen charakterisiert: »Unvorstellbar schwierig. Zur Zeit die Grenze der internationalen Leistungsspitze. Weltweit gibt es nur eine Handvoll Kletterrouten dieses Schwierigkeitsgrades.«

Auf eine solche Ausnahmekletterin werden auch Sponsoren aufmerksam. Verschiedene Klettergeräte- und Sportbekleidungshersteller bieten Ines Papert die Zusammenarbeit an, und so wagt sie 2003 den endgültigen Sprung in die Profikarriere. Und ein zweiter, privater Sprung steht an: Die Spannungen mit ihrem Lebensgefährten, der weiterhin seinem Beruf als Diplomingenieur nachgehen muss, spitzen sich zu, so dass beide im Frühjahr 2004 beschließen, sich zu trennen. Sie vereinbaren, dass Emanuel in der Regel vier Tage die Woche bei seiner Mutter, drei Tage bei seinem Vater verbringt.

Einen besonderen Triumph feiert Ines 2005: Bei einem Wettkampf im US-amerikanischen Ouray gewinnt sie vor zwei männlichen Kollegen – der eine selbst Weltmeister – und beendet damit endgültig die Diskussion, ob ihre herausragenden Ergebnisse vor allem damit zu tun hätten, dass die Konkurrenz bei den Frauen deutlich schwächer sei als bei den Männern. 2006 gewinnt sie wieder den Gesamtweltcup – und beschließt, dass dies ihre vorläufige Abschiedsvorstellung im Wettkampfgeschehen gewesen ist. Zusammen mit der Alpinjournalistin Karin Steinbach schreibt sie ihre Lebensgeschichte auf: *Im Eis. Wie ich auf steilen Routen meinen Weg fand.* Das Buch erscheint im Herbst 2006.

Ich besuche Ines Papert in ihrer bayerischen Villa Kunterbunt. Die Küche, die auch als halbes Büro dient, ist alpingemütlich. Über dem Spülbecken hängt der Spruch: »Vergiss deine Träume nicht und opfere deine Wünsche nicht dem Alltag.«

TD: Ich wundere mich über deine Spülbeckendekoration. Du machst auf mich nicht den Eindruck einer Frau, die sich täglich beim Abwasch daran erinnern muss, ihre Träume nicht zu vergessen …

IP: Der Spruch hängt da halb aus Jux, halb im Ernst. Dieser ganze häusliche Bereich, das sind so Aufgaben, die machst du jeden Tag aufs Neue, und es kommt nichts dabei raus – kein Erfolg, keine Anerkennung. Und hier im Bayerisch-Ländlichen ist die Vorstellung schon noch verbreitet, dass Frauen genau für diese Aufgaben zuständig sind. Eine Kletterfreundin aus der Gegend und ich, wir hatten deshalb immer das Motto »Wer sich nicht wehrt, endet am Herd.«

TD: Hattest du jemals in deinem Leben akut Angst, am Herd zu enden?

IP: Als ich mit Emanuel schwanger war, hatte ich schon ein wenig Sorge, ob ich meine Projekte und die neuen Anforderungen als Mutter unter einen Hut bringen würde. Im Gegensatz zu dem, was ich aus der DDR kannte, ist es hier ja üblich, dass der Mann arbeiten geht und die Frau zu Hause bleibt und sich ums Kind kümmert. So wollte ich definitiv nicht leben. Natürlich war mir klar, dass ich mit einem Kind gewisse Einschränkungen machen muss. Aber die Vorstellung, künftig auf meine Wünsche verzichten zu müssen, gefiel mir überhaupt nicht.

TD: Welche Einstellung hatte dein damaliger Freund, Emanuels Vater, in dieser Angelegenheit?

IP: Michi ist schon anders als die meisten Männer hier in der Gegend. Aber letztlich nicht anders genug, als dass es auf Dauer gut gegangen wäre mit uns. Unsere Vorstellungen von Partnerschaft und Familie waren dann doch zu unterschiedlich. Wobei ich ihn ein Stück weit verteidigen muss: Ich weiß nicht, wie ich es umgekehrt verkraftet hätte, von acht bis fünf in meinem »Brotberuf« tätig sein zu müssen und zu sehen, wie er den ganzen Tag tun kann, was wir beide am meisten lieben: Klettern.

TD: Könnte es sein, dass auch Konkurrenz eine Rolle spielte bei den Spannungen, die ihr am Schluss in eurer Beziehung hattet? Schließlich bist du in jener Zeit im Wettkampfgeschehen voll durchgestartet, während er doch eher unauffällig blieb …

IP: Ja, aber er hatte auch deutlich weniger Zeit zum Trainieren als ich. Das mit der Konkurrenz in einer Kletterbeziehung ist so eine Sache. Einerseits bin ich durch Michi überhaupt erst zum Klettern gekommen, es war also zunächst gar keine Frage, wer von uns beiden der Stärkere, Erfahrenere ist. Dann hat es mich irgendwann angefressen, dass er immer vorsteigt und ich ihm hinterherdackeln muss – da habe ich schon einen gewissen Ehrgeiz entwickelt. Als ich stärker wurde, hatten wir ein paar absolut fantastische gemeinsame Erlebnisse, wo wir auf demselben Niveau klettern konnten, die *Mission Impossible* zum Beispiel – aber natürlich war es für ihn nicht leicht zu sehen, wie ich auch mal an ihm vorbeigestiegen bin. Er hatte es halt in den Knochen drin, dass er der Überlegene ist.

TD: Würdest du sagen: Eure Trennung war eher ein Scheitern? Oder eine Befreiung?

IP: Beides. Zunächst habe ich es als Scheitern empfunden, gerade auch wegen Emanuel, aber dann habe ich erkannt, dass es für mich ein großer Schritt in Richtung Unabhängigkeit ist. Und in dieser Unabhängigkeit wollte ich auch konsequent sein. Es war für mich völlig klar, dass ich die Unterhaltszahlungen, die ich von Michi für Emanuel bekomme, auch wirklich nur für Emanuels Kindergarten verwende und den Rest auf Emanuels Konto überweise. Ich hätte Michi nie das Gefühl geben wollen, dass ich mir auf seine Kosten ein schönes Leben mache.

TD: Jetzt bist du wieder mit einem Kletterer liiert ...

IP: Ich kann mir nicht vorstellen, mit einem Mann zusammen zu sein, der kein Kletterer ist. Das sind solche tiefen Erfahrungen, die man da macht, ich wüsste nicht, wie ich mit jemandem zusammen sein sollte, mit dem ich diese Erfahrungen nicht teilen kann.

TD: Wie sieht es in dieser Beziehung mit der Konkurrenz am Berg aus?

IP: Ich glaube, das spielt bei Stef und mir weniger eine Rolle, weil wir beide auf einem ähnlichen Niveau waren, als wir uns kennen gelernt haben. Wobei er mehr in die alpinistische Richtung tendiert, zur Besteigung eines Achttausenders beispielsweise, während ich meine Herausforderung in steilen Routen suche. Natürlich stacheln wir uns mit unserem Ehrgeiz gegenseitig an. Aber man sollte nicht als Konkurrenten an den Berg gehen – Konkurrenz kann man im Wettkampf austoben. In der Wand muss man sich hundert Prozent aufeinander verlassen können. Nicht umsonst ist »Seilschaft« ja der sprichwörtliche Ausdruck dafür, dass Leute einander zuverlässig nach oben helfen. Es bringt auch überhaupt nichts, wenn man schon verkracht in eine Route einsteigt, weil man vorher grad Streit wegen Einkaufen oder Staubsaugen oder sonst einem Kram hatte. Deshalb hat es vielleicht auch etwas Gutes, dass Stef und ich zur Zeit eine Fernbeziehung führen – die alltäglichen Reibereien sind da nicht vorhanden.

TD: Ein südafrikanischer Rafting-Guide hat mir einmal erzählt, dass er ungern Paare oder Ehepaare allein in ein Boot setzt.

In kritischen Situationen ginge das fast immer schief, weil sofort die eingefahrenen Strukturen hochkämen. Der Mann brüllt: »Rechts Paddeln!« Die Frau denkt: »Also *ich* würde ja eher links paddeln«, sagt aber nichts und paddelt brav rechts, prompt knallt das Boot gegen den Fels, und sie schreit: »Siehste, ich hab's ja gleich gesagt ...« Ich könnte mir vorstellen, dass auch Bergtouren als *divorce machine* funktionieren?

IP: (Lacht.) Ich glaube, solche Geschichten passieren eher, wenn *zwei* Flachlandindianer am Werk sind. Beim Bergsteigen gilt das ungeschriebene Gesetz, dass derjenige verantwortlich ist, der insgesamt oder in diesem speziellen Gebiet die größere Erfahrung hat. Und diese Regel ist schon sinnvoll. Wenn ich mit einem männlichen Partner unterwegs bin, der sich an einem bestimmten Berg besser auskennt, kann ich akzeptieren, dass er der Chef ist. Zwischen Michi und mir wurde nur anstrengend, dass er den Zeitpunkt verpasst hat zu erkennen, dass er mich nicht immer beschützen muss.

TD: Macht es atmosphärisch einen Unterschied, ob du in einer Seilschaft mit einem Mann oder einer Frau unterwegs bist?

IP: Auf dem Weg dazu, eine selbstständige Kletterin zu werden, hat es mir extrem geholfen, dass ich mit gleich gesinnten Frauen geklettert bin. Da gab es keine Hierarchien, da ist mal die eine, mal die andere vorgestiegen, je nachdem, wo eine eben ihre speziellen Stärken und Schwächen hatte. Meine allerersten Ski- und Bergwandertouren, noch bevor ich zum Klettern kam, habe ich fast alle mit einer Arbeitskollegin und Freundin gemacht. Und auch heute freue ich mich immer noch, dass es hier in der Reichenhaller Szene so viele Frauen gibt, die genauso motiviert sind wie ich. Dennoch würde ich keinen generellen Unterschied zwischen Kletterern und Kletterinnen machen. Für mich zählt bei meinem Kletterpartner nicht das Geschlecht, sondern nur, dass er oder sie die Sache genauso ernst nimmt wie ich.

TD: Stefan Glowacz, ein berühmter deutscher Kletterer, hat einmal in einem Interview behauptet, es würde nicht gut gehen, wenn Frauen bei einer Expedition dabei wären. Das würde den Mannschaftsgeist stören ...?

IP: Dann muss der Gute immer mit den Falschen losgezogen sein ... Andererseits habe ich selbst vor ein paar Jahren mit vier Mädels einen Klettertrip auf eine griechische Insel gemacht, und da habe ich schon hin und wieder gedacht: »Mei, jetzt wird's zickig.« Stefan ist mehr der Expeditionskletterer, er ist lange unterwegs, manchmal unter extremen Bedingungen, und da können Entscheidungen anstehen, wo es ums nackte Überleben geht. Da muss man auch mal diskussionslos sagen können: »Du hast Recht. So machen wir das. Punkt.« Ich glaube, viele Frauen tun sich schwer damit. Ich weiß selbst nicht, wie ich in so einer Situation reagieren würde.

TD: Aber hast du nicht eben gesagt, dass du dich am Berg problemlos unterordnen kannst, wenn du den Eindruck hast, der andere ist erfahrener?

IP: (Lacht.) Das ist alles nicht so einfach. Ich muss nicht die Hyperemanze raushängen lassen, andererseits möchte ich nicht nur im Basislager sitzen und kochen … Das Problem fängt damit an, dass Frauen eine sehr große Neigung haben, Verantwortung abzugeben – ganz allgemein im Leben, und genauso am Berg. Bei den meisten Frauen setzt dann aber doch irgendwann der Frust darüber ein, dass sie immer nur die Mitgeschleppten sind, die nie selbst bestimmen, wo's lang geht. Und aus diesem Frust resultiert dann manchmal die typisch weibliche Zickigkeit, zwar alles mitzumachen, aber ständig genervt zu sein.

TD: Das berühmte »Passiv-Aggressiv« gibt es also auch im Alpinismus?

IP: Ja, oder wenn sie einen etwas stureren Schädel hat, fängt sie irgendwann an, aus Bockigkeit prinzipiell das Gegenteil von dem zu machen, was er sagt. Solche Konstellationen sind immer ungut – das kannst du hier im Klettergarten ständig beobachten. Deshalb habe ich mir zur Regel gemacht: Gehe nur mit Männern auf Tour, mit denen du dich gut verstehst, die du respektierst und – ganz wichtig! – denen du dich nicht komplett unterlegen fühlst! Wer sich hoffnungslos unterlegen fühlt, versucht immer wieder, sich trotzig selbst zu behaupten. Und diese Art von persönlichen Machtkämpfen hat am Berg wirklich nichts zu suchen.

TD: So schrecklich vielen Männern dürftest du dich nicht mehr unterlegen fühlen, seit du in Ouray gleich zwei von ihnen im Wettkampf hinter dir gelassen hast …

IP: Es waren ja nicht nur zwei. Insgesamt waren es an die dreißig Teilnehmer und Teilnehmerinnen. Aber nur drei Kletterer schafften die Route bis zum Top: Der Vorjahres-Weltmeister Hari Berger, Will Gadd und ich. Und ich war eben außerdem noch die Schnellste gewesen …

TD: War es für dich ein ganz gewöhnlicher Sieg? Oder hast du dich besonders gefreut, es den Jungs »gezeigt« zu haben?

IP: Klar habe ich mich riesig gefreut. Zum einen kann ich ohnehin nicht gut verlieren. Und außerdem: In welcher Sportart gelingt es einer Frau schon, besser zu sein als die Jungs? Aber am allermeisten hat mich gefreut, dass es nicht irgendwelche dritt-klassigen Männer waren, die ich besiegt habe, sondern welche, die ganz vorn klettern. Bei allem Stolz auf meinen Sieg muss ich allerdings zugeben, dass ein Wettkampf eine künstliche Situation ist. Im Gebirge, wo es noch auf ganz andere Sachen außer Kraft und Schnelligkeit ankommt, da mache ich den Jungs, die ich besiegt habe, nichts vor.

TD: Deine Bescheidenheit ehrt dich. Wie haben die Herren auf ihre Niederlage reagiert?

IP: Sie haben es mit Humor genommen. Bei der Preisver-leihung wurde ich nach dem Geheimnis meines Erfolgs gefragt, und da habe ich irgendetwas von »Glück gehabt« und »gut ge-laufen« gestammelt – bis Will Gadd mir das Mikro aus der Hand genommen und hineingerufen hat: »*Ines, shut up! You kicked our butts!*« Und Hari Berger – ein sehr guter Freund von mir – ist im Jahr darauf schon ziemlich angespannt in den Wettkampf gegangen …

TD: Als ich bei meinem ersten Roman in Interviews gefragt wurde, wie ich so schnell einen Verlag gefunden habe, habe ich auch immer gesagt: »Ich hatte eben Riesenglück.« Bis meine Verlegerin das irgendwann mitbekam und mich anraunzte, ich solle nie wieder so eine Mädchenantwort geben. Kein Mann würde »Glück« für einen Erfolg verantwortlich machen, er würde immer sagen: »Ich habe ein einzigartiges Buch geschrie-ben.« Oder, in deinem Bereich: »Ich habe am härtesten und bes-ten trainiert.«

IP: Da mag etwas dran sein. Frauen sind vielleicht in der Tat nicht so sehr damit beschäftigt, in der Welt herumzuposaunen, dass sie die Größten sind. Aber ist das nicht eigentlich sympa-thisch?

TD: Sympathisch schon. Aber manchmal leider kontrapro-

162

duktiv … Würdest du sagen, dass dein Respekt in der Kletterszene nach dem Sieg in Ouray gestiegen ist?

IP: Irgendwie schon. Bei uns ist es ja so wie in vielen Sportarten, die traditionell eher männlich sind: Die Konkurrenz bei den Frauen ist einfach nicht so groß. Zum Beispiel sind es im Augenblick vielleicht dreißig Frauen, die im Eiskletterweltcup mit dabei sind, bei den Männern sind es neunzig bis hundert. Und da gab es natürlich immer die Sticheleien: »Die Ines, die gewinnt ja nur, weil sie keine gescheite Konkurrenz hat.« Und obwohl das natürlich Quatsch ist, hätte ich mir in meiner aktiven Wettkampfzeit tatsächlich noch mehr starke Konkurrentinnen gewünscht. Ich bin sicher, die deutschen Biathletinnen oder Rodlerinnen sind unter anderem deshalb so gut, weil es schon innerhalb des deutschen Teams so starke Konkurrenz gibt.

TD: Ich habe gehört, dass eine Kletterroute im Schwierigkeitsgrad tendenziell hinabgestuft wird, sobald eine Frau sie durchstiegen hat?

IP: In welchem Schwierigkeitsgrad eine Route angesiedelt wird, ist immer ein Stück weit Ermessenssache. Der Erstbegeher gibt seine Einschätzung ab, und diese wird von den Nachfolgenden entweder bestätigt oder korrigiert und irgendwann steht sie dann im Kletterführer. Dass eine Route, die bereits in den Kletterführer aufgenommen war, nachträglich herabgestuft wurde, weil eine Frau sie geklettert ist, habe ich noch nicht erlebt. Im Klettergarten kannst du aber schon beobachten, dass eine Route, die vorher ein glatter Neuner war, plötzlich als »leichter Neuner« runtergemacht wird, wenn viele Frauen sie klettern. In Sachen »offizieller Runterstufversuch« hätte ich eher ein Gegenbeispiel: Ich habe mal einen Erstbegeher darauf hingewiesen, dass die Route, die er als glatten Zehner eingeschätzt hat, meiner Ansicht nach »nur« ein leichter Zehner ist. Er hat freundlich und aufgeschlossen reagiert – letztlich verkauft er die Route aber nach wie vor als glatten Zehner.

TD: Klettern Frauen anders als Männer?

IP: Grundsätzlich: Nein. Meistens haben Frauen weniger Kraft und müssen deswegen andere Strategien einsetzen. Meine Maximalkraft liegt zum Beispiel unter der von Hari Berger oder Will Gadd, aber was die Kraftausdauer angeht, kann ich ihnen fast das Wasser reichen. Und vielleicht liegt meine besondere Stärke darin, dass ich die beste Lösung in der Wand oder im Eis schnell erkenne und ein großes Feingefühl für die *Hooks* habe, also die Strukturen wie Löcher und Risse im Fels, die man über die Hauen der Eisgeräte erspüren und möglichst effektiv nützen muss. Ansonsten bin ich gar keine ganz typische Kletterin. Einige, die sehr weit vorn im Weltcup mitklettern, sind deutlich leichter und zarter gebaut als ich – was natürlich auch seine Vorteile hat. Lynn Hill zum Beispiel, eine amerikanische Kletterin, ist eines meiner Vorbilder. Sie ist 1993 als erster Mensch die Route *The Nose* im *Yosemite Valley* frei geklettert – ein absoluter Meilenstein in der Klettergeschichte. An der Schlüsselstelle dieser Route musst du »Fingerriss« klettern, damit ist gemeint, dass du nur Halt findest, indem du deine Finger in einen schmalen Riss im Fels klemmst, ansonsten ist die Wand komplett glatt. Und da hat eine Frau mit schmaleren Fingern einen natürlichen Vorteil.

TD: Das ganze Körpergewicht nur mit ein paar Fingern in einem Felsriss halten? Das klingt so, als ob es ordentlich weh täte …

IP: (Lacht.) Als Kletterin musst du schon einiges an Schmerz wegstecken können, erst recht beim Eisklettern. Und vielleicht gibt es da einen gewissen Unterschied zwischen Frauen und Männern. Frauen sind irgendwie kälteempfindlicher oder geben ihren Schmerzen schneller nach. Ich habe es schon häufiger erlebt, dass eine andere sagt: »Ines, ich beneide dich! Kriegst du nie dicke Unterarme?«

TD: Dicke Unterarme …?

IP: … das schmerzhafte, so ein bisschen krampfartige Spannungsgefühl auf der Innenseite der Unterarme. Ich antworte dann immer: »Ich habe dauernd dicke Unterarme! Nur klettre ich halt einfach weiter.« Die Frage, wo die physische Schmerzgrenze ist, entscheidet sich sehr stark im Kopf.

TD: Warst du schon immer hart im Nehmen?

IP: Nicht, dass ich mich erinnern könnte. Und es ist ja auch nicht so, dass ich irgendwie masochistisch veranlagt wäre oder tapfer bin um der bloßen Tapferkeit willen. Ich beiße die Zähne zusammen, weil ich ein bestimmtes Ziel unbedingt erreichen will – wäre das nicht so, würde ich vermutlich auch »aua!« rufen und Feierabend machen.

TD: Könnte hier der Grund liegen, warum es so wenige Frauen in der professionellen Kletterszene gibt?

IP: Was die allgemeine beziehungsweise die Sportkletterszene angeht, stimmt das ja so nicht mehr. Da sind mittlerweile fast genauso viele Frauen unterwegs wie Männer. Nur beim Eis- oder beim Expeditionsklettern dominieren noch ganz klar die Jungs. Und vielleicht liegt das tatsächlich daran, dass Frauen traditionell weniger lernen, den inneren Schweinehund zu überwinden. Den Satz »Ach, heut' is' so kalt, ich mag heut' nicht« – den höre ich schon eher mal von einer Frau als von einem Mann.

TD: Kannst du sagen, woher du diesen unbedingten Willen, einen Gipfel oder eine Wand bezwingen zu wollen, nimmst? Wieso es dir gelingt, deinen inneren Schweinehund zu überwinden?

IP: Ich habe mich noch von keinem Psychodoc analysieren lassen, aber Klettern ist für mich die absolute Freiheit. Nirgends sonst kann ich so sehr den Alltagskram hinter mir lassen und so intensiv jeden einzelnen Moment erleben. Und gleichzeitig übernehme ich ständig eine enorme Verantwortung mit dem, was ich tue, für mich und für meinen Kletterpartner. Ganz oben zu sein, die Schwierigkeiten überwunden zu haben, auch als gemeinsame Leistung – das ist für mich das beste Gefühl überhaupt. Beim Klettern genieße ich die Mischung aus extremer Freiheit und extremer Eigenverantwortung – wahrscheinlich mein DDR-Erbe. (Lacht.)

TD: Aber dann müsste ja die halbe Ex-DDR in den Steilwänden dieser Welt hängen …

IP: … Im Elbsandsteingebirge wird geklettert wie verrückt! Spaß beiseite: Natürlich sind das immer individuelle Entscheidungen. Aber ich kann nur jeder Frau – und jedem Mann! – wünschen, dass sie im Leben ihre Leidenschaft findet. Und dass es ihr auch noch gelingt, mit dieser Leidenschaft genug Geld verdienen zu können. Das muss ja nicht klettern sein – wobei für mich Glück schon extrem mit körperlicher Verausgabung und mit Naturerleben zu tun hat. Kraftraumtraining mag ich überhaupt nicht. Dieses tiefe, tiefe Glücksgefühl, oben auf dem Gipfel zu stehen, körperlich ausgepumpt, aber mit absolut freiem Blick – das ist durch keine kleinen Alltagsglücksmomente zu ersetzen.

TD: In meinem Sportstudio beobachte ich immer die Frauen, die zwar jeden Tag zum Training kommen, aber nur am »Muskeltoning« arbeiten und um Gottes willen keine sichtbaren Muskeln bekommen möchten.

IP: Ich trainiere auch nicht extra, um Muskelumfang dazu zu gewinnen, und ich verzichte wegen des Eiweiß auf Fleisch, denn ich neige ohnehin schon zu einer stark ausgeprägten Muskulatur. Das tue ich aber aus dem schlichten Grund, dass Muskeln Gewicht bedeuten, und zu viel Gewicht am Berg nicht gut ist. Ich könnte nicht sagen, dass ich Muskeln bei einer Frau besonders sexy oder unsexy finde. Ich habe dazu ein eher pragmatisches Verhältnis. Und ja – vielleicht würde ich mit meinem Kreuz und meinen Armen auch nicht unbedingt in einem Abendkleid mit Spaghettiträgern herumlaufen – aber die Gelegenheit dazu ergibt sich eh nicht so oft …

TD: Sportlerinnen, gerade auch solche, die in traditionell männlichen Sportarten wie Boxen oder Leichathletik erfolgreich sind, ziehen sich immer wieder gern für den *Playboy* oder ähnliche Magazine aus – vermutlich, um sich und der Welt zu beweisen, dass sie trotz ihrer harten, kämpferischen Qualitäten doch ganz »Frau« geblieben sind. Könntest du dir vorstellen, dich nackt in der Wand ablichten zu lassen?

IP: (Lacht.) Und dann am besten im Eis, wo einem schon *mit* Klamotten alles abfriert … Nee, das wär nicht mein Ding … Der *Playboy* wollte mal einen Bericht über mich machen, also einen ganz normalen ohne Nacktfotos – und sogar das habe ich abgelehnt, obwohl Freunde meinten: »Du spinnst ja! Das wäre eine unglaubliche PR-Chance gewesen!«

TD: Regina Halmich, die als Boxerin in einer womöglich noch männlicher geprägten Sportart unterwegs ist als du, hat einmal gesagt, dass sie immer zwei Kämpfe auszufechten hätte: Den im Ring gegen die Gegnerin. Und den außerhalb des Rings gegen die Vorurteile und Klischees, die die Leute im Kopf haben. Kannst du das bestätigen?

IP: Zunächst einmal genieße ich als Frau, noch dazu als Frau mit Kind, in der professionellen Eiskletterszene einen Exoten- und damit einen enormen Aufmerksamkeitsbonus – der durch die Medien natürlich verstärkt wird. Hari Berger beneidet mich manchmal regelrecht darum, eine Frau zu sein. Denn er macht mindestens genauso aufregende Projekte wie ich und fragt sich dann schon, wie es mir gelingt, so oft im Fernsehen präsent zu sein und auch noch Geld dafür zu bekommen – während er bei solchen Aktionen meistens draufzahlt. Aber natürlich verschafft mir meine jetzige »Prominenz« auch einen gewissen Schutz vor blöden Sprüchen oder Anfeindungen, den ich früher so nicht hatte. Ich kann mich gut erinnern, wie ich 1999, in meinem »freien« Sommer, mit meiner Freundin Elke als eine der ersten eigenständigen Touren die Renoth-Führe in der Westwand des Untersbergs gemacht habe. Kurz vor uns war eine Männerseilschaft in die Wand eingestiegen, und als die beiden uns näher kommen sahen, haben sie uns besorgt erklärt, wo der normale Fußweg zum Gipfel entlang geht. Wir haben uns für die Information bedankt – und sind ebenfalls in die Wand eingestiegen. Kurze Zeit später hatten wir die beiden eingeholt und baten sie, uns vorbeizulassen, weil wir den Gipfel gern noch vor der Dunkelheit erreichen würden … Das war schon ein ziemlicher Spaß, Kaffee und Kuchen oben auf dem Stöhrhaus haben an diesem Tag doppelt so gut geschmeckt als sonst – wenn auch der Hüttenwirt ziemlich unfreundlich zu uns war. Offensichtlich hat er was gegen emanzipierte Frauenseilschaften. Womit er eben der Einstellung entspricht, die hier in der Gegend, zumindest in der älteren Generation, noch weit verbreitet ist: Wenn Frauen am Berg, dann bitte nur als Seilzweite mit einem männlichen Partner.

TD: Bist du optimistisch, dass diese reaktionären Einstellungen mit der älteren Generation verschwinden werden?

IP: Ich glaube schon. Wenn man zurückblickt, hat sich ja bereits vieles verändert. Vor einigen Jahren habe ich Helma Schimke kennen gelernt. Sie ist Salzburgerin, 1926 geboren, eine beeindruckende Frau. In den 50er, 60er Jahren war sie sicher eine der besten Bergsteigerinnen der Welt. Ihr Mann ist beim Klettern abgestürzt, sie blieb mit drei Kindern zurück, ging aber nach wie vor ins Gebirge, und dafür hatten viele überhaupt kein Verständnis. Da hieß es nur: »Du musst jetzt für deine Kinder da sein.« Und sie hat immer gesagt: »Nur eine ausgeglichene und glückliche Mutter ist eine gute Mutter.« Sie erzählte mir, dass sie teilweise Hüttenverbot erteilt bekommen hat, dass die Hüttenwirte sie gar nicht ins Haus gelassen haben, mit dem Kommentar: »Das ist nichts für Frauen hier im Gebirge, kannst wieder heimgehen!« Und das obwohl sie so erfolgreich und bekannt war. Wenn unser Stöhrhauswirt vierzig Jahre später meiner Freundin und mir dann nur noch den Schnaps vorenthält, den er männlichen Kletterern spendiert – dann ist das doch ein ziemlicher Fortschritt …

TD: Aber ich vermute, die besorgt vorwurfsvolle Frage, ob du es als Mutter eines kleinen Kindes wirklich verantworten kannst, einem so gefährlichen Beruf nachzugehen, wird auch dir heute ständig gestellt.

IP: Klar. Und dazu kann ich nur sagen: Erstens: Helma Schimke hat Recht. Was hätte mein Sohn davon, wenn er den ganzen Tag eine frustrierte, unglückliche Mutter um sich herum hätte. Zweitens: Im letzten Winter haben wir erlebt, wie hier in Bad Reichenhall die Decke der Eissporthalle eingestürzt ist – 15 Menschen sind dabei ums Leben gekommen. Und die allermeisten von uns steigen täglich ins Auto. Das ist ebenso gefährlich wie Bergtouren – nur dass wir da die Gefahr eben besser verdrängen. Drittens muss ja nicht nur ich mir die Killerphrase von der »Rabenmutter« anhören. Die bekommt auch die Mutter zu hören, die den ganzen Tag im Büro sitzt. Und viertens kenne ich genug männliche Kletterer, die Kinder haben. Und denen wird die Frage, wie sie das mit ihrem Gewissen vereinbaren können, nicht gestellt.

TD: Im letzten Sommer hattest du in den Dolomiten einen einigermaßen heftigen Sturz, bei dem du dir einen komplizierten Unterschenkelbruch zugezogen hast, dein Freund hatte eine Fraktur am Fuß, ihr musstet vom Rettungshubschrauber aus der Wand geholt werden. Du selbst schreibst in deinem Buch, dass dieser Sturz ebenso gut hätte tödlich ausgehen können. Hattest du danach nicht das Gefühl: »Verdammt, es ist doch zu gefährlich, was ich da mache?«

IP: (Lacht.) Mein allererstes Gefühl nach dem Sturz war: »Lass uns einfach weiterklettern.« Aber das hatte sicher mit dem Schock zu tun, unter dem ich stand. Immerhin war ich gerade samt einer drei mal drei Meter großen Kalksteinplatte zwanzig Meter in die Tiefe gerasselt, bevor das Seil endlich fing und ich mit dem Fuß auf ein Felsband geknallt bin. Später war meine Hauptsorge, ob ich zur Wintersaison wieder fit sein würde. Ich sage ja nicht, dass es ungefährlich ist, was ich tue. Jeder Kletterer kennt Freunde und Kollegen, die bei einem Sturz oder in einer Lawine ums Leben gekommen sind. Das Thema »Tod« ist also schon präsent, aber nicht während du kletterst. Da denkst du nur ans *Leben*. Der Kick ist ja gerade, über der Angst zu stehen, sie zwar wahrzunehmen, aber zu überwinden. Sicher fühle ich mich vor allem, weil ich weiß, dass ich genug Kraft habe. Und wenn ich mich subjektiv sicher fühle, wird meine Aktion auch objektiv sicher. Es liegt weitgehend in meiner Hand, wie die Situation ausgeht – das spüre ich heute viel intensiver als früher.

TD: An der Marmolada hattest du zwar plötzlich die Felsschuppe in der Hand. Aber nicht mehr die Situation …

IP: Und diesen Sturz habe ich mir bis heute nicht richtig verziehen – gerade weil ich mich für eine sehr besonnene Kletterin halte. Damals an der Marmolada lag es allerdings tatsächlich nicht mehr in meiner Macht, die Felsschuppe am Herausbrechen zu hindern. Doch die Frage: »Hätte ich das vorher erkennen können?« nagt immer noch an mir. Und natürlich mache ich mir große Vorwürfe, weil mein Freund, der unterhalb von mir stand, auch verletzt worden ist.

TD: Der Gedanke »Oh Gott, mein Sohn verliert gerade seine Mutter!« spielte bei dem Sturz keine Rolle?

IP: In den Ohren von Nicht-Kletterern mag das vielleicht hart klingen, aber so ein Gedanke geht völlig an der Realität vorbei. Mein einziger Gedanke während des Sturzes war: »Kopf und Arme oben behalten!« Würde ich mir ständig bewusst machen, dass daheim mein Kind auf mich wartet, würde mich das unglaublich verunsichern. Und verunsicherte Kletterer sind die Ersten, die verunglücken. Die Angst beginnt im Kopf. Am Berg, in der Wand muss ich völlig präsent sein, alles andere ist unwichtig. Deshalb stelle ich mir auch eigentlich nie vor, wie es für meinen Sohn wäre, keine Mutter mehr zu haben. Ich ziehe nicht in Betracht, dass ich beim Sport sterben könnte. Andererseits versuche ich natürlich, so maximal verantwortlich und risikoscheu zu klettern, wie das eben möglich ist. Wenn ich zum Beispiel merke, dass ich ständig zwischen den Beinen durch nach unten schaue – dann weiß ich: In meinem Kopf beginnt die Angst. Dann muss ich mich noch besser sichern.

TD: Wie hat dein Sohn darauf reagiert, als Mami plötzlich – zum ersten Mal – nicht von einer Bergtour zurückgekommen ist, sondern im Krankenhaus lag?

IP: Das war für Emanuel schon schwierig. Sein Vertrauen war erst einmal erschüttert. In der Zeit, wo ich im Krankenhaus lag, hat er mir gegenüber eine ziemliche Mauer aufgebaut. Er kam mich zwar besuchen und unterhielt sich auch mit mir, aber er wollte sich nicht von mir berühren oder umarmen lassen. Auch den Anblick meines Beines hat er nicht ertragen, er wollte die Narben nicht sehen und hat verlangt, dass ich das Bein mit einem Tuch zudecke oder Socken anziehe. Erst als wir wieder zu Hause waren, hat sich unser Verhältnis entspannt. In den Wochen, wo ich nur an Krücken gehen oder auf einem Bein hüpfen konnte, war er wirklich eine große Unterstützung. Etwas später, als wir dann wieder gemeinsam Wanderungen machen konnten, hat er es richtig genossen, dass er vorausspringen konnte, während ich hinterherhinkte. Allerdings musste ich ihm versprechen, nie wieder in die »Doloiten« zu fahren.

TD: Wirst du dieses Versprechen halten?

IP: Zum Glück haben Emanuel und ich uns darauf geeinigt, dass dies nur für gefährliche Routen gilt. Ebenfalls im letzten Sommer, vor meinem Sturz, hatte ich ein Projekt an der Großen Zinne in Angriff genommen. Das würde ich schon noch gern zu Ende bringen. Zum »Fisch« an der Marmolada zieht es mich aber bestimmt nicht mehr. Wenn ich damals gewusst hätte, wie viele schwere Stürze es an dieser Wand bereits gegeben hat, wäre ich vielleicht gar nicht eingestiegen. Auch wenn mein Sturz meine Leidenschaft fürs Klettern in keinster Weise getrübt hat – ich bin noch vorsichtiger geworden. Die Sicherungsmöglichkeiten müssen stimmen, sonst gehe ich die Tour nicht, und sei sie noch so berühmt.

TD: Möchtest du Vorbild für andere Frauen sein?

IP: Ich habe mich wahnsinnig gefreut, als nach einem Vortrag, den ich in Ouray gehalten habe, junge Kletterinnen und vor allem auch Kletterinnen mit Kind zu mir kamen und sagten: »*You're inspiring me so much!*« Aber trotzdem: Auch wenn in den Medien immer dargestellt wird, wie toll es sei, dass ich Extremsport und Kind unter einen Hut kriege – ich bin mir nicht so sicher, ob ich als Vorzeigebeispiel für die erfolgreiche

Bewältigung moderner weiblicher Doppelbelastung wirklich tauge. Wenn ich eine Vorbildfunktion übernehmen könnte, dann sehe ich mich eher als Botschafterin eines selbstbewussten Frauenalpinismus. Ich finde es erstrebenswert, dass noch mehr Frauen nicht nur »mitgehen«, sondern ihre Touren selbstständig planen und durchführen.

TD: Auch wenn du dich in der Frage moderne weibliche Doppelbelastung nicht für vorbildlich hältst – wie würdest du beschreiben, dass du Mutterschaft und professionelle Leidenschaft vereinbarst?

IP: Es scheint mir eine große Ungerechtigkeit in unserer Gesellschaft zu sein, dass Frauen viel schneller ein schlechtes Gewissen eingeredet wird – und Frauen dementsprechend viel anfälliger sind für Schuldgefühle –, wenn sie ein selbstständiges Leben führen wollen. Ohne einen gewissen Egoismus sind extreme Leistungen nun einmal nicht zu haben. Andererseits liebe ich Emanuel über alles in der Welt, er hat mein Leben unvorstellbar bereichert – und deshalb finde ich es eine Unverschämtheit, wenn Frauen, die großen beruflichen Ehrgeiz haben, indirekt gesagt wird: »Kriegt mal lieber keine Kinder!« Das kann ich bei einigen Kletterkolleginnen beobachten, die eigentlich gern ein Kind bekommen würden – aber Angst haben, ihren Sport aufgeben zu müssen, oder andernfalls als »Rabenmutter« dazustehen. Da freut es mich schon, wenn ich denen zeigen kann: Schaut her, es ist zwar nicht einfach, aber es geht! Und selbstverständlich bin ich bereit, bei meiner beruflichen Freiheit und Selbstverwirklichung Einschränkungen in Kauf zu nehmen. Zum Beispiel würde ich wahnsinnig gern bei einer Expedition auf einen hohen schwierigen Himalaya-Berg dabei sein. Aber da weiß ich: So eine Expedition ist nicht unter sechs bis acht Wochen zu machen. Und so lange kann und will ich Emanuel nicht bei meinen Eltern oder Freunden lassen. Aber wie ein alter Spruch besagt: Der Berg läuft nicht davon …

TD: Extremsportler und gerade Bergsteiger werden von Firmen gern als Motivationstrainer angefragt. Was würdest du als Motivationstrainerin Frauen mit auf den Weg geben?

IP: Habt mehr Selbstvertrauen! Gebt die Verantwortung nicht immer an Männer ab! Sucht nach dem, wofür ihr eine Leidenschaft empfindet! Lernt, eigene Ziele zu setzen und arbeitet an eurem Können! Grenzen sind dazu da, dass man sie überwindet. Es geht immer viel weiter, als man glaubt. Erfolg spielt sich vor allem im Kopf ab. Und die größte Glücksbelohnung gibt es, wenn man eine Herausforderung am eigenen Limit gemeistert hat.

TD: Liebe Ines, ich wünsche dir viel Glück und steile Berge.

SARAH WIENER

Jahrgang 1962. Gastronomin, TV-Köchin.

Als ich Sarah Wiener das erste Mal traf, lag eine Rinderzunge zwischen uns. Das war in meiner Büchersendung, in die ich Sarah Wiener mit ihrem ersten Koch- und Kochgeschichtenbuch eingeladen hatte. Die arme Rinderzunge hatte den ganzen Tag in der Minibar meines Hotelzimmers gelegen, Sarah Wiener lupfte sie professionell, schnupperte und meinte: »Die war auch schon mal frischer.«

Millionen deutscher Fernsehzuschauer lernten Sarah Wiener im Herbst 2004 als »Mamsell« in der Living-History-Soap der ARD *Abenteuer 1900 – Leben im Gutshaus* kennen. Schnell wurde klar, dass sich unter dem weißen Spitzenhäubchen mitnichten ein scheues Mädchen verbarg. Geliebt oder gefürchtet wurde »die Mamsell«, wenn sie ihr »Gesinde« mit Sätzen zurechtwies wie: »Was immer jemand sagt: Der Maßstab der Dinge liegt woanders. Nämlich hier« – und dabei den Daumen in ihre Richtung wandern ließ. Solch weiblicher Entschlossenheit vermochte auch das ZDF nicht zu widerstehen und engagierte Sarah Wiener für die »Fünf-Spitzenköche-kochen-ein-Menü«-Sendung von Johannes B. Kerner. Seit Dezember 2004 können wir fast jeden Freitagabend bewundern, wie Sarah Wiener im Töpfechaos an der Seite von alteingesessenen Sterneköchen wie Johann Lafer und Küchenjungstars wie Tim Mälzer den Humor und Überblick behält. Der Geschmack am Fernsehen ist Sarah Wiener noch lange nicht vergangen: Für ARTE macht sie eine Reise durch die verschiedenen Regionen und Küchen Frankreichs, für den SWR wird sie bei einer marokkanisch-muslimischen Großfamilie in den Frauentrakt einziehen, um dort die Geheimnisse der marokkanischen Küche zu erfahren. (Hoffen wir für die Paschas, dass sie ihre Türen zum Männertrakt fest verschlossen halten …)

Wie es sich in einem weitestgehend männerfreien Umfeld lebt, erfährt Sarah Wiener früh: Ihre Eltern, der Schriftsteller Oswald Wiener und die bildende Künstlerin Lore Heuermann, trennen sich, als Sarah zwei Jahre alt ist. Die Mutter zieht die drei Kinder – Sarah hat noch eine ältere Schwester und einen jüngeren Bruder – allein auf. Nach der Kindheit im Wienerschen »Künstlerhaushalt« verbringt Sarah ihre Jugend auf einem Wiener Mädchengymnasium. Noch vor der Matura, wie die Österreicher zum Abitur sagen, nimmt sie Reißaus und lässt sich mehr oder weniger ziellos durch Europa treiben – bis sie nach Berlin kommt. Dort trifft sie ihren Vater wieder und arbeitet als Küchenhilfe in dessen legendärer Kreuzberger Künstler-Kneipe Exil. Sie schlägt sich mit diversen anderen Restaurantjobs durch, bekommt einen Sohn, lebt von Sozialhilfe.

Ihre heutige Karriere beginnt 1990: Sarah Wiener kauft einen ausgedienten Küchenlaster der NVA und reißt die darin befindliche Gulaschkanone heraus – mit dem Ziel, Filmcatering zu machen. Sie hofft, in diesem Metier ihre familiär verwurzelte Leidenschaft für Künstlerisches und ihre frisch erwachte Leidenschaft für Gastronomisches am besten zusammenbringen zu können und auf diese Weise von doppelter Leidenschaft angetrieben besonders gut zu sein. Ihre Hoffnung erfüllt sich: In wenigen Jahren macht Sarah Wiener aus ihrem *One-Woman-Track* die begehrteste deutsche Filmcatering-Company. Nicht nur nationale Prominenz wie Veronica Ferres oder Tobias Moretti, auch internationale Stars wie Kate Moss, Isabelle Huppert und Bruce Springsteen verlangen nach dem Essen, das Sarah Wiener zubereitet. Wobei die Augen der Wienerin am stolzesten leuchten, wenn sie erzählt, wie es ihr gelang, die heiklen Herr- und vor allem Damschaften sogar zu ihren heiß geliebten österreichischen Mehlspeisen zu verführen.

Nach den intensiven Wanderjahren beschließt Sarah Wiener, gastronomisch wenigstens teilweise sesshaft zu werden: In Berlin-Mitte macht sie ihr erstes Restaurant auf, Das Speisezimmer. Es dauert nicht lange, dann klopfen das Technische und das Kunstmuseum Hamburger Bahnhof bei ihr an, um zu fragen, ob sie nicht auch Restaurants in ihren Hallen betreiben wolle. Sie will. Das Restaurant im Technischen Museum schließt Sarah Wiener, als sie im Frühjahr 2005 das Café-Restaurant in der neu gebauten Akademie der Künste eröffnet. Da aller guten Standbeine drei sind, gründet sie bereits 1993 einen Party- und Buffetservice, der mittlerweile um die sechshundert Veranstaltungen pro Jahr beliefert. Der Name *Sarah Wiener* ist beim Patentamt geschützt.

Zu unserem Gespräch treffe ich Sarah Wiener im größten ihrer drei Restaurants, dem Sarah Wiener im Hamburger Bahnhof. Ich baue mein Aufnahmegerät auf ihrem erhöhten Stammtisch auf – von wo sie das gesamte Lokal im Blick hat. Ich freue mich, als die Chefin sich mit dem Rücken zum Saal setzt und mir den Platz mit dem Blick überlässt. Dass sie das Restauranttreiben die ganze Zeit in dem Spiegel verfolgt, der an der Wand hinter mir hängt, merke ich erst, als unser Gespräch schon vorbei ist.

TD: Wie viele Sterneköchinnen gibt es in Deutschland?

SW: 2006 haben ungefähr zweihundert deutsche Restaurants Michelin-Sterne bekommen. In ganzen vier davon sind die Küchenchefs Frauen – das macht satte zwei Prozent. In Österreich gibt es ebenfalls vier Sterneköchinnen, da wurden aber insgesamt nur fünfzig Restaurants ausgezeichnet, was immerhin acht Prozent bedeutet.

TD: Da gratuliere ich doch zum österreichischen Emanzipationserfolg.

SW: (Lacht.) Ja, wir österreichischen Mäderln waren schon immer ganz vorn. Spaß beiseite: Schon vor dem Mittelalter gab es stets zwei oder drei Frauen, die für einen Kaiser kochen durften. Wenn man sich also klarmacht, dass es weibliche Ausnahmen zu jeder Zeit gab, muss man feststellen, dass sich im Metier »Kochen« an der Geschlechterfront nicht viel bewegt hat. Die Verhältnisse dort sind das vielleicht ehrlichste Abbild unserer Gesellschaft: Solange eine Tätigkeit keine soziale Anerkennung erfährt und nicht bezahlt wird, dürfen die Frauen – oder *müssen* die Frauen sogar ran. Seit Menschengedenken sind die Frauen für die Essensbeschaffung und -zubereitung zuständig, auch wenn es immer mehr Männer gibt, die mal das Abendbrot machen. Neben dem Kinderkriegen und -großziehen ist Kochen nach wie vor die weibliche Tätigkeit *par excellence*. Aber sobald es um Sterne, Hauben und das große Geld geht – schwupps: Plötzlich ist es Männersache.

TD: Da fällt mir der Bildchen-Sprachkurs ein, mit dem ich mal versucht habe, Hebräisch zu lernen. Bei »er kocht« war ein ernsthafter Herr mit hoher weißer Mütze zu sehen. Bei »sie kocht« stand die Kittelschürzen-Hausfrau am Herd.

SW: Die Trennung, dass sie fürs Grobe, Überlebensnotwendige zuständig ist und er auf den Plan tritt, sobald es »Kulturleistung« wird, zeigt sich nicht nur bei der Frage: »Wer kocht was?« beziehungsweise: »Wer kocht in welchem Rahmen für wen?« Sie zeigt sich auch dort, wo es um die Nahrungszuteilung geht. In Afrika oder Indien schaffen die Frauen achtzig Prozent der Grundnahrungsmittel herbei und verarbeiten diese zu Speisen – aber Fleisch oder Eier dürfen meist nur die Männer essen.

TD: In meiner bayerisch-rheinland-pfälzischen Kindheit war es auch so, dass die Oma dem Opa das größte Stück Fleisch auf den Teller gelegt hat, dann kam mein Vater dran und dann erst der Rest.

SW: Ich fürchte, in manchen Milieus ist die Nachkriegshaltung, dieses »Väter und Söhne zuerst«, wenn's um die Fleischtöpfe geht, immer noch nicht ausgestorben. Die offizielle Begründung lautet: Der Mann arbeitet härter, also muss er auch die proteinreichere Nahrung bekommen – was natürlich Unsinn ist. Gerade in den Zeiten oder in den Ländern, wo Fleisch Mangelware ist, ist es beileibe nicht so, dass der Mann malochen geht, und das Anstrengendste, was die Frau den lieben langen Tag tut, wäre, sich die Nägel zu lackieren. In den meisten Entwicklungsländern stehen die Frauen auf den kärglichen Äckern und schuften sich wund. Da wäre es doch nur logisch, dass sie eine mindestens so proteinreiche Nahrung bekommen wie die Männer. Aus meinen eigenen Erfahrungen bei *Abenteuer Gutshaus* weiß ich, was es körperlich heißt, einen Haushalt zu schmeißen, wenn man keine modernen Haushaltsmaschinen hat.

TD: Der Mythos »Mann und Fleisch« lässt sich in unseren Breitengraden am besten im Sommer beobachten: Die Frau macht den Salat, der Mann wirft die Nackensteaks auf den Grill …

SW: In Japan dürfen – zumindest in Profiküchen – nur Männer Sushi oder Sashimi bereiten. Frauen sollen zu »warme« Hände haben, um rohen Fisch verarbeiten zu können. – Dabei sind meine immer eiskalt. (Grinst.) Es lassen sich zahlreiche weitere Beispiele finden: Die Nahrung, die als wertvollste gilt, also Fleisch oder Fisch, wird fast überall in die Hände der Männer gelegt. Man muss keine Kulturhistorikerin sein, um zu vermuten, dass dies seine Wurzeln im religiösen oder rituellen Opfer hat. Die Schlachtung von Tieren auf den Altären irgendwelcher Götter war und ist ja auch in erster Linie die Aufgabe der männlichen Priester. Für die Fruchtbarkeit oder den Ackerbau dagegen sind eher Göttinnen und für die ihnen dargebrachten Getreideopfer meist Priesterinnen zuständig.

TD: Ein befreundeter Musiker führte mir einmal stolz ein Video vor, auf dem zu sehen ist, wie er bei seinem letzten Urlaub in Südspanien einen Truthahn schlachtet. Zur Erklärung meinte er, er habe noch nie ein Tier geschlachtet und hätte das Gefühl gehabt, er müsse diese Erfahrung einmal im Leben gemacht haben. Interessant finde ich, dass er offenbar gleichzeitig das Gefühl hatte, diese existentielle Tat auf Video festhalten zu müssen. Hast du je selbst geschlachtet?

SW: Selbstverständlich. Als Mamsell im Gutshaus musste ich dabei sein, als das Schwein geschlachtet wurde. Hühner und Fische habe ich selbst geschlachtet. Wenn man sich dazu bekennt, dass man Fleisch essen will, ist das ein natürlicher Vorgang. Und sicher ist es auch eine existentielle Erfahrung. Aber die Erfahrung, einem Huhn den Kopf abzuschlagen, ist keine, die ich in irgendeiner Weise *brauche*.

TD: Irre ich mich, oder ist es bei der *Kerner*-Sendung so, dass du öfter einen vegetarischen Gang beisteuerst, während die Jungs ihre Enten und Lammkeulen zelebrieren?

SW: Ich habe nicht das Gefühl, dass meinem Köchinnen-Ego etwas abgeht oder dass ich beim bloßen Vorspiel hängen bleibe, wenn ich einen fleischlosen Hauptgang koche. Auf der anderen Seite liebe ich deftige Fleischspeisen vom Wiener Schnitzel über die Schweinshaxe bis zum gefüllten Ochsenschwanz. Die Mär von der Frau, die am liebsten im Salat stochert, auf dem höchstens drei Brockerl Pute liegen dürfen, kommt daher, dass Frauen seit jeher am Hungern sind. Früher oder in anderen Ländern: Weil sie den Männern beim Essen den Vortritt lassen mussten. Heute: Weil sie panisch sind, sie könnten ein Gramm Fett zuviel ansetzen. Unser moderner Diätwahn mit den ganzen *Low-carb-* und *Low-fat*-Produkten ist doch obszön. Aber vermutlich halten die Männer die Frauen deshalb so gern an der kurzen Essensleine, weil eine Frau, die gesund ist und vor Kraft strotzt, ihnen Angst machen könnte.

TD: Du selbst siehst aber auch nicht gerade aus wie die klassische Mamsell, die den Fünfzig-Liter-Kessel Eintopf mit einer Hand durch die Gegend wuchtet.

SW: Soll ich dir zeigen, was ich mit einer Hand wuchten kann? Ich war mal Landesmeisterin im Taekwondo. Aber leider hast du Recht: Das Argument »Frauen sind nicht robust genug für die Profiküche« wird heute immer noch gebraucht, obwohl eine moderne Restaurantküche ein ziemlicher Technikpark ist. Ich sage es noch einmal: Wenn es um unbezahlte Drecksknochenarbeit geht, sind die Frauen robust genug. Oder schau in eine ganz normale Großkantinenküche rein, wo für hunderte oder tausende von Leuten gekocht werden muss. Da wimmelt es vor Frauen, die schwere Arbeit verrichten und schlecht bezahlt sind.

TD: Wie bist du selbst zum Kochen gekommen? Hast du schon als Kind am liebsten mit der Puppenküche gespielt?

SW: Überhaupt nicht. Ich hatte zwar eine absolut großartige Puppenstube, die meine Mutter selbst gebastelt hat – aber Kochen wurde bei uns zu Hause ganz klein geschrieben. Es kam sehr oft vor, dass meine Mutter keine Zeit hatte, sich an den Herd zu stellen. Dann gab es eben Ramabrote mit Extrawurst und Edamer. Meine Mutter hat auch nie zu mir oder meiner Schwester gesagt: »Kommt mal her und schaut, wie ich bügele.« Im Gegenteil. Wenn meine Mutter Erziehungsweisheiten losgelassen hat, dann waren es eher solche wie: »Glaubst du, nur weil du einen hübschen Arsch hast, bist du irgendwas Besonderes?« Meine Mutter musste selbst auf eine Hauswirtschaftsschule gehen, wie sich das gehörte für höhere Töchter, die gut verheiratet werden sollten. Diesen Irrweg wollte sie ihren Töchtern ersparen.

TD: Würdest du sagen, dass deine Mutter »Feministin« war?

SW: Sie ist es immer noch! Gerade letzte Woche rief sie mich an und erzählte mir entrüstet, dass sie an einer Führung durch ein Wiener Palais teilgenommen hat, und die Adlige, die diese Führung machte, erklärte: »Dies ist das Palais von Trallala. Leider ist die Linie ausgestorben.« Worauf meine Mutter sagte: »Aber Sie sind doch eine von Trallala!« Worauf die Dame wiederum sagte: »Die Frauen zählen nicht.« Über solche Geschichten kann sich meine Mutter – zu Recht! – stundenlang aufregen.

TD: Gab es dennoch irgendwelche kleinen, feinen Geschlech-

180

ter-Unterschiede, die sich heimlich in die Erziehung geschlichen hätten? Durfte dein Bruder Dinge, die ihr Schwestern nicht durftet?

SW: Falls es solche Unterschiede gegeben haben sollte, müssen sie so fein gewesen sein, dass ich sie nicht wahrgenommen habe. Allerdings bin ich irgendwann später dahintergekommen, dass meine Mutter meinem Bruder noch jahrelang die Wäsche gemacht hat – was sie für uns Schwestern nicht getan hat. Das ist für mich schon ein Zeichen, dass meine Mutter trotz aller Emanzipiertheit ein wenig betriebsblind ist, wenn es um den eigenen Sohn geht. Vielleicht waren meine Schwester und ich aber einfach nur selbstständiger.

TD: Du selbst hast einen mittlerweile 19-jährigen Sohn. Bist du da auch betriebsblind?

SW: Ich hoffe nicht. Natürlich war auch ich bei meinen Erziehungsversuchen nicht frei von gesellschaftlichen Denkmustern – die mir zum Teil gar nicht bewusst waren. Aber sobald ich gemerkt habe, da läuft etwas in Richtung »Pascha«, habe ich mit Absicht dagegen gesteuert. Ich kann mich erinnern, wie die kleinen Mädchen in der Volksschule meinem Sohn die Schultasche hinterhergetragen haben, weil er so ein charismatischer Bub war. Da habe ich mir gedacht: »Na super, so fängt's an.« Aber Gott sei Dank hat sich das schnell wieder gegeben. Mein Sohn lebt noch bei mir. Er kocht, räumt auf, wäscht ab, kurz: Er wird von mir genauso in die Pflicht genommen, wie ich eine Tochter in die Pflicht nehmen würde.

TD: Das heißt: Du würdest das Erziehungsprogramm deiner Mutter nicht fortsetzen, ein Mädchen vor der Hausarbeit tendenziell zu warnen.

SW: Unsere Mutter hat meine Schwester und mich ja nicht vor der Hausarbeit »gewarnt«. Sie hat uns nur immer klar gemacht, dass es ganz andere Dinge sind, die wir in unserem späteren Leben brauchen werden: Leidenschaft für eine Sache, Kreativität, Verantwortungsbewusstsein. Und so sehe ich das auch.

TD: Hältst du es manchmal für Ironie, dass du ausgerechnet Kochen, also eine vom Ursprung her häusliche Tätigkeit, zu deiner professionellen Leidenschaft gemacht hast?

SW: Manchmal schmunzle ich schon. Und alle, die mich von

früher kennen, lachen sich tot, dass ich Köchin geworden bin. Als Kind wollte ich Schauspielerin werden, dann fand ich Gärtnerin toll, und ab der Pubertät wollte ich erst mal gar nichts mehr werden. Ich habe in Frankreich Schafe gehütet, auf Sizilien Zitronen gepflückt und irgendwie hat mich das Leben dann nach Berlin verschlagen. Und plötzlich fiel mir quasi Freudianisch ein: »Mensch, Sarah, du hast doch einen Vater hier!«

TD: Den du knapp 15 Jahre mehr oder weniger nicht gesehen und in dessen Restaurant du dann als Küchenhilfe gearbeitet hast.

SW: Exakt. Eineinhalb Jahre habe ich im Exil Salat gewaschen und Gemüse geschnippelt. Danach habe ich gekellnert und in diversen anderen Restaurantküchen gearbeitet. Ich kann also wirklich behaupten, ganz unten angefangen zu haben. Erst als ich bei einer Werbeagentur einen Job als Köchin bekam, ging es bergauf. Zunächst war ich dort absolut glücklich, es war eine nette Truppe, und ich mochte die Leute. Aber nach eineinhalb Jahren begann mir zu dämmern, dass ich gleich Hausfrau und Mutti sein könnte, wenn ich den Rest meines Lebens die immer selben 15 Leute bekochen würde. Das war der Moment, wo mich der Ehrgeiz packte, und ich mir sagte: »Ich will alle bekochen!«

TD: Was du als Filmcaterin auch getan hast.

SW: Ja, wobei es mir wurscht war, ob ich Maximilian Schell oder Hänschen Meier bekochte. Die eigentlichen Herausforderungen liegen beim Filmcatering ganz woanders: Du musst ein großes Gespür für die Leute und fürs Timing haben. Es nutzt nichts, wenn du ein tolles Gericht machst, die Schauspieler können aber nicht essen, weil sie gerade eine schwierige Szene drehen. Dann sind die meisten eh schon schlecht gelaunt, weil sie Hunger haben, und wenn du dich daneben stellst und sagst: »Na ja, jetzt wird es kalt, Pech gehabt«, ist die Stimmung endgültig im Keller. Noch spannender wird's, wenn die Dreharbeiten nicht in Berlin, sondern sonst wo sind. Dann beginnt das Abenteuer. Du kommst abends in ein Dorf und weißt überhaupt nichts. Du weißt nicht, welche Einkaufsmöglichkeiten dort vorhanden sind, du weißt nicht, wo der Metzger und der Bäcker sind, aber du weißt, dass morgen in der Früh um sechs Uhr dreißig ein Frühstück für vierzig Personen fertig sein muss. Ich werde nie das Desaster vergessen, mit dem mein erster großer Auslands-film anfing, *Auf Wiedersehen in Amerika,* den Jan Schütte in Polen gedreht hat. Ich fuhr wunderbar ausgerüstet von Berlin irgendwohin in die Walachei. Auf der Fahrt hatte ich schon gemerkt, dass es immer kälter wurde, mir aber nichts weiter dabei gedacht. Wie ich dann am Drehort ankam und den Wagen aufmachte, sah ich, dass das Mineralwasser, die Cola, die Säfte – alles gefroren war, die ganzen Flaschen zersprungen. Am Boden lagen die Kräuter, festgefroren im Fanta. Selbst das Brot und die Eier waren gefroren. Und am allerschlimmsten: Die Pumpe in der Kaffeemaschine war geplatzt. Ich stand da also morgens um fünf in dieser unglaublichen Kälte in diesem unglaublichen Saustall, und vor meinem Wagen standen dreißig Leute, die riefen: »Hunger! Frühstück! Wo bleibt der Kaffee?« Da habe ich mich natürlich schon einen Moment dafür verflucht, dass die kleine Sarah eines ehrgeizigen Tages beschlossen hatte, es sei ihr zu fad, jeden Tag im selben warmen Berliner Büro zu kochen. Aber jede Krise, die man überlebt, macht einen ja stärker. Ich war stolz wie eine Königin, als ich von meiner ersten »Einkaufstour« zurückkam, mein Rucksack voll bepackt mit Schweinefleisch, Fischen und Kartoffeln, die ich irgendwelchen Bauern abverhandelt hatte. Und das, obwohl ich kein Wort Polnisch konnte.

TD: Hast du je Rückschläge erlebt, die dich ernsthaft daran haben zweifeln lassen, dass du auf dem richtigen Weg bist?

SW: Nein. Ich kannte ja die finstere Zeit, wo ich und mein Sohn von Sozialhilfe gelebt haben. Immer, wenn es einen beruflichen Rückschlag oder eine Niederlage gab, habe ich mir gesagt: »Sarah, du hast dich schon aus viel größerem Mist wieder nach oben gearbeitet.« Das klingt jetzt alles so furchtbar geradlinig und willensstark. Aber ich hatte in der Anfangszeit gar nicht das Ziel, »nach oben« zu wollen. Ich wollte einfach Unabhängigkeit, Anerkennung, Freiheit. Ich wollte mir eine Nische in meinem Leben schaffen, in der ich – so wie ich bin – überleben kann, ohne jeden Tag dreitausend Kompromisse machen zu müssen. Erst nachdem ich diese Nische gefunden und gemerkt hatte: »Das funktioniert ja!« – erst in diesem Moment begann der Ehrgeiz, es auch bis »nach oben« schaffen zu wollen.

TD: Uta Glaubitz, die Berufsberaterin, erzählt in ihrem Interview, dass zahlreiche Frauen zu ihr kommen, die sich selbstständig machen wollen, aber eine völlig naive Vorstellung davon haben, was es heißt, ein eigenes Geschäft aufzuziehen.

SW: Davon kann ich ein Lied singen. Ich könnte dir eine ganze Mappe zeigen mit Bewerbungen von Frauen, in denen steht: »Ich bin 56, früher war ich mal Zahnarzthelferin, mein Mann findet, dass ich ziemlich gut kochen kann, was ist – hätten Sie nicht eine Stelle für mich?« Damit kein falscher Eindruck entsteht: Ich will niemanden entmutigen, es mit dem professionellen Kochen zu versuchen. Ich bin ja selbst völlige Autodidaktin, habe nie »ordentlich« kochen gelernt. Nur muss man sich einen Beruf suchen, zu dem man sich tatsächlich berufen fühlt, den man leidenschaftlich ausüben möchte. Sonst wird man darin nicht gut sein, und also auch nicht glücklich werden. Außerdem sollte man sich keine Illusionen darüber machen, dass professionelles Kochen – trotz der modernen Geräte – immer noch ein körperlich anstrengender Job ist. Mit sechzig erst anzufangen, jeden Tag zehn bis zwölf Stunden in einer Profiküche zu arbeiten, halte ich nicht für realistisch. Mit vierzig werde ich schließlich auch kein Tänzer mehr. Und man muss seine »Karriere« realistisch planen. Auch ich habe nicht mit Filmcatering, Partyservice und drei Restaurants auf einmal angefangen, sondern mit einem alten NVA-Wagen und einer Idee. Deshalb: Ob Mann oder Frau – wer sich berufen fühlt und Leidenschaft zum Kochen hat: *Go on!* Alle anderen: Bitte lasst's bleiben und vergiftet nicht den Rest der Menschheit!

TD: Du bist ja nun nicht nur selbst Köchin, sondern auch Arbeitgeberin von nahezu hundert Angestellten. Achtest du in irgendeiner Weise darauf, gezielt »Frauenförderung« zu betreiben?

SW: Gezielt? Nein. Aber immerhin werden meine drei Restaurants von Frauen geleitet, außerdem ist von meinen beiden Geschäftsführern einer eine Frau. Eine Chefköchin habe ich derzeit leider keine, hatte ich aber mal.

TD: Hältst du irgendetwas von der Forderung, auch für die Privatwirtschaft sollten Frauenquoten eingeführt werden?

SW: Das ist eine schwierige Frage. Wie die Geschichte zeigt, treten die Privilegierten, sei es nun »der Adel«, »die Reichen« oder »die Männer«, ihre Privilegien nie freiwillig ab. Auf der anderen Seite möchte ich als freie Unternehmerin natürlich nicht von der Politik vorgeschrieben bekommen, wen ich einzustellen habe. Als Chefin habe ich ungern Vollidioten um mich herum, nur weil sie weiblich sind. Allerdings habe ich ebenso ungern Vollidioten um mich herum, nur weil sie männlich sind. Der beste Weg ist wohl, wenn wenigstens wir Unternehmer*innen* die moralische Verpflichtung ernst nehmen, selber darauf zu achten, wie wir mit weiblichen Angestellten, Mitarbeitern, umgehen, und ob wir sie nicht besonders fördern können. Ganz schlimm finde ich Frauen, die so stolz darauf sind, dass sie es als Einzige zu etwas gebracht haben, dass sie versuchen, alle anderen Frauen in ihrer Umgebung klein zu halten.

TD: Wenn man dich in *Abenteuer Gutshaus* erlebt hat, konnte man leicht das Gefühl haben, eine *natural born* Chefin zu sehen. Gibt es irgendetwas, das dir am Chefinsein besonders schwer fällt?

SW: Am Anfang meines Chefinnendaseins habe ich alle Fehler gemacht, die man machen kann. Einerseits war ich zu weich, zu verbindlich, und dann plötzlich wieder zu eruptiv, zu aggressiv. Es war ein permanentes Ausprobieren, welchen Weg ich gehen muss. Ich kam ja selbst von der Sozialhilfe und kannte dieses: »Wir sind doch alle Partner, wir wollen doch alle nur gut leben.« Doch dann musste ich die Erfahrung machen, dass leider viele Leute Gutmütigkeit und Freundlichkeit mit Dummheit verwechseln. Noch heute erlebe ich immer wieder, dass mir mein Führungsstil, der in erster Linie partnerschaftlich-freundschaftlich ist, als Schwäche ausgelegt wird.

TD: Tust du dich besonders schwer, wenn du jemanden kündigen musst?

SW: Sicher. Aber da tun sich Männer auch schwer. Nur ein abgebrühter Hund, der solche Vorgänge entmenschlicht, hat damit kein Problem. Die Frage, ob es so etwas wie einen »weiblichen Führungsstil« gibt, der sich vom männlichen prinzipiell unterscheidet, werden wir erst beantworten können, wenn Frauen genauso selbstverständlich wie Männer Chefs sind. Allerdings habe ich Zweifel, dass wir allzu große Unterschiede entdecken werden. Weiblichkeit kann sehr aggressiv, fordernd, extrovertiert sein. Nur ist dieses Wissen im Laufe der Jahrtausende irgendwie verschüttgegangen.

TD: Hast du größere Probleme, männliche Mitarbeiter zurechtzuweisen als weibliche?

SW: (Grinst.) Die männlichen haben vielleicht manchmal größere Probleme, sich von mir zurechtweisen zu lassen. Am klarsten habe ich diese Erfahrung im *Gutshaus* gemacht. Das war schon spannend zu sehen, welche Männer da Schwierigkeiten mit mir hatten. Hätte ich sie als Mann qua Hierarchie herum dirigieren dürfen, wäre ich zwar auch das Arschloch gewesen – aber letztlich doch als »einer von ihnen« anerkannt. Wenn ich dagegen als Frau zu einem der Männer gesagt habe: »Du machst das jetzt«, hat der mich angeschaut, als hätte ich angedroht, ihm was wegzuschneiden. Für viele Männer ist eine Frau, die klare Macht hat, immer noch der größte anzunehmende Alptraum. Wenn ich allerdings merke, dass ich so einen bei mir angestellt habe, und er nicht bereit ist umzudenken, kannst du sicher sein, dass das Arbeitsverhältnis nicht allzu lange bestehen wird. Was soll ich mit Leuten anfangen, die absolut engstirnige, reaktionäre Vorstellungen davon haben, was ein Mann »darf« und was eine Frau »kann«. Vor kurzem erhielt ich einen besonders schönen Brief von einem Fernsehzuschauer. Er schrieb: »Allein an der Tatsache, dass es so wenige Sterneköchinnen gibt, lässt sich ablesen, dass Frauen nicht kochen können. Bleiben Sie zu Hause!« Super! Und an der Tatsache, dass es in Südafrika bis zum Ende der Apartheid keine schwarzen Richter gab, lässt sich ablesen, dass Schwarze nicht Recht sprechen können.

TD: Liegt es wirklich an einer Art »Apartheid«, dass so wenige Frauen an den interessanten Kochtöpfen stehen? Du selbst hast vorhin gesagt, dass du im Moment leider keine Chefköchin hast.

SW: Natürlich gibt es wenigstens bei uns kein Gesetz, dass Frauen den Zutritt zu Topküchen verbietet. Und natürlich gehören zu jedem Unterdrückungssystem zwei Seiten. Wenn der Unterdrücker keinen mehr findet, der sich unterdrücken lässt, ist bald Schluss. Aber leider gibt es immer noch genug Frauen, die sich gern die Butter vom Brot nehmen lassen.

TD: Ich habe mich neulich mit einer Köchin unterhalten, die ein ziemlich feines Restaurant betreibt. Und die erklärte mir beim Quittenschnaps, dass sie den ganzen Stress eigentlich nicht bräuchte. Am glücklichsten wäre sie, wenn sie ihre Familie bekocht.

SW: Das zeigt, was für ein absurdes Mutter- und Selbstbild in vielen Frauenköpfen herumschwirrt. Ich denke: Herrlich, sollen sie alle Kinder kriegen! – Ich bin ja selbst Mutter. Nur sollten wir auch kapieren, dass »Muttersein« eine Rolle ist, die uns lediglich für einen vergleichsweise kurzen Lebensabschnitt erfüllen wird. Ich bin vielleicht zehn, fünfzehn Jahre tatsächlich »Mutter«, dann war's das. Und wer bin ich dann? Ich kann doch nicht mein Leben darauf bauen, dass ich sage: »Vor sechzig Jahren habe ich mal ein paar Kinder gekriegt.«

TD: Ich höre einen Chor von Müttern und Großmüttern rufen: »Doch! Doch! Doch!«

SW: Und ich höre einen Chor von frustrierten Müttern und Großmüttern, die sich spätestens gegen Ende ihres Lebens mit der Frage quälen: »Was habe ich eigentlich gemacht, außer mich rund um die Uhr für andere abzurackern?« Vielleicht mag es ein paar Mutter-Teresa-Naturen geben, die damit tatsächlich zufrieden sind. Aber die meisten Mütter und Großmütter sind doch in erster Linie damit beschäftigt, über die undankbare Brut zu jammern – sogar dann, wenn die Brut sich rührend um sie kümmert. Altruismus ist ein schöner Charakterzug, aber ein Leben lang einfach nur »altruistisch« gewesen zu sein, macht die allermeisten Menschen – Männer wie Frauen – eben nicht glücklich. Menschen brauchen eine eigene Leistung, auf die sie stolz sein können.

TD: Bist du nicht stolz auf deinen Sohn?

SW: Natürlich bin ich stolz auf ihn und darauf, dass er ziemlich gut gelungen ist. Ich würde das aber nie als meine »Leistung« betrachten.

TD: Das ist ein ordentlicher Schlag ins Gesicht der Mütter, die Muttersein nicht nur zu einem Fulltimejob, sondern auch zu einer Wissenschaft erhoben haben.

SW: (Lacht.) Mit denen lag ich schon im Clinch, als mein Sohn noch im Kindergarten war. Eines Morgens habe ich ihn mit zwei verschiedenen Socken aus dem Haus geschickt. Und eine dieser Profi-Mütter war kurz davor, das Jugendamt einzuschalten, weil mein Sohn verwahrlose … Jahre später habe ich ihm die Geschichte erzählt – seitdem trägt er oft zwei verschiedene Socken.

TD: Du hast eben von Vollzeit-Müttern und -Großmüttern

gesprochen, deren Lebensinhalt darin besteht, sich über die undankbare Brut zu beklagen. Sprichst du da aus eigener Erfahrung? Gehört deine Mutter auch dazu?

SW: Um Gottes willen! Nein! Meine Mutter hat sich stets als Künstlerin verstanden – und dann erst als Mutter. Und darin ist sie auch konsequent. So wie wir Kinder nicht das Allerwichtigste in ihrem Leben waren beziehungsweise sind, verlangt auch sie von uns Kindern nicht, dass sie das Allerwichtigste in unserem Leben ist. Meine Mutter hat immer gesagt: »Lern' erst einmal, Verantwortung für dein eigenes Leben zu übernehmen, bevor du dich dahinter verschanzt, Verantwortung für andere zu übernehmen!« Denn genau das ist doch die Crux an diesem ganzen Gerede vom »Generationenvertrag«. Überall heißt es: »Du bist verantwortlich für die nachfolgende Generation! Du bist verantwortlich für die vorhergehende Generation!« Aber nie bist du für dich selbst und deine Generation verantwortlich! Du bist dafür verantwortlich, viele Kinder zu bekommen und eine gute Mutter zu sein, die für jedes Kind einen anderen Weihnachtsengel bastelt. Gleichzeitig bist du dafür verantwortlich, selbst noch ein gutes Kind zu sein, das an Weihnachten seine Eltern besucht und bitte nur die Geschichten erzählt, die man dort hören will. Das ist doch klar, dass eine Gesellschaft auf diese Weise keine freien Persönlichkeiten hervorbringt, sondern blasse Gespenster, die gar nicht wissen, wie sie sich zwischen diesem permanenten Druck von oben und von unten selbst finden sollen.

TD: Die Traditionalisten würden an dieser Stelle einwenden: Der Mensch ist nun mal ein Glied in der ewigen Kette des Seins, und es kann nicht gut gehen, wenn das einzelne Glied glaubt, es könne aus der Kette springen.

SW: Der Mensch hat einen Verstand, hat einen Willen, ist vermutlich das einzige Lebewesen auf diesem Planeten, das eine Vorstellung von seiner Endlichkeit hat – und soll sich damit zufriedengeben, sein Leben als »Glied« in einer Kette zu sehen? Ich ziehe es vor, die Freiheit der Entscheidung zu haben. Wenn Männer so etwas sagen, ist ziemlich durchsichtig, was dahinter steckt. Bei den meisten Frauen spricht aus dieser Haltung einzig und allein die Angst, Verantwortung für sich selbst zu übernehmen.

TD: Woher kommt diese Angst?

SW: Weil Verantwortung zu übernehmen eben manchmal hart ist. Ich übernehme Verantwortung ja nicht nur für den Beruf, den ich ausübe, die Knete, die ich verdiene, das Leben, das ich führe, sondern natürlich auch für mein eigenes Scheitern. Solange Frauen denken, sie ziehen sich superclever aus der Affäre, indem sie die Verantwortung für ihr Leben in männliche Hände legen, ist ihnen nicht zu helfen. Vielleicht haben sie ja Glück und erwischen einen extra treuen Ehemann, der bis zum Schluss für sie sorgt, dann haben sie ein Leben lang bequem auf dem Beifahrersitz gesessen – was allerdings meist auch nicht befriedigt. Im wörtlichen Sinne ist mir diese ganze Beifahrerinnen-Geschichte schon ziemlich früh aufgestoßen. Ich habe es immer geliebt, Motorrad zu fahren. Und es gehasst, hintendrauf zu sitzen. Deshalb habe ich irgendwann selbst den Motorradführerschein gemacht. Es hat mich auf die Palme gebracht, rechts und links immer nur Frauen auf dem Sozius zu sehen. Noch viel häufiger erleben wir aber, dass der Mann, für den die Frau stets zurückgesteckt und auf dessen *goodwill* sie gebaut hat, sie nach 15 Jahren auf die Straße setzt, weil er gern eine neue Beifahrerin hätte oder einfach nicht mehr so leben will. Menschen ändern sich. Situationen ändern sich. Dann wird »das Schwein« verflucht. Da muss ich leider sagen: »Selbst schuld!« Heute ist zum Glück der gesellschaftliche Druck nicht mehr so groß, dass man zusammenbleiben muss. Darüber kann man jammern, dafür kann man dankbar sein – ich betrachte es als einen großen Fortschritt. Natürlich sehnt sich jeder, egal ob Frau oder Mann, nach einem Partner, ich auch! Aber ich werde ganz sicher nicht ohne Not meine finanzielle Existenz, geschweige denn mein Leben in die Hände von einem Mann legen, da kann dieser noch so nett und fürsorglich sein.

TD: Wenn ich richtig informiert bin, warst du selbst zweimal verheiratet …

SW: … und ich bin zweimal glücklich geschieden. Deshalb weiß ich auch, wovon ich rede. Obwohl meine Mutter zu mir und meiner Schwester immer gesagt hat: »Heiratet bloß nie!«, habe ich meine Internatszeit im Wesentlichen damit zugebracht, von dem tollen Typen zu träumen, der eines Tages kommen und mich auf seinen starken Händen endlich in mein Leben hineintragen wird. Wie die meisten Mädchen – und leider auch erwachsenen Frauen – hatte ich das Gefühl, als Single keine vollwertige Frau zu sein. Ich wartete auf einen Freund – oder Ehemann –, der mich durch sich erhöht. Ich war ziemlich depressiv als Jugendliche, mir war langweilig, und ich dachte nur: Ich kann nichts und bin nichts. Gleichzeitig hatte ich tief in mir drin das Gefühl: Aber eigentlich bin ich ja etwas ganz Besonderes und Tolles. Vielleicht war ich so eine Art Froschkönigin. Ich dachte, wenn der Prinz auf dem weißen Schimmel angeritten kommt und mich küsst, dann bricht mein Lebensglück, dann brechen Glanz und Gloria endlich hervor.

TD: Und kam es so?

SW: (Lacht.) Das klingt jetzt vielleicht ein wenig gemein, aber ich muss meinen beiden Ehemännern wirklich dafür danken, dass sie keine *Mr. Rights* waren. Wer weiß, wenn sie zuverlässiger, »perfekter« gewesen wären, hätte ich vielleicht noch viel länger gebraucht, um zu erkennen, was eigentlich jedes Horoskop-Abziehsprüchlein weiß: »Dein wahres Glück, liebe Sarah, das liegt nur in dir selbst.« Bisserl weniger doof formuliert: Die mühsame Aufgabe, gerade nach einer schwierigen Adoleszens, sich mit sich selbst auszusöhnen, die kann einem niemand abnehmen. Kein Mann. Kein Kind. Und *by the way*: auch keine andere Frau. Lesben finde ich da leider genauso naiv wie Heteras.

TD: Ist diese Hoffnung, sein Glück einzig im anderen zu finden, tatsächlich eine spezifisch weibliche Naivität? Oder glauben nicht Männer ebenso, sie könnten durch die Liebe einer Frau »erlöst« werden?

SW: Der entscheidende Unterschied ist nur, dass Frauen eine deutlich stärkere Neigung haben, »aus Liebe« zu vergessen, dass sie auch noch ein eigenes Leben haben. Männer dagegen suchen ihre »Erlösung« in einer Frau, die permanent zu ihren Gunsten zurücksteckt. Ihre Lebensaufgabe sehen sie üblicherweise in ihrer Arbeit, mit der sie auch Geld verdienen. Insofern ist das kein paralleles Verhalten, sondern eher ein entgegengesetztes. Wie viele Männer gibt es, die aus Liebeskummer aufhören zu essen, mit ihren Kumpels Fußball zu spielen oder plötzlich nicht mehr arbeiten können?

TD: Ich kenne einen – aber der ist Lyriker.

SW: Es lebe der sensible Künstler! Im Ernst: Ich verstehe die traditionellen Männer wirklich nicht. Denn es ist ja beileibe nicht so, dass sie von dem Modell »Ernährer/abhängige Ehefrau« nur profitieren würden. Es ist doch auch für die Männer schrecklich, wenn Frauen weiterhin die Haltung haben: »Er hat mich geehelicht, jetzt soll er mich auch den Rest meines Lebens ernähren. Und wenn er fremdgeht, oder ich gehe fremd, oder die ganze Ehe geht irgendwie fremd, dann soll er erst recht bis ans Ende seiner Tage für mich zahlen.« Das ist doch furchtbar, was sich heutzutage für Tragödien abspielen.

TD: Mussten deine Ehemänner keine Alimente zahlen?

SW: Keinen Pfennig! Ich wäre viel zu stolz gewesen, um mich von einem Mann aushalten zu lassen, mit dem ich nicht mehr zusammenleben wollte. Die Scheidungen habe ja beide Male ich eingereicht. Es ist mir wirklich ein Rätsel, warum nicht mehr Männer begreifen, was sie an einer ebenbürtigen Partnerin haben. Es gibt dieses schöne Experiment, bei dem hundert Männern das Foto von derselben Frau gezeigt wird. Fünfzig Männern sagt man, die Frau sei Sekretärin. Den anderen fünfzig sagt man, sie sei Chefin. Was glaubst du, in welcher der beiden Männergruppen wird die Frau für deutlich attraktiver gehalten?

TD: Ich habe so eine Ahnung, es könnte die sein, die meinte, eine Sekretärin vor sich zu haben …

SW: Genau. Ist das nicht ein Armutszeugnis für die gesamte männliche Welt? Wenn wir uns anschauen, wer in unserer Gesellschaft Single ist, dann ist es bei den Männern vor allem der Typ »arbeitsloser Underdog«. Bei den Frauen sind es hoch qualifizierte Akademikerinnen oder welche, die sonst mit beiden Beinen im Berufsleben stehen. Das ist doch grotesk. Vielleicht sollten die Männer endlich erkennen, dass man Putzfrauen oder sogar Putzmänner anstellen und bezahlen kann. Eine echte Mitstreiterin an seiner Seite, eine Ritterin der Tafelrunde zu haben, ist dagegen unbezahlbar.

TD: Darf ich fragen, ob du mittlerweile so einen Mann gefunden hast, der dich als Ritterin an seiner Tafelrunde anerkennt?

SW: Ich danke dem Himmel: Ja!

TD: Wenn du die Profiköchin draußen in der weiten Welt bist – ist er der Hausmann?

SW: Nein. Er hat einen anspruchsvollen Beruf in der Immobilienbranche. Und wir leben noch in getrennten Wohnungen.

So wie ich keinen will, der mich als seine Putze betrachtet, will ich keinen, zu dem ich sage: »Du bleibst zu Hause und machst mir mein Papperl.« Jeder soll das Modell leben, das er für richtig hält. Meinetwegen auch als Hausmann. Er soll sich nur keine Illusionen darüber machen, was die Konsequenzen aus solch einseitigen Machtverhältnissen sind.

TD: Der einzige Hausmann, den ich kenne, kriegt regelmäßig um 21 Uhr Migräne, wenn seine Frau Gäste hat, und geht ins Bett.

SW: Eben. Wenn alle Hausfrauen und Nur-Muttis, die ich kenne, mir vorleben würden, dass sie um so vieles glücklicher, reifer, entspannter als ich sind, dann würde ich wirklich noch einmal mit mir ins Gericht gehen und sagen: »Hey, Baby, du strampelst dich von früh bis spät ab und kämpfst dich durch den Dschungel des Lebens. Und dort siehst du mal ein paar wirklich zufriedene, ausgeglichene Menschen.« So ist es aber leider nicht. So mag es vielleicht phasenweise sein. Und ich kenne sogar ein paar seltene Exemplare, die als Hausfrau und Mutter tatsächlich glücklich und entspannt sind. Bei denen habe ich allerdings den Verdacht, dass sie es immer und überall wären. Dagegen gibt es unzählige Frauen, die zu Hause frustriert sind, weil sie gerne arbeiten würden, es aufgrund von mangelnden Krippen- und Kitaplätzen aber nicht können. In Sachen »Frauenpolitik« ist dies der Bereich, in dem am dringendsten etwas passieren muss. Diese Frauen werden gleich doppelt diskriminiert.

TD: Gibt es sonstige frauenpolitische Forderungen?

SW: Am allerwichtigsten ist es, dass sich in den Köpfen der Leute etwas verändert. Wir müssen endlich einsehen, dass der einzig vernünftige Weg in die Zukunft der ist, den Männer und Frauen partnerschaftlich miteinander gehen. Ich bin nicht diejenige, die sagt: »Die Männer waren zweitausend Jahre am Drücker, jetzt drehen wir den Spieß um, die nächsten zweitausend Jahre sollen die Frauen die Männer unterdrücken.« Ich will überhaupt niemanden unterdrücken und auch niemandem etwas wegnehmen. Ich will nur das haben, was mir und allen andern Frauen zusteht. Und das sind fünfzig Prozent. Fünfzig Prozent von allem. Und ich sehe nicht ein, warum das nicht möglich sein sollte.

TD: Liebe Sarah, ein schöneres Schlusswort kann es nicht geben.

KATJA KULLMANN

Jahrgang 1970. Autorin.

Der Postmann klingelt bekanntlich zweimal. Und scheinbar müssen sich auch Frauen zweimal begegnen, bevor es zwischen ihnen funkt. Das erste Mal traf ich Katja Kullmann im Februar 2002 bei ihrer Buchpremiere von *Generation Ally*. Ich hatte vom Verlag die Druckfahnen bekommen, das Buch in einem Rutsch gelesen und war neugierig auf die Autorin, die sich als erste Vertreterin meines Jahrgangs daran gemacht hatte, die Befindlichkeit der zwischen 1965 und 1970 geborenen Frauen auszuloten. Die Veranstaltung bestärkte den Eindruck, den ich bei der Lektüre gehabt hatte: Diese Autorin ist mitnichten im Nutellaglas stecken geblieben – wie mich der Titel zunächst befürchten ließ. Anstatt den Generationsgenossinnen Nussnougatcreme ums Maul zu schmieren, beschreibt sie mit scharfem Blick und noch schärferer Feder die Sackgassen, in die sich vor allem die weiblichen Vertreter der »Generation Golf« manövriert haben. Doch trotz aller – oder vielleicht gerade wegen der analytischen und sprachlichen Brillanz des Textes vermisste ich den Kampfgeist. Die Grundstimmung des Buches, die sich bereits im Untertitel andeutete: *Warum es heute so kompliziert ist, eine Frau zu sein*, war mir zu resignativ.

Zwei Jahre später traf ich Katja wieder. Wir waren beide als Referentinnen bei einer Tagung eingeladen, auf der es um Frauen in den Medien gehen sollte. Die Eröffnungsveranstaltung durfte just jener Schriftsteller bestreiten, der im Sommer 2003 in einem Zeitungsartikel über die Lage der deutschen Literatur geschrieben hatte: »Nicht nur männlich besetzte Themen wie Krieg und Gewalt fallen unter das weibliche Artikulationsverbot, auch formale Experimente und schwer verständliche Texte haben keine Chance gegen eine von Frauen produzierte Wohlfühl-Literatur, die nett und flüssig geschrieben, aber an Harmlosigkeit kaum zu überbieten ist.« Jener Schriftsteller bemühte sich nun also, seine Thesen vom frauenverschuldeten Niedergang der deutschen Literatur zu verteidigen. Das zu neunzig Prozent weiblich besetzte Auditorium murrte verhalten, und auch die Moderatorin – selbst eine Schriftstellerin – blieb moderat, vielleicht weil unser Schriftsteller sie gleich zu Beginn der Veranstaltung vom Wohlfühlverdikt ausgenommen hatte. Katja und ich warfen uns quer durch den Saal anfangs belustigte, später zunehmend genervte Blicke zu, bis wir uns mit einem Kopfnicken bedeuteten: *Let's roll!* Mit vorbildlich harmloser Miene meldete Katja sich zu Wort und fragte den Schriftsteller, ob es nicht sein könne, dass ein bestimmter Wellnesstrend in der deutschen Literatur weniger mit den Frauen als vielmehr mit einem – geschlechtsübergreifenden – Zeitgeist zu tun habe. Die beim Publikum erfolgreichsten Bücher männlicher Autoren würden schließlich auch weniger im Kongo als im Berliner Hotel Adlon spielen. Unser Schriftsteller wusste diesen Einwand mit dem klarsichtigen Argument zurückzuweisen, dass Frauen eben nicht nur als Produzentinnen die Literaturtrends bestimmten, sondern – da in Deutschland die Mehrheit der Leser *Leserinnen* sind – ebenso sehr als Rezipientinnen. Als Nächstes fragte ich unseren Schriftsteller, woran es seiner Meinung nach läge, dass die deutschen Männer offensichtlich immer seltener zum Buch, zumindest zum belletristischen Buch, griffen. Ich sah ihn antworten wollen: »Weil es eben keine gescheiten Bücher für Männer mehr gibt!« Dann fiel ihm offenbar ein, dass er selbst ja auch Bücher veröffentlicht, die gemäß seiner These bei echten Männern reißenden Absatz finden müssten – und er schwieg. Katja machte weiter mit der Frage, ob nach seiner Definition »männliche Literatur = politisch, kriegerisch, kompliziert« und »weibliche Literatur = privat, verspielt, simpel« Elfriede Jelinek nun eine Schriftstellerin oder ein Schriftsteller sei. Der anschließende Diskussionsabend nahm einen heiteren Ausklang. Unser Schriftsteller tröstete sich bei einem sehr einsam genossenen Bier.

Der Berufs- und Lebenswunsch »Schriftstellerin« steht für Katja Kullmann frühzeitig fest. Dennoch kann sich der Teenager aus dem Vordertaunus lange Zeit nicht vorstellen, später tatsächlich eine »richtige Schriftstellerin« zu sein – stammt er doch aus keinem bildungsbürgerlich gesättigten Akademikerhaushalt, wo Thomas Mann schon auf dem Frühstückstisch gelegen hätte. Der Vater ist selbstständiger Versicherungskaufmann, die Mutter hat eine Ausbildung zur Rechtsanwaltsgehilfin, bleibt aber zu Hause, als sie mit 19 schwanger wird und Katja zur Welt bringt. Erst mit Ende vierzig, nachdem auch Katjas jüngerer Bruder auf eigenen Beinen steht, beginnt die Mutter wieder halbtags zu arbeiten.

Katja zieht es früh von zu Hause fort. Noch während sie Abitur macht, bewirbt sie sich an mehreren Schauspielschulen und schafft es bei den meisten Aufnahmeprüfungen auch bis in die letzte Runde, scheitert aber immer wieder am letzten Vorsprechen. Ein Schauspiellehrer sagt ihr, sie gehe »zu analytisch« mit den Texten um, und rät, sie solle lieber Regie führen. Oder schreiben.

Zunächst geht Katja allerdings nach London, um dort als Kellnerin zu jobben. Wenige Monate später immatrikuliert sie sich in Frankfurt an der Johann Wolfgang Goethe-Universität für ein Studium der Politologie, Soziologie und Amerikanistik. Nebenbei arbeitet sie als Marktforscherin und Einkaufswagensortiererin, macht eine Dramaturgie-Hospitanz am Theater, synchronisiert »Schmuddelfilme«, absolviert Praktika bei verschiedenen Zeitungen und Sendern und schreibt als freie Autorin für *Prinz*, die *FAZ* und die *Financial Times Deutschland*. In neun Jahren bringt sie es auf stolze acht Wohnsitzwechsel und volontiert schließlich bei der *Deutschen Presse-Agentur (dpa)* in Hamburg. Ihre Rastlosigkeit endet auch mit der Ausbildung zur Redakteurin nicht: 2000 wechselt Katja zum *New-Economy*-Magazin *Bizz* nach Köln – wo sie bereits ein Dreivierteljahr später wieder kündigt. Doch nun ist die Zeit endlich reif: Sie nimmt ihr Schriftstellerherz in die Hand und schreibt *Generation Ally* – das Buch wird auf Anhieb ein Bestseller. Ein Jahr später, 2003, erhält sie dafür den Deutschen Bücherpreis in der Kategorie Sachbuch. Trotz des Erfolgs will Katja Kullmann sich nicht in die Sachbuch-Bestseller-Ecke stellen lassen. Im Herbst 2004 erscheint *Fortschreitende Herzschmerzen bei milden 18 Grad*, eine Erzählung über eine schlecht ausgebildete, aber ambitionierte Kosmetikerin, die es aus der Provinz in die Großstadt verschlägt.

Katja selbst zieht nach dem Ende einer langjährigen Partnerschaft Ende 2004 zum vorläufig letzten Mal um: Von Köln nach Berlin. Zu unserem Gespräch treffe ich sie in ihrer Wohnung in Charlottenburg.

TD: Deine *Generation Ally* ist vor vier Jahren erschienen. Ist es heute immer noch so kompliziert, eine Frau zu sein?

KK: Ich würde sagen: Komplizierter denn je. Denn die Krise, in die weibliche Biografien mit Anfang/Mitte dreißig geraten, ist keineswegs ausgestanden, sondern hat sich eher verschärft. Die Frauen, die nach 1965 geboren wurden, sind aufgewachsen in dem Bewusstsein, dass es zwischen Jungs und Mädchen keine nennenswerten Unterschiede gibt, was die jeweiligen Lebensperspektiven angeht. Wir sind die erste Generation, die von der Emanzipationsbewegung der 70er Jahre voll profitiert hat. Unsere Eltern legten Wert auf Bildung. »Was willst du mit dem Abitur? – du sollst doch später eh nur heiraten und Kinder kriegen« – diesen Satz haben Mädchen, zumindest wenn sie aus einem einigermaßen mittelständischen Milieu stammen, nicht mehr gehört. Schule, Ausbildung oder Studium, Start ins Berufsleben – so sieht seit den 70ern die westliche Normalbiografie aus, ganz gleich ob für einen Mann oder eine Frau. In gewisser Weise kann man sagen, dass Männer und Frauen heute bis in ihr drittes Lebensjahrzehnt hinein eine androgyne Biografie haben.

TD: Und was passiert dann?

KK: Fast immer sind es zwei Faktoren, die bewirken, dass männliche und weibliche Biografien auseinanderdriften: Frauen machen die demütigende und äußerst verwirrende Erfahrung, dass dieselben Jungs, denen sie sich in ihren Teenager- und Twenjahren stets überlegen fühlten, plötzlich beruflich an ihnen vorbeiziehen, während sie selbst im Job auf der Stelle treten. Und es gibt einen zweiten Punkt, an dem Frauenbiografien scharf abbiegen: Sobald Kinder ins Spiel kommen. Denn plötzlich zerfällt die androgyne Welt in Mütter und Väter. Und die Mütter erleben, dass man von ihnen erwartet, dass sie alle anderen Pläne, die sie bislang im Leben hatten, dem Kind unterordnen, während für die Väter alles mehr oder weniger weitergehen kann wie bisher. Wenn beide Punkte im Leben einer Frau zusammen kommen: Berufliche Stagnation und Kind, kannst du ziemlich sicher sein, dass dieselbe Frau, die vorgestern noch eine auf den Seychellen schnorchelnde IT-Managerin war oder Graffiti-Ausstellungen in Berlin-Friedrichshain organisiert hat, übermorgen am Herd steht und ihren gesamten Ehrgeiz und ihre Leidenschaft in die Zubereitung von makrobiotischem Babybrei steckt.

TD: Es gibt Stimmen in diesem Land, die dies als durchaus positiven Trend begrüßen …

KK: Und ich bin sehr gespannt, was die Ex-Girlies-jetzt-Vollzeit-Mütter in zwanzig, dreißig Jahren machen, wenn ihre lieben Kleinen trotz aller Neigung zum Nesthocken dann endlich aus dem Haus sind. Wohin werden Frauen, die »in ihrer Jugend« mal hoch qualifiziert waren und mitten im Berufsleben standen, ihren Frust entladen? Die geben sich nicht wie unsere Großmütter damit zufrieden, donnerstags mit dem Frauenkreis Salzteig-Kitsch zu basteln, und an jedem Ersten im Monat gibt's die Butterfahrt. Da sage ich nur: Obacht.

TD: Das Fernsehen scheint den Lauf der Dinge ähnlich einzuschätzen: *Ally McBeal,* die Kultserie rund um die neurotische Anwältin – von der du dich bei deinem Buchtitel hast inspirieren lassen – wurde 2002 eingestellt. Auch *Sex and the City,* wo es ebenfalls um berufstätige Großstadt-Singlefrauen geht, gibt es nicht mehr. Der neue Fernsehkult heißt *Desperate Housewives,* eine Soap, die uns frustrierte Haus- und Ehefrauen in ihrem stupiden und gleichzeitig abgründigen Provinz-Eigenheim-Alltag vorführt …

KK: Ende der 90er Jahre begannen die berufstätigen Singlefrauen zu spüren, dass ihnen im Leben etwas fehlt. Der Mangel der so genannten »Karrierefrau« trug den Nachnamen: »Liebe«, sein erster Vorname war: »Mann«, sein zweiter: »Kind«. Denn auch bei *Sex and the City* ging es letztlich – trotz aller Libertinage – um den großen romantischen Plot. Und *Ally McBeal* tagträumte ja fast die ganze Zeit von ihrem Märchenprinzen. Mittlerweile haben viele Frauen – nicht nur auf dem Bildschirm – ihre Jobs an den Nagel gehängt, geheiratet und sich fortgepflanzt. Und siehe da: Nach dem anfänglichen Rausch, endlich einen Partner abgekriegt und eine Familie gegründet zu haben, setzt der Kater ein, und sie stellen fest, dass sie mitnichten glücklicher sind als zuvor.

TD: Lass uns noch einmal kurz bei den 90er-Jahre-Großstadt-Singles bleiben. Bislang haben wir eher beiläufig erwähnt, dass diese Frauen – sei es im Fernsehen, sei es im richtigen Leben – meist in »hippen« Berufen erfolgreich oder zumindest tätig waren: Rechtsanwältin in einer schicken Kanzlei, Sex-Kolumnistin, Galeristin oder Eventmanagerin. Liegt dort nicht die Ursache für ihr Lebensunglück begraben? Dass ihre Berufe zwar »hip« waren und eine Weile vielleicht sogar gutes Geld abwarfen, aber dass diese letztlich keine wirklich befriedigenden Tätigkeiten darstellten? Sicherlich wird sich auch eine Frau, die ihr Lebenszentrum in einer von ihr als tatsächlich sinnvoll erfahrenen Tätigkeit gefunden hat, nach einem Partner und eventuell nach Kindern sehnen. Aber sie ist nicht mehr so fixiert darauf, dass Partner und Kinder allein ihr gesamtes Lebensglück ausmachen sollen.

KK: Das klingt sehr reif und philosophisch. Aber du unterschätzt, glaube ich, den Stellenwert, den Beziehungen, Zwischenmenschliches, im Leben vieler Frauen einnehmen. Ich kenne Frauen, die sind kreuzunglücklich vor Liebeskummer und Einsamkeit, obwohl sie in ihren Berufen voll aufgehen. Auch die tollsten Auszeichnungen, Preise oder Geschäftsbilanzen können manchmal nicht das warme Bett ersetzen. Wobei es Männern vermutlich ganz ähnlich geht. Und natürlich erschwert der Flexibilisierungsanspruch, den die Arbeitswelt heute an den Einzelnen erhebt, die Paarbildung ebenfalls, da gibt es kein Vertun. Andererseits hast du einen Punkt im Visier, an dem etwas dran sein könnte: Unsere Generation, die sich in den frühen und mittleren 90ern ins Berufsleben stürzte, hatte nicht die Vorstellung von Beruf, wie du sie skizzierst. Ich bin sicher, damals hat sich nur eine kleine Minderheit der gut ausgebildeten Mittzwanziger gefragt: Ist das Praktikum, das ich gerade bei der Internetfirma xy mache, der erste Schritt zu einem ernsthaften Beruf, in dem ich mich in einem tieferen und vor allem: andauernden Sinne selbst verwirklichen werde? Man war einfach neugierig und experimentierfreudig, und die Berufswelt der 90er Jahre forderte einen ja auch dazu auf. Allein schon wegen des jugendlichen Alters galt man in vielen Branchen als *High Potential*. Jugendlichkeit wurde wahrhaftig zum Kapital. Hinzu kam, dass es in vielen der neuen Branchen keine oder nur wenige Vorbilder gab, weder weibliche, noch männliche. Daraus entstand eine Art Pioniergeist. Die Umstände schienen jedem und jeder Einzelnen eine kreative Freifahrt zu ermöglichen.

TD: Würdest du von dir selbst sagen, dass du in jener Zeit eine kreative Freifahrerin warst?

KK: In gewisser Weise schon. Ich habe insgesamt sicher sieben verschiedene Praktika gemacht, habe in genauso vielen Berufen gejobbt und bin sehr oft umgezogen. Ich glaube, diese Mittelschichts-Jahrgänge, die ich in *Generation Ally* beschreibe, gingen die Themen »Beruf« und »Biografie-Bildung« verhältnismäßig libidinös an. Jedenfalls so spielerisch wie keine Generation zuvor – und möglicherweise keine mehr danach. Die 90er waren insgesamt vielleicht das optimistischste Jahrzehnt, das die Bundesrepublik je erlebt hat. Die Mauer war weg, die Arbeitslosigkeit schien überschaubar, wir hatten Kabelfernsehen, wir hatten Internet. Die Welt kam einem vor wie ein großer Abenteuerspielplatz, nicht wie die globale Risiko-Verkettung, nach der sie heute für viele aussieht. Und ich betone: Gerade für Frauen hat dieses Klima zunächst einmal enorme Spielräume eröffnet.

TD: Aber wozu waren diese Spielräume gut, wenn sie ein Jahrzehnt später in spießigem Hausfrauendasein und Katzenjammer enden?

KK: Erst einmal sind ja glücklicherweise nicht alle Frauen unserer Generation in die Familien-, Mutter-, Teilzeitfalle getappt. Einige haben sich den freien Abenteurergeist der 90er ja durchaus bewahrt. Außerdem finde ich es immer schwierig, im Nachhinein zu sagen: »War alles Mist, was wir damals gemacht und gedacht haben.« Die 90er *waren* ein Jahrzehnt, in dem die Frauen einen gewaltigen und nötigen Schritt nach vorn getan haben. Es *herrschte* eine Aufbruchsstimmung, und Frauen versuchten, die Errungenschaften der Emanzipationsbewegung aus den 70er Jahren spielerisch weiterzuführen. Ein schönes Beispiel ist für mich Madonnas Auftritt bei ihrer *Blond Ambition Tour* in dem legendären Gold-Korsett mit den extrem spitzen Brüsten. In den 70ern verbrannten die Feministinnen ihre BHs auf der Straße. Zwanzig Jahre später rüsteten Madonna und Jean-Paul Gaultier den BH zu einer aggressiv über den Klamotten – übrigens gern Herrenklamotten – getragenen Waffe auf. Andere trugen Männerunterhemden und schwere Boots wie *Thelma und Louise* im Kino oder probierten diesen androgynen Heroin-Chic aus. Jungs sahen plötzlich aus wie Mädchen und umgekehrt. Dennoch geschah die Weiterführung des Emanzipationsgedankens in dieser Zeit, gerade bei den Girlies, vermutlich zu spielerisch, auch zu egozentrisch und viel zu wenig strategisch. Da sollten neue Positionen und Definitionen mit Bildern markiert werden, mit Labels, Haarspängchen und so weiter. Mein Lieblingsbeispiel: Das »Zicken«-T-Shirt. Girlietum war Emanzipation zum Anziehen. Und das war leider zu wenig.

TD: Eine Konsequenz dieses »zu wenig« scheint zu sein, dass wir heute einen *Backlash* erleben. Frauen erklären, dass sie »gern« mit ihrer Karriere ein wenig zurückstecken, damit ihr Mann sich entfalten kann. Und auch Madonna trägt – zumindest öffentlich – keine waffenscheinpflichtigen BHs mehr, sondern lieber Blümchenkleider. Und statt Sextipps gibt sie gute Ratschläge zur Kindererziehung.

KK: Auch ich finde die neobürgerliche Spießigkeit erschreckend. In gewisser Weise war der Fehler der 90er vielleicht, dass alles zu glatt, zu einfach ging. Mit dem Boom der Medienbranche entstanden jede Menge Berufe, in die Frauen sehr gut einsteigen konnten, in denen sie mit all ihren vermeintlich weiblichen Soft-Skills voll zum Zuge kamen und auch die Jungs zunächst leicht überholen konnten. Gerade in den *New-Economy*-Firmen saßen ja durchaus Personalchefs, die es schick fanden, junge Frauen einzustellen. Und es war die Zeit, in der man dazu überging, die Sekretärin als »*Office Managerin*« zu bezeichnen und den Hausmeister als »*Facility Manager*«. Ein gewisser Hang zur Verschleierung kennzeichnete diese Ära insgesamt.

TD: Aber beglückten die neuen Personalchefs, die es so schick fanden, junge Frauen einzustellen, ebendiese bei Bewerbungsgesprächen nicht auch mit wenig verschleierten sexistischen Fragen à la: »Na, und wann planen Sie, das erste Mal schwanger zu werden?« In *Generation Ally* berichtest du selbst von einem solchen Erlebnis.

KK: Natürlich passierten solche Geschichten. Aber wir wären nie auf die Idee gekommen, dem freundlichen Musiksenderchef zu erklären, dass wir uns solche sexistisch-diskriminierenden Fragen verbitten – obwohl das zweite Gleichberechtigungsgesetz seit 1994 die Kinderwunschfrage beim Vorstellungsgespräch in der Tat als unzulässig verbietet. Aber wir hatten eben nicht das zweite Gleichberechtigungsgesetz, sondern unseren Karriereratgeber studiert, und da stand für solche Situationen drin: »Am besten Sie antworten: ›*You know – my job is my baby …*‹« Viele Frauen dürften Situationen erlebt haben, in denen ihnen zum Beispiel der Abteilungsleiter an den Hintern gegriffen hat.

Dann galt es abzuwägen zwischen »Ärger machen« und »Klappe halten«. Und fast immer fiel die Entscheidung zugunsten des »Klappehaltens« aus. Weil das Praktikum ja ohnehin nur drei Monate dauerte, und danach sicher ein glamouröses Zeugnis wartete, wenn man nicht aufgemuckt hatte. Und vielleicht stellte man sich auch die bange Frage, ob man selbst nicht mit schuld war, also den Hinterngriff irgendwie provoziert hatte.

TD: Woher kommt es, dass die Frauen unserer Generation eher geneigt sind, die Schuld bei sich zu suchen, anstatt Sexismus schlicht und einfach als Sexismus zu benennen?

KK: »Feminismus«, »Sexismus«, »Chauvinismus« – das waren Wörter, die benutzten damals nur die dicken Frauen mit den Schlabber-T-Shirts und den schrecklichen Frisuren. Oder unsere Mütter, wenn sie von ihrem Töpferkurs zurückkamen und sich mit Papa darüber stritten, dass er auch mal die Spülmaschine ausräumen könnte. Natürlich frage ich mich heute rückblickend, warum wir damals nicht realisieren wollten, dass der freundliche Musiksenderchef uns dann nur an den Empfang gesetzt hat und dies auch nur deshalb getan hat, weil wir im Frischfleischalter waren – obwohl wir seine unverschämte Frage doch so saucool pariert hatten. Oder warum wir nicht erkannt haben, dass es kein Zufall ist, wenn die männlichen Mitarbeiter im Betrieb ausschließlich »unter sich« Squash spielen gehen, und die einzige Chefin im Betrieb als »unbemannte Fregatte« gilt. Der Fehler, den die Frauen in den 90ern begangen haben – und den Stiefel ziehe ich mir selbst an – war, dass wir nicht danach gesucht haben, wie sich in zeitgemäßer Form die Staffel der 70er-Jahre-Feministinnen weitertragen lässt. Wir haben die Staffel einfach fallen lassen. Oder erschreckt im Handtäschchen verschwinden lassen, als ob uns jemand etwas Peinliches in die Hand gedrückt hätte. Altmodisch ausgedrückt: Wir haben unsere Hausaufgaben nicht gemacht. Wir hatten kein historisches Bewusstsein, dass Emanzipation und Gleichberechtigung nichts ist, was einfach so dableibt, wenn es einmal erreicht ist. Sondern etwas, wofür man sich aktiv einsetzen muss.

TD: Seit einer Weile veröffentlichst du hin und wieder Texte in der *Emma*. Ist das eine nachgeholte Form von Hausaufgaben-Machen?

KK: Mein feministisches Interesse hat eingesetzt, als ich für

Generation Ally recherchiert habe. Davor war ich zuletzt in der Wirtschaftspresse tätig gewesen und hatte über Frauenforen, Frauen im Internet und Ähnliches berichtet. Die Magazine der *New Economy* hatten ja alle auch Frauenseiten, und was dort stand, lässt sich, böse gesagt, so zusammenfassen: »Immer mehr Frauen haben jetzt Internetanschluss.« Da begann ich mich zu fragen: »Was ist hier eigentlich los? Ich bin die erste Akademikerin in der Familie und jetzt soll ich irgendwie stolz darauf sein, dass ich einen Computer einschalten kann?« Eine Weile machte ich mich lustig über diese Netzfrauen, die anfingen, postmoderne Häkel-Kränzchen zu gründen, wo man sich eben nicht bei Helga in der WG-Küche traf, sondern im Internet, um Rezepttipps auszutauschen. Denn so kamen mir diese Ansätze zur Vernetzung erst einmal vor. Irgendwann habe ich kapiert, dass dahinter die nackte Verzweiflung steht. Das Gefühl, dass es ab einem gewissen Alter nicht mehr vorwärts geht, dass man auf der Stelle tritt, und zwar qua Geschlecht.

TD: Zeigt sich hier nicht ein zentrales Problem weiblicher »Impotenz«: Wenn Frauen sich »zusammentun«, dann am liebsten, um Rezepte oder anderen Unsinn auszutauschen, anstatt Netzwerke zu gründen, in denen sie ernsthaft versuchen, sich gegenseitig den Rücken zu stärken und beruflich vorwärts zu helfen?

KK: Das Problem beginnt auf einer noch tieferen Ebene. Der Gedanke, das eigene berufliche Scheitern könnte auch mit einer gesellschaftlichen Struktur zu tun haben und nicht nur damit, dass man individuell nicht gut genug ist, ist unserer Generation fremder als die Einzelheiten des Länderfinanzausgleichs. Mein weiblicher Freundeskreis besteht zu siebzig Prozent aus Journalistinnen, die meisten zwischen dreißig und fünfzig, allesamt flexibel, mobil, mehrsprachig, das volle Profilierungs-Portfolio. Aber nur eine Einzige von ihnen ist heute noch fest angestellt. Erst ganz langsam überträgt sich die Offenheit, über das eigene Scheitern oder die Versagensangst zu sprechen, auch auf die Frauen und ihre geschlechtsspezifischen Dilemmata. Aber natürlich triffst du einen absolut wunden Punkt: Frauen helfen einander nicht zwangsläufig nach vorn, sondern blockieren sich manchmal lieber, indem sie sich auf die völlig falschen Themen stürzen. Kaum etwas macht mich wütender und verzweifelter, als wenn ich eine Frauenzeitschrift aufschlage. Es ist ja fast schon peinlich, es laut zu sagen, trotzdem: Diese obszönen Tipps: »Wo gibt es Botox am billigsten?«, »Wie backe ich die leckersten Plätzchen für meinen Liebsten?« oder »Mit welchem Dessous kann ich ihn an mich binden?« – dieser ganze Schwachsinn wird von Frauen für Frauen produziert. Ich finde es sehr ernüchternd zu sehen, wie viele Geschlechts- und Berufsgenossinnen ihren Ehrgeiz offensichtlich darin sehen, möglichst kontraproduktiv tätig zu sein.

TD: Sind diese verantwortlichen Macherinnen Zynikerinnen? Oder Masochistinnen? Man muss nicht erst *Der Teufel trägt Prada*, den Schlüsselroman über die US-*Vogue*-Chefin Anna Wintour, gelesen haben, um zu ahnen: Am schlimmsten leiden die Frauenzeitschriftenmacherinnen selbst unter dem Schönheits-, Schlankheits-, Jugend- und Sexyness-Wahn, den sie verbreiten.

KK: Zunächst einmal folgen diese Macherinnen dem Gesetz der Meute. Wenn du einen Job bei einer Frauenzeitschrift hast, kannst du dort keinen Artikel platzieren, in dem steht: »Alles, was in Frauenzeitschriften steht, ist Verarschung.« Das ist einer der Gründe, warum ich hin und wieder für *Emma* schreibe. Dort konnte ich beispielsweise einen umfangreichen Essay über Botox veröffentlichen. Abgesehen davon, dass ich die ganze Gesichtsstrafferei ohnehin für geschmacklos halte, kann ich vor diesem Zeug nur warnen. Aber mit solch einem Miesmacher-Thema kommst du natürlich bei keiner der selbst ernannten Frauenzeitschriften unter. Stattdessen wollen sie »personalisierte Texte« haben, in der Art von: »Wie meine Freundinnen und ich neulich auf Männerfang gingen.« Klar, es gibt auch dämliche Männermagazine, *Maxim* oder Ähnliches. In Sachen Selbstverachtung scheinen mir die Frauenmagazine jedoch gehörig im Vorsprung zu sein.

TD: Wie sieht es mit der Frauenverachtung im Fernsehen aus? Ist da die Lage nicht noch finsterer?

KK: Ich weiß nicht, ob sie noch finsterer ist, in jedem Fall ist sie finster genug. In den 80ern fingen die privaten Sender mit *Tutti Frutti* an, in den 90ern gingen sie zu Live-Brust-Operationen über. Mittlerweile ist RTL II bei *Frauentausch* angekommen, wo die eine Unterschichtenmami in die Familie der anderen Unterschichtenmami geschickt wird, und beide sich wechselseitig Videobotschaften schicken dürfen. »Horschema, bei dir is aber ganz schön dreckisch!«, sagt dann die eine, und die andere schnappt zurück: »Ick bin halt mehr so locker druff, und das hat dein Manfred och schon jerochen!«

TD: Ist das tatsächlich ein telemediales Gesamtphänomen? Oder nicht eher ein Auswuchs des »Unterschichtenfernsehens«?

KK: Wie es sich für die öffentlich-rechtlichen Sender gehört, betreiben sie die Frauenverachtung natürlich nicht in dieser krassen, unverblümten Form. Sie arbeiten eher an der unauffälligen Re-Zementierung der Geschlechterrollen. Ein Extrembeispiel sind die Telenovelas, mit denen im deutschen Fernsehen *nicht* die Privaten, sondern die Öffentlich-Rechtlichen begonnen haben. Da muss das arme, ganz für die Liebe lebende Aschenputtel 399 Folgen lang den smarten Junior-Chef anschmachten, während beruflich ambitionierte Frauen nur als Karikaturen vorkommen. Ganz wie in der Vorwerk-Werbung, wo die dunkelhaarige Karrierezicke fragt: »Und was machen Sie so beruflich?« Und die sympathische blonde Hausfrau zurückgibt: »Ich leite ein sehr erfolgreiches kleines Familienunternehmen.« Der schlimmste Geschlechter-*Rollback* im öffentlich-rechtlichen Fernsehen dürfte uns jedoch noch bevorstehen, wenn uns die ARD im Herbst mit ihrer neusten Living-History-Soap, *Bräuteschule 1956*, besenden wird.

TD: Bräuteschule 1956?

KK: Im letzten Winter bin ich im Netz herumgesurft und dabei auf eine Seite gestoßen, auf der zu lesen war: »Deutschland in den 50er Jahren. Die Leitbegriffe sind Pflicht, Leistung, Ordnung und Sauberkeit. Und die Frauen sorgen – lächelnd – dafür, dass der Gatte zufrieden ist und die Kinder sich gut benehmen.« Daneben waren ein paar neckisch vergilbte Schwarz-Weiß-Fotos zu sehen, wo Mutti in der Kittelschürze putzt oder Vati das Essen auf den Teller legt. Im ersten Moment habe ich ja gedacht, ich bin bei Guido Knopp oder beim History Channel gelandet. Irgendwann habe ich kapiert, dass die Seite ein Castingaufruf ist: »Das Kochen und Backen, Putzen und Nähen bestimmt demnächst Ihren Alltag. Vielleicht sogar Ihre Träume … Wollen Sie dabei sein?« Mädchen zwischen 17 und 23 sollten sich bewerben, um sich im Stil von *Schwarzwaldhaus 1902* oder

Abenteuer Gutshaus auf eine Art *Big Brother* in historischer Kulisse einzulassen. Frauen in unserem reifen Alter durften sich immerhin als Hauswirtschaftslehrerin bewerben.

TD: Und dabei heißt es doch, das Zeitalter der Ironie sei vorüber …

KK: Das mit der Ironie ist so eine Sache. Marlen Haushofer hat in ihrem Ehe-Alltags-Tagebuch-Roman *Die Tapetentür* schon Ende der 50er Jahre geschrieben: »Als Frau kann man sich äußerlich nur in Ironie und Skepsis retten, die tiefe Beunruhigung bleibt bestehen.« Klar, ich bin sicher, es wird im Herbst jede Menge Frauen geben, die aus Angst davor, für »feministisch« gehalten zu werden, die Serie super-ironisch lustig finden. Dabei sollte man sich vielleicht fragen: »Wann schlägt Ironie eigentlich in Zynismus um?« Ich habe versucht, mit den Machern von *Bräuteschule* – die übrigens allesamt Frauen sind – Kontakt aufzunehmen. Die Regisseurin war zu beschäftigt für ein Statement, die Produzentin erklärte mir, ich solle das fertige Produkt sehen, bevor ich mit Vorurteilen um mich werfe, und eine Redakteurin fand gar, ich möge erst einmal Kinder kriegen, bevor ich einer anderen Frau in den Rücken falle.

TD: Das *muss* ironisch gemeint sein …

KK: Ich fürchte, die Dame, die mir den Brief geschrieben hat, meinte das bitter ernst. So wie es auch die ARD-Zuschauerredaktion offensichtlich bitter ernst meinte, als sie einer Bekannten von mir im Auftrag des ARD-Programmdirektors Günter Struve antwortete, sie solle sich ums Frauenbild der ARD mal keine Sorgen machen. Starke Frauen würden im Programm eine große Rolle einnehmen. Als aktuelles Beispiel empfahl man ihr Schwester Lotte, gespielt von Jutta Speidel in der Nonnen-Serie *Um Himmels Willen* … Natürlich versuchen alle, sich damit herauszureden, der »Witz« von Living-History-Formaten sei, dass heutige Menschen eine Reise in eine längst vergangene Zeit machen. Nur frage ich mich: Wie längst vergangen ist die 50er-Jahre-Wirklichkeit, wenn wir uns klarmachen, dass auch heute noch überwiegend Frauen die Familienarbeit stemmen wie eh und je, und dass der Anteil der Väter an der Elternzeit bei unter fünf Prozent liegt? Für mich hört der Ulk spätestens dann auf, wenn die Fernseh-Bräuteschülerinnen in spe auf dem Castingbogen gefragt werden: »Sollten Frauen in allen Belangen mit

Männern gleichberechtigt sein?« Streng genommen macht sich die ARD beziehungsweise die ausführende Filmproduktionsfirma damit zu einem Beobachtungsfall für den Verfassungsschutz.

TD: Der hätte, was die Überwachung der Treue zu Artikel 3, Absatz 2 des Grundgesetzes angeht, in diesen Tagen allerdings einiges zu tun. Frank Schirrmacher, Matthias Matussek, Ulrich Greiner – es wimmelt nur so von Herren, die wieder verkünden, Frauen seien zuständig für Kinder, Haushalt, Soziales. Und Männer für alles andere.

KK: Das Schlimme ist, dass sich diese Sehnsucht nach alten, vermeintlich besseren Zeiten wirklich quer durch die Milieus und Niveaus zieht. Da sind sich besagte Herren aus den Feuilletons einig mit der Staubsaugerwerbung, da liegt die ARD auf derselben Linie wie RTL: Letztlich gehört die Frau an den Herd. Für mich ist die Befreiung von der bürgerlichen Kleinfamilie, in der das Ein-Ernährer-Prinzip gilt, *die* Grundbedingung für jegliche Emanzipation – für Männer übrigens nicht weniger als für Frauen. Und deshalb ist dieser *Rollback*, den wir gerade erleben, auch kein lustiges Fiftys-Lifestyle-Revival, wie einige aus unserer Generation das darstellen möchten. Manchmal bin ich regelrecht erschüttert, wenn ich miterlebe, wie Leute in meinem Alter ihre Beziehungen gestalten, wie viel Bigotterie da gelebt wird. Und diese Bigotterie erlebe ich nicht etwa in Untergrützbach am Berg, sondern hier in Berlin. Bei hippen Pärchen, die auch im Sommer mit Strickmützen rumlaufen, und wo jedes Kind vier Vornamen hat. Die mögen in schick abgewohnten, stylisch eingerichteten Altbauwohnungen im Prenzlauer Berg wohnen – innerlich ist der Jägerzaun gezogen. Ich bin davon überzeugt, dass der Schlüssel zu mehr Emanzipation oder wirklicher Emanzipation in den beiden Fragen liegt: »Wie gestalten wir Mann-Frau-Liebes-Beziehungen?« und »Wie sieht eine emanzipierte Familie aus?« Keiner kann doch ernsthaft für die Pflichtmutterschaft und die Ein-Ernährer-Familie sein. Auch die Männer nicht. Warum sollten Männer sich weiterhin so anstellen müssen wie ihre Väter? Mit heraushängender Zunge und Aktenköfferchen ins Büro, mit 56 das erste Magengeschwür, zu Hause eine unerfüllte Frau mit Depressionen, und dann auch noch zehn Jahre früher sterben? Aber im Moment wird Familie wieder zu etwas quasi Heiligem verklärt: Als der letzte Hort, wo alles gut und sittsam ist – versus die feindliche, unmoralische Welt draußen, in der die kalten neoliberalen Winde pfeifen.

TD: Sind es wirklich die bösen neoliberalen Winde, die die Frauen von der Straße ins Häuschen fegen? Wenn das die Ursache wäre, müssten sich dann nicht auch massenhaft Männer danach sehnen, Hausmann und Vater zu werden? Oder willst du sagen, dass Frauen eben doch weniger widerstandsfähig sind, wenn das Klima in der Berufswelt rauer wird?

KK: Natürlich gibt es eine Reihe von Gründen, warum eher die Frauen im Privaten verschwinden als die Männer. Die Mutter, die zu Hause bleibt, um sich ganz der Kinderfürsorge und -erziehung zu widmen, erfährt eine viel breitere gesellschaftliche Akzeptanz als der Vater, der zu Hause bleibt, um dasselbe zu tun. Und es ist vermutlich so, dass Mutterschaft eine Frau in mancherlei Hinsicht von dem pornoartigen Beauty-Druck befreit, der allenthalben herrscht. So hat zum Beispiel eine Bekannte zu mir gesagt: »Ich bin Mutter, jetzt brauche ich mich um meinen Körper nicht mehr zu kümmern.« Vor zehn Jahren hätte ich mir nicht träumen lassen, einen solchen Satz aus dem Mund einer Gleichaltrigen zu hören. Und außerdem spielt natürlich eine Rolle, dass Frauen nach wie vor weniger verdienen als Männer, unabhängig von ihrer Qualifikation. Wenn ein Paar sich überlegt, wer für das Kind zu Hause bleibt, kann man sich das Ergebnis ausrechnen. Und auch wenn Frauen sich bemühen, nach der Babypause wieder ins Berufsleben einzusteigen, wird es schwer für sie. Nach Angaben des Instituts für Arbeitsmarktforschung besteht die Gruppe der rückkehrwilligen, aber erfolglos Arbeitsuchenden zu über neunzig Prozent aus Frauen. Wenn eine Partnerschaft in die Brüche geht, sind es auch überwiegend Frauen, die allein mit dem Kind zurückbleiben – und so gibt es geschätzte 487 strukturelle Gründe mehr.

TD: Siehst du einen Weg, an diesen festgefahrenen Strukturen etwas zu ändern?

KK: Wenn ich jetzt sage: »Da bin ich pessimistisch«, wirfst du mir gleich wieder vor, so »resignativ« zu sein. Drum wage ich mich an ein möglicherweise etwas utopisch klingendes Szenario: Ich glaube, wir müssten wieder zu einer größeren Solidarität finden. Nicht nur gesamtgesellschaftlich, sondern speziell die Frauen untereinander. Diese ganzen Fronten »Frauen mit Kind« gegen »Frauen ohne Kind«, »Berufstätige« gegen »Hausfrauen«, »berufstätige Mütter« gegen »Vollzeitmütter« – das bringt alles nichts. Ich habe ja selbst erlebt, wie ich mich bei der *Bräuteschule*-Geschichte plötzlich mitten im Gefecht »Mütter« – »Kinderlose« wieder fand. Und obwohl in mir tatsächlich die Wut aufsteigt, wenn ich erlebe, wie »Frau« in diesen Tagen auf »Zuchtkuh« reduziert wird, geht es mir nicht darum, Mutterschaft zu entwerten. Es ist ganz bestimmt eine bemerkenswerte und wunderbare Aufgabe, einem kleinen Menschen dabei zu helfen, groß zu werden, ohne Zweifel. Aber allein die Tatsache, dass ich mich genötigt sehe, diesen Satz jedes Mal vorauszuschicken, wenn es um das Thema geht, zeigt ja nur, wie verkrampft und aufgeladen die Lage ist.

TD: Bestand nicht einer der Fehler des klassischen Feminismus gerade darin, dass er die Frauensolidarität überstrapazierte? Reicht die Tatsache, dass ich mit einer anderen Person zufällig das biologische Geschlecht teile, schon aus, um mich mit ihr in besonderer Weiser solidarisch zu fühlen? Und was heißt »solidarisch« in diesem Zusammenhang? Es kann ja wohl nicht meinen, dass ich Blankoverständnis für alle Geschlechtsgenossinnen habe.

KK: Ich will kein Idyll zeichnen, in dem sich alle Eierstockträgerinnen auf Anhieb gut verstehen. Das wäre ja auch wieder ein Biologismus. Aber wir haben vorhin davon gesprochen, dass Frauen lange Zeit zu wenig durchschaut haben, welche Probleme in ihrem Leben tatsächlich individuelle sind. Und welche durch gesellschaftliche Strukturen bestimmt werden. So finden viele Zänkereien, Sticheleien zwischen Frauen statt, die eigentlich politische, gesellschaftliche Kämpfe sind, zum Beispiel die Frage: »Kann eine Frau Vollzeit arbeiten und trotzdem eine ›gute‹ Mutter sein?« Diese Frage geht erstens nicht nur Frauen an, und zweitens ist es völlig verkehrt, das Gefecht auf der privaten Ebene auszuführen. Frauen spielen ihre unterschiedlichen Biografie-Modelle gegeneinander aus und merken nicht, dass es an vielen Stellen sinnvoller wäre, Forderungen an die Männer beziehungsweise die Gesamtgesellschaft zu stellen.

TD: Aber ist es nicht genau diese Diskussion um männliche und weibliche Lebensentwürfe und um gesellschaftliche Verantwortung, die seit einer Weile sehr laut und öffentlich geführt wird?

KK: Tatsächlich ist im Augenblick einiges in Aufruhr. Nur höre ich in dem ganzen Geschrei zu wenig klare Stimmen, die sich für einen emanzipierten Weg einsetzen. Dagegen erlebt das Märchen von den »schöpfungsgewollten« Eigenschaften von Männern und Frauen eine surreale Auferstehung. Die Sehnsucht nach einfachen Lösungen ist groß. Statt darauf hinzuweisen, dass Welt- und Arbeitsmarkt, Partnerschaft und Lebensentwürfe prekär geworden sind für alle, und statt zu überlegen, wie ein Fortschritt aussehen könnte, wird reaktionär geraunt. Während die konkrete Alltagspraxis viele Frauen längst zwingt, so klar und deutlich zu sehen wie lange nicht mehr: Ich muss aufpassen, nicht auf der Strecke zu bleiben.

TD: Wenn du heute zu wenig klare Stimmen hörst, die sich für Emanzipation einsetzen – hast du solche Stimmen früher vernommen?

KK: Innerhalb meiner kleinen privaten Biografie war meine Grundschullehrerin ein wichtiges Vorbild für mich. Sie sah ein bisschen aus wie Gudrun Landgrebe, außerdem war sie die Direktorin, sie war gebildet, modisch, redete nicht wie die Mütter der Klassenkameraden hessisch, sondern hochdeutsch, trug immer Seidenschals, kurz: Sie war in meinen Augen eine glamourös-emanzipierte Erscheinung mitten in Friedrichsdorf im Taunus. Und sie hat immer nach Zigaretten und Kaffee gerochen. Obwohl es ja gerade für ein Kind eher ein herber Geruch ist, mochte ich das unheimlich. Heute noch ist dieser Geruch für mich der Geruch der Emanzipation, der berufstätigen, welterfahrenen Frau. Und eine ältere Journalistin bei der *FAZ* faszinierte mich sehr – allerdings ging ich ihr eher aus dem Weg, weil ich eine diffuse Angst hatte, mich vor ihr zu blamieren. Da habe ich mich schon eher von älteren männlichen Journalisten quasi als Enkelin an die Hand nehmen lassen. Merkwürdig eigentlich.

TD: Allerdings. Hast du eine Idee, warum du dich vor einer erfahrenen Frau mehr »gefürchtet« hast als vor einem erfahrenen Mann?

KK: Vielleicht habe ich mich mit ihr unmittelbarer verglichen und empfand meine eigene Unerfahrenheit deshalb als umso stärker. Vielleicht bin ich auch meiner eigenen Rest-Misogynie aufgesessen, dieser fiesen Ur-Skepsis gegenüber Frauen, die einem letztlich doch von klein auf beigebracht wird. Meine weiblichen Idole stammten eher aus dem Kino als aus dem echten Leben. *Bonnie and Clyde* war ein ganz zentraler Film für mich, ich war zehn, als ich ihn das erste Mal gesehen habe, und von Faye Dunaway auf Anhieb hingerissen. Auch Schauspielerinnen wie Catherine Deneuve und Jeanne Moreau waren wichtig für mich. Und das obwohl alle drei blond sind. Dafür verehre ich die dunkelhaarige Natalie Wood noch heute.

TD: Was hat dich an diesen Frauen fasziniert? Ihre Schönheit? Ihr Können?

KK: Ich würde nicht sagen, dass Natalie die hervorragendste aller Schauspielerinnen ist. Aber sie war als einziges Mädchen in James Deans Jungs-Clique in *Denn sie wissen nicht, was sie tun* dabei, und dafür habe ich sie ins Herz geschlossen. Generell interessiere ich mich für die *Girls with Guns*, die gefallenen Engel, die Vagabundinnen. Und als heterosexuell aufgeschlossene Person interessiere ich mich auch dafür, wie diese Frauen mit Männern zurechtkommen. Oder eben nicht. Kennst du den Hank-Williams-Song »*Ramblin' Man*«? Eine Textstelle ist mein Leitmotiv geworden, und das letzte Wort dichte ich beim Mitsingen einfach um: *I love you baby, but you gotta understand, when the Lord made me, he made a ramblin' wo-man.* Es ist wohl dieses Lebensgefühl der *Ramblin' Woman*, das ich bei den genannten Frauen fand. *Ramblin'* klingt ja ein bisschen wie »rempeln«, sich durchs Leben rempeln. Das gefällt mir. Es ist der Hang zu größtmöglicher Autonomie, allein an einer staubigen Landstraße zu stehen, den Wind im Haar, den Wagemut im Herzen. Das ist nicht nur schön, sondern auch wild und roh und rau. Ja, es sind diese cowgirlhaften, rebellinnenhaften Leinwandbilder, die mich begeistern.

TD: Ich will dir ja nicht zu nahe treten: Aber ich habe dich noch nie im Cowgirl-Outfit herumlaufen sehen, sondern eher im Second-Hand-Minirock …

KK: Schlecht beobachtet, Frau Dorn, ganz schlecht beobachtet! Niemand hat mich je in einem Minirock gesehen! Wenn Rock oder Kleid, trage ich ausschließlich italienische Länge. Das Knie weitgehend bedeckt. Ein entblößter Oberschenkel sagt:

»Nimm mich.« Ein stoffumspieltes Knie sagt höchstens: »Mal sehen.« Am Kostümrock fasziniert mich außerdem, dass er ursprünglich mit dem Bürofräulein assoziiert war, das in die Stadt ging, um Geld zu verdienen. Mit Frauen also, die versuchten, mehr zu sein als bloße Hausfrauen. Für mich sind die 20er- oder später die 60er-Jahre-Frauen spannende Modelle an der Grenze zur Emanzipation – die immer elegant subversiv agieren. Historisch und politisch gesehen war zwischenzeitlich, in den 70ern, die Latzhose notwendig, um sich klar von weiblichen Dresscodes zu distanzieren, die ja immer auch von männlichen Fetischvorstellungen geprägt sind. Doch jetzt kann der Rock vielleicht zurückerobert werden. Oder vielmehr: Der Rock kann nun überhaupt zum ersten Mal erobert werden, von den Frauen selbst, für die eigene Deutung.

TD: Interessanterweise tauchte bislang in der Reihe deiner weiblichen Vorbilder, oder der Frauen, die dich fasziniert haben, noch keine einzige Denkerin oder Schriftstellerin auf …

KK: Da muss ich schlicht antworten: Lange Zeit gab es keine. Schon als ganz junges Mädchen habe ich sehr viel gelesen und festgestellt, dass die spannendsten Bücher scheinbar von Männern geschrieben worden sind: Jack Kerouac, Boris Vian, Jean-Paul Sartre, Bertolt Brecht, Alberto Moravia, John Osborne, George Orwell, Paul Bowles – diese ganze Macker-Literatur habe ich verschlungen. Und dazu habe ich Männermusik gehört. Wobei mich in der Musik merkwürdigerweise weniger die Lederjacken-Machos interessiert haben als eher die weichen, effeminierten Typen wie Boy George, David Bowie, der smarte, gutfrisierte Paul Weller von *Style Council* oder der sensible Morrissey von *The Smiths*.

TD: Warum diese ausschließlich männliche Sozialisation in der Kunst?

KK: Bestimmte Themen wie Autonomie sind eben traditionell stark von Männern besetzt, Stichwort: *Ramblin' Man*. Erst ab zwanzig habe ich verstärkt Autorinnen gelesen. Und dabei ist mir etwas aufgefallen: Der Handlungsradius in den Büchern von Autorinnen ist tatsächlich oft auffallend kleiner als in Männerbüchern. Marlen Haushofer etwa bewegt sich literarisch in den sprichwörtlichen eigenen vier Wänden, innerhalb der Sphäre von Heim und Herd. Marieluise Fleißer lässt ihre Protagonistinnen das Fegefeuer in Ingolstadt durchleben, nicht in Birma. Ich glaube, diese Geschichten von weiblichem Eingesperrtsein und weiblichem Scheitern haben mich anfangs weniger interessiert, weil ich mich bis zu meinem feministischen »Coming Out« schlicht nicht als Frau wahrgenommen habe.

TD: Das musst du mir erklären …

KK: Natürlich war mir klar, dass ich rein biologisch gesehen dem weiblichen Geschlecht angehöre. Aber ich habe mich lange nicht »als Frau« gefühlt, sondern einfach als Mensch. Und da fand ich mich gerade in meiner Adoleszenz mit all den Ausbruchs- und Freiheitsidealen im Kopf in den Konflikten, die männliche Künstler in ihren Texten beschreiben, viel eher wieder als in den klassischen weiblichen Kämpfen, wie sie in den Büchern zahlreicher Autorinnen geschildert werden.

TD: Dann wäre an dem Vorwurf ja doch etwas dran, dass Frauen lieber über die kleinen bescheidenen Indoor-Themen schreiben, während sich Männer mit ihren Büchern in die weite, harte Welt hinauswagen?

KK: Begrenzte Spielräume verweisen nicht unbedingt auf die Feigheit oder das Unvermögen von Autorinnen, wie manch ein Verfechter des Männlichkeitskults in der Literatur gern behauptet. Begrenzte Spielräume verweisen immer auf Machtverhältnisse, auf verbotenes oder vermintes Gelände. Sie verweisen auf all die Spielräume, in denen Frauen eben nicht vorkommen oder vorkamen: Politik, Krieg, Hochfinanz. Und viele Autorinnen erzählen vom Ringen, die eigenen Spielräume zu erweitern. Deshalb ist es Unsinn zu behaupten, Welthaltigkeit beginne – und am besten auch noch automatisch – dort, wo Blut fließt oder einer im Feindesland durch den Matsch robbt. Es ist lächerlich, Literatur nach einem Maschinen-Gewehr-Index zu bewerten. Im Übrigen ist das »weibliche« Schreiben an den Grenzen der eigenen Spielräume entlang durchaus riskant. Vor allem, wenn Schreiben und Leben eng zusammenfallen. Irmgard Keun etwa wurde zeitlebens unterschätzt und versauerte – angeblich dem Alkohol sehr zugetan – in einem Reihenhaus in Köln-Braunsfeld. In den 20er und 30er Jahren verspielte Else Lasker-Schüler ihren Ruf in der männlich dominierten Bohème, weil sie zetern und maulen konnte wie ein Mann, weil sie sich selbst »Prinz von Theben« nannte und wütende Pamphlete gegen ihre Verleger veröffentlichte. Wenn ein Mann rot sieht und durchknallt, ist er ein Tramp, ein Cowboy, ein einsamer Held. Wenn eine Frau auf den Putz haut und aus der Bahn fliegt, ist sie wahlweise eine hysterische oder eine frustrierte Kuh. Und daran hat sich bis heute leider wenig geändert.

TD: Woher kommt es, dass du dich so sehr mit Autorinnen der Weimarer Zeit beschäftigst? Auch deine Erzählung *Fortschreitende Herzschmerzen bei milden 18 Grad* scheint mir inspiriert von einem Buch, das 1932 ein großer Erfolg war, aber mittlerweile doch eher in Vergessenheit geraten ist: *Das kunstseidene Mädchen* von der bereits erwähnten Irmgard Keun.

KK: Ich weiß gar nicht, ob ich mich konkret vom *Kunstseidenen Mädchen* habe inspirieren lassen. Der Aufbruch des Provinzmädchens – oder auch des Provinzjungen – in die große Stadt, sein Traum vom Glücksrittertum und die Gefahr, mit diesem Traum unterzugehen, ist ein alter Topos. Aber in der Tat erzählen besonders viele Autorinnen und Autoren im frühen 20. Jahrhundert diese Geschichte wieder, nicht nur Irmgard Keun, auch Lasker-Schüler, Fleißer oder Arthur Schnitzler in *Fräulein Else*. Sie beschreiben, wie der oder die Einzelne vor der großen Maschine namens »Stadt« steht, die faucht, spuckt und stinkt, aber auch glitzert und Erlösung verspricht. Und dieses Motiv ist für mich in keiner Weise »historisch«, sondern ein ganz zentrales sowohl für meine Biografie als auch für unsere heutige Welt. Du weißt, wie oft ich selbst umgezogen bin. Und wir erleben, was für ein Exodus sich derzeit aus den neuen Bundesländern vollzieht. Interessanterweise sind es in der Mehrzahl die jungen Frauen, die aus Pirna oder Mittweida aufbrechen und woandershin gehen. Es gibt längst die Tendenz zum Männerüberschuss in strukturschwachen ostdeutschen Gebieten, die Soziologie spricht von weiblichen »Nestflüchtern« und männlichen »Nesthockern«.

TD: Ist dieser Geist des Aufbruchs, der Sog der Metropolen die einzige Parallele, die du zwischen dem frühen 20. und dem frühen 21. Jahrhundert siehst?

KK: Auch an der Geschlechterfront lassen sich die Zeiten durchaus vergleichen: Damals wurde die Gesellschaft durch Frauen erschüttert, die sich »*Flapper*« nannten, die Haare abschnitten und in die Stadt gingen, um eigenes Geld zu verdienen und die Nächte durchzutanzen. Und heute scheinen einige Mitglieder unserer Gesellschaft erschüttert zu sein, weil Frauen die Regierungsgeschäfte und manch ein mittelständisches Unternehmen übernommen haben oder Fußballweltmeisterinnen sind. Mir ging es in den *Herzschmerzen* darum, eine Geschichte zu erzählen, die zeigt, dass es immer welche gibt, die mitspielen dürfen im großen Zirkus der prächtigen neuen Möglichkeiten – und welche, die auf der Strecke bleiben. Die auf der Strecke bleiben sind oft diejenigen, die die Codes nicht kennen, die nicht die richtigen Anpassungstricks auf Lager haben, die jenseits der eitlen Feuilleton-Debatten stehen, die nicht mitreden können. Der Soziologe Pierre Bourdieu sprach in den 80er Jahren vom »Kultur-Kapital« – das man eben hat, oder qua Klassenzugehörigkeit nicht hat. Ich denke, Frauen sind oft doppelt neu, doppelt fremd und doppelt alleine, einfach, weil sie mit Machtstrukturen konfrontiert werden, die auch über das Geschlecht definiert sind.

TD: Die New Yorker Schriftstellerin Dorothy Parker stieß vor mittlerweile über achtzig Jahren den berühmten Stoßseufzer aus: »Bitte, Gott, lass mich schreiben wie ein Mann!« Kannst du diesen Stoßseufzer nachvollziehen?

KK: Extrem gut! Wenn ich am Schreibtisch sitze, denke ich sehr oft etwas Ähnliches, nämlich: »Lieber Gott, lass es einfach ein *Buch* werden, und kein *Frauenbuch*.« Wobei ich vielleicht weniger Angst davor habe, ein »Frauenbuch« zu schreiben, als vielmehr davor, dass meine Bücher als »Frauenbücher« vermarktet und rezipiert werden. *Generation Ally* bekam vom Verlag ein pinkfarbenes Cover mit Handtäschchen verpasst, es wurden T-Shirts gedruckt, und die Frauenzeitschriften waren ganz verliebt in die Stellen, an denen Caipirinhas, *After Work Clubs* und Kuhfell-Bettwäsche vorkamen, während die Literaturkritik genau diese Punkte *Bäh* fand – und willentlich überlas, dass die Themen, die uns heute beschäftigen wie Job-Krise, neuer Trend zur Mutterschaft, Verschärfung der Klassenlagen, in diesem Buch bereits vorkommen. *Generation Ally* wird von den Buchhändlerinnen mit Vorliebe in die Regale »Frauen«, »Psychologie« oder vielleicht sogar noch »Gesundheit« einsortiert, während ein Buch wie *Generation Golf*, in dem ein junger Mann über seine Kindheit mit Scout-Schulranzen, Fußballschuhen und

Mädchenküssen schreibt, im geschlechtsübergreifenden Segment »Gesellschaftsliteratur« landet.

TD: Über mangelnden Verkaufserfolg kannst du dich bei *Generation Ally* ja nun wahrlich nicht beklagen …

KK: Und das ist exakt das, was mich womöglich noch mehr erschreckt. Das Signet »Frauenbuch« ist häufig ein sehr erfolgreiches Marketing-Label, aber es beinhaltet auch eine gewisse Herabwürdigung, eine Verniedlichung und ist letztlich ein Verharmlosungsinstrument. Ich habe daraus gelernt. Heute würde ich mich gegen einen solchen Titel und eine solche Verpackung wehren. Ich habe kapiert, dass du auch als Autorin doppelt und dreifach vor Verniedlichung auf der Hut sein musst.

TD: Würdest du dich der These anschließen, dass jeder gute Autor gewissermaßen Mann und Frau gleichzeitig sein muss? Dass echte Literatur eigentlich nur von Menschen geschrieben werden kann, die in ihrem Kopf und Herzen beide Geschlechter tragen?

KK: Auch wenn Flaubert sich später nicht mehr so recht daran erinnern wollte, hat er den schönen Satz gesagt: »*Madame Bovary, c'est moi.*« Wobei ich in letzter Zeit feststelle, dass ich mich schwer tue, männliche Hauptfiguren zu schreiben. In meinen Zwanzigern, wo ich ebenso begeistert wie erfolglos Drehbücher verfasste, gab es bei mir nur männliche Protagonisten. Was sicher damit zu tun hatte, dass ich mich eben hauptsächlich mit von Männern hervorgebrachter Kunst identifizierte. Und vielleicht musste ich mit *Ally* und *Herzschmerzen* erst einmal Bücher mit weiblichen Protagonisten schreiben, um einen gedanklichen Knoten bei mir zu lösen. Mittlerweile vertrete ich den radikalfeministischen Standpunkt, der sagt: »Männer« und »Frauen« sind ein gesellschaftliches Konstrukt. Und in diesem Sinne habe ich erkannt, dass auch ich zur »Frau« konstruiert worden bin. Deshalb geht es mir in meinen Büchern heute weniger darum, die Welt aus der Perspektive des Konstrukts »Mann« zu sehen und zu beschreiben, sondern eher darum, die soziale Konstruiertheit von Geschlecht offenzulegen. Der nächste Schritt im Schreiben könnte sein, die Utopie zu schildern: Wie wäre es, wenn Freiheit erreicht wäre? Wenn es keine »Männer«- und »Frauenleben« mehr gäbe? Aber im Grunde wäre das dann Science Fiction.

TD: A propos Science Fiction: Was wünschst du dir für deine Zukunft?

KK: Für mein eigenes kleines Leben habe ich eine gewisse Autonomie hinbekommen. Ich bin frei von einem festen Arbeitgeber und frei von einem festen Partner. Beides womöglich nur vorläufig. Aber im Augenblick gefällt es mir, wie es ist. Ich habe die Macker-Bilder im Kopf, *On the Road* zu sein wie Jack Kerouac. Gleichzeitig sehe ich die adretten Kostüme der eingepferchten Bürofräuleins vor mir und trage Nylonstrümpfe. Ich war mal Wettkönigin in einer Fußball-Tipperliga der Kickers Offenbach. Und ich schmücke meine Wohnung gern mit Blumen und zupfe dann manchmal die Blüten zurecht – wie eine »echte Frau«. Ich bin der Typ, der sich ungern sagen lässt, wo es lang geht, und ich weiß, welchen historischen Umständen ich zu verdanken habe, dass ich so leben kann. Und schreiben möchte ich als kompletter Mensch. Die tagesaktuelle Klassifizierung in »Männerliteratur« und »Frauenliteratur« überlasse ich dann gern denjenigen, die mit ihrer Klugheit nichts anderes anzufangen wissen.

TD: Liebe Katja, ich danke dir für das Gespräch.

MAYBRIT ILLNER

Jahrgang 1965. TV-Moderatorin.

Es war ein trister Abgeordnetenhauswahlkampf, den Berlin im Herbst 2001 erlebte. Die vom Bankenskandal gebeutelte CDU hatte den ebenso niveau- wie glücklosen Frank Steffel ins Rennen geschickt, der glaubte, Sympathien zurückerobern zu können, indem er sich auf die sexuelle Orientierung des Spitzenkandidaten der SPD einschoss. Klaus Wowereit dagegen schätzte seine Berliner richtig ein – er erklärte gut gelaunt: »Ich bin schwul. Und das ist auch gut so!« Und seine Popularität setzte zu einem Höhenflug an, den auch kein Mangel an inhaltlich-politischer Programmatik mehr aufhalten konnte.

Eines schönen Donnerstagabends waren die beiden Streithähne bei *Berlin Mitte* zu Gast. Mit kaum verhohlenem Grinsen las Maybrit Illner die gröbsten verbalen Entgleisungen Steffels vor, um diesen anschließend zu fragen, ob er nicht das Gefühl hätte, sich bei Klaus Wowereit entschuldigen zu wollen. Steffel lehnte ab. Dann verlas Maybrit Illner die Invektiven, mit denen Wowereit sich an seinem Kontrahenten schadlos gehalten hatte – bis sie die Notizkarten sinken ließ, Wowereit anblickte und sagte: »Na, Sie sind mir aber auch einer.« Durch diese elegant-schlichte Einleitung war das Niveau des bisherigen Wahlkampfs bloßgelegt, der Versuch, beiden Politikern doch noch Inhaltliches zu entlocken, konnte beginnen.

Vielleicht hat Maybrit Illner den gelassen-ironischen Ton, mit dem sie »ungezogene« Politiker an die kurze Leine zu nehmen vermag, bei ihrer Mutter gelernt, die eine begeisterte und beliebte Lehrerin war. Maybrit Illner, geborene Klose, wächst in Ostberlin auf, der Vater ist Ökonom, der Bruder elf Monate älter als sie. Die Kloses sind eine sportbegeisterte Familie, und so ist es nicht verwunderlich, dass Maybrits erstes Berufsziel lautet: Sportreporterin. Ihr Traum ist es, den olympischen Marathon so zu kommentieren, dass kein Zuschauer sich traut, aufs Klo zu gehen. Doch zunächst muss sie den in der DDR vorgeschriebenen Weg einschlagen: Nach dem Abitur macht sie ein einjähriges Volontariat in der Sportredaktion des DDR-Fernsehens in Berlin-Adlershof, von 1984 bis 1988 studiert sie Journalistik in Leipzig. Im Studium lernt sie, wie man eine halbstündige Reportage über ein Ahornblatt macht, ohne zu langweilen. Trotz dieses handwerklichen Könnens darf sie nach ihrem Abschluss immer noch keinen olympischen Marathon kommentieren, sondern muss von sportlichen Highlights wie den DDR-Meisterschaften im Orientierungslaufen berichten. 1988 heiratet sie den Drehbuchautor und späteren Grimme-Preisträger Michael Illner.

Nach der Wende wechselt Maybrit Illner in die Auslandsredaktion, liefert Reportagen aus London und Paris, moderiert das Reisejournal *Azur* und das *Abendjournal*, bis im Herbst 1991 der Deutsche Fernsehfunk, das Nachwende-Fernsehen der DDR, eingestellt wird. Obwohl Maybrit Illner gern den Satz von Daniela Dahn zitiert: »Die DDR war zu Ende, als sie anfing, Spaß zu machen«, trauert sie nicht lange, sondern schickt ein Bewerbungsvideo mit Arbeitsproben ans ZDF. Nur wenige Monate später wird sie Moderatorin beim *Morgenmagazin*, dessen Leitung sie im Oktober 1998 übernimmt. Exakt ein Jahr später startet schließlich *Berlin Mitte*, Maybrit Illners eigenes Polittalkformat, das demnächst zum dreihundertsten Mal über den Bildschirm gehen wird. Im Jahr 2000 erhält Maybrit Illner den Hanns-Joachim-Friedrichs-Preis für kritischen und unabhängigen Fernsehjournalismus, 2002 den Bambi, 2003 den Bayerischen Fernsehpreis, 2002 und 2004 den Deutschen Fernsehpreis, zuletzt für die beste Informationssendung. In den Bundestagswahlkämpfen 2002 und 2005 ist sie eine der vier Moderatoren der »Kanzlerduelle«. Im Juni 2003 reist sie als Botschafterin für das Deutsche Rote Kreuz in den Irak, 2004 nach Pakistan.

Zu unserem Gespräch treffe ich Maybrit Illner in ihrem ZDF-Büro in Berlin Mitte. An der einen Wand steht ein mobiler Kleiderständer mit den »Kostümen« für die Sendung. Im Regal auf der anderen Seite drängen sich die Preise und Auszeichnungen. Neben dem Goldenen Bambi stehen Fotos der Eltern.

TD: Im Kanzlerinnenherbst 2005 haben Sie das Buch *Frauen an der Macht* herausgegeben. Sie haben 21 Politikerinnen und andere einflussreiche Frauen von Rita Süssmuth über Renate

Künast bis Liz Mohn gebeten, »aus der Wirklichkeit zu berichten«, also zu erzählen, wie ihre Karrieren verlaufen sind und auf welche Hindernisse sie als Frauen immer noch stoßen. Was hat Sie dazu gebracht, ein »Frauenbuch« zu machen? Ich hätte nicht gedacht, dass Maybrit Illner ein Herz für Frauenfragen hat …

MI: (Lacht.) Mein Herz ist groß … In gewisser Weise war das Buch für mich eine Entdeckungsreise. Aber es stimmt, ich hatte nie das Bedürfnis, mich bei allen Frauen unterzuhaken und singend und männermeuchelnd in die Emanzipationsschlacht zu ziehen. Jegliche feministische Sicht der Welt war mir fremd. Die Frage: »Und wie sehen Sie das als Frau?« – die mir übrigens fast ausschließlich von Interviewerinnen gestellt wird – hat mich lange irritiert. Denn dahinter steht ja häufig der Gedanke, dass man als Frau einen spezifischen Blick auf Dinge entwickelt, weil man zum unterdrückten, notorisch benachteiligten Geschlecht gehört. So habe ich mich selbst nie empfunden – was sicher biografische Ursachen hat. Im Allgemeinen wurde es in der DDR nicht als Schicksalsschlag empfunden, als Frau geboren zu werden. Darüber hinaus hatte ich das Privileg, das Kind einer selbstbewussten Mutter und eines völlig undespotischen Vaters zu sein. Insofern war meine »weibliche Sicht« auf die Welt nicht geprägt durch trotzige Selbstbehauptung, Geschlechterkämpfe oder Rollenzuweisungen. Und auch in meiner beruflichen Laufbahn musste ich nie die Erfahrung machen, dass ein Mann versucht hätte, mich zurückzupfeifen, nach dem Motto: »Maybrit, Mädchen, lass mal, das ist nur was für Jungs.« Im Gegenteil: Männern habe ich wichtige Chancen zu verdanken, und die habe ich nicht vermasselt.

TD: Also warum dann ein Frauenbuch?

MI: Natürlich blieb auch mir nicht verborgen, dass die oberen Machtetagen unserer Gesellschaft nach wie vor fast ausschließlich von Männern bevölkert werden. Bei unseren Redaktionstreffen gibt es das beliebte Quiz: »Und wo ist die Frau?« – wenn wir die Besetzung unserer Talk-Runde diskutieren, und mal wieder keine Frau im Angebot ist. Ich hoffe von ganzem Herzen, dass ich den Tag noch erlebe, an dem wir uns in der Konferenz fragen müssen: »Und wo ist der Mann?« Allein mir fehlt der Glaube. Ein paar Journalisten können kein gesellschaftliches Problem lösen. Und wenn wir uns bemühen, mehr als eine Frau in die Runde einzuladen, könnte man unserer Sendung sogar den »Vorwurf« machen, dass wir die realen Geschlechter- und Machtverhältnisse beschönigen.

TD: In ihrem Buch *Frauen sehen besser aus* formulieren Barbara Sichtermann und Andrea Kaiser genau diesen Verdacht, nämlich dass das deutsche Fernsehen eine Art »Emanzipationsfassade« errichtet hat. Gemeint ist, dass überproportional viele Frauen auf dem Bildschirm in verantwortlicher Funktion zu sehen sind, während hinter den Kulissen die eigentlichen Strippen der Macht immer noch von Männern gezogen werden.

MI: Es gibt in der Tat nur eine einzige ARD-Intendantin, und es gab noch keine ZDF-Intendantin. Stimmt. Und es gibt auch noch zu wenige Chefredakteurinnen und Direktorinnen. Stimmt. Aber es entwickelt sich. Und zumindest in meinem Bereich, dem Politik-Journalismus, werden Frauen ja nicht nur als Programmkellnerinnen eingeflogen. Journalistinnen, die derzeit im öffentlich-rechtlichen Fernsehen als *Anchorwomen* von Nachrichtensendungen, Magazinsendungen oder Gastgeberinnen von politischen Talkshows arbeiten, tragen in der Mehrzahl eine entsprechende redaktionelle Verantwortung. Und außerdem sehen wir natürlich wirklich besser aus.

TD: Ist die Situation in der Politik selbst besser oder schlechter?

MI: Die Politik ist – nicht zuletzt dank der Quoten – ein Bereich, in dem es vergleichsweise viele einflussreiche Frauen gibt. Da, könnte man vermuten, fallen Männer nicht mehr gleich aus allen Wolken, wenn eine Frau mal auf dem Pilotensitz Platz nimmt. Andererseits gibt es gerade in der Politik hier und da auch Verhältnisse wie zu Zeiten des Sonnenkönigs.

TD: Sie haben gesagt, Ihr Buch war eine Entdeckungsreise. Was genau haben Sie auf dieser Reise entdeckt?

MI: Krista Sager, die stellvertretende Fraktionsvorsitzende der Grünen im Bundestag, hat eine Beobachtung gemacht, die ich sehr interessant fand, weil sie sich mit meinen persönlichen Erfahrungen nicht unbedingt deckt, nämlich dass Männer Frauen als Konkurrentinnen gar nicht »auf dem Zettel« haben. Weil Männer ihre Position immer nur im Verhältnis zu anderen Männern definieren, sich nur an Männern messen und ihre Machtstrukturen an Frauen vorbei etablieren. Wenn dann plötzlich eine auftaucht, die – wie Angela Merkel – diese Strukturen zu nutzen weiß und alle hinter sich lässt, stehen die Männer da und reiben sich ungläubig die Augen.

TD: Wenn ich mich recht erinnere, haben sich die Männer im letzten Sommer aber nicht nur die Augen gerieben. Sie waren eifrig dabei, Beine zu stellen …

MI: Stimmt, manche Politikerinnen berichten von einer zweiten, eher ernüchternden Erfahrung: Männer neigen zu Unsportlichkeit, wenn sie zu ahnen beginnen, dass ihnen eine bestimmte Frau Konkurrenz machen könnte. Die inhaltliche Auseinandersetzung wird mehr und mehr ersetzt durch persönliche und diskriminierende Anwürfe. Das mussten Frauen wie Annemarie Renger oder Hildegard Hamm-Brücher in den 50er und 60er Jahren erleben, und leider blieb diese Erfahrung auch später Politikerinnen nicht erspart. Denken Sie an Rita Süssmuth, Irmgard Adam-Schwätzer oder auch Heide Simonis. Am krassesten war das wohl zu sehen, als Annette Schavan sich im letzten Jahr um das Amt der Ministerpräsidentin in Baden-Württemberg bewerben wollte. Plötzlich wurde in einem anzüglichen Ton darüber berichtet, dass sie ja nur mit Frauen »könne«. Wenn Frauen auch nur mit anderen Frauen zusammen *gesehen* werden, bekommt das gleich *un certain goût*. Annette Schavan schrieb sehr ehrlich darüber. Klar, ab einer bestimmten Position hat man nur noch Neider – oben wird die Luft dünn –, aber angesichts einer wachsenden Zahl von weiblichen Bewerbern muss »Mann« ja nicht gleich die Nerven verlieren, oder?

TD: Hat Ihr Unmut auch einen persönlichen Hintergrund? Im März dieses Jahres waren Sie zusammen mit sechs anderen Medienfrauen auf der Titelseite der *Bild*-Zeitung zu sehen. Darunter stand die Schlagzeile: »Deutschlands Superfrauen – Ohne Kinder mehr Erfolg«.

MI: Natürlich hatte die Titelseite etwas Denunziatorisches, aber wichtiger ist wohl die gesellschaftliche Debatte überhaupt. Diese Story wurde ja nicht im luftleeren Raum ausgeheckt, sondern sie ist Ausdruck einer Tendenz. Schon seit einer Weile grassiert das absurde Gefühl, die deutsche Öffentlichkeit hätte einen Anspruch darauf zu erfahren, warum sich eine Frau für oder gegen Kinder entscheidet. Eine Zeit lang habe ich in Interviews auf die Standardfrage, warum ich keine Kinder habe, ironisch geantwortet, dass meine 14 Sprösslinge ja noch kommen können, und ich in jedem Fall rechtzeitig Bescheid gäbe ... Natürlich muss die Politik, die Gesellschaft sich fragen, warum sich in Deutschland weniger Frauen für Kinder entscheiden als beispielsweise in Frankreich oder Schweden. Dann wird man nämlich zu der brandneuen Erkenntnis kommen, dass es in diesen Ländern deutlich bessere Strukturen gibt, die Berufstätigkeit und Muttersein vereinbar machen. Aber auf der individuell-persönlichen Ebene sollte jede Frau – und jeder Mann – die Frage nach der Kinderlosigkeit eigentlich von sich weisen und sagen: »Es hat euch, verdammt noch mal, nicht zu interessieren!«

TD: Die DDR gehörte zu den Ländern, in denen Berufstätigkeit und Muttersein deutlich besser zu vereinbaren waren, als in der alten beziehungsweise in der wiedervereinigten Bundesrepublik. Ich habe den Verdacht, dass dies allerdings weniger damit zu tun hatte, dass der DDR die Gleichberechtigung von Mann und Frau stärker am Herzen gelegen hätte, sondern dass sie zur Aufrechterhaltung ihrer Planwirtschaft eben jede Arbeitskraft, sei sie männlich oder weiblich, brauchte. Interessanterweise hatten selbst die Nazis trotz ihrer Mutterideologie kein Problem damit, Mütter in die Rüstungsfabriken zu schicken, sobald die Arbeitskräfte dort knapp wurden. In Westdeutschland dürfte es die umfassendste Ganztagskinderbetreuung zur Zeit des Zweiten Weltkriegs gegeben haben.

MI: Vielleicht können wir uns darauf einigen, dass es den Nazis nun wirklich nicht um die Emanzipation der Frau ging, sondern um die europaweite Herrschaft der »Herrenrasse«. Und was die DDR anlangt – da wüsste ich jetzt langsam gerne mal, was nun stimmt: Hatte die (a) eine hohe versteckte Arbeitslosigkeit oder brauchte sie (b) zur Aufrechterhaltung der Planwirtschaft so viele Menschen, dass sie notgedrungen Kindergärten gebaut hat? Was die *aktuelle* Hysterie in Sachen Geschlechterrollen angeht, bin ich überzeugt davon, dass sie entscheidend mit der hohen Arbeitslosigkeit zu tun hat. Schon vor Jahren gab es ja die schicke Formulierung von der »fatalen Erwerbsneigung der Frau«, sprich: Wenn die Frauen wieder daheim blieben, hätten wir keine fünf Millionen Arbeitslosen mehr. Sobald es in der Gesellschaft wirtschaftlich eng wird, ist man schnell dabei, die

Schuldigen auszumachen: Mal sind es die »Ossis«, die nur kosten und nichts zahlen; immer wieder sind es die »Ausländer«, die den Deutschen die Arbeitsplätze wegnehmen oder die Löhne verderben; im vergangenen Jahr waren es die »Alten«, die den Löffel nicht abgeben wollen. Und jetzt sind es die »egoistischen Karrierefrauen«, die die armen Männer aus der Arbeitswelt verdrängen und mit ihrem »Gebärstreik« außerdem noch dafür sorgen, dass die Deutschen aussterben und ihre Rentenkassen leer sind. In unsicheren Zeiten sucht man halt Sündenböcke. Banal aber wahr: Ich halte es für sehr bedenklich, wenn all das auf dem Rücken anderer, jetzt eben auf dem Rücken der Frauen, ausgetragen wird. Diese ganze »Debatte« von Frank Schirrmacher bis Eva Herman, denen zufolge sich Frauen wieder aufs Kinderkriegen und die häuslich-soziale Sphäre beschränken sollen, kommt mir wie ein riesiger Testballon vor, nach dem Motto: »Mal gucken, wie unsere lieben Landsleute so reagieren.«

TD: Und wie reagieren sie so?

MI: Der Kampf ist noch nicht entschieden. Es gibt Leute, die den *Rollback* versuchen – sei es, weil sie sich ihrer eigenen Rolle als Mann oder Frau nicht mehr sicher sind, sei es, weil sie tatsächlich reaktionäre Rollenvorstellungen haben. Der Schriftsteller Jurek Becker hat gesagt: »Solange sich der Westler nicht vorstellen kann, dass er genauso gut der Ostler sein könnte, der ihm vis-à-vis steht – ohne lachen zu müssen! – solange haben wir die Einheit noch nicht geschafft.« Dieser Satz lässt sich auf Männer und Frauen übertragen: »Solange sich der Mann nicht vorstellen kann, dass er genauso gut die Frau sein könnte, die ihm vis-à-vis steht – ohne lachen zu müssen! – solange haben wir die Gleichberechtigung noch nicht geschafft.« Der eine fühlt sich überlegen, weil er zufällig im Westen, der andere fühlt sich überlegen, weil er zufällig als Mann geboren wurde. Beide Male führt dieses äußerst bröckelige Überlegenheitsgefühl schnurstracks in die Sackgasse.

TD: Und so wie die »Wessis« keine Neugier auf das hatten, was die »Ossis« außer dem Ampelmännchen in ein vereintes Deutschland hätten »einbringen« können, haben die Männer zu wenig Neugier auf das, was die Frauen in ihre Männerrepublik »einbringen« könnten?

MI: Männer bestimmen seit Jahrtausenden die Spielregeln in der Berufswelt, in der Politik, im öffentlichen Leben. Seit einigen Jahren dringen nun vermehrt Frauen in diese Bereiche vor und signalisieren, dass sie die eine oder andere Spielregel verändern wollen. Und viele Männer reagieren nicht kooperativ nach dem Motto: »Aha, interessant, vielleicht können wir uns von den Mädels ja tatsächlich was abgucken« – sondern aktivieren Abwehrmechanismen. Wenn Frauen überhaupt als Mitspielerinnen erwünscht sind, dann bitte nur nach den etablierten Regeln. Dabei ist es ja nun wahrlich nicht so, dass die männlich geprägte Berufswelt die beste aller möglichen wäre und keine Spielräume für Veränderungen böte. Ich kann Ihnen gar nicht sagen, wie froh und dankbar ich bin, dass ich in meinem beruflichen Umfeld mit Männern zu tun habe, die es nicht als Bedrohung empfinden, sondern als Bereicherung, wenn sie an Konferenztischen nicht länger unter sich, sondern zusammen mit Frauen sitzen.

TD: Können Sie ein paar der Spielregeln nennen, die Frauen in der Politik, im Wirtschaftsleben oder auch im Journalismus verändern wollen?

MI: Unsere Redaktion beispielsweise funktioniert nach der Devise: »Die Sendung ist der Boss.« Auch wenn da nominell der eine wichtiger sein mag als der andere, haben wir keinerlei Interesse daran, künstliche Hierarchien aufzubauen. Es ist zwar fast schon ein Klischee, aber auch die Erfahrungen von den Frauen in meinem Buch bestätigen es: Frauen arbeiten lieber in flachen Hierarchien und damit – sorry – wohl sachorientierter! Ein weiterer zentraler Punkt, in dem Männer und Frauen sich unterscheiden, ist der Tunnelblick in Sachen Beruf. Frauen definieren sich nicht ausschließlich über ihren Job. Sie möchten außer ihrem Berufsleben noch einen unabhängigen Freundeskreis und/oder eine Familie haben. Deshalb berichten viele Politikerinnen – vor allem, wenn sie Kinder haben –, wie sie intern darum kämpfen, dass die wirklich wichtigen Entscheidungen nicht um 23 Uhr 30 in der Kneipe fallen, sondern dass der Arbeitstag um 19 Uhr 30 tatsächlich zu Ende ist. Ein weiteres Feld, das ich spannend finde, ist die Performanz. Männer können cholerische Auftritte hinlegen und anschließend als stolzer 19-Ender durchs Revier ziehen. Eine Frau dagegen schindet durch Brüllen niemals Eindruck, sondern wird einfach nur für hysterisch gehalten. Vielleicht nehmen Männer diese Erkenntnis ja zum Anlass, auch hinter die Überzeugung ein Fragezeichen zu setzen, dass Brüllen sexy macht.

TD: Frank Schirrmacher hat 2003 in seinem Artikel *Männerdämmerung* geschrieben, dass im deutschen Fernsehen der Polit-Talk nun fest in Händen von Frauen ruhen würde, die nicht mehr hart zur Sache gingen, sondern als wohl erzogene Gastgeberinnen nur noch ausgleichend vermittelten.

MI: Das halte ich mit Verlaub für kompletten Unfug. Ich kann mich hier nur zu meiner Sendung äußern, und da darf ich mit bestem Gewissen sagen: *Berlin Mitte* ist kein Vermittlungsbüro. Ausrufezeichen! Noch nie haben wir ein kontroverses Gespräch in Harmoniesoße ertränkt, nach dem Motto: »Bitte, bitte, einigt euch, und zwar schnell.« Aufgabe so einer Sendung ist es gerade nicht, zu vermitteln oder zu verbinden, sondern Interessenskonflikte offenzulegen. Das muss man nur nicht immer mit martialischer Rhetorik machen. Ich verstehe mich nicht als Scharfrichterin, die erst zufrieden ist, wenn alle ihre Gäste einen Kopf kürzer aus der Sendung herausschleichen. Bei mir werden nicht Menschen in Frage gestellt, sondern maximal eine politische Idee. Die Fragestellung, unter der wir die Sendung machen, lautet: »Politiker, Lobbyist, Partei – in wessen Interesse machst du welchen politischen Vorschlag oder bekämpfst ihn?« Danach können wir, kann der Zuschauer die Lösungen, die er angeboten bekommt, besser beurteilen. Und zweitens gilt: Keine Pöbelei! Die zentrale Funktion von Medien in einer Demokratie besteht für mich darin: Wir sind diejenigen, die den Politikern auf die Finger *schauen*, nicht auf die Finger *hauen*. Ich frage mit aller Hartnäckigkeit, aber ohne Killerinstinkt. Wir beobachten Politik, wir machen keine. Wenn manch ein Journalist das anders sehen will, ist das eben sein Berufsverständnis. Und die Einstellung der neutralen Beobachterin schließt im Übrigen eine andere Unsitte aus: Mit den Mächtigen zu kungeln!

TD: Es ist ein offenes Geheimnis, dass Sabine Christiansen, Alice Schwarzer, Sie und andere einflussreiche Journalistinnen in diesem Land eine Art Netzwerk gegründet haben. Ist das nicht auch eine Form von Kungelei?

MI: Langsam, langsam! Zu glauben, man wäre die Einzige, die auf dieser Welt mit diesem und jenem Problem konfrontiert ist,

ist absurd. Deshalb ist es wichtig, sich von Zeit zu Zeit mit Kolleginnen zu treffen, um Erfahrungen auszutauschen. Das hat nun aber gar nichts damit zu tun, dass Politiker Journalisten die Steigbügel halten oder umgekehrt. Generell bin ich die Letzte, die sagt, dass Frauenseilschaften die richtige Antwort auf bestehende Männerseilschaften sind. Ich will die Jungs auch nicht zwecks Umerziehung ins Bootcamp schicken. Ich glaube lediglich, dass männliche und weibliche Intelligenzen und Emotionen sich interessant ergänzen, und es deshalb immer produktiver ist, wenn Männer und Frauen zusammen, statt gegeneinander arbeiten. Aber natürlich braucht es dazu auch Männer, mit denen »Frau« das kann. Manchem Mann, dessen Hirnstübchen noch etwas altmodisch möbliert ist, würde man da gern zurufen: »Es tut echt nicht weh, und am Ende könnte es allen nutzen. Auch euch!«

TD: Wir haben bereits darüber gesprochen, was Männer von Frauen lernen können. Was können umgekehrt Frauen von Männern lernen?

MI: Frauen sind grandios darin, ständig zu antizipieren, was schiefgehen könnte, und mit großer Ausdauer zu reflektieren, was alles schiefgegangen ist, wie schrecklich sie an irgendeinem Punkt versagt haben, und dass sie in Wahrheit doch viel mehr können. Das machen Männer einfach nicht. Die sagen: »Okay, abgehakt, der Problembär ist mir entwischt; auf was mache ich als nächstes Jagd?« Männer haben eine viel sportlichere Art, mit Niederlagen und Misserfolgen umzugehen.

TD: Haben Sie das wirklich? Ich möchte an den Ausspruch von Oliver Kahn erinnern, den er gemacht hat, nachdem die Deutschen 2002 im WM-Endspiel gegen Brasilien verloren hatten: »Wer im Sport verlieren kann, hat im Sport nichts verloren.«

MI: Ja, Olli ist eben ein ganz Harter! (Lacht.) Wie gesagt: Pauschalisierungen sind tückisch, dennoch: Frauen haben einen deutlich stärker ausgeprägten Hang, sich durch übertriebene Selbstzweifel im Weg zu stehen. Manchmal wünsche ich mir wirklich, dass Frauen Anfeindungen an sich abperlen lassen, nach dem Motto: »Was schert es die deutsche Eiche, wenn das Schwein sich dran schabt.« Denn es ist ja eine ganz einfache Wahrheit: Wenn du dich exponierst, wenn du Verantwortung übernimmst, wenn du Entscheidungen triffst, wirst du Schläge kriegen. Und dann ist natürlich ungünstig, sollte dich das jedes Mal in tiefe Selbstzweifel stürzen oder gleich ganz ausknocken.

TD: Könnte diese größere K. o.-Anfälligkeit von Frauen nicht zwei Ursachen haben? Zum einen die, dass sie in kämpferischen Auseinandersetzungen jeglicher Art einfach weniger trainiert sind, weniger Routine haben? Und zum anderen das, was Sie vorhin selbst am Beispiel Annette Schavans beschrieben haben: Männer neigen zu Unsportlichkeiten, wenn im Boxring plötzlich eine Frau auftaucht.

MI: Sicher! Und deshalb ist es nicht ganz unwichtig, sachliche Kritik von unsachlichen Anwürfen zu unterscheiden. Genauso wichtig ist zu kapieren, dass man sich nicht nur Freude und Freunde macht, wenn man Entscheidungen fällt. Man wird weniger geliebt. Das muss man aushalten und gegebenenfalls sogar gut finden, auch wenn das jetzt ein bisschen masochistisch klingt. Und zum Dritten ist jeder Job in der Öffentlichkeit automatisch damit verbunden, dass man »ständig unter Beobachtung steht«, wie Renate Künast sagt. Seitdem ich Fernsehen mache, darf ich mir zum Beispiel anhören, wie schrecklich meine Stimme sei.

TD: Das beruhigt mich. Meine Redaktion bekommt regelmäßig Zuschauerpost, dass die Sendung inhaltlich ja ganz spannend, aber die Mickeymausstimme der Moderatorin leider nicht zu ertragen sei …

MI: Da sehen Sie mal. Ich klinge wahlweise wie »Fingernagel auf Waschbrett« oder »rostiger Nagel auf Glas«. Was macht man damit? Ich hab an meiner Stimme gearbeitet – mehr geht nicht – und ich nehme grundsätzlich professionelle Kritik nicht persönlich. Denn gegen die sollte man sich nicht abschotten. Ich halte das für eine der schwierigsten Fragen zum Thema »Frauen und Macht«: Inwieweit müssen sich gerade Politikerinnen einen Panzer zulegen, an dem alles abprallt? Und inwieweit müssen sie »durchlässig« oder »anfassbar« bleiben, um keine kalten, durch die Umstände geprägten Machtstrateginnen zu werden? Im Medien- und Politzirkus gilt der Satz: »Wer sich ärgert, verliert!« Und natürlich ist das eigentlich fatal, weil damit diejenigen am erfolgreichsten abschneiden, die sich über nichts mehr aufregen, sondern nur noch versierte Florettfechter sind. Ihre größere Emotionalität wird vielen Frauen zur Achillesferse.

TD: Kommt hier nicht noch eine weitere Ungerechtigkeit hinzu? Im letzten Herbst haben wir männliche Politiker von Gerhard Schröder über Hans Eichel bis Edmund Stoiber weinen oder zumindest mit den Tränen kämpfen gesehen. Natürlich machte man sich auch über die ein wenig lustig, aber insgesamt wurde es doch eher als Beweis für ihre »Menschlichkeit« gewertet.

MI: Und wenn eine Frau öffentlich weint, hat sie das Label »Heulsuse« weg. Klar, das ist nicht gerecht. Aber natürlich bringt es nichts, darüber nun wiederum ins Heulen zu geraten. Frauen müssen darum kämpfen, veränderte Kommunikationsformen durchzusetzen, in denen Emotionalität nicht automatisch ein Zeichen von Schwäche ist, sondern eins von innerer Stärke sein kann. Aber ganz abgesehen von der Frage: »Wie viel – echte – Emotionen darf ich öffentlich zeigen?« gibt es natürlich das Problem, dass Emotionen und nüchterne, wohl überlegte Entscheidungen einander tendenziell ausschließen. Diesen Drang, gleich losstürmen zu wollen, wenn einen etwas aufregt, kenne ich von mir selbst. Deshalb habe ich mir angewöhnt, die Sanduhr lieber einmal zu oft als einmal zu wenig umzudrehen. Es gibt eine schöne Geschichte, die von Angela Merkel erzählt wird: In der Schule, zu DDR-Zeiten, musste sie vom Drei-Meter-Brett springen, um ein Schwimmabzeichen und damit eine Sportzensur zu bekommen. Sie selbst schildert ja immer wieder, wie schwer ihr bestimmte Bewegungsabläufe gefallen seien, und dass sie erst spät richtig laufen gelernt habe. Aber vor dem Sprung vom Drei-Meter-Brett hatte sie wohl einfach nur Angst. Also ist sie ganze 45 Minuten oben auf dem Brett stehen geblieben, keiner Aufforderung des Lehrers oder ihrer Klassenkameraden gefolgt – und erst in der allerletzten Minute, in das Klingelzeichen hinein, gesprungen. Das nenne ich gutes Timing. Manchmal braucht man Geduld, einen langen Atem oder den berühmten Trick 17 mit Selbstüberlistung!

TD: Sie haben vorhin den Begriff der kalten Machtstrategin gebraucht. Würden Sie sagen, dass unsere Bundeskanzlerin eine solche ist?

MI: Auf die Frage kann ich schwer antworten, dazu müsste ich sie wirklich persönlich kennen. Aber sagen lässt sich, dass Angela Merkel sich in all den Jahren und zuletzt im Kampf ums Kanzleramt eine ziemlich dicke Haut zugelegt hat. Es gab ja eine Zeit, wo manche Gazetten damit beschäftigt waren, über Schweißflecken auf ihrem Abendkleid zu berichten, während die inner- wie außerparteilichen Kollegen regelmäßig verkündeten: »Sie kann es nicht.« Respekt, auf welch schlagende Art und Weise sie jede personelle Auseinandersetzung gewonnen hat! Viel mehr interessiert mich jetzt aber: Kann sie auch inhaltliche Kämpfe gewinnen? Das ist die spannendere Frage – und Sie werden mir Recht geben, dazu kann man nach einem halben Jahr Amtszeit noch nicht viel zusammentragen. Wenn wir uns Maggie Thatcher anschauen, sehen wir, dass sie mit fast religiöser Inbrunst an die konservative Doktrin »weniger Staat, mehr Eigenverantwortung« geglaubt hat, als sie 1979 an die Macht kam. Sie hatte eine Vision von der nächsten »Konjunktur Großbritanniens«, die sie mit der berüchtigten eisernen Hand durchgesetzt hat. Ob Angela Merkel beides – den Plan und diese eiserne Hand – hat, ist noch nicht entschieden. Thatcher war nie eine Politikerin des pragmatischen Kompromisses, als welche Merkel in die Geschichte eingehen könnte. Vielleicht ist Angela Merkel damit sogar »weiblicher« als die eiserne Lady. Aber noch ist das alles Spekulation. Wir werden sehen.

TD: Zahlreiche Frauen ziehen sich mit Mitte dreißig aus dem Berufsleben ins Hausfrauen- und Mutterdasein zurück. Als Begründung wird häufig genannt, sie hätten genug von dem rauen, unfairen Klima in der Berufswelt. Beglückwünschen Sie solche Frauen zu ihrem noblen weiblichen Charakter? Oder möchten Sie sie lieber schütteln?

MI: Zuerst einmal kenne ich viel mehr Frauen, die nicht den Rückzug antreten, obwohl ihnen manchmal ein scharfer Wind entgegenbläst. Denn natürlich würde es kritisch, wenn sich zu viele verabschieden. Wir leben doch nicht mehr in den Zeiten von Simone de Beauvoir. Ein bestimmter emanzipatorischer Status quo ist erkämpft, und hinter den werden wir auch in wirtschaftlich schwierigen Zeiten nicht zurückfallen. Anderseits kann ich verstehen, dass es Menschen gibt, die von dem alltäglichen Irrsinn der Erwerbsgesellschaft genug haben. Meine Motivation, in meinem nicht ganz unstressigen Job auszuharren, ist einzig und allein: Ich liebe ihn! Ich kann es nicht anders sagen:

Das alles hier ist mir eine derartige Freude, dass ich darauf nicht verzichten möchte.

TD: Das heißt, Arbeiten ist für Sie weniger Zwang als Lust.

MI: Definitiv. Wir sind Zeuge großer Bewegungen in der Welt und in diesem Land. Wenn ich den Eindruck hätte, wir müssten uns durch die Woche plaudern, damit überhaupt die Sendezeit gefüllt würde, dann würde ich wahrscheinlich auch anfangen zu zweifeln und würde sagen: »Ich tingle mal ein Jahr lang durch die Welt und mache 'ne Kreativpause.« Aber so?! Es geht ja um etwas! Lauter Dinge, von denen wir gestern noch dachten, sie seien sicher, sind es nicht mehr.

TD: Zum Beispiel ein bestimmter emanzipatorischer Status quo. Warum sind Sie so sicher, dass wir hinter den nicht zurückfallen werden?

MI: Die Frauen haben tatsächlich verstanden, dass sie aktiver Teil der Gesellschaft sind, und wir sowieso alle im selben Boot sitzen. Deshalb: Willkommen im 21. Jahrhundert! Frauen hören auf, immer nur als Heizerin unter Deck die Dinge bewegen zu wollen, sondern sie trauen sich rauf ans Steuer, betrachten die Welt von der Kapitänsbrücke aus und bestimmen so gegebenenfalls mit, in welche Richtung das Schiff fährt.

TD: Würden Sie sich selbst als Frau auf der Kapitänsbrücke verstehen?

MI: Ich sitze als Journalistin nicht an den Schalthebeln der Macht. Ich beobachte die Mächtigen bei ihrer Arbeit und habe das Privileg und den Auftrag, sie zu kritisieren. Auch sind die Kämpfe, die ich austragen muss, weit entfernt von den Schlachten, die Frauen in der Politik oder auch in der Wirtschaft zu schlagen haben. Ich musste keine doppelten Ellbogen ausfahren, um mir meine Position zu erkämpfen. Ich brauchte keine Karrierearithmetik. Bei *Berlin Mitte* diskutieren wir komplizierte politische Prozesse mit hier und da komplizierten Gästen – (lacht) – so kontrovers wie nötig, so ehrlich wie möglich. Und meine Aufgabe als Journalistin ist es zu verhindern, dass der Zuschauer, der interessierte Staatsbürger dieses Landes, mit »Basta«-Entscheidungen konfrontiert wird. Das ist nicht Macht im eigentlichen Sinne. Aber klar: Ich trage Verantwortung, egal ob's schiefgeht oder nicht. Im Erfolgsfall wird man mit einem Glücksgefühl honoriert, wenn man etwas vorantreibt, wenn eine

Sendung, ein Format funktionieren. Verantwortung hat man auch für den Misserfolg, und mit dem bleibt man schon mal allein.

TD: In einem Interview haben Sie gesagt, Sie hätten von Ihren Eltern gelernt, dass Erfolg lediglich ein Abfallprodukt von Arbeit ist, die einem Spaß macht.

MI: Das haben mir meine Eltern immer vermittelt. Meine Mutter war eine wirklich großartige Lehrerin. Sie unterrichtete zu DDR-Zeiten die Unterstufe, also in der Grundschule. Das hat sie so toll gemacht, dass ich mich freiwillig in ihren Unterricht setzte, als ich eigentlich schon »groß« war. Sie hat mich und meinen Bruder gehütet wie ihre Augäpfel – und tut es immer noch. Trotzdem hat sie uns das Gefühl gegeben, dass sie neben uns Kindern auch andere Träume im Leben hat, die sie sich erfüllen möchte. Ich bin ihr wirklich dankbar, dass sie mich nicht mit dieser Affenliebe erzogen hat, der man sich dann später nur schwer entziehen kann und quasi ewig der Lebenspartner für dic Eltern bleibt.

TD: Würden Sie sagen, Sie hatten mit Ihren Eltern einfach individuell Glück? Oder spielte auch der Faktor DDR eine positive Rolle?

MI: Das ist schwer zu trennen. Die Tatsache, dass meine Mutter ganztags gearbeitet hat, war in der DDR eine Selbstverständlichkeit. 95 Prozent aller Frauen waren berufstätig, egal ob sie Kinder hatten oder nicht. Ich kann mir allerdings nicht vorstellen, dass meine Mutter nicht auch in der Bundesrepublik mit allen Mitteln darum gekämpft hätte, ihren heiß geliebten Lehrerberuf auszuüben – auch mit zwei Kindern daheim. Vielleicht hätte sie es schwerer gehabt. Vielleicht hätte sie sich als »Rabenmutter« bezeichnen lassen müssen. Mein Mann, der sich ein bisschen für Ornithologie interessiert, hat mir neulich erzählt, dass Rabenmütter ihre Rabenkinder nur in der letzten Phase der Aufzucht etwas vernachlässigen. Und auch das nur, damit die Gören irgendwann kapieren, dass sie nicht ihr ganzes Rabenleben lang im Hotel Mama hocken können. Deshalb gibt es immer weniger zu futtern, und überhaupt wird das Klima im Nest allmählich etwas angespannt. Jetzt war es bei uns zu Hause natürlich nicht so, dass wir vom 17. Lebensjahr an nicht mehr an den Kühlschrank durften. Aber meinem Bruder und mir ist durch schlichte Alltagserfahrungen flott klargeworden, dass Mama nicht ständig und überall da ist. Es gab also nicht die ubiquitäre Mutter, dafür aber diverse Betreuungseinrichtungen, die es meiner Mutter erleichterten, berufstätig zu sein. Erst neulich erzählte eine Kollegin, wie ihre Schwester in Ingolstadt verzweifelt nach einem Kindergarten sucht, der länger als bis 13 Uhr geöffnet hat. Und wie man an mir und meinem Bruder sehen kann, war es durchaus möglich, einen DDR-Ganztagskindergarten zu besuchen und dennoch ein aufrechtes, fröhliches Menschenkind zu werden. Das sollte man in Zeiten, in denen diese Kindergärten von manchem Politiker als Brutstätte alles Inhumanen dargestellt werden, vielleicht auch mal sagen.

TD: Hatte die extrem hohe Frauenerwerbsquote in der DDR also doch nicht nur mit den Gesetzen der Planwirtschaft zu tun – wie von mir eingangs vermutet –, sondern wurde Gleichberechtigung in der DDR tatsächlich ernster genommen als in der BRD?

MI: Sicher war die DDR kein Emanzipationsparadies. Das kann man ja schon daran erkennen, dass sie nicht von einer Dachdeckerin geführt wurde, sondern von einem Dachdecker, der noch dazu viel Angst vor seinem eigenen Volk hatte. Es stimmt, dass es in den absoluten Top-Positionen der SED-Bürokratie keine Frauen gab. Und sicher gab es auch in der DDR massenhaft Paschas, die von ihren – berufstätigen – Frauen erwartet haben, dass sie ihnen abends die Pantoffeln hinstellen. Wobei ich meinen Vater an dieser Stelle ausdrücklich ausnehmen möchte. Familie Klose hatte in Sachen Haushalt schon das Rotationsprinzip eingeführt, lange bevor es die Grünen überhaupt gab. Trotz all dieser Einschränkungen würde ich dennoch sagen, dass es in der DDR emanzipierter zuging. Zumindest gab es diese mühsame Debatte nicht, ob Frauen Kinder haben und gleichzeitig berufstätig sein können.

TD: In einem Buch über die Geschichte der Frauenbewegung in der DDR habe ich folgendes Zitat von Hanna Behrend gefunden, einer Historikerin, Literaturwissenschaftlerin und frühen ostdeutschen Feministin: »Während offiziell vom Mythos der bereits erfolgreich abgeschlossenen Emanzipation der Frau geschwafelt wurde, weigerte sich das Leitungspersonal in den Betrieben, Frauen mit Kindern in bestimmte Positionen einzu-

stellen, weil diese ›ineffektiv arbeiteten‹, ›ihre Privilegien miss-
brauchten‹, ›ständig krank feierten‹, ›zu keiner Versammlung
kämen‹ und so weiter […] Besonders die allein stehenden und
älteren Kolleginnen, die in aller Regel die Arbeit der in Mütter-
urlaub befindlichen oder wegen Krankheit ihrer Kinder abwe-
senden Frauen unbezahlt mit erledigen mussten, waren auf die
jungen Mütter nicht weniger schlecht zu sprechen als auf den
DDR-Staat. Ein frauenemanzipatorisches Bewusstsein kam nicht
auf, dazu fehlte es an einer frauenbewegten Öffentlichkeit. So
gab es vor der Wende eine wachsende Zahl von Frauen, die Teil-
zeitarbeit anstrebten oder ein paar Jahre Nur-Hausfrau spielen
wollten […] Selbst unter Akademikerinnen und Studentinnen
mehrte sich die Zahl derjenigen, die auf Emanzipation verzichten und wenigstens ein paar Jahre für ihre Kinder zu Hause bleiben wollten.« Das klingt mir nun doch alles sehr westvertraut.

MI: Ich kann das schwer nachprüfen oder widerlegen. Vielleicht hatte manches auch mit der Lust zu tun, einem ohnehin nicht als besonders motivierend empfundenen Job zu ent-
fliehen …

TD: Die westdeutsche Frauenbewegung kam in den frühen
70er Jahren vor allem durch die Diskussion um den Paragra-
phen 218 in Schwung. Hatte die DDR von Anfang an ein libera-
les Abtreibungsgesetz? So dass zumindest an dieser Front kein
feministischer Protestbedarf bestand?

MI: In der DDR gab es bis 1972 ebenfalls ein restriktiveres
Abtreibungsgesetz, aber immerhin war es wenigstens eine Indi-
kationenlösung nach dem Modell der Weimarer Republik. 1972
wurde dann eine reine Fristenlösung verabschiedet. Auf wessen
Druck hin oder aus welcher Motivation heraus kann ich Ihnen
nicht sagen – aber interessanterweise war dies die erste und
letzte Abstimmung in der Geschichte der Volkskammer, bei der
es Gegenstimmen gab. Ich war schon ein bisschen schockiert, in
welcher Wirklichkeit wir 1989 im wiedervereinigten Deutschland ankamen. Und ich muss gestehen, dass ich immer noch
nicht viel von der jetzigen Fristenregelung mit Beratungspflicht
halte. Es gefällt mir nicht, dass Frauen – wieder einmal! – ein
schlechtes Gewissen gemacht werden soll. Ich kann nur sagen:
Frauen, die vor dieser Frage stehen, sind ohnehin in Gewissens-
not. In der Regel fällen sie eine sehr verantwortungsbewusste

Entscheidung, in welche soziale, familiäre oder gesundheitliche Situation hinein sie ein Kind gebären oder eben auch nicht. Genau diese Souveränität und Selbstverantwortlichkeit möchte ich jeder Frau zubilligen – ohne dass sie sich gegenüber Institutionen, Politikern oder Gerichten zu erklären hätte.

TD: Erinnern Sie sich noch, wann Sie das erste Mal mit einer Vertreterin des westdeutschen Feminismus konfrontiert waren, und wie diese Begegnung verlief?

MI: Na, keine Frage. Alice (Schwarzer) habe ich gleich Anfang der 90er Jahre kennen gelernt, dank des ZDF-*Morgenmagazins.* Und ich habe echten Respekt, das ist doch klar.

TD: In einem *Emma*-Interview aus dem Jahre 2004 wirft Alice Schwarzer Ihnen vor, »Haremsschühchen« zu tragen.

MI: Dabei ist die nackte, traurige Wahrheit, dass ich einen relativ breiten Fuß habe, der in bestimmten, etwas spitzer geschnittenen Schuhen eben schmaler aussieht. Aber müssen wir das jetzt wirklich breit treten – um im Bild zu bleiben? Alice dürfte noch viel mehr an mir auszusetzen haben! Ich halte nichts von Grabenkämpfen »alte Feministinnen« gegen »junge Feministinnen«, Kinderlose gegen Mütter, Singles gegen Verheiratete, wie auch immer. Das Rezept der Zukunft liegt für mich eher in der großen schwesterlichen Umarmung als in der Abgrenzung. Ich würde immer darauf setzen, dass es bereits ganz viele Frauen gibt, die so denken wie wir, und dass zu diesen Frauen möglichst viele Männer kommen sollen, die ebenso denken. Der Pascha, der auf der Pirsch nach seiner *trophy wife* Ausschau hält, ist ein Auslaufmodell. Heutige Frauen suchen Männer, mit denen der »Dreiklang Kind, Karriere und Küssen tatsächlich funktioniert« – wie es Silvana Koch-Mehrin so schön formuliert hat.

TD: Würden Sie selbst sagen, einen Mann gefunden zu haben, mit dem der – vielleicht etwas einfachere – Zweiklang Karriere und Küssen harmonisch klingt?

MI: Absolut! Und wir haben Respekt vor unserer jeweiligen Arbeit, wir nehmen Anteil an der Karriere des anderen, lassen uns aber auch große Freiräume. Besser könnte es nicht sein. Viele der Frauen in meinem Buch berichten, dass hinter ihrem Erfolg (auch) ihre uneitlen Männer stehen. So erzählt zum Beispiel die EU-Kommissarin Benita Ferrero-Waldner, dass ihr Mann, ein Professor für spanische Literatur, bei seiner eigenen Karriere Abstriche gemacht hat, um sie zu unterstützen. Als sie in Österreich zur Staatssekretärin berufen wurde, hat er einen Ruf an die Columbia University nach New York nicht angenommen. Ich möchte also Frauen den dringenden Rat geben: Vergesst, was die Gesellschaft in Jahrhunderten etabliert hat, dass die Frau immer und allein die Stütze des Mannes zu sein hätte, und nicht auch umgekehrt fordern kann, dass er ihr den Rücken frei hält. In dieser Frage glaube ich an das klassische Gesetz des Kapitalismus, dass die Nachfrage das Angebot schafft. Wie überall läuft auch auf dem »Beziehungsmarkt« etwas verkehrt, wenn wir darauf warten, dass irgendwer ein Angebot macht, an dem wir dann gegebenenfalls unsere Nachfrage orientieren. Deshalb: Liebe Schwestern, sendet von Anfang an deutliche Signale aus, was ihr von Männern erwartet. Denn klar: Wenn eine Frau sich einem Mann beim Kennenlernen als Aschenputtel präsentiert, braucht sie sich nicht zu wundern, wenn er sie später nicht als Königin an seiner Seite akzeptieren will. – Ich bin zwar eine miserable Witze-Erzählerin, aber in diesem Zusammenhang muss ich einfach einen loswerden: Wissen Sie, warum Rapunzel eine Blondine gewesen sein muss?

TD: Ich habe keine Ahnung.

MI: Jede andere hätte gesagt: »Prinz, nimm doch bitte die Treppe.«

TD: Liebe Maybrit Illner, herzlichen Dank für das Gespräch.

SILVANA KOCH-MEHRIN

Jahrgang 1970. Politikerin.

Das erste Mal sah ich sie in der Morgendämmerung: Zwei junge
Männer waren damit beschäftigt, sie einen Laternenmast hinauf
zu ziehen. Es muss im April oder Mai 2004 gewesen sein, die flei-
ßigen Parteihelfer hatten begonnen, die Plakate mit den Kon-
terfeis ihrer Spitzenkandidaten im Europawahlkampf aufzuhän-
gen. Ich wunderte mich über das offene, unverstellte Gesicht.
Wie es der Zufall wollte, sah ich das Gesicht wieder, als ich am
Abend den Fernseher einschaltete: Es war eine der Talkrunden,
in denen die üblichen Politherren jenseits der fünfzig beieinander sitzen. Silvana Koch-Mehrin fiel mir diesmal nicht nur auf,
weil sie in der Runde die einzige Frau und der einzige Teilnehmer unter vierzig war. Sie fiel mir auf, weil sie als Einzige nicht
von der Krankheit des Politsprech infiziert war, sondern über
Europapolitik in deutlichen Sätzen zu reden vermochte, von
denen nicht jeder dritte mit »die Menschen in unserem Land«
anfing.
   Die Frau mit dem SPD-verdächtig klingenden Doppelnamen
erblickt das Licht der Welt in Wuppertal. Als eine Koch-Mehrin.
Die Familie väterlicherseits hieß Koch, stammt aus dem kleinen
Ort Mehrin bei Stendal, und so wurde irgendwann im vorletz-
ten Jahrhundert Koch-Mehrin daraus. Die Mutter ist Lehrerin,
der Vater Journalist, der in den diplomatischen Dienst wechselt.
Ihre Kindheit verbringt Silvana Koch-Mehrin mit ihren Eltern
und jüngeren Zwillingsbrüdern in Marokko und im Sudan,
pünktlich zur Einschulung kehrt die Familie nach Köln zurück.
   In Hamburg und Straßburg studiert Silvana Koch-Mehrin
Volkswirtschaftslehre und Geschichte. In Heidelberg und Paris
promoviert sie über *Die historische Währungsunion zwischen
Wirtschaft und Politik. Die Lateinische Münzunion 1865 bis
1927* – eine Art erfolglose Frühversion des Euro. Während des
Studiums beginnt sie, journalistisch zu arbeiten und sich politisch zu engagieren, sie tritt in die FDP ein, im letzten Studien-
jahr wird sie stellvertretende Bundesvorsitzende und Presse-

sprecherin der Jungen Liberalen. 1996 zieht sie nach Brüssel, macht verschiedene Jobs in den Europäischen Institutionen, bevor sie 1998 *Conseillé + Partners* gründet, ein Unternehmen, das Firmen, Verbände und NGOs in Sachen EU-Richtlinien und Lobbying berät. Von 1999 bis 2003 ist sie die Vorsitzende der Auslandsgruppe Europa der FDP, 1999 wird sie Mitglied im Bundesvorstand der Partei.

2003 ist ein bewegtes Jahr: Tochter Mila kommt zur Welt. Kurz zuvor wird Silvana Koch-Mehrin mit ihrer Firma Partnerin bei der Unternehmensberatung *Policy Action*. Und ungefähr zur selben Zeit kommt Guido Westerwelle zu einem der berühmten Politiker-klären-Personalfragen-Frühstücke nach Brüssel, um zu erfahren, was sie sagen würde, sollte er sie demnächst anrufen und fragen: »Willst du im Europa-Wahlkampf die Spitzenkandidatur übernehmen?« Bevor der Parteivorsitzende seinen Anruf in offizieller Mission tätigen kann, greift sie zum Telefon, um ihm mitzuteilen: »Solltest du mich demnächst anrufen, würde ich ›ja‹ sagen.«

Im Juni 2004 schafft die FDP mit ihrer Spitzenkandidatin Dr. Silvana Koch-Mehrin zum ersten Mal seit 1994 bei einer Europawahl wieder die Fünf-Prozent-Hürde und zieht mit sieben Abgeordneten ins Europaparlament ein. Die Zeitschrift *European Voice* illustriert einen Artikel über die 1,84 Meter große Blondine mit einer Karikatur, in der ihr die sechs männlichen Parteikollegen als aktentragende Zwerge folgen. Nach der Wahl gerät Silvana Koch-Mehrin aufgrund ihrer Lobbyarbeit in die Kritik – ihre Anteile an *Policy Action* hatte sie jedoch bereits zurückgegeben. Im Juli 2004 steigt sie auf ins Präsidium der FDP. Außerdem wird sie stellvertretende Fraktionsvorsitzende der europäischen Allianz aus Liberalen und Demokraten. Sie ist Mitglied der *Young Global Leaders* und Botschafterin der SOS-Kinderdörfer. 2005 kommt ihre zweite Tochter, Elena, zur Welt.

Das Gespräch mit Silvana Koch-Mehrin findet in Berlin statt. Wir treffen uns zu einem Frühstück …

TD: In einem Interview haben Sie gesagt, dass Deutschland in Sachen Gleichberechtigung teilweise fünfzig Jahre hinter anderen europäischen Ländern zurückliegt. Wo sind die Deutschen besonders reaktionär?

SKM: Tief im Innern tun sich unsere Landsleute immer noch schwer mit der Idee, dass eine Frau Kinder haben und trotzdem berufstätig sein will. Diese ständigen Fragen: »Wie willst du das machen, Kinder und Beruf?«, »Wie lange setzt du aus? – Was, nur ein paar Monate?«, »Fühlen Sie sich nicht als Rabenmutter?« – diese Fragen bekomme ich weder in Belgien gestellt, wo ich lebe, noch in Irland, woher mein Lebensgefährte stammt. Sondern immer nur in Deutschland. Nur hier blicke ich in skeptische Gesichter, wenn ich erzähle, dass meine beiden Töchter, seit sie fünf Monate alt sind, in die Krippe beziehungsweise die *Ecole Maternelle* gehen.

TD: War das der Grund, warum Sie im März 2005 in die Offensive gegangen sind und sich im *Stern* mit nacktem Babybauch haben ablichten lassen?

SKM: Eine schwangere Politikerin, die weiter Karriere machen will, ist in Deutschland ein Politikum. Das haben die Reaktionen gezeigt, die ich auf die Fotos bekommen habe. Eine Berliner Galeristin schrieb mir zum Beispiel, wie mutig und richtig sie die Aktion fand, ebenso eine Richterin vom Verfassungsgericht. Auf der anderen Seite gab es heftige Anwürfe, die bezeichnenderweise vor allem von männlicher Seite kamen. Ein Arzt prognostizierte meiner Tochter Essstörungen. Ein freundlicher Herr aus dem Fernsehen – der sich selbst als »Hausmann und Vater« bezeichnen ließ, obwohl er weiterhin von zu Hause aus arbeitete – warf mir vor, die Fotos würden die Persönlichkeitsrechte meines Kindes verletzen, woraufhin ich nur dachte: Elenas Wiedererkennungswert ist doch ziemlich gering … Und dieser Fundamentalist Konrad Adam erklärte mir in der *Welt* tatsächlich, dass die Fotos einen politischen Missbrauch des Kindes darstellen würden, vergleichbar mit dem der Nazis.

TD: Waren Sie überrascht, dass es so viele negative Reaktionen gab? Seit einigen Jahren ist es ja Mode, dass Popstars, Schauspielerinnen oder Models ihre nackten Babybäuche auf den Titelseiten von Magazinen präsentieren. Und da überschlagen sich stets die Positiv-Schlagzeilen à la »Hollywoods süßester Babybauch« oder »Sooo schwanger … und sooo sexy …«.

SKM: Die Heftigkeit mancher Reaktionen hat mich in der Tat überrascht. Andererseits hatte ich mir im Vorfeld keine Illusionen darüber gemacht, dass man auf meinen schwangeren Bauch anders reagieren würde. Der Erfolg einer Schauspielerin, eines Popstars und am meisten natürlich eines Models hängt ja entscheidend davon ab, dass man sie als Frauen wahrnimmt. Und es gibt keine Zeit im Leben einer Frau, wo sie mehr Frau ist als während der Schwangerschaft. Deshalb sind in diesem Bereich Berufsprofil und Schwangerschaft irgendwie kompatibel. Wohingegen man in Deutschland als Politikerin, Managerin oder Frau in einer sonstigen Führungsposition ja tunlichst vermeiden muss, »als Frau« aufzutreten. Das fängt bei der Kleidung an und endet bei allem, was mit Muttersein zu tun hat. In manchen deutschen Köpfen geistert immer noch die Idee herum, dass bei einer Frau das Hirn schrumpft, wenn der Bauch wächst. Deshalb war mir klar, dass der schwangere Bauch einer Politikerin einen wirklichen Tabubruch darstellen wird.

TD: Was sagen Sie zu denjenigen, die schrieben, die Fotoaktion wäre das letzte Aufbäumen der alten FDP-Spaßwahlkampf-Methoden gewesen?

SKM: Erst einmal entstanden die Fotos in keinerlei Wahlkampfkontext. Als der *Stern* erschien, war noch nicht abzusehen, dass es im Herbst Bundestagswahlen geben würde. Außerdem bin ich ohnehin nicht in der Bundes-, sondern in der Europapolitik tätig, und da stehen die nächsten Wahlen erst 2009 an. Zum anderen hätten sich diejenigen, die so etwas schreiben, den Wahlkampf anschauen sollen, den ich 2004 geführt habe. Da gab es in der Partei vielleicht den einen oder anderen, der meinte, es wäre lustig, mich als *Miss Liberty* zu verkleiden und so zu plakatieren. Es gab eine erste Plakatserie, auf der ich mit tailliertem Blazer und kurzem Rock beziehungsweise mit hautengem Jogginganzug zu sehen war. Als ich die fertigen Plakate sah, war mir klar, das geht so nicht. Einige in der Partei, die schon viele Wahlkämpfe hinter sich hatten, versuchten mich umzustimmen mit Argumenten wie »Der Köder muss dem Fisch schmecken und nicht dem Angler.« Und natürlich hat mich mein »Nein« einige schlaflose Nächte gekostet, aber letztlich war mir klar: *Ich muss da mein Gesicht hinhalten* und ich fand es verkehrt, diese oberflächliche Form von »Sexyness«, die mir noch dazu nicht entspricht, in den Wahlkampf hineinzutragen. Im Vergleich zu anderen Ländern wie Portugal oder Frankreich wandelt man als Frau in Deutschland kleidertechnisch ohnehin auf einem noch schmaleren Grad: Entweder man gibt die Männerimitatorin – die ich nicht sein will. Oder man zieht sich »weiblich« an – wo sofort alle zu schreien beginnen: »Die will wohl mit ihren langen Beinen auf Stimmenfang gehen.« Letztlich habe ich mich für die seriöse Variante entschieden, habe beim zweiten Anlauf also den üblichen deutschen Businesswomen-Look, dunkler Anzug, weiße Bluse, mitgemacht. Und mir war ganz wichtig, dass vor meinem Namen stets der Doktortitel steht. Man mag das belächeln, aber in Deutschland ist es tatsächlich so, dass diese zwei Buchstaben vor dem Namen eine große Relevanz haben, bei Frauen noch mal mehr.

TD: Dennoch: Beschleicht Sie in dunklen Stunden nicht manchmal selbst der Verdacht, dass die Partei Sie nur deshalb so schnell hat nach oben kommen lassen, weil sie mit Ihrem schönen Gesicht Werbung machen wollte?

SKM: Danke für das Kompliment, aber für so sensationell schön halte ich mich nicht. Natürlich will ich nicht leugnen, dass es ein bewusster strategischer Versuch der Partei war, mit einer jungen Frau als Kandidatin Aufmerksamkeit zu erzielen. Ohne Aufmerksamkeit hast du in einer Mediendemokratie keinen Erfolg. Aber ich weiß, dass die Partei weiß, dass sie ihren Wiedereinzug ins Europa-Parlament meinem Wahlkampf und nicht meinem Aussehen verdankt.

TD: Haben Sie manchmal das Gefühl, die Tatsache, eine Frau zu sein, hat Ihnen auch geschadet oder zumindest Dinge schwieriger gemacht für Sie?

SKM: Der Aufmerksamkeitsbonus, den man als Frau in der Politik bekommt, kann ganz schnell zu einem Malus werden. Je mehr Verantwortung man übernimmt, je stärker man in der Öffentlichkeit steht, desto mehr wird jeder Fehler oder Misserfolg öffentlich begleitet. Das ist natürlich auch für Männer sehr, sehr anstrengend. Aber man muss einfach feststellen, dass diese eher von den gewachsenen Netzwerken, ihren berühmten »Seilschaften« aufgefangen werden. Ich kenne viele Männer, die am selben Strang ziehen wie ich, die in die gleiche Richtung gehen wollen. Dennoch kann ich mich als Frau mit denen nicht richtig verbünden. Ausnahmen bestätigen selbstverständlich die Regel.

TD: Woran liegt das? Kommen Frauen in Männernetzwerke

nicht wirklich hinein? Oder fühlen sie sich dort einfach nicht wohl?

SKM: Zum Großteil sind das atmosphärische Geschichten. Als es zum Beispiel um die Wahlkampfplakate ging, schlug ein Kollege vor, ich könne mich ja auch im Bikini in den Schnee legen. Natürlich war das als Scherz gemeint, und als solcher ist es auch bei mir angekommen. Aber dennoch habe ich mich gefragt, ob das eigentlich normal ist, als die versammelte Mannschaft – ich war mal wieder die einzige Frau – anfing, sich auf die Schenkel zu klopfen. Oder diese ganzen so genannten Komplimente, dieses »Ihre charmante Kollegin«, was ja nett gemeint ist und manchmal sogar bestätigend sein kann, einen aber letztlich doch nur aufs Frausein reduziert. An guten Tagen gehe ich mittlerweile einfach zum Gegenangriff über. Wenn ich mir nach einem Redebeitrag zum dritten Mal Sülzesätze anhören muss wie: »Es ist so schön, wie Ihre Augen beim Reden glänzen«, gebe ich bei nächster Gelegenheit eben zurück: »Könnte der attraktive Herr mit den grau melierten Haaren und der stattlichen Figur die Bilanz bitte noch einmal etwas gründlicher erläutern?« Meistens wirkt das. Aber trotzdem: Irgendwann ist man einfach nur noch genervt und mag es nicht mehr hören. Und dann kann selbst der liebste, frauenverstehendste Kollege irgendwann nicht mehr hören, dass man bestimmte Chauvisprüche satt hat. Man darf zwei-, dreimal Dampf bei männlichen Kollegen ablassen, dann haben die genug. Was ich gut verstehe. Ich habe ja auch kein Interesse daran, mir jeden Tag von denen anzuhören, wie ihre Frauen sich darüber aufregen, dass sie so wenig zu Hause sind. Insofern haben Männer und Frauen offensichtlich unterschiedliche Arten von problematischen Alltagserlebnissen, für die das tiefe wechselseitige Verständnis eben leider fehlt. Leichter ist die unmittelbare Verständigung mit männlichen Kollegen, die sich ebenfalls in einer Minderheitenposition befinden.

TD: Kommt daher das gute Verhältnis zu Guido Westerwelle, das Ihnen nachgesagt wird?

SKM: Mag sein, dass es etwas damit zu tun hat. In erster Linie schätzen wir uns für unsere politischen, kämpferischen und charakterlichen Qualitäten. Denn das ist ja das nächste Problem: Ich will nicht mit jeder Frau, die in meinem beruflichen Alltag auftaucht, wahllos fraternisieren – oder in diesem Kontext sollte ich wohl eher sagen: sororisieren, nur weil sie eine Frau ist. Deshalb wäre es schön, wenn es eine größere Auswahl an Frauen gäbe, mit denen man sich rückkoppeln kann. Eine Bekannte hat es einmal so auf den Punkt gebracht: »Die Gleichberechtigung haben wir erst geschafft, wenn es so viele Frauen in wichtigen Positionen gibt, dass ich die Hälfte getrost schrecklich finden kann.«

TD: Ich habe gehört, dass in Ihrem Büro nur Männer arbeiten, die Sie liebevoll Ihre »Bürobuben« nennen. Wie passt das zusammen mit Ihrer Sehnsucht nach mehr Frauen im beruflichen Alltag?

SKM: Als ich noch selbstständige Unternehmerin war, hatte ich nur einen männlichen Mitarbeiter und sonst ausschließlich Mitarbeiterinnen. Jetzt ist es so, dass ich von den sieben FDP-Abgeordneten im Europaparlament die einzige Frau bin. Meine Parteikollegen haben ihre Familien in Deutschland, das heißt, die nehmen viele Abendtermine wahr oder gehen einfach noch so zusammen weg. Da ich aber meine Familie in Brüssel habe, habe ich weder Zeit noch Lust dazu. Also schicke ich meine Mitarbeiter zu diesen informellen Treffen, und die erzählen mir danach, was gelaufen ist. Denn es ist absolut überlebensnotwendig zu wissen, was in diesen inoffiziellen Gesprächen geredet wird. Wenn ich in Berlin oder Straßburg bin, also ohnehin nicht bei meiner Familie, dann gehe ich abends auch selbst mit in die Kneipe.

TD: Stimmt es, dass frau, wenn sie Politikerin werden will, als erstes Biertrinken lernen sollte?

SKM: (Lacht.) Und Witze-Erzählen. Kennen Sie den? »Warum können Frauen nicht einparken?«

TD: Frauen können einparken!

SKM: Nein! (Sie zeigt einen kleinen Abstand mit Daumen und Zeigefinger.) »Weil Frauen glauben, das seien zwanzig Zentimeter.«

TD: Nicht, dass ich etwas gegen Bier und Witze hätte: Dennoch stelle ich es mir ziemlich mühsam vor, ständig nach den Regeln, die im Jungs-Sandkasten herrschen, mitspielen zu müssen.

SKM: Klar. Aber was sollen wir tun? Natürlich können wir Frauen uns noch jahrhundertelang darüber beklagen, dass wir

die männlichen Kungelrunden mit all ihren Verbrüderungs-
ritualen unerfreulich oder lächerlich finden, und ihnen deshalb fernbleiben. Auf diese Weise werden wir aber immer mit
einem Bein außerhalb des Spielfelds stehen. Viele Frauen haben
eine Scheu davor, nach einer Sitzung noch mit in die Kneipe zu
gehen, wenn sonst nur Männer dabei sind. Das ist ganz verkehrt. Zu Beginn meiner politischen Laufbahn bin ich oft einfach
mitgegangen, obwohl mich keiner ausdrücklich eingeladen hat.

TD: Haben Sie manchmal Angst, im Politikbetrieb selbst ein
halber Bier-und-Witze-Mann zu werden?

SKM: Ein klares: Nein. Wie gesagt: Wenn ich in Brüssel bin,
verbringe ich meine Freizeit mit meinem Partner, meinen Kindern und Freunden, die nichts mit Politik zu tun haben. Ich liebe
die Politik – aber Politik ist nicht mein ganzes Leben. Wichtig ist
mir auch, dass ich weiß, ich könnte jederzeit wieder in meinen
alten Beruf zurückkehren. Es gibt ja viele Politikerkarrieren, die
nach dem Motto verlaufen: »Ich bin nur durch die Partei etwas
und nicht, weil ich selbst mal etwas anderes habe machen können oder wollen.« Das fand ich immer sehr abschreckend.

TD: Wo hat man als Frau die härteren Kämpfe auszufechten:
Als Unternehmerin oder als Politikerin?

SKM: Das lässt sich schwer vergleichen. Auf der einen Seite
ist die deutsche Wirtschaft vielleicht noch »männerbündleri-
scher« als die deutsche Politik. Auf der anderen Seite hat man
dort weniger gegen Stimmungen und Einschätzungen zu kämpfen, weil sich wirtschaftlicher Erfolg klarer bemessen lässt als
politischer. Dennoch sind die Vorurteilsstrukturen, mit denen
man als Frau konfrontiert ist, sehr ähnlich. Hier wie dort ist
es mir häufig passiert, dass ich für meine Assistentin gehalten
werde. Zur Unternehmensgründung hatte ich mich mit einem
älteren Herrn, einem früheren Abgeordneten der Grünen, zu-
sammengetan. Er hatte bereits einige Jahre Brüsselerfahrung inklusive grauer Haare und machte sich immer einen Spaß daraus,
bei Geschäftsterminen zu sagen: »Das ist meine Chefin.« Auf
diese Weise hat er die Erwartungshaltung wunderbar unter-
miniert. Es war aber nicht nur ein Spaß, denn wenn wir mit dem
Kunden recht weit im Gespräch waren, und es um die konkreten
Finanzverhandlungen ging, sagte er häufig: »Ich ziehe mich jetzt
zurück, alles Weitere überlasse ich Silvana.« Da gab es mehr als

einmal überraschte Gesichter. Für mich war es ein ganz wichtiger Entwicklungsschritt, dass jemand, der fast dreißig Jahre älter ist als ich, mir diesen Teil der geschäftlichen Verantwortung vollständig überlässt, weil er sagt: »Ich glaube, das kannst du besser als ich.«

TD: Haben Frauen andere Kommunikationsformen als Männer?

SKM: Wenn es nun ausgerechnet um Finanzverhandlungen geht, sicher nicht. Vielleicht setzen Männer und Frauen unterschiedliche Prioritäten, wofür sie Geld ausgeben möchten, aber es gibt keine unterschiedliche männliche und weibliche Mathematik. Gewinn ist Gewinn und Verlust ist Verlust. Auf der Ebene, *wie* Männer und Frauen miteinander kommunizieren, gibt es allerdings große Unterschiede. Wenn Frauen einen Dissens haben, neigen sie dazu, sich zusammenzusetzen, um das Problem aus der Welt zu schaffen. Eine Konfliktlösungsform, die Männer gern als »Teetussitum« belächeln, weil sie selbst vielleicht lieber ins Büro stürmen, sich anschreien, die Tür zuknallen und danach ist gut. Ich persönlich finde Brüllerei ziemlich abstoßend. Wenn ich das Gefühl habe, ein Kollege kapiert einen Punkt gerade nur, wenn er ihm brüllend vorgetragen wird, schicke ich deshalb meinen Büroleiter hin – was sehr gut klappt, da er als mein Alter Ego wahrgenommen wird.

TD: Sie haben einen Mitarbeiter für die Brüll-Missionen …?

SKM: Die deutsche Politik ist sehr stark durch ein bestimmtes männliches Kommunikationsverhalten geprägt. Wenn ich im Europaparlament den Redestil deutscher Politiker mit dem von Politikern aus anderen Ländern vergleiche, habe ich schon den Eindruck, dass dieses tendenziell gewalttätige verbale Auftreten, der Hang zum Lautwerden, etwas sehr Deutsches ist. Politiker aus anderen Ländern setzen viel mehr auf Stimmmodulation, was einem weiblichen Redestil entgegenkommt. Es klingt ja nur bei den allerwenigsten Frauen nicht hysterisch, wenn sie laut werden. Auch an der rhetorischen Front könnte Deutschland von Europa einiges lernen.

TD: Ist das »Laute« an deutschen Politikern nur eine Frage der Dezibel, oder ist es auch dieses ständige »Ich!«-»Ich!«-Rufen?

SKM: Leider muss man feststellen, dass es in einer Partei honoriert wird, wenn man in jedem zweiten Satz darauf hinweist, dass ein bestimmtes Positionsthesenpapier von einem selbst verfasst worden ist – obwohl man genau weiß, dass es in Zusammenarbeit mit den Mitarbeitern entstand. Frauen haben weniger den Drang, immer wie eine Fahne vor sich herzutragen, wie toll sie sind.

TD: Aber haben Frauen stattdessen nicht den Drang, eine Fahne vor sich herzutragen, auf der steht: »Eigentlich bin ich und kann ich doch gar nichts. Wann merkt ihr endlich, dass ich lediglich bluffe?«

SKM: Die weibliche Fähigkeit, das eigene Licht unter den Scheffel zu stellen und sich durch Selbstzweifel zu zermürben, ist sehr ausgeprägt. Dennoch würde ich behaupten, dass Sie solch selbstverzagte Frauen in der Politik – zumindest ab einem bestimmten Level – nicht mehr antreffen. Und auch gar nicht mehr antreffen können: Keine Frau, die sich beim Über-die-Schwelle-Treten dafür entschuldigt, dass sie jetzt über die Schwelle getreten ist, wird es in der Politik weit bringen.

TD: Ist nicht die zentrale Frage hinter der Forderung nach mehr Frauen an der Macht: Haben die Frauen, die es bis in die obersten Etagen geschafft haben, ein anderes Verständnis von dem, was sie dort tun, als ihre männlichen Kollegen?

SKM: Das ist in der Tat eine sehr komplexe Frage. Zunächst einmal würde ich sagen: Ja, Frauen haben einen anderen Begriff von Macht. Männer wollen bestimmen können, möglichst viele Untergebene umherscheuchen. Ich glaube, diese Art von Machtverständnis haben Frauen nicht. Für Frauen bedeutet Macht zuerst einmal Unabhängigkeit, die Freiheit, über die eigene Zeit und das Leben zu bestimmen. Macht ist, historisch gesehen, für Frauen eben doch noch ziemlich neu und ungewohnt. Dennoch würde ich gerade nicht sagen, dass Männer ein unangestrengteres Verhältnis zur Macht haben. Im Gegenteil. Ich habe es mal so beschrieben: Macht bedeutet für Männer, dass sie beide Hände frei haben. Die eine nutzen sie zum Tür-zu-, die andere zum Stuhl-fest-Halten. Ich glaube, Macht hat für Frauen viel weniger die Bedeutung, einsame Entscheidungen zu treffen. Klar, wenn es hart auf hart geht, muss jede Frau die Entscheidungen letztlich selbst treffen und auch selbst verantworten. Dennoch bin ich überzeugt, dass Frauen besser darin sind, sich Rat zu holen. Das fängt im Alltag an, wo Frauen viel leichter zugeben können, dass sie nicht überall die Expertin sind. Männer haben – bewusst oder unbewusst – den Anspruch an sich, alles selbst können zu müssen. Wenn mein Auto streikt, bringe ich es in die Werkstatt. Ein Mann dagegen läuft gern Gefahr, sonntags den KFZ-Mechaniker in sich zu entdecken, den gesamten Vorgarten mit Öl zu verschmieren, nur um am Abend einzusehen, dass der Tag futsch ist und das Auto erst recht. Und natürlich produziert so etwas eine Menge unnötiger Aggressionen. Insofern halte ich Frauen für intelligenter in der Machtausübung.

TD: Steckt in dem ja eigentlich sympathischen Gedanken, dass Macht für Frauen zunächst einmal nicht Macht über andere, sondern Macht über sich, also Selbstbestimmung, bedeutet, nicht auch eine Gefahr? Könnte hier der Grund dafür liegen, warum so viele Frauen sich von den eigentlichen Machtspielen fernhalten oder aus ihnen zurückziehen – weil sie schon glücklich sind, sobald sie das Gefühl haben, einigermaßen selbstbestimmt leben zu können?

SKM: Schon, aber da muss man natürlich fragen: »Wo fängt Selbstbestimmung an?« Bin ich noch selbstbestimmt, wenn mir vorgeschrieben wird, dass die Grundschule um 11 Uhr 30 zumacht? So etwas stört mich doch immens in meinem sonstigen selbstbestimmten Tagesablauf. Also muss ich mich dafür einsetzen, dass es Ganztagskinderbetreuung gibt. Und das erreiche ich eben nicht, indem ich mich nur gemeinsam mit anderen Müttern darüber beklage, sondern ich muss aktiv werden. Ich muss mich für politische Prozesse interessieren und einmischen. Dann werde ich nämlich zum Beispiel feststellen, dass in meiner Kommune hunderttausend Euro ausgegeben werden für einen neuen Sportplatz, obwohl der alte gerade vor fünf Jahren generalüberholt wurde. Wenn ich so etwas weiß, kann ich Politikern mit meinen Forderungen für bessere Kinderbetreuungsmöglichkeiten ganz anders zu Leibe rücken. Wenn man anfängt nachzudenken, wird man auch aus dem eigenen subjektiven Erleben heraus sehr schnell feststellen, dass man Selbstbestimmung gerade nicht erreicht, indem man sich nur für sein abgeschottetes, privates Leben interessiert und aus allem anderen heraushält. Damit ich wirklich selbstbestimmt leben kann, brauche ich gewisse gesellschaftliche Strukturen. Und wenn die

Politik es noch nicht geschafft hat, diese zu etablieren, muss ich weiter dafür kämpfen.

TD: Demnach müssten Frauen die geborenen Liberalen sein – ideologiefrei darauf bedacht, größtmögliche Freiheit und Selbstbestimmungsmöglichkeiten für jeden zu schaffen.

SKM: Vielleicht. Gerade als Frau brauche ich nicht die heroische Vision: »Ich will die Welt verändern!«, um politisch aktiv zu werden. Man muss nur begreifen, dass Selbstbestimmung keine reine Privatsache ist, sondern abhängig von Strukturen, die politisch und gesellschaftlich durchgesetzt beziehungsweise erhalten werden müssen. Simon Wiesenthal hat den tollen Satz gesagt: »Freiheit ist kein Geschenk, du musst sie dir jeden Tag neu erkämpfen.« Ich will kein Panikgeschrei anstimmen: Dennoch kann man nicht einfach ignorieren, welche Angriffsversuche auf die Gleichberechtigung von Mann und Frau gerade stattfinden. Da schwärmen gewisse konservative Politiker, es gäbe eine Region in Deutschland, Cloppenburg, da sei die Welt noch in Ordnung, weil die Geburtsquoten hoch sind und die Frauen nicht arbeiten. Wenn wir diesen Gedanken konsequent zu Ende führen, müssen wir sagen: »Okay, Bildungsverbot für Frauen nach dem achten Schuljahr, und das Wahlrecht können wir ihnen auch gleich aberkennen, denn: Wofür ist das Ganze noch gut? Wenn Frauen ohnehin nur als Gebärmaschinen da sein sollen, brauchen wir auch keine volkswirtschaftlichen Ressourcen für ihre Ausbildung mehr zu verschwenden.« Dass Frauen ein eigenes Bankkonto haben; selbst einen Arbeitsvertrag unterzeichnen dürfen; dass sie Scheidungen einreichen können und ungewollte Schwangerschaften abbrechen – das alles sind ganz wesentliche Freiheits- und Selbstbestimmungs-Faktoren, die jederzeit wieder in Frage gestellt werden können – und es zumindest indirekt ja auch werden, wie wir gerade erleben.

TD: Das klingt alles extrem plausibel. Warum fehlt dennoch so vielen Frauen die Motivation oder Kraft, im harten Geschäft der Politik mitmischen und es vielleicht ganz nach oben schaffen zu wollen?

SKM: Ich glaube, viele Frauen wiegen sich in zu großer Sicherheit. Sie können oder wollen sich einfach nicht vorstellen, dass ein massiver Geschlechter-*Rollback* möglich ist. Deshalb verharren sie lieber im Privaten oder ziehen sich nach einer

Weile dorthin zurück. Denn es ist ja beileibe nicht so, dass Frauen weniger belastbar wären. Im Gegenteil. Frauen haben unglaublich viel Kraft, viel Energie, und im Vergleich zu Männern auch die deutlich größere Fähigkeit, Dinge parallel zu erledigen und vieles, was um sie herum passiert, wahrzunehmen. Die Kunst besteht darin, sich Lust darauf zu machen, sich auf die Politik und ihre Machermacker einzulassen. Aber wie mühsam das manchmal ist, habe ich ja selbst beschrieben. Und ich bin sicher, ich würde das auch nicht durchhalten, wenn ich nicht eine Familie und Freunde hätte, die mir ganz klar den Rücken stärken, mir immer das Gefühl geben, es ist gut und richtig, was ich tue.

TD: Hatten Sie, als Ihre Töchter zur Welt kamen, je den Impuls zu sagen: »Jetzt schmeiße ich den ganzen Kram hin und kümmere mich nur noch um die lieben Kleinen?«

SKM: Nach der ersten Geburt hatte ich – wie viele Mütter – einen ziemlichen Baby-Blues. Ich fühlte mich für dieses kleine hilflose Wesen, das ich da geboren hatte, hundert Prozent verantwortlich und wollte bloß keinen Fehler machen. Ich fühlte mich so überfordert, da reichte der Anblick einer ungespülten Kaffeetasse und ich fing an zu heulen. Und natürlich: Als Mutter bin ich verantwortlich für meine Kinder. Aber zum Glück haben meine Kinder auch einen Vater, und auch er ist verantwortlich. Ich liebe meine Kinder heiß und innig, sie sind das Allerbeste auf der Welt, das Tollste, was ich je in meinem Leben gemacht habe, aber trotzdem – und ich weiß, eigentlich darf man das in Deutschland nicht sagen – 24 Stunden, sieben Tage die Woche gingen sie mir einfach auf die Nerven. Es gibt keinen Menschen, bei dem ich das Bedürfnis habe, so viel Zeit mit ihm zu verbringen. Denn Kinder sind manchmal auch kleine Tyrannen. Ich kann ihnen deutlich entspannter gegenübertreten als eine Mutter, die sich mit ihnen eingesperrt fühlt.

TD: Haben Sie das Gefühl, als Mutter große soziale Anerkennung zu erfahren?

SKM: Es ist ein tolles Erlebnis, wenn die Tochter den ersten Zahn bekommt, die ersten Schritte macht oder zum ersten Mal »Mama« sagt. Aber ist es das, wofür ich studiert habe? Um dafür Anerkennung zu bekommen? Für jeden Menschen ist soziale Anerkennung ein wichtiger Faktor. Es mag Frauen geben, die ihre soziale Anerkennung primär über die »Leistungen« ihrer Kinder beziehen. Ich gehöre nicht dazu. Meine Mutter hat nach meiner Geburt für einige Jahre mit der Arbeit ausgesetzt, um mich und meine Brüder zu erziehen und an der Seite meines Vaters Repräsentationsaufgaben wahrzunehmen. Heute spricht sie von dieser Zeit als ihrer »Verblödungsphase«, in der sie kaum eigene intellektuelle Anreize oder ein eigenständiges Lebensfeld hatte. So sehr sie die Zeit mit uns Kindern auch genossen hat, so heilfroh war sie, als wir nach Deutschland zurückkamen und sie wieder als Lehrerin arbeiten konnte. Was mich in diesem ganzen Bereich aber am meisten nervt: Kein Mann, der weiterhin berufliche Anerkennung erfahren will, obwohl er Vater geworden ist, muss sich anhören, er sei »selbstsüchtig« oder »eitel«. Und mich regen diese kinderlosen »Karrierefrauen« auf, die in Interviews erklären, sie hätten nur deshalb keine Kinder, weil Karriere und Kinder nun einmal nicht zu vereinen wären. Die wissen doch gar nicht, wovon sie reden.

TD: Umfragen belegen, dass die Männer in den oberen Erfolgsetagen der Gesellschaft tendenziell Kinder haben, die Frauen in dieser Sphäre tendenziell kinderlos sind.

SKM: Ja, und genau das ist die zentrale Geschlechter-Ungerechtigkeit, mit der wir es in Deutschland zu tun haben. Für jede Art von Herausforderung, die man meistern will, ist es entscheidend, dass man einen unterstützenden Partner oder eine liebevolle Familie im Rücken hat. Sonst ist die Gefahr, hart und frustriert zu werden, riesengroß. Und das ist auch der Grund, warum so viele Frauen aussteigen: Klar lassen sich auch Ministerinnen von den Insignien der Macht motivieren, kriegen einen »Kick«, wenn sie in der Eskorte zum Flughafen gefahren werden und die gesamte Maschine warten muss, bis sie eingestiegen sind. Dennoch trägt diese Motivation bei Frauen letztlich nicht. Sie kommen früher als Männer an den Punkt, wo sie sich sagen: »Ich habe nur das eine Leben, und das will ich nicht in Dauerstress, Dauergenervtheit oder gar Daueraggression verbringen.« Und deshalb ist es doppelt ungerecht, wenn es unsere Gesellschaft Frauen unnötig schwer macht, Karriere und Familie miteinander zu verbinden.

TD: Es überrascht mich ein wenig, dass Sie als Liberale den schwarzen Peter so stark »der Gesellschaft« zuschieben. Muss man nicht vielen Frauen selbst vorwerfen, dass sie sich schlicht den falschen Lebenspartner aussuchen, also einen, der eben nicht bereit ist, sie in heiklen beruflichen Situationen zu unterstützen oder Verantwortung als Vater zu übernehmen?

SKM: Hier geht es um zwei unterschiedliche Punkte: Liberalismus heißt ja nicht, dass ich jeden in der Gesellschaft seinem Schicksal überlasse – auch wenn es heute viele gibt, die den Liberalismus in dieser Weise diffamieren. Chancengleichheit ist eine ganz wesentliche Forderung liberaler Politik. Und in diesem Sinne besteht eben keine Chancengleichheit zwischen einer Frau, die ein Kind bekommen und trotzdem weiter Karriere machen will, und einem Mann, der sich in der gleichen Situation befindet. Deshalb plädiere ich gerade als Liberale vehement für bessere, staatlich finanzierte Kinderbetreuungsmöglichkeiten. Zum anderen haben Sie natürlich Recht, dass viele Frauen sich mit todsicherem Instinkt an Männer hängen, auf die sie sich im Zweifelsfall nicht verlassen können. Wäre ich Karriere-Ratgeberin würde ich Frauen als Erstes raten. Meidet radikal alle Gatten der Modellreihe Kohl, auch wenn die heimlichen Nachfolgemodelle heute mit Technobärtchen oder Designerbrille nicht mehr ganz so leicht zu erkennen sind. Ausgerechnet eine Unternehmerin und Mutter aus Saudi-Arabien hat mir den simplen Satz gesagt: »Gleichberechtigung fängt zu Hause an.« Man darf einem Streit mit dem Partner nicht aus dem Weg gehen und muss auf einer gerechten Aufgabenverteilung bestehen. Diese Kämpfe müssen Frauen aushalten.

TD: Dem entnehme ich, dass Sie zu Hause diese Kämpfe ausgefochten und ausgehalten haben?

SKM: Absolut. Mit zwei jüngeren Zwillingsbrüdern habe ich in meiner Kindheit bereits eine ziemlich gute Schule durchlaufen, weil die natürlich die Tendenz hatten, alles Häusliche auf mich abzuwälzen. Mein Partner James und ich, wir haben in Sachen Haushalt eine klare Aufgabenteilung, und keiner mischt sich in die jeweiligen Bereiche des anderen ein – was nicht immer ganz einfach ist, denn Toleranzschwellen sind einfach unterschiedlich hoch. Dennoch: Da müssen Frauen durch und dürfen nicht anfangen zu sagen: »Ach, Schatz, nächstes Mal mach' ich wieder die Wäsche«, nur weil er die Handtücher im Schrank anders gefaltet hat, als sie das gewohnt ist. Als zusätzliche friedenserhaltende Maßnahmen haben wir außerdem eine Spül-maschine und eine Haushaltshilfe.

TD: Gibt es bei Ihnen keine Diskussion nach dem Motto: »Liebling, müssen wir das wirklich alles so genau aufrechnen, das ist doch irgendwie unsexy?«

SKM: Ich empfinde es als ungeheuer erleichternd, dass ich diese Grundsatzdebatten über männliche und weibliche Rollenaufgaben, seien sie offen oder verdeckt, wenigstens bei mir zu Hause nicht mehr führen muss. Bei einer Veranstaltung im Zusammenhang mit dem Buch von Maybrit Illner, *Frauen an der Macht,* habe ich im letzten Jahr Ursula Engelen-Kefer, die langjährige stellvertretende DGB-Vorsitzende, kennen gelernt. Und obwohl wir politisch keine großen Gemeinsamkeiten haben, fand ich es persönlich sehr spannend zu erfahren, dass sie ebenfalls zwei Kinder hat und einen sehr unterstützenden Mann, der frühzeitig in den Ruhestand gegangen ist und sie jetzt überall hin begleitet. Das hat mich noch einmal in meiner Überzeugung bestätigt: Ohne den richtigen Partner im Rücken wird es für eine Frau, die beruflich etwas erreichen will, ganz, ganz schwer. Deshalb kann ich Ihnen gar nicht sagen, wie froh ich bin, einen Mann an meiner Seite zu haben, der klaglos zur Stelle ist, wenn ich spontan von Brüssel nach Berlin muss – selbst wenn dadurch sein Rugby-Training oder ein Business-Termin ausfallen.

TD: Umgekehrt sind Sie auch bereit, mal einen Termin sausen zu lassen, wenn es bei Ihrem Partner beruflich eng wird?

SKM: Selbstverständlich. Ohne eine gewisse Wechselseitig-keit kann das Modell nicht funktionieren. Ich bin davon über-zeugt, dass eine neue Arbeitsverteilung zwischen den Geschlech-tern keine quasi-religiöse feministische Forderung ist. Der Mann darf am Wickeltisch nicht scheitern, und die Frau muss ausreichend Geld verdienen können – das sind schlichte Notwendig-keiten modernen Zusammenlebens.

TD: In meiner Kindheit mochte ich sehr die Geschichte von den Zootieren und den Dschungeltieren, die sich wechselseitig um ihr Leben beneiden und deshalb eines Tages beschließen, miteinander zu tauschen. Und das großartige Ende dieses eman-zipatorischen 70er-Jahre-Märchens ist nicht etwa, dass die Zoo-tiere im Dschungel verrecken, weil sie das Jagen verlernt hätten, und die Dschungeltiere im Zoo eingesperrt vor die Hunde gingen. Nein: Beide Tiergruppen erkennen, dass beide Lebensformen ihre Vor- und Nachteile haben. Und deshalb einigen sie sich darauf, künftig im Halbjahresrhythmus zu wechseln.

SKM: Wenn wir von der Evolution irgendetwas lernen können, dann dass Mann und Frau nur eine Überlebenschance haben, wenn sie zusammenhalten. In der Steinzeit mag das bedeutet haben, dass sie die Höhle hütete, während er jagen ging. Aber was da im Neandertal als Überlebensbündnis begonnen hat, ist in den letzten Jahrzehnten zu einem zunehmend sinnlosen Rollenspiel erstarrt. In Zeiten von Globalisierung und Flexibilisierung auf dem Arbeitsmarkt brauchen wir ein aktualisiertes »Höhlengleichnis«. Ich selbst mache mir zum Beispiel keine Illusionen: Mein Job als Parlamentarierin in einer kleinen Partei ist alles andere als lebenslänglich. Auch der Anwaltsberuf, den James ausübt, kann immer wieder konjunkturellen Schwankungen unterworfen sein. Deshalb müssen beide Partner sowohl innerhalb als auch außerhalb der Höhle voll einsatzfähig sein.

TD: Werfen wir einen genaueren Blick auf das Leben außerhalb der Höhle, wie es sich für Frauen heute darstellt. Wären Frauen eher zur Jagd zu animieren und würde diese ihnen vielleicht mehr Spaß machen, wenn sie sich stärker mit anderen Frauen zusammenschlössen?

SKM: Bevor ich etwas zu den Frauen sage, möchte ich gern noch ein Wort zu den Männern loswerden: Ohne Männer geht es nicht. Ich habe die Erfahrung gemacht, dass viele junge Männer, und auch manche ältere Männer, meist Väter von Töchtern, sehr gute Verbündete sind, wenn es darum geht, den alten Geschlechterrollenmief auslüften zu wollen. Die sind von den ganzen atavistischen Anforderungen, die an sie gestellt werden, mindestens so genervt wie Frauen. Aber nun zu den Jagdbündnissen: Ich halte viel von inoffiziellen Frauennetzwerken beziehungsweise von Frauennetzwerken, in denen sich Frauen zusammentun, die tatsächlich etwas erreicht haben, sich also auf einem vergleichbaren Level bewegen. Inzwischen gehe ich gern auf Kongresse von Frauen in Führungspositionen, einfach weil ich da andere Frauen treffe, die ähnliche Situationen erleben wie ich und sich davon dennoch nicht abschrecken lassen. So etwas ist unheimlich motivierend. Unter den *Young Global Leaders,* die sich alljährlich am Rande des Weltwirtschaftsforums in Davos treffen, findet sich immerhin ein Drittel Frauen. Allerdings kommen die wenigsten aus Deutschland. Eine kleine Geschichte: Als mich James beim letzten Mal begleitete, hat er das Partnerprogramm mitgemacht – das nur noch bei uns in Deutschland »Damenprogramm« heißt. Er vergnügte sich also den ganzen Tag mit den anderen Jungs beim Sicherheitstraining in nagelneuen Audis, während ich mit den jeweiligen Gattinnen zusammensaß und arbeitete. Wenn solche Frauen eine Frauenorganisation gründen, dann glaube ich, ist es sinnvoll, und dann bringt es auch etwas. Dann kann am Ende vielleicht so etwas entstehen, wie es Hillary Clinton und ihre Girls in den USA aufgebaut haben. Nur, so lange in Deutschland nicht wirklich die Topfrauen bereit sind sich zusammenzuschließen, so lange können Frauennetzwerke zu schnell diskreditiert werden als Auffangbecken für die Frustrierten. Und leider ist es genau das, was vielen Frauenorganisationen in den Parteien passiert. Deswegen bin ich an dieser Front eher vorsichtig und würde jüngeren Politikerinnen raten: »Haltet euch fern davon!«

TD: Die Feministinnen, die von der großen allumarmenden Frauensolidarität träumen, werden an dieser Stelle weinen …

SKM: Erstens halte ich gar nichts davon zu behaupten, dass Frauen die besseren Menschen seien. Im Grunde ist das ja nur eine Form von Selbstdiskriminierung. Das heißt, Frauen trauen sich und ihren »Schwestern« keine Härte zu, keine Aggressivität, also letztlich nicht die Fähigkeit, Entscheidungen zu treffen, die richtig wehtun können. Und zweitens bedeutet die Forderung, dass sich Frauen an der Spitze zusammenschließen sollen, ja nicht, dass diesen die Belange von Frauen, die sozioökonomisch schwächer dastehen, egal sind. Sollte es Frauen an der Spitze gelingen, das Klima in unserem Land so zu verändern, dass tatsächlich mehr Gleichberechtigung herrscht, würden die weniger privilegierten Frauen davon ebenfalls profitieren. Sei es dadurch, dass auch sie bessere Betreuungsmöglichkeiten für ihre Kinder hätten. Sei es, dass sie in ihren Berufen nicht einzig und allein deshalb so miserabel verdienen würden, weil es klassische Frauenberufe sind. Im Übrigen wurde noch nicht einmal der Kommunismus von Vertretern des Lumpenproletariats erfunden. Die Anstöße zu gesellschaftlichen Veränderungen gingen schon immer von Eliten aus.

TD: Die FDP ist die einzige größere Partei in Deutschland, die keine Frauenquote hat. Nun muss man feststellen, dass sie im Deutschen Bundestag auch prompt die Fraktion mit dem geringsten Anteil an weiblichen Abgeordneten ist, nämlich knapp 25 Prozent – der Schnitt liegt bei knapp 32 Prozent. Akzeptieren Sie dies als Konsequenz des liberalen Dogmas »keine Quoten«? Oder juckt es Sie, die FDP von der Frauenquote überzeugen zu wollen?

SKM: Zunächst einmal möchte ich erwähnen, dass die Situation im Europaparlament etwas anders aussieht. Als europäische Gesamtfraktion genommen, haben dort nur die Sozialdemokraten einen höheren Frauenanteil als die Liberalen und Demokraten – und Erstere sind komplett durchquotiert. Dennoch ist das Verhältnis der FDP zu Quoten etwas diffus. Denn wir haben Quoten, und zwar regionale. Es ist vorgeschrieben, dass bei den 32 Beisitzern im Bundesvorstand, umgangssprachlich auch »Kurfürsten« genannt, jeder der 16 Landesverbände mit mindestens einem vertreten sein muss. Und natürlich kann man da die Frage stellen, warum nicht die Hälfte der Beisitzer Frauen sein soll.

TD: Werden Sie diese Frage demnächst der Partei stellen?

SKM: Ja.

TD: Die Forderung nach Quoten für die Wirtschaft halten Sie aber weiterhin für unzulässig, nehme ich an?

SKM: Da bleibe ich dem Credo treu, dass der Staat sich so wenig wie möglich einmischen soll. Viel wichtiger als die Forderung nach Quoten für die Wirtschaft ist es, Frauen so zu coachen, dass sie Forderungen nach angemessener Bezahlung stellen. Dass sie also nicht mit der Haltung in ein Bewerbungsgespräch gehen: »Ich bin so dankbar, dass ich nach meiner Kinderpause überhaupt wieder einen Job bekomme.« Frauen müssen lernen, selbstbewusst zu vertreten, dass sie gut qualifiziert sind, jetzt außerdem noch Erfahrungen mit Kindern gemacht haben und dafür eine angemessene Bezahlung haben wollen. An dieser Front fordere ich im Gegenteil, dass der Staat sich dort, wo er sich bereits zu viel eingemischt hat, wieder zurückzieht. Zum Beispiel haben sich die aktuellen Mutterschutzregeln als äußerst frauenfeindlich erwiesen.

TD: Inwiefern?

SKM: Der Arbeitgeber muss während der Schutzfristen, also in der Regel sechs Wochen vor bis acht Wochen nach der Entbindung, den Differenzbetrag zwischen dem Mutterschaftsgeld und dem letzten Nettogehalt an die Arbeitnehmerin zahlen. Während die Höhe des Mutterschaftsgeldes mit 13 Euro pro Tag seit Jahren unverändert geblieben ist, sind die Löhne und Gehälter gestiegen. Wird die Arbeitnehmerin schwanger, ist der Arbeitgeber nicht nur mit dem vorübergehenden Ausfall ihrer Arbeitskraft, sondern auch mit finanziellen Belastungen konfrontiert, die bei hoch qualifizierten und gut verdienenden Frauen ganz erhebliche sein können. Ich bin sicher, man könnte durch Steueränderungen wie die Abschaffung des Ehegattensplittings viel mehr für eine gleichberechtigte Teilhabe an Arbeit und Einkommen tun als durch die Einführung von Quoten.

TD: Wird Silvana Koch-Mehrin immer Finanz- und Europapolitikerin bleiben oder eines Tages doch noch »Frauenpolitik« machen?

SKM: Das mit der »Frauenpolitik« ist ein Dilemma. Das ist so, wie wenn jemand mit Einwandererhintergrund Ausländerpolitik macht. Oder ein Homosexueller sich für Gleichstellungspolitik einsetzt. Einerseits muss man sagen: Wer soll sich für diese Themen engagieren, wenn nicht die, die unmittelbar davon betroffen sind. Andererseits lässt man sich damit ein Etikett aufkleben, das man nie wieder los wird. Ich bin davon überzeugt, dass man für alle »Minderheitenanliegen« – wobei Frauen gesamtgesellschaftlich ja nun wahrlich keine Minderheit sind –, dass man für solche Anliegen viel mehr tun kann, wenn man aus der »Minderheitenecke« heraus geht. Im letzten Bundestagswahlkampf, als die Aufgabenverteilung im Präsidium anstand, gab es diverse Parteifreunde, die mir in der Tat den Bereich Familien- und Frauenpolitik zuordnen wollten. Und da habe ich gesagt: »Das mache ich nicht. In bin Europapolitikerin.« Den Bereich Familienpolitik hat schließlich unser Generalsekretär Dirk Niebel übernommen, der ein Jahr Erziehungspause von seinem Job gemacht hat. Das Thema fand ich bei ihm viel besser aufgehoben als bei mir. Ich glaube, Angela Merkel hat einmal gesagt: »Dass ich eine Frau bin, sieht jeder, weshalb soll ich das auch noch politisch in die Gremien tragen?« Wie schon angedeutet, ich bin überzeugt, dass man mit Finanzpolitik sehr viel mehr für Frauen erreichen kann als mit Frauenpolitik. Es reicht, dass man sich anschaut, wie unser Steuersystem aufgebaut ist, dann sieht man, dass es immer noch das konservative Weltbild honoriert: Einer – im Klartext: der Mann – ist der Alleinverdiener, der andere – im Klartext: die Frau – bleibt zu Hause bei den Kindern. Und wieso kann ich in Deutschland mein Arbeitszimmer voll von der Steuer absetzen, nicht aber meine Kinderbetreuungskosten? – was ich in Belgien zum Beispiel kann. Steuerpolitik hat eben nicht allein etwas mit Geld zu tun, sondern durch Steuern kann ich das Verhalten von Leuten im wahrsten Sinne des Wortes steuern. Warum gab es einen solchen Aufschrei, als Ursula von der Leyen die Diskussion ums Elterngeld losgetreten hat? Weil es um *Geld* geht.

TD: Weil es darum geht, dass die Familie nur dann zwei Monate länger Geld bekommt, wenn Papa daheimbleibt.

SKM: Eben. Geld ist in unserer Gesellschaft nun einmal die zentrale Honorierung dafür, dass etwas geleistet wird. Frauen schuften im Haushalt und bei der Kindererziehung, aber da es unbezahlte Arbeit ist, die sie leisten, ist sie entsprechend wenig angesehen. Ich halte nichts davon, wenn man sich in einem Anfall von Utopie wünscht, Geld möge in unserer Gesellschaft keine so große Rolle mehr spielen. Viel wichtiger wäre es, dass Frauen erkennen, dass ihnen ohne eigenes Geld eine wichtige Grundlage für Selbstbestimmung und Freiheit fehlt.

TD: Wollen Sie eines Tages die erste Finanzministerin der Bundesrepublik werden?

SKM: Lieber nicht. Da würde es mich viel mehr reizen, die erste Vorstandsvorsitzende eines DAX-Unternehmens zu werden …

TD: Dann wünsche ich Ihnen dabei viel Glück. Herzlichen Dank für das Gespräch!

EFSTRATIA ZAFEIRIOU

Jahrgang 1968. Maschinenbauingenieurin,
Markt- und Trendforschungsleiterin.

Schon immer, wenn ich auf der A 9 an Ingolstadt vorüber fuhr,
musste ich an Marieluise Fleißer denken. Und an die *Pioniere
in Ingolstadt*, ihre zum Weinen schwarze Komödie um Brü-
cken bauende Soldaten, verliebte Dienstmädchen und eifersüchtige Schüler, die die junge Autorin 1928 auf Anregung Bertolt
Brechts geschrieben haben will. Brecht soll es auch gewesen sein,
der ihr geraten hat: »Das Stück muss keine richtige Handlung
haben, es muss zusammengebastelt sein wie gewisse Autos, die
man in Paris herumfahren sieht, Autos im Eigenbau aus Teilen,
die sich der Bastler zufällig zusammenholen konnte, aber es
fahrt halt, es fahrt! (Genau diese Forderung.)«
Über diese Stelle aus den Anmerkungen zum Stück, das ich
so oft gelesen habe, muss ich zum ersten Mal lachen, als ich an
einem verregneten Maidonnerstag an der Autobahnraststätte
Frankenwald Pause mache. Eigentlich hatte ich den Text in Berlin nur deshalb in die Tasche gesteckt, weil ich den zynischen
Rat des Pioniers Korl an die verliebte Berta noch einmal lesen
wollte: »An uns muss man glauben. Dann muss man sich von
uns verraten lassen. Dann darf man weinen, wenn man mag,
und dann muss man erst recht an uns glauben.« Jetzt erkenne
ich: Es gibt ganz andere Gründe, die Fleißer einzupacken, wenn
man unterwegs zu einer heutigen Pionierin in Ingolstadt ist.
Dr. Efstratia Zafeiriou, die Markt- und Trendforschungsleiterin
der dort ansässigen Audi AG, ist eine der ranghöchsten Frauen
in der deutschen Automobilindustrie – die an ranghohen Frauen
nicht eben reich ist.
Marieluise Fleißer beschreibt, wie weit der Weg nach Ingolstadt 1926 für die Küstriner Pioniere war. Für die griechische
Maschinenbauingenieurin war er trotz Flugzeug und Automo-
bil noch weiter. Bei unserem Vorgespräch am Telefon erzählt
mir Efstratia Zafeiriou, dass sie in einem kleinen Dorf an der
Ägäis geboren wurde, in Nea Triglia. Der Vater ist Maurer, die

Mutter Hausfrau. Efstratia wächst zusammen mit einer Schwester auf – und ist die Einzige, die eine akademische Ausbildung erhält. An der Aristoteles-Universität in Thessaloniki schließt sie das Studium des Maschinenbauingenieurswesens ab, im Zuge des ERASMUS-Austausch-Programms kommt sie 1992 an die Fridericiana-Universität nach Karlsruhe, wo sie am Institut für Technische Thermodynamik ihre Doktorarbeit schreibt. Das Thema: *Numerische Simulation der Wärme-Stoffübertragungsvorgänge in rotierenden Regeneratoren.* Auf meine Nachfrage erklärt sie lachend, dass die Arbeit in der Tat nur aus Formeln und Zahlen besteht. Die Griechin bleibt in Deutschland, weil VW ihr einen Job im Forschungsbereich anbietet. Zweieinhalb Jahre arbeitet sie unter anderem an der Entwicklung des Motors für den Phaeton mit – dem größten Prestigeobjekt von Volkswagen. Und sie bleibt in Deutschland, weil sie sich in einen deutschen Chemikeringenieur verliebt, den sie kurze Zeit später heiratet. Doch die Ehe macht die Pionierin nicht sesshaft. Obwohl ihr Mann eine Stelle in Aachen bekommt, pendelt sie zwischen Wolfsburg und Brüssel, wo sie als Expertin für die EU-Kommission den Volkswagenkonzern vertritt. 2002 wechselt Efstratia Zafeiriou vom Mutter- zum Tochterunternehmen Audi. Ein knappes Jahr arbeitet sie in der Motorenentwicklung in Neckarsulm, dann geht sie als Assistentin des Vorstandsvorsitzenden nach Ingolstadt. Zwei Jahre später, im Mai 2005, übernimmt sie die Leitung der Trendforschungsabteilung. 2002 und 2004 bringt sie je eine Tochter zur Welt. Und es besteht Anlass zu der Hoffnung, dass im November 2006 eine dritte hinzukommt … Efstratia Zafeirious Mann arbeitet mittlerweile ebenfalls bei Audi in Ingolstadt, nicht zuletzt, damit er und seine Frau sich die Elternarbeit teilen können.

Als ich auf das Betriebsgelände von Audi einbiege, beginnt es endgültig zu regnen. Schräg vor mir, am rechten Ende der Plaza, öffnet sich ein Hallentor, doch ich begreife schnell, dass dies nicht das offizielle Besucherparkhaus ist. Ein nagelneues Cabrio rollt langsam heraus, zögert einen Moment, als könne es sich nicht entscheiden, was es von den dicken Tropfen auf seinem Lack halten soll. Doch dann fährt das vollautomatische Verdeck mit jener Grazie auf, mit der sich ein exotisches Insekt zum Schlafen faltet. Am Steuer sitzt ein Mann, daneben eine Frau, auf dem Rücksitz ein Junge. Alle drei haben Baseball-Kappen auf. Vom stolzen Besitzer lässig gelenkt, entschwindet der Wagen in die Freiheit der oberbayerischen Landstraßen. Ich parke mein schmuckloses *Hardtop*-Gefährt auf dem Besucherparkplatz.

In der Lobby des Verwaltungsgebäudes, das so gläsern ist, wie frühere Industriearchitektur backsteinern war, nimmt mich die Pressesprecherin von Audi in Empfang. Gemeinsam fahren wir in den vierten Stock hinauf. Eine luftige Brücke mit einfachem Handlaufgeländer führt vom Fahrstuhl zu den Büroräumen. Ich komme nicht umhin, mich laut zu wundern, dass es keine Fallnetze für Selbstmordkandidaten gibt. Die Pressesprecherin erklärt mir, dass kein Mitarbeiter und auch keine Mitarbeiterin je versucht hätten, sich in die Tiefe zu stürzen. Wir müssen uns die Audi AG als glückliches Unternehmen vorstellen.

Und in der Tat: Die schwarzhaarige Frau, die der Grund meiner Reise ist und die mich jetzt mit kräftigem Händedruck in ihrem gleichfalls gläsernen Büro begrüßt, sieht definitiv nicht unglücklich aus. Unwillkürlich muss ich an Athene denken, die kriegerische Tochter des Zeus, Göttin der Weisheit.

TD: Frau Dr. Zafeiriou, als Markt- und Trendforschungsleiterin eines großen deutschen Autokonzerns müssen Sie es wissen: Kaufen Frauen andere Autos als Männer?

EZ: Die Antwort ist ein klares Nein.

TD: Das überrascht mich. Ich kann mich nicht erinnern, je einen Mann am Steuer eines VW Polo oder Opel Corsa gesehen zu haben …

EZ: Es gibt Modelle, die haben das Image »Frauenauto«. So wie es Modelle mit dem Image der »Familienkutsche« gibt. Tatsächlich werden Kleinwagen häufiger von Frauen als von Männern gekauft – beziehungsweise wenn Männer Kleinwagen kaufen, dann fast immer als Zweitwagen für die Ehefrau. Diese scheinbar weibliche Neigung zum Kleinwagen kommt schlicht und einfach daher, dass Frauen im Schnitt weniger Geld haben als Männer. Sobald Frauen über mehr Geld verfügen, kaufen auch sie »dicke« Autos – das sehen wir zum Beispiel in den USA.

TD: Das Gerücht stimmt also nicht, dass Frauen im Auto eher ein schnödes Fortbewegungs- und Transportmittel sehen, und Männer darin ein – nennen wir es: Statussymbol?

EZ: Frauen und Männer haben sehr ähnliche Vorstellungen vom »Traumauto«: Sportwagen, Cabrio, Geländewagen finden nahezu alle schick. Und schließlich würde auch kein Mann zugeben, dass er sich einen bestimmten Wagen als Statussymbol zugelegt hat, sondern er würde immer behaupten, er habe sich dieses Auto wegen seines besonders sparsamen oder leistungsstarken Motors oder wegen der hohen Qualität der Karosserie und des sportlichen Designs gekauft.

TD: Kommen wir zum nächsten Zentralvorurteil in Sachen »Weib und Wagen«: Parken Frauen schlechter ein als Männer?

EZ: Hilfe! Auf diese Idee kann nur ein Ehepaar gekommen sein, dass in den Weiten Amerikas Auto fährt. Ich habe das Einparken in Thessaloniki gelernt, da geht es auf den Straßen so eng zu, dass jeder Millimeter zählt. Deshalb kann ich heute auch besser einparken als mein Mann, der das Parken in Miltenberg gelernt hat.

TD: Sie haben bis zu Ihrem 24. Lebensjahr in Griechenland gelebt. Was verdanken Sie Ihrer Herkunft noch?

EZ: Meinen ganzen Charakter und meine Wertvorstellungen! Außerdem, wer weiß, ob ich in Deutschland je Ingenieurwissenschaften studiert hätte. Als ich nach Karlsruhe kam, um zu promovieren, gab es am dortigen Institut vierhundert Studenten – und ganze vier Studentinnen. An der Universität in Thessaloniki dagegen, wo ich meinen ersten Abschluss gemacht habe, waren im Fachbereich Maschinenbau dreißig Prozent der Studenten Frauen.

TD: Ich habe ein paar Zahlen aus Deutschland, die das verdeutlichen: Demnach wählte 2005 nur jede 15. Studentin die Ingenieurwissenschaften. Bei den männlichen Studenten wählte nahezu jeder vierte diese Fachrichtung. Woran liegt es, dass sich in Griechenland so viel mehr Frauen für ein technisches Studium entscheiden?

EZ: (Lacht.) An unserer Kultur! An unserer Tradition! Technik hat bei uns in Griechenland einen ganz anderen Stellenwert. Wir sind noch heute stolz auf die großen Naturwissenschaftler und Mathematiker, die wir in unserer Vergangenheit hatten: Pythagoras, Thalis, Euklid und Demokrit. In Griechenland sind wir überzeugt, dass die Geschichte der Zivilisation immer auch die Geschichte der Technik ist, Beispiel: der Parthenon in Athen.

Architektur ist in Griechenland kein getrennter Fachbereich, sondern gehört zu den Ingenieurwissenschaften. Wer bei uns ein gutes oder sehr gutes Abitur macht, studiert entweder Philosophie – oder eben Ingenieurwissenschaften, die zweite Krone der Studienfächer. Hier in Deutschland studieren Einser-Abiturienten sehr oft Medizin. Das hat ja dann auch zur Folge, dass es in dieser Fachrichtung viele Studentinnen gibt. Aus dem einfachen Grund, dass deutsche Mädchen – wie die griechischen übrigens auch – mittlerweile häufiger das Abitur machen als die Jungen und die besseren Abschlussnoten haben.

TD: War es bei Ihnen nur die gute Abiturnote, die Sie zum Studium des Maschinenbaus gebracht hat? Oder hatten Sie schon als Schülerin ein spezielles Interesse an technischen Dingen?

EZ: Es war nicht so, dass ich versucht hätte, den ersten Kühlschrank meiner Eltern auseinander und wieder zusammen zu bauen. Eigentlich wusste ich beim Abitur noch nicht so recht, was ich studieren soll. Klar war nur, dass ich in den naturwissenschaftlichen Fächern besonders gut war und mir diese Fächer besonders Spaß gemacht haben. Den Ausschlag gab ein Lehrer, der selbst Maschinenbauingenieur war, mit dem Argument: Wenn du dich nicht entscheiden kannst zwischen Chemie oder Physik, studier' Maschinenbau! Damit kannst du in allen Bereichen arbeiten – von der Kernkrafttechnologie über die Automobilindustrie bis hin zur Raumfahrtforschung.

TD: In Ihrer Familie hat also auch niemand die Stirn darüber gerunzelt, dass die Tochter jetzt Maschinenbauerin werden will.

EZ: Überhaupt nicht! Meine Eltern hatten den klaren Wunsch, dass aus ihren Kindern mal was »Besseres« werden soll. Meine Mutter hat gerade noch die griechische Grundschule, die bis zum zwölften Lebensjahr dauert, besucht, mein Vater konnte die Grundschule aufgrund der Bürgerkriegsverhältnisse leider nicht abschließen. Und da meine Eltern eben nur Töchter haben, konnte es auch keine Diskussionen darüber geben, ob die Söhne studieren und die Töchter lieber Hausfrau und Mutter werden sollen. Ich kann mich gut erinnern – da muss ich noch ein kleines Kind gewesen sein –, wie die Augen meines Vaters und meiner Mutter zu leuchten begannen, wenn das Wort »Universität« fiel. Ich selbst hatte damals keine Ahnung, was sich hinter diesem schönen Wort verbirgt. Ich wusste nur: Da will ich hin! Und sicher spielte es eine entscheidende Rolle, dass ich früh mit anpacken musste, um Geld zu verdienen. Ich habe als Kind auf dem Feld gearbeitet und hatte deshalb eine ziemlich klare Vorstellung, was es bedeutet, wenn ich den Sprung aus dem Dorf an die Universität nicht schaffe: Harte, harte Knochenarbeit.

TD: Die Alternative, Hausfrau und Mutter zu werden, hatten Sie nie im Kopf?

EZ: Meine Schwester hat diesen Weg eingeschlagen. Und ich kann Ihnen versichern, dass auch sie harte, harte Knochenarbeit leistet.

TD: Gab es in Ihrem familiären oder schulischen Umfeld irgendwelche Frauen, die für Sie Emanzipationsvorbilder gewesen wären?

EZ: Leider nicht. Aber ich habe mit 17 *Das andere Geschlecht* von Simone de Beauvoir gelesen, das hat mich sehr beeinflusst. Danach war mein Ziel: Ich will so klug und eigenständig werden wie diese Frau.

TD: Erinnern Sie sich noch, wie es zu dieser Lektüre kam? Ich muss gestehen, dass ich in meiner Pubertät so ziemlich jede Zeile von Jean-Paul Sartre verschlungen habe. Aber die Beauvoir interessierte mich überhaupt nicht. Das war für mich nur die Frau an der Seite des Großdenkers, die ein bisschen nervte.

EZ: (Lacht.) Nein, nein, nein! Wo sind Sie zur Schule gegangen?

TD: In Frankfurt am Main …

EZ: Manchmal bin ich wirklich froh, in einem kleinen, rückständigen Dorf in Griechenland aufgewachsen zu sein. Es war eine französische Brieffreundin, die mir *Das andere Geschlecht* empfohlen hat. Und schon nach den ersten Seiten merkte ich, dass ich die Welt besser begreife. Plötzlich verstehe ich, warum die Lage in unserem Dorf so war, wie sie war. Plötzlich sehe ich dort klar, wo ich vorher wie im Nebel etwas vermutete.

TD: Gab es später im Studium weitere emanzipatorische Schlüsselerlebnisse?

EZ: In Griechenland nicht direkt. Wie ich schon sagte, war es dort nichts Besonderes, als Frau Maschinenbau zu studieren. Als ich nach Deutschland kam, habe ich dann allerdings schnell den Kontakt zum *Deutschen Ingenieurinnenbund* gesucht. Es hat mir sehr geholfen, zu sehen, ich bin auch in diesem Land nicht die Einzige, die so etwas »Merkwürdiges« macht.

TD: In Deutschland waren die 70er das Jahrzehnt des politisch-feministischen Kampfes. Gab es in Griechenland ein vergleichbares Jahrzehnt der Emanzipation?

EZ: Die Emanzipationsbewegung war in Griechenland keine eigene politische Bewegung, sondern Bestandteil der allgemeinen Demokratisierung, die in den 70er Jahren begann. Für die größten »Frauen-Fortschritte« auf der juristischen Ebene haben wohl die Sozialisten gesorgt, die 1981 an die Regierung kamen. Sie haben zum Beispiel das Ehegesetz reformiert, indem sie den »Mitgift-Paragraphen« abgeschafft haben, demzufolge jede Frau theoretisch verpflichtet gewesen wäre, in die Ehe eine Mitgift einzubringen. Oder sie haben das Namensgesetz geändert, das Frauen seither ermöglicht, nach der Hochzeit ihren Nachnamen beizubehalten. Im Unterschied zu Deutschland wurde die griechische Emanzipationsbewegung nicht von einer Frontfrau »aus dem Volk« wie Alice Schwarzer getragen. Es gab auch keine großen Demonstrationen. Bei uns waren es eher weibliche Intellektuelle und Politikerinnen, die einige Dinge zeitgemäß gestaltet haben, nachdem die Militärjunta 1975 zusammengebrochen war.

TD: In Sachen Gleichberechtigung scheint mir Griechenland ein Land voller Widersprüche zu sein: Sie berichten, dass es viel weniger Rollenklischees in den Köpfen gibt, was beispielsweise Frauen und Technik angeht. Auf der anderen Seite liegt die weibliche Erwerbstätigenquote in Griechenland bei 51 Prozent, und ist damit vor Italien und Malta die drittniedrigste in der EU. Zum Vergleich: In Deutschland sind immerhin 64 Prozent der Frauen in irgendeiner Form erwerbstätig. Haben Sie eine Erklärung für diese Widersprüchlichkeiten?

EZ: Was die niedrige Erwerbstätigenquote angeht: Ich kenne wenige Frauen unter fünfzig in Griechenland, die nicht arbeiten – schon gar keine Akademikerin! So etwas habe ich erst hier in Deutschland erlebt. Ich vermute eher, die niedrige Erwerbstätigenquote lässt sich so erklären, dass Griechenland eine besonders tief verwurzelte Tradition hat, nicht jeden Job beim Finanzamt anzumelden …

TD: Werfen wir einen Blick auf das Unternehmen, für das Sie derzeit tätig sind: Wie sieht es bei Audi mit dem Frauenanteil aus?

EZ: In meinem Bereich, der Marktforschung, arbeiten circa fünfzig Prozent Frauen. Das darf ich aber nicht mir auf die Fahne schreiben, Marketing ist generell ein Bereich, in dem überdurchschnittlich viele Frauen zu finden sind. Insgesamt haben wir bei Audi zwölf Prozent weibliche Beschäftigte. Das ist kein Grund zu jubeln. Aber auch kein Grund zu jammern, wenn man sich in der deutschen Wirtschaft insgesamt umschaut. Die vielleicht erfreulichste Zahl findet sich bei den Auszubildenden. Dort haben wir mittlerweile – auch im gewerblich-technischen Bereich – immerhin einen Frauenanteil von zwanzig Prozent erreicht. Ernüchternder sieht es allerdings auf der Führungsebene aus: Hier liegt der Frauenanteil bei knapp fünf Prozent. Aber auch da hat sich in den letzten Jahren schon einiges bewegt.

TD: Bewegt sich da wirklich etwas? Oder ist es nicht eher so, wie es die Gleichstellungsbeauftragte des Saarländischen Rundfunks unlängst formulierte: »Wir sind einen Schritt nach vorne gegangen, um dann entschlossen stehen zu bleiben.«

EZ: Schön gesagt, aber da möchte ich doch meinen gesunden griechischen Optimismus dagegensetzen. (Lacht.) Ich bin sicher, dass in den nächsten Jahren der Frauenanteil in der deutschen Wirtschaft auch auf der Führungsebene kontinuierlich steigen wird. Allerdings darf man sich natürlich nicht darauf verlassen, dass er dies von allein, quasi automatisch tut. Die Frauen werden hart darum kämpfen müssen, verstärkt Spitzenpositionen zu besetzen.

TD: Müssen sie einfach nur »hart« darum kämpfen? Oder müssen sie härter kämpfen als jeder Mann?

EZ: In dieser Sphäre von Jobs, wo die Luft wirklich dünn wird, bekommt auch kein Mann etwas geschenkt …

TD: Der Verdacht muss ja gar nicht sein, dass die Männer etwas »geschenkt« bekommen. Es genügt, dass sie einfach unter sich bleiben und in ihren Seilschaften lieber andere Männer mit auf den Gipfel hieven als Frauen.

EZ: Das kann ich aus meinen Erfahrungen – die natürlich nur persönliche sind – nicht bestätigen. Ohne dass mich Männer gefördert und *be*fördert hätten, wäre ich heute nicht in der Position, die ich innehabe. Allerdings liegt das nicht daran, dass Männer mich besonders gern befördert hätten und Frauen nicht. Es kommt schlicht und ergreifend daher, dass es hierarchisch gesehen keine Frau gibt, die mich je hätte befördern können. (Lacht.)

TD: In welcher Region des Hierarchiegebirges würden Sie sich sehen?

EZ: Im mittleren Management. Und auf dieser Ebene gibt es bei Audi durchaus auch ein paar andere Frauen. Darüber kommen allerdings fast ausschließlich Männer. Der Topmanagementkreis bei Audi umfasst nur sehr wenige Personen. Und diesem Kreis gehört keine einzige Frau an – und hat auch noch nie eine angehört.

TD: Wenn ich Sie für meine These der Männerseilschaften nicht so recht erwärmen kann: Inwiefern sind die Frauen selbst schuld an dieser Situation?

EZ: Sicherlich tragen wir auch ein Teil der Schuld. Zunächst einmal muss man einfach sehen: Es ist noch nicht so schrecklich lange her, dass Frauen überhaupt die Managementebene erreicht haben. Bei Audi gibt es derzeit ungefähr 1 300 Manager. Und natürlich ist es sehr wenig, wenn sich darunter nur fünfzig bis sechzig Frauen befinden. Aber diese Frauen müssen nicht nur die Qualifikation, sondern auch den unbedingten Willen und Mut haben, es bis ganz nach oben zu schaffen.

TD: Kann es sein, dass Frauen vor allem bei Letzterem große Defizite haben?

EZ: Wie vorhin erwähnt: Mädchen machen inzwischen häufiger und besser Abitur als Jungen, bei den Universitätsabschlüssen sieht es ähnlich aus. An der Qualifikationsfront haben die Frauen in den letzten dreißig Jahren also gewaltig aufgeholt. Allerdings haben sie sich gleichzeitig in so einer Art Musterschülerinnendenken eingerichtet. Ich selbst habe jahrelang geglaubt, es würde genügen, wenn ich einfach immer nur die Beste bin, dass ich mit Leistung allein alles erreichen kann. Mittlerweile habe ich begriffen: Ohne einen gewissen Mut zur Verdrängung geht es nicht. Du musst an der richtigen Stelle auch mal signalisieren: Hallo, hier bin ich! Und dort will ich unbedingt hin! – anstatt dich darauf zu verlassen, dass dein Vorgesetzter schon erkennen wird, wie gut du bist.

TD: Woher kommt es, dass Frauen diesen »Willen zur Verdrängung« weniger entwickeln als Männer?

EZ: Das hat mit der Erziehung zu tun, und mit dem, was die

Gesellschaft vermittelt. Abgesehen vom Leistungssport stehen Frauen nicht unter dem Druck, immer höher und noch höher hinaus wollen zu müssen. Im Gegenteil: Es wird ihnen eher in die Wiege gelegt: »Es ist doch toll, was du schon erreicht hast! Jetzt mach erst mal eine Pause und denk darüber nach, ob du nicht noch Kinder kriegen willst!« Diese Haltung spüre ich bei Mitarbeiterinnen und Kollegen. Männer haben einen viel größeren Druck, Karriere machen zu müssen, wenn sie gesellschaftlich – und zum großen Teil auch privat – Anerkennung erfahren wollen.

TD: Kennen Sie das Märchen vom Fischer und seiner Frau?

EZ: Ja, natürlich! Das beschreibt ziemlich genau, was ich meine. Der arme Fischer hat eigentlich gar keine Lust, den Butt – oder was immer das für ein Fisch ist – jedes Mal um ein noch größeres Geschenk zu bitten, sprich: Noch mehr Karriere zu machen. Aber seine Frau treibt ihn mit ihrem Ehrgeiz dazu an. Bis sie am Ende alles verlieren.

TD: Frauen müssten also stärker lernen, Ehrgeiz nicht nur in der bekannten passiv-aggressiven Weise zu entwickeln, indem sie ihren Ehemännern die Sporen geben, sondern lernen, sich selbst anzutreiben?

EZ: Absolut. Womit ich nicht sagen will, dass jeder Mensch um jeden Preis Karriere machen muss. Manchmal tun mir die Männer mit all dem Erfolgsdruck, der auf ihnen lastet, regelrecht leid. Ich persönlich hatte zum Beispiel immer das Gefühl, die Tatsache, dass ich keine Karriere machen *muss*, verschafft mir im Vergleich zu den meisten männlichen Kollegen eine so viel größere Entspanntheit – und damit eher einen Vorteil als einen Nachteil. Ich hatte nie die Angst, ins völlige Nichts zu stürzen, wenn meine Karriere plötzlich zu Ende ist. Und dennoch hat diese Entspanntheit bei mir nicht dazu geführt, dass ich mich zurücklehne und mit dem zufriedengebe, was ich erreicht habe. Ich glaube, das ist es, worum es geht: Männer können von den Frauen lernen, dass nicht jeder ein Karrierewolf sein muss – dass es auch andere Wege zum Lebensglück gibt, als zwölf oder 14 Stunden am Tag im Büro zu schuften. Und Frauen können von den Männern lernen, konfliktfreudiger zu werden – wenn sie denn tatsächlich Karriere machen wollen. Anders formuliert: »Karriere« sollte etwas sein, dass wir – Männer wie

Frauen – aus Lust machen und nicht aus Angst. Für mich ist es ganz, ganz wichtig, dass ich in meinem Beruf tatsächlich glücklich bin. Ich verbringe im Schnitt zwölf Stunden täglich im Büro, und das kann ich vor mir selbst und vor meinen beiden Töchtern nur verantworten, wenn ich ganz genau weiß, warum ich das tue.

TD: Erinnern Sie sich noch, wann Sie zum ersten Mal das schöne deutsche Wort »Rabenmutter« gehört haben?

EZ: (Lacht.) Sehr genau! Mit diesem Wort begrüßte mich ein Kollege an dem Tag, als ich nach der Geburt meiner ersten Tochter wieder zur Arbeit kam.

TD: Gibt es ein ähnliches Wort im Griechischen?

EZ: Absolut nicht! Meine Mutter findet zwar auch manchmal, ich solle mehr Zeit mit meinen Töchtern verbringen, aber die »Rabenmutter« ist schon eine sehr deutsche Bezeichnung, die übrigens in keiner anderen Sprache zu finden ist. Ich bin felsenfest davon überzeugt, dass es für Kinder besser ist, eine Mutter zu haben, die sie vielleicht bloß zwei oder drei Stunden am Tag sehen, die dafür aber glücklich ist und die wenige Zeit mit ihren Kindern intensiv genießen kann, als eine Mutter zu haben, die ständig um sie herum ist, aber insgeheim frustriert, weil sie das Gefühl hat, nur Opfer zu bringen.

TD: Wie viel Zeit verbringt Ihr Mann mit den Kindern?

EZ: Er hat ähnlich lange Arbeitstage wie ich. Allerdings hat er eine Weile nur achtzig Prozent gearbeitet, während ich bei beiden Geburten direkt nach dem Mutterschutz wieder hundert Prozent eingestiegen bin.

TD: Begrüßen Sie die von der Bundesregierung soeben beschlossene Reform, dass Elterngeld nur dann die vollen 14 Monate ausgezahlt wird, wenn auch der zweite Elternteil zwei Monate zu Hause bleibt?

EZ: Teils, teils. Ich finde es gut, dass an dieser Front überhaupt etwas in Bewegung gerät. Andererseits bezweifle ich, dass dieses Gesetz dazu beitragen wird, die höher qualifizierten und damit häufig besser verdienenden Frauen zum Kinderkriegen zu animieren. Volkswirtschaftlich sinnvoller und gerechter erschiene es mir, wenn alle Ausgaben für Kinderbetreuung steuerlich absetzbar wären. Es will mir nicht recht einleuchten, wieso ich jede Dienstfahrt absetzen kann – die private Kinderfrau dagegen nicht, die ich beschäftigen muss, um überhaupt Dienstfahrten machen zu können. Eine ganz wichtige Forderung an die Politik bleibt, für bessere Kinderbetreuungseinrichtungen zu sorgen. Hier bei Audi haben wir zum Beispiel in Zusammenarbeit mit der Stadt Ingolstadt eine Kinderkrippe für unter Dreijährige eingerichtet. Üblicherweise werden Krippen so finanziert, dass vierzig Prozent der Kosten das Bundesland, vierzig Prozent die Stadt und zwanzig Prozent die Eltern tragen. Wir haben uns mit der Stadtverwaltung darauf verständigt, dass Audi die Hälfte der Stadtzuschüsse übernimmt.

TD: Ich vermute, dass diese Krippe nur Kindern von Audi-Mitarbeitern offensteht?

EZ: Nur Kindern von Audi-Mitarbeiterinnen! (Lacht.) Wobei die Kinder von allein erziehenden Kolleginnen erste Priorität haben. Dann kommen die Kinder von Mitarbeiterinnen, die ihre Kinder gemeinsam mit einem Partner erziehen. Und wenn dann noch Plätze frei sind, werden auch die Kinder von Audi-Mitarbeitern aufgenommen.

TD: Haben sich noch keine Väter wegen Diskriminierung beschwert?

EZ: Die Einzigen, die das Recht hätten, sich zu beschweren, wären allein erziehende Väter. Mit einem solchen Fall hatten wir allerdings bislang nicht zu tun. Audi beteiligt sich finanziell an dieser Krippe, um gezielt seine Mitarbeiterinnen zu fördern – nicht die Ehefrauen von Mitarbeitern.

TD: Besuchen auch Ihre Kinder diese Krippe?

EZ: Meine erste Tochter kam ein Jahr, bevor die Audi-Kinderkrippe gegründet wurde, zur Welt. Deshalb habe ich damals einen anderen Krippenplatz gebraucht und glücklicherweise auch gefunden. Ich bin mit dieser Einrichtung so zufrieden, dass ich auch meine zweite Tochter dort hingeschickt habe. Zu wissen, dass meine Kinder professionelle Betreuung zusammen mit Gleichaltrigen genießen, ist eine enorme Erleichterung. Trotzdem brauchen mein Mann und ich bei unserer beruflichen Belastung zusätzlich eine private Kinderfrau.

TD: Gibt es bisweilen herzzerreißende Szenen, wenn Ihre Töchter nicht einsehen wollen, dass Mami jetzt ins Büro muss?

EZ: Klar gibt es die. Aber ich bin sicher, meine Töchter spüren, dass sie für mich niemals lästige Routine sind, sondern dass jeder

Moment mit ihnen etwas ungeheuer Kostbares ist. Liebe zu zeigen und Liebe zu erfahren kann Sekunden dauern oder nie geschehen. Ich lebe mit meinen Töchtern nach dem Motto: »Das Leben kann man nicht verlängern, sondern nur vertiefen«.

TD: Gab es Unmut oder kritische Bemerkungen, als Sie eines Tages in der Firma verkündeten schwanger zu sein?

EZ: Der »Rabenmutter«-Kollege ist zum Glück ein Einzelfall. Als ich das erste Mal schwanger wurde, habe ich als Assistentin von Dr. Winterkorn, dem Vorstandsvorsitzenden der Audi AG, gearbeitet. Womöglich habe ich bei ihm eine gewisse Ratlosigkeit gespürt – da er vorher noch nie eine Assistentin gehabt hatte und also mit einer solchen Situation nie zuvor konfrontiert gewesen war. Durch seine Entscheidung, mich weiterhin als Assistentin zu beschäftigen, hat er die richtigen Signale gesendet – sowohl für mich als auch für andere Frauen im Unternehmen. Wohl wissend, dass der Job als Assistentin Knochenarbeit ist, der einen hohen Grad an Belastbarkeit und Durchhaltevermögen voraussetzt.

TD: Falls Ihnen die Frage nicht zu intim ist: Haben Sie Ihre Töchter gestillt?

EZ: (Lacht.) Das ist doch nicht intim! Ja, ich habe beide gestillt und meine zweite Tochter sogar oft im Büro.

TD: Und da gab es keine blöden Bemerkungen?

EZ: Ja mei, wie der Bayer sagen würde … Klar hat da schon mal einer – oder auch eine! – schief geguckt. Aber davon lässt sich keine Frau abbringen, die weiß, dass sie das Richtige tut.

TD: Sie plädieren also ganz klar für die Haltung: Es bringt nichts, sich über latent frauenfeindliche Stimmungen am Arbeitsplatz zu beschweren. Sondern frau muss so hart sein, wie die real existierende Arbeitswelt es ist?

EZ: Darf ich zuvor noch etwas zu dem ganzen Themenkomplex »Frau und Mutter« sagen?

TD: Bitte, immer!

EZ: Erst letzten Sonntag habe ich eine Talkshow gesehen, in der sollte es laut Titel um »deutsche Frauen« gehen – tatsächlich wurde dann sechzig Minuten lang nur über deutsche Mütter geredet beziehungsweise das Wort »Frau« tauchte immer nur in der Bedeutung von »Nicht-Mutter« auf. Das finde ich schon sehr eigenartig. Und ein bisschen unheimlich. Stellen wir uns vor, in einer Sendung, in der es um »deutsche Männer« gehen soll, würde immer dann der Ton abgestellt, wenn es gerade nicht um den Mann als Vater oder explizit Nicht-Vater geht. Ich fürchte, das würde eine sehr stumme Runde. Aber am allerwenigsten verstehe ich, warum man zu einer Diskussion mit dem Thema »Frauen« einen katholischen Geistlichen einladen muss! Also ausgerechnet einen Vertreter jener Institution, die sich am allerhartnäckigsten gegen jegliche Modernisierung des Frauenbildes sträubt. Aber gut, ich verstehe ja auch nicht, wieso hierzulande der Staat meint, es sei seine Pflicht, Kirchensteuer einzutreiben …

TD: Da bin ich leider die Falsche, es Ihnen zu erklären …

EZ: Schluss mit diesem leidigen Thema! Bei welcher ernsthaften Frage waren wir stehen geblieben?

TD: Bei dem Punkt, ob frau so hart sein muss, wie es die real existierende Arbeitswelt ist?

EZ: Das mag in der Tat hart klingen. Aber ich fürchte, dass ist der einzige Weg, auf dem sich wirklich etwas verändern lässt. Dadurch, dass Frauen ins Vorzimmer stürmen und Beschwerdebriefe einreichen, weil sie jemand »Puppe« genannt oder ihr beim Stillen schiefe Blicke zugeworfen hat, wird sich gar nichts bewegen. Im Gegenteil. Damit signalisieren Frauen, dass sie in besonderer Weise »schutzbedürftig« sind – und wundern sich dann, wenn der Chef ihnen beim nächsten Mal wieder nicht zutraut, einen heikleren Job zu übernehmen. Ja, ich glaube, dass man sich als Frau ein Stück weit gegen den unterschwelligen Sexismus im System immunisieren muss. Das heißt aber nicht, dass man sich alles gefallen lässt. Wenn ich das Gefühl hätte, ein Kollege schießt sich auf mich ein und überschreitet eine bestimmte Grenze, dann würde ich nicht länger bloß mit den Achseln zucken. Aber ich würde immer als Erstes versuchen, die Angelegenheit selbst zu klären. Meine Perspektive ist: Wo will ich hin? Was ist das große Ziel? Und nutze oder schade ich diesem Ziel eher, wenn ich mich – öffentlich – über jede blöde Bemerkung aufrege, die einer fallen lässt. Am elegantesten wird für mich diese Haltung durch Angela Merkel verkörpert. Hätte die sich im letzten Sommer in lauter Kleingefechten verzettelt, weil schon wieder einer fand, sie sei eigentlich nicht geeignet für den Job – sie wäre nie und nimmer Kanzlerin geworden.

TD: Bedeutet es Ihnen etwas, dass wir zum ersten Mal eine Kanzlerin haben?

EZ: Bei dieser Frage muss ich erst einmal das »wir« klären: Was die Staatsbürgerschaft angeht, bin ich nach wie vor Griechin. Hier in Bayern wird beim Einbürgerungsverfahren der Nachweis eines HIV-Tests verlangt. Und obwohl ich im Zuge meiner Schwangerschaften selbstverständlich mehrere solcher Tests gemacht habe, empfinde ich dies als eine derartige Diskriminierung, dass ich bislang darauf verzichtet habe, die deutsche Staatsbürgerschaft zu beantragen. Nichtsdestotrotz ist Deutschland das Land, in dem ich mit meiner Familie lebe, in dem ich meine Steuern zahle und in dem das Unternehmen ist, für das ich arbeite und auf das ich stolz bin. In diesem Sinne fühle ich mich also durchaus berechtigt, hier ein Wörtchen mitzureden. Und ja: Ich bin sehr, sehr stolz darauf, dass »wir« eine Kanzlerin haben. Über Merkels Politik können wir noch nichts Endgültiges sagen. Aber erst einmal stelle ich mit Begeisterung fest, dass wir eine Frau an der Spitze haben, die komplett frauentypisch ist. Und das sehe ich gern.

TD: Ich fürchte, das müssen Sie einigen Leserinnen und Lesern genauer erklären. Wurde und wird Merkel nicht gerade vorgeworfen, sie sei komplett frauen-un-typisch?

EZ: Die stille Hartnäckigkeit, mit der sie um ihre Ziele kämpft, empfinde ich als extrem frauentypisch. Und dass sie nicht die laute, kriegerische Auseinandersetzung mit ihren Kontrahenten in der Öffentlichkeit sucht, sondern stets nüchtern die Sachlage im Blick behält. Auf diese Weise ermöglicht sie selbst ihren Gegnern, erhobenen Hauptes aus einer Niederlage hervorzugehen.

TD: So richtig »erhoben« sahen mir die Häupter von Stoiber, Schröder und Co. im letzten Herbst aber nicht aus …

EZ: Das ist dann das Problem dieser Herren. Aus eigener Erfahrung kann ich sagen, dass Männer im Eifer des Gefechts eher dazu neigen, zu vergessen, dass es nicht um Macht geht, sondern um ein gemeinsames Ziel. Ich lasse zum Beispiel immer wieder zu, dass meine Mitarbeiter mich bei einer Entscheidung überstimmen. Ich sage dann: »Okay, ich bin zwar noch nicht hundertprozentig überzeugt, aber trotzdem: Dann machen wir das so. Jetzt ist es an euch, mir zu beweisen, dass ihr Recht habt.« Diese Haltung des gegenseitigen Respekts vermisse ich bei männlichen Vorgesetzten manchmal.

TD: Sie sprechen vom »Ziel«, das es nicht aus den Augen zu verlieren gilt. Ist Teil Ihres »Ziels«, dass es in zehn oder zwanzig Jahren deutlich mehr Frauen in den Top-Positionen der deutschen Wirtschaftsunternehmen gibt?

EZ: Ja. In dieser Frage verstehe ich mich durchaus »frauenpolitisch«. Deshalb bin ich heute auch im Vorstand des *Deutschen Ingenieurinnenbundes,* der mir damals in meiner Promotionszeit extrem den Rücken gestärkt hat. Ein Ziel dieses Bundes ist es, mehr Mädchen zu motivieren, technische Berufe zu ergreifen. Und auch hier bei Audi haben wir ein Akademikerinnen-Netzwerk, mit dem wir uns beispielsweise an dem bundesweiten *Girl's Day* beteiligen. Einmal im Jahr laden wir Schülerinnen ein, einen Tag mit uns zu verbringen. Und dann zeigen wir den Mädchen nicht nur unser Betriebsgelände, sondern stellen uns auch persönlich vor, um zu demonstrieren: Schaut her, eine Frau kann Technikerin sein, ohne im ölverschmierten Blaumann herumzulaufen. Darin sehe ich eine wichtige Vorbildfunktion.

TD: Ich erinnere mich an einen Bericht über den letzten *Girl's Day* in den Nachrichten. Da hatte ich eher das Gefühl, das läuft nach folgendem Schema ab: Am Morgen kommen zwanzig Mädchen in ein Automobilunternehmen, die alle Friseurin oder Krankenschwester werden wollen. Am Abend sprechen sie dem Reporter ins Mikrofon, dass sie jetzt alle Automechanikerin werden wollen. Und am nächsten Morgen wollen sie wieder Friseurin und Krankenschwester werden.

EZ: Natürlich kann man mit einer Aktion, die nur einen einzigen Tag dauert, keine Muster beseitigen, die jahrelang Zeit hatten, sich in den Köpfen einzunisten. Und ich könnte auch verzweifeln, wenn ich erlebe, aus was für engstirnigen Verhältnissen einige dieser Mädchen stammen. Manchmal habe ich den Eindruck, man müsste weniger *sie* als vielmehr ihre Eltern erziehen. Da können wir noch so viel Vorbild sein – so lange Eltern ihren Töchtern erzählen: »Ach, Mädchen, willst du dir den Stress wirklich antun? Du kriegst doch eh irgendwann Kinder« – so lange sind wir ziemlich machtlos. Dennoch halte ich Aktionen wie den *Girl's Day* für sinnvoll: Man weiß nie, welches Steinchen eine Lawine ins Rollen bringt.

TD: Halten Sie etwas von Quoten?

EZ: In der deutschen Politik haben sie dazu geführt, dass mehr Frauen im Bundestag sitzen, was ich für sehr positiv halte. Für freie Wirtschaftsunternehmen wäre die Wirkung ungewiss. Quoten sind meiner Meinung nach ein künstliches Gleichberechtigungs-Instrument, das in Gesellschaften sinnvoll sein mag, die bei Null anfangen. Gott sei Dank sind wir nicht mehr bei Null.

TD: Das sind die Norweger sicher noch weniger, und dennoch haben sie zu Beginn dieses Jahres strikte Quoten für die Aufsichtsräte von Aktiengesellschaften eingeführt.

EZ: Neulich habe ich im Fernsehen einen Bericht über drei dieser norwegischen Top-Managerinnen gesehen: Die stöhnten alle, dass in einer Woche fünf Aktiengesellschaften bei ihnen angeklopft hätten, ob sie nicht in den Aufsichtsrat wollten – da es nicht genügend Frauen gibt, die für einen solchen Posten qualifiziert sind. Es könnte also sein, dass in Norwegen bald vierzig Prozent aller Aufsichtsratssessel weiblich besetzt sind – nur müsste man dann sehr genau hinschauen, ob es letzten Endes nicht doch nur einige wenige Frauen sind, die eben in allen Aufsichtsräten sitzen. Ich will keine Gesellschaft, die mich an die Hand nimmt und mir vorgekaute Babykost hinstellt. Ich will für meine Rechte und Pflichten kämpfen, ich will Freiraum.

TD: Was sagen Sie zu dem Argument, dass die Männer seit Jahrhunderten durch ihr *Old Boys Network* heimliche Quoten haben?

EZ: Dann müssen Frauen eben am *New Girls Network* arbeiten! Genau dies tun wir ja mit dem *Deutschen Ingenieurinnenbund,* unserem Frauen-Netzwerk hier bei Audi und den freundschaftlich verbundenen Netzwerken bei Bosch, Porsche und VW. Ich gebe Ihnen ein Beispiel, wie man die Karrierechancen von Frauen in der freien Wirtschaft deutlich erhöhen kann – ohne Quoten: Bis vor zwei Jahren gab es bei Audi für die Zulassung zum Auswahlverfahren für das *Management Assessment Center* eine Altersbeschränkung von 35 Jahren – *Assessment Center* sind die »Kaderschmieden« für künftige Manager. Diese Altersbeschränkung galt für Männer und Frauen – hat aber den Frauen mehr geschadet als den Männern, weil eine Akademikerin, die mit Anfang dreißig ein Kind bekommt und ein paar

Jahre zu Hause bleibt, damit schon weg vom Fenster ist. Deshalb haben wir Frauen bei Audi dafür gekämpft, dass diese Altersbeschränkung wegfällt. Jetzt kann eine Frau nach der Babypause mit einer ganz anderen Karriereperspektive ins Unternehmen zurückkehren. Es war hier bei Audi ebenfalls ein Frauen-Arbeitskreis, der die Kinderkrippe mitinitiiert hat. Ich traue uns Frauen zu, die Spielregeln der Unternehmen »frauenfreundlicher« zu gestalten, ohne dass wir zu Papa Staat rennen und ihn um Quoten bitten. »Mehr Mut!« Das ist meine Hauptempfehlung, die ich deutschen Frauen zurufen möchte.

TD: Der neue DaimlerChrysler-Chef Dieter Zetsche hat soeben erklärt, dass er den geplanten Stellenabbau im Verwaltungsapparat des Konzerns auch dazu nutzen will, die Quote bei den weiblichen Mitarbeitern zu erhöhen. So sollen zum Beispiel die wenigen weiblichen Führungskräfte kategorisch verschont werden. Gleich nach seinem Antritt hat er eingeführt, dass ihm bei jeder freien Führungsposition die Bewerbung von mindestens einer Frau vorgelegt werden muss. Das *Manager Magazin* ernannte Zetsche daraufhin gleich zum »Quotenmann«. Was sagen Sie dazu?

EZ: Der Mann hat lange in den USA gearbeitet … Gefällt mir gut …

TD: Sie haben vorhin schon über einen möglicherweise anderen Umgang mit »Macht« gesprochen, den Frauen haben. Was verändert sich noch, wenn mehr Frauen mehr verantwortungsvolle Posten in der Wirtschaft besetzen?

EZ: In meiner Zeit in Brüssel habe ich an dem so genannten »Fünften Rahmenprogramm« mitgearbeitet. Ich saß in der Experten-Kommission, die Empfehlungen aussprach, welche europäischen Technik-Entwicklungs-Projekte Zuschüsse von der EU bekommen und welche nicht. Dort hatten wir unter anderem ein Exposé auf dem Tisch, wo es um die Entwicklung eines neuen Laparoskopie-Geräts ging, das die Chancen von Frauen deutlich erhöhen sollte, auch nach einer Bauchspiegelung noch Kinder bekommen zu können. Die beiden männlichen Kollegen, die mit mir in der Kommission saßen, interessierte dieses Projekt kaum. Hätte ich mich nicht dafür eingesetzt, wäre es also mit ziemlicher Sicherheit unter den Tisch gefallen. Ich denke, dieses Beispiel macht klar, wie wichtig es ist, dass sich mehr Frauen für

Technik interessieren und in diesem Bereich mehr verantwortungsvolle Posten mit echter Entscheidungsmacht übernehmen. Denn es ist ja nun wahrlich nicht mehr so, dass nur die Männer mit »Maschinen« zu tun hätten, und die Frauen um die offene Feuerstelle herum sitzen. Der weibliche Alltag ist heute nicht weniger von Technik dominiert als der männliche. Nur werden technische Erneuerungen leider immer noch eher von Männern entwickelt als von Frauen, und somit fließen die weiblichen Bedürfnisse nur untergeordnet ein.

TD: Erfinden Frauen andere Automotoren als Männer?

EZ: Das halte ich nun wiederum für ein Gerücht. Der Phaeton-Motor würde wohl nicht anders aussehen, wäre ich nicht an seiner Entwicklung beteiligt gewesen. Vielleicht würde er ein bisschen mehr brummen oder dröhnen … Nein, das streichen Sie wieder! Ein guter männlicher Motorenentwickler achtet darauf genau so …

TD: Eine Frage zum Schluss: Wer legt sich bei Ihnen zu Hause unters Auto, wenn es streikt?

EZ: Mein Mann und ich, wir wissen beide viel zu gut, dass man heutzutage gar nichts oder nicht mehr viel selbst schrauben kann, weil alles von der Elektronik gesteuert ist. Sie müssen sich vorstellen, in einem Audi A8 etwa, da sind fünfzig Steuergeräte drin, also fünfzig Menschen, die gleichzeitig sprechen. Und wenn da plötzlich einer aufhört zu sprechen, wird es verdammt schwierig, ihn zu finden. Und noch schwieriger, ihn wieder zu aktivieren. Deshalb würde ich lieber die Werkstatt anrufen.

TD: Frau Dr. Zafeiriou, ich danke Ihnen ganz herzlich für das Gespräch.

NAHLAH SAIMEH

Jahrgang 1966. Forensische Psychiaterin,
ärztliche Direktorin.

Die Blicke, die mir der Taxifahrer im Rückspiegel zuwarf, wären
mit »misstrauisch« nur unzureichend beschrieben. Ich war
am Bahnhof in Lippstadt eingestiegen und hatte als Adresse
Eickelborn, Eickelbornstraße 21, angegeben. Wir näherten uns
langsam dem Ortsausgang, als endlich die Frage kam: »Sie sind
nicht aus der Gegend?« Ich bejahte und sagte, dass ich aus
Berlin käme. Blicke. Schweigen. »Sie wollen in die Klinik?« Ich
bejahte abermals. Blicke. Schweigen. »Wollen Sie da wen besuchen?« Ich bejahte zum dritten Mal. Die nächsten Blicke, das
nächste Schweigen und die nächste Frage vorausahnend, fügte
ich hinzu: »Ich habe eine Verabredung mit der Leiterin.« Der
Blick des Taxifahrers hellte sich auf. »Richtig«, sagte er. »Die
Chefin da ist ja jetzt ne Frau.«

Bei der »Klinik« handelt es sich um das Westfälische Zentrum für Forensische Psychiatrie Lippstadt-Eickelborn. Es ist die
größte der insgesamt 65 Einrichtungen des Maßregelvollzugs,
die es in Deutschland gibt. 380 psychisch kranke Straftäter werden derzeit hier gesichert und therapiert, viele von ihnen Sexualstraftäter, die vor Gericht als nicht schuldfähig oder als erheblich
vermindert schuldfähig eingeschätzt wurden. Es sind Täter, die
Prostituierte mit 78 Messerstichen niedergestochen haben; Täter,
die seit ihrer Pubertät Kinder mehr lieben, als ihnen lieb sein
sollte; Täter, die ihre gesamte Familie oder wildfremde Personen
getötet haben, weil »eine Stimme« es ihnen befohlen hat; Täter,
die es als den schönsten Moment ihres Lebens beschreiben, die
Angst in den Augen ihres sterbenden Opfers gesehen zu haben.

Die »Chefin« dieser Maßregelvollzugseinrichtung, die »jetzt
eine Frau ist«, heißt Nahlah Saimeh. Ich lernte die promovierte
Forensikerin 2005 auf einer Kriminologen-Tagung in Bremen
kennen, wo sie einen Vortrag über Kannibalismus hielt, der Titel:
Zum Fressen gern… Die Abgeklärtheit, mit der sich die Medizinerin dem abgründigen Thema widmete, beeindruckte mich.

Nahlah Saimeh wird in Münster als Tochter einer deutsch-holländischen Mutter und eines jordanischen Vaters geboren. Sie wächst bei ihrer Mutter und deren Eltern als Einzelkind auf. Nach dem Abitur erfüllt sie sich ihren Kindheitswunsch und studiert Humanmedizin – zunächst mit dem Ziel, Chirurgin zu werden. Im Hauptstudium entdeckt sie ihre Leidenschaft für die Psychiatrie, die Wissenschaft von den geistigen und seelischen Krankheiten, von Störungen der Willensbildung, der Emotionskontrolle, der Realitätswahrnehmung und den Sozialisationsmöglichkeiten. Sie schätzt an dieser Fachrichtung, dass sie wie keine andere innerhalb der Medizin erforscht, was den Menschen zum Menschen macht. 1995 lernt sie ihren späteren Mann kennen, 2001 heiratet sie. In ihrer Promotion beschäftigt sich Nahlah Saimeh mit der Einstellung psychisch kranker Straftäter zur Zwangsbehandlung und wendet sich im Rahmen ihrer Oberarzttätigkeit dem Schwerpunkt Forensik zu. Im Jahr 2000 wird sie Chefärztin der Klinik für Forensische Psychiatrie und Psychotherapie am Zentralkrankenhaus Bremen-Ost. Im Juli 2004 übernimmt sie die ärztliche Direktion am Westfälischen Zentrum für Forensische Psychiatrie Lippstadt-Eickelborn und ist damit eine von derzeit acht Frauen, die in Deutschland Einrichtungen des Maßregelvollzugs auf der obersten Krankenhausebene leiten.

Das Taxi ist mittlerweile vor dem Eickelborner Gebäudekomplex angekommen, der von einer eigenwilligen Plexiglas-Stacheldrahtmauer umgeben ist. Die schweren Stahltüren der Einfahrtsschleuse neben dem Pförtnerhäuschen öffnen sich, der Taxifahrer ruft in die Gegensprechanlage: »Könnense zulassen. Ich will da nicht rein!«

Ich steige aus. Das regnerische Grau des verhinderten Frühlingstages trägt nicht dazu bei, die Grundatmosphäre der Umgebung aufzuheitern. Das Büro von Nahlah Saimeh finde ich im Verwaltungsgebäude, einer mehrstöckigen Altbauvilla, von der man Blick auf das gesicherte Gelände nebenan hat.

TD: Frau Dr. Saimeh, wie viel Prozent der hier in Eickelborn verwahrten Häftlinge sind männlich?

NS: Lassen Sie mich eine kurze terminologische Anmerkung machen: Bei Straftätern, die im Maßregelvollzug untergebracht werden, sprechen wir nicht von Häftlingen, sondern von Patienten. Was den Frauenanteil angeht, haben wir üblicherweise fünf bis acht Prozent Patientinnen. Der Rest, also 92 bis 95 Prozent, sind Männer.

TD: Im Unterschied zu den Justizvollzugsanstalten werden bei Ihnen nur jene Straftäter verwahrt, die vor Gericht als nicht schuldfähig oder als erheblich vermindert schuldfähig beurteilt wurden. Wie sieht das Verhältnis Männer/Frauen bei den Straftätern insgesamt aus?

NS: Ähnlich. Bei schweren Gewalt- bis hin zu Tötungsdelikten machen Frauen etwa zwölf Prozent der Straftäter aus, das heißt 88 Prozent aller schweren Straftaten werden von Männern begangen.

TD: Woran liegt das? Sind Frauen also doch die »besseren« Menschen?

NS: Die Begriffe »schlechter« oder »besser« helfen nicht weiter, wenn wir uns mit Menschen befassen, die straffällig werden. Generell lässt sich sagen, dass Frauen dazu neigen, Aggressionen, Frustrationen nach innen, also autodestruktiv abzureagieren, wohingegen Männer ihre Wut, ihren Hass eher nach außen tragen. Wenn Frauen Tötungsdelikte begehen, geschehen diese fast ausschließlich innerfamiliär. Die allermeisten Frauen, die ihre Lebenspartner oder Ehemänner töten, tun dies, um Gewalt, der sie ausgesetzt waren, zu beenden – sie begehen den so genannten »Tyrannenmord«. Zwar gibt es auch Frauen, die wildfremde Menschen töten, aber das geschieht fast immer im Kontext von schizophrenen Psychosen.

TD: Töten Frauen ihre Männer, um sie loszuwerden – und Männer ihre Frauen, weil diese sich von ihnen lossagen wollen?

NS: Das kann man durchaus auf diese Formel bringen. Frauen töten eher, um Gewalt zu beenden, Männer töten, um Gewalt auszuüben. Allerdings ist keine Form der Gewalt ehrenwerter als die andere.

TD: Silvana Koch-Mehrin vertrat in unserem Gespräch die These, dass Frauen unter Macht zunächst einmal »Macht über ihr eigenes Leben« verstehen. Wohingegen für Männer Macht in erster Linie »Macht über andere« bedeutet. Gibt es zwischen beiden Thesen beziehungsweise Beobachtungen einen Zusammenhang?

NS: Viele Gewaltverbrechen geschehen, weil die Täter sich eigentlich als klein und ohnmächtig erleben. Bei Männern, die sexuell motivierte oder beziehungsbezogene Tötungsdelikte begehen, ist es häufig so, dass sie sich gegenüber der Gesellschaft, der Partnerin oder den Frauen allgemein als Verlierer empfinden. Es ist eine typische Mischung aus Ohnmachtsgefühl und Dominanzbedürfnis, die solche Täter kennzeichnet. Denn die allerwenigsten Sexualstraftaten an Frauen geschehen, weil der Täter tatsächlich eine deviante Sexualität hat – sondern weil er seine Aggression auf sexueller Ebene auslebt. Dieser Aspekt kommt bei Frauen letztlich nicht vor.

TD: Der 70er-Jahre-Feminismus betonte den prinzipiellen Opferstatus der Frau. Lässt sich das anhand von Kriminalstatistiken bestätigen?

NS: Zunächst einmal kann man grob sagen, dass Kriminalität insgesamt Männersache ist. Auf der Täterseite – vor allem aber auch auf der Opferseite. So kamen in Deutschland 2004 von 100 000 Einwohnern 4,4 Männer durch Mord oder Totschlag ums Leben – aber nur 2,5 Frauen. Von Körperverletzung waren, auf 100 000 Einwohner gerechnet, 865 Männer betroffen und 466 Frauen. Selbst bei Raubüberfällen wurden Männer häufiger Opfer als Frauen, hier war das Verhältnis 113 zu 51. Es gibt allerdings eine Gruppe von Straftaten, bei der die Wahrscheinlichkeit, Opfer zu werden, für Frauen ungefähr zehn Mal so hoch ist wie für Männer: Und das sind die Sexualdelikte. Davon waren 2004 lediglich 3,4 Männer auf 100 000 Einwohner betroffen, aber 39,2 Frauen.

TD: Wurden diese Männer Opfer von anderen Männern oder von Frauen?

NS: Fast ausschließlich von Männern. Sexualstraftäterinnen sind im wirklichen Leben sehr, sehr singuläre Erscheinungen. Und am ehesten sind ihre Opfer dann Schutzbefohlene. Oder sie beteiligen sich als Mittäterinnen an männlich verübten Missbrauchsdelikten. Die kühle Blonde, die Männern beim Geschlechtsverkehr den Eispickel in den Rücken sticht, gibt es nur im Kino.

TD: Wenn ich die letzte Zahl richtig umrechne, liegt in Deutschland die statistische Wahrscheinlichkeit für eine Frau, Opfer einer Vergewaltigung zu werden, also unter 0,04 Prozent.

Das würde die alte feministische These, dass jede Frau in dramatischer Weise durch Vergewaltigung bedroht sei, ziemlich widerlegen.

NS: In der Tat. Heute entschließen sich viel mehr Opfer von Sexualstraftaten, diese anzuzeigen, als es vor zwanzig oder dreißig Jahren der Fall war. Das gilt für Vergewaltigungen und für sexuellen Kindesmissbrauch, der früher sicherlich nicht weniger vorkam als heute – wenn man die Straftaten durch Verbreitung von Internetpornographie einmal ausklammert. Es ist sehr gut, dass sich das Anzeigeverhalten geändert hat. Doch erhalten Sie durch ein geändertes Anzeigeverhalten natürlich einen anderen Eindruck von der Häufigkeit solcher Gewaltverbrechen. Zweitens kommt die Ausweitung der Definition hinzu: Den Straftatbestand der Vergewaltigung in der Ehe gibt es erst seit 1997. Und drittens arbeiten manche Untersuchungen mit obskuren Fragestellungen. Wenn Sie zum Beispiel fragen, wer schon einmal sexuellen Kontakt hatte, ohne ihn *wirklich* zu wollen, dürften Sie bei nahezu hundert Prozent aller sexuell aktiven Menschen landen. Das hat mit Straftaten noch gar nichts zu tun – und verharmlost in ärgerlicher Weise die Fälle, wo es sich tatsächlich um sexuelle Straftaten handelt.

TD: Welchen Anteil haben Sexualdelikte an der Gesamtkriminalität?

NS: Sie machen gerade einmal 0,1 Prozent aus – Tötungsdelikte in diesem Zusammenhang befinden sich übrigens im Promillebereich. Jeder Fall von sexueller Nötigung, jeder Sexualmord ist einer zu viel, das ist doch klar. Aber die Wahrscheinlichkeit für eine Frau, vergewaltigt zu werden, wächst vor allem, wenn sie in einem Risikoberuf arbeitet, wenn sie trampt, sich nächtens in angetrunkenem Zustand durch weitgehend unbekannte, ebenfalls nicht ganz nüchterne Männer begleiten lässt oder in gewalttätigen Beziehungen bleibt. Das hat nichts mit dem Vorwurf zu tun, man akzeptiere automatisch die geringere Bewegungsfreiheit von Frauen. Das tue ich nicht. Und die Zeiten, in denen man Vergewaltigungsopfern den Minirock vorwarf, sind Gott sei Dank vorbei. Auch wenn ich in vielen Lebensbereichen mit meinem eigenen Verhalten mein Risiko selbst mit beeinflusse, darf dies natürlich nicht als Legitimation für Straftaten gelten.

TD: Stimmt es, dass deutlich mehr Frauen von ihrem eigenen Lebenspartner oder von einem Mann, mit dem sie sich auf ein Date eingelassen haben, vergewaltigt werden als von dem gefürchteten Fremden im Park oder in der Tiefgarage?

NS: Gewalttaten sind zu allererst Nahfeldtaten, Täter und Opfer kennen sich bereits über einen mehr oder weniger langen Zeitraum. Das gilt übrigens nicht nur für Sexualdelikte, sondern auch für den Totschlag bei einer Kneipenschlägerei.

TD: Sollte man Frauen dann nicht zurufen: »Schlaft auf der Parkbank! Die Wahrscheinlichkeit, dass euch dort etwas passiert, ist geringer, als wenn ihr daheim bei euren Männern übernachtet!«?

NS: Dieser Empfehlung möchte ich mich so nicht anschließen …

TD: Wir haben über statistische Verteilungen und männlich-weibliche Verhaltensmuster gesprochen – so richtig ist mir aber immer noch nicht klar, warum Männer eher zu physischer und sexueller Gewalt neigen als Frauen.

NS: Wenn wir das wüssten! (Lacht.) – Die Ursachen sind in drei Bereichen zu suchen: Zum einen bei den biologischen Grundlagen. Zum Zweiten bei der frühkindlichen Identitätsbildung. Und zum Dritten bei den gesellschaftlich geprägten und tolerierten Verhaltensmustern. Lassen Sie mich hinten beginnen: Jungen lernen in einem viel größeren Maß als Mädchen, ihre Physis als Machtinstrument einzusetzen. Und bei Jungen sind die Eltern, die Lehrer, ist die ganze Gesellschaft viel eher bereit, darüber hinwegzusehen als bei Mädchen, wenn sie sich auffällig aggressiv verhalten. Es könnte manchen Jungen vor dem Abgleiten in eine Straftäterlaufbahn bewahren, wenn die zuständigen Erwachsenen Verhaltensauffälligkeiten als mögliche Alarmsignale wahrnehmen würden, anstatt diese damit abzutun, dass Jungs eben immer wild sind.

TD: Können Sie ein Beispiel nennen?

NS: Es ist gefährlich, wenn eindeutig sexuell auffällige Verhaltensweisen in der Pubertät als vermeintliche sexuelle Neugierde abgetan werden. Es hat nichts mit sexueller Neugierde zu tun, wenn ein 14-Jähriger ein kleines Kind schwer missbraucht oder eine Vergewaltigung an einer erwachsenen Frau begeht. Gerade die hoch problematischen Entwicklungen im Bereich der

Sexualstraftaten zeigen, dass einschlägige Verhaltensauffälligkeiten sehr früh begonnen haben. Verhaltensauffällige Mädchen werden deutlich früher zum Therapeuten geschickt als Jungen. Dies könnte einer der Gründe sein, warum Frauen später weniger zu physischer Gewaltausübung neigen.

TD: Kommen wir zu dem zweiten Ursachenherd, den Sie erwähnt haben, die frühkindliche Identitätsbildung.

NS: Jedes Kind erlebt sich nach der Geburt zunächst als eins mit der Mutter. Es kann noch nicht zwischen sich und einer anderen Person unterscheiden. Im Laufe der ersten Lebensmonate realisiert es plötzlich, dass es »ein Getrenntes« ist. Für das weibliche Kind ist dieses Getrennte aber letztendlich ähnlich wie die Mutter. Die Mutter hat zwar einen anderen Körper, aber dieser ist auch weiblich. Beim männlichen Kind ist es so, dass es im selben Moment, in dem es sich als Getrenntes erkennt, auch erkennen muss, dass es nicht der Mutter ähnlich ist, sondern ganz anders.

TD: Kann ein wenige Monate alter weiblicher Säugling wirklich erkennen, dass sein Körper eine kategoriale Ähnlichkeit mit dem der Mutter hat, während ein männlicher Säugling den kategorialen Unterschied feststellt?

NS: Natürlich ist es nichts Kognitives, eher eine Art Ahnen oder vorbewusstes Wahrnehmen. Deshalb kann auch kein Mensch davon berichten. Aber offenbar ist die männliche Identitätsbildung in dieser sehr frühen Phase heikler und gefährdeter als die weibliche. Männliche Säuglinge müssen es als höchst dramatisch erleben, vital von der Mutter abhängig zu sein, von der sie gleichzeitig zu ahnen beginnen, dass sie biologisch etwas Anderes ist. In dieser Phase spielt es eine ganz entscheidende Rolle, inwieweit die Mutter das Anderssein ihres männlichen Kindes tolerieren kann, oder ob sie sozusagen ihre Weiblichkeit über die Männlichkeit des Kindes stülpt. Letztlich dürften hier die psychodynamischen Grundlagen für die späteren sexuellen Beziehungs- und Identitätsstörungen liegen, unter denen viele der Patienten, die wir behandeln, leiden.

TD: Bedient das nicht das beispielsweise aus *Psycho* bekannte Klischee, alle Serien- und Sexualstraftäter wären als kleine Jungen von ihren Müttern gezwungen worden, Kleidchen zu tragen?

NS: Es gibt verschiedene Arten, wie eine Mutter die Männlichkeit ihres männlichen Kindes nicht zulassen kann. Fakt ist, dass fast alle Sexualstraftäter, die wir hier behandeln und die nicht an stark verminderter Intelligenz oder einer klassischen Geisteskrankheit leiden, erhebliche Bindungs- und Identitätsstörungen zeigen. Fast alle haben in ihrer Kindheit eine Geschichte von Misshandlungen oder extremer Verwahrlosung hinter sich.

TD: An der auch die Väter beteiligt sind.

NS: An der auch die Väter oder andere Männer beteiligt sind. Es ist unzulässig, die Schuld hier allein den Müttern zuzuschieben. Als Frau, die selbst keine Kinder hat, aber Tag für Tag damit konfrontiert ist, wozu es führen kann, wenn Kinder misshandelt oder sich selbst überlassen werden, betone ich ausdrücklich, welch großen Respekt ich vor denjenigen Frauen und auch Männern habe, die ihre elterliche Verantwortung wirklich wahrnehmen. Unsere Gesellschaft wird in den nächsten Jahren durch verwahrloste Kinder noch vor weit größere soziale Probleme gestellt werden, als es jetzt bereits der Fall ist – ganz abgesehen von dem individuellen menschlichen Unglück, dass diese dissozialen Jugendlichen anrichten und selbst erfahren werden. Es muss wieder eine ernsthafte Diskussion darüber stattfinden, was Erziehung zu leisten hat, beziehungsweise müssen wir uns als Gesellschaft erst einmal wieder darauf einigen, dass Kinder tatsächlich eine Erziehung brauchen. Erziehung ist Arbeit und Aufwand, etwas, das aktiv gestaltet werden muss. Erziehung heißt Zuwendung geben, emotionale Stabilität, Liebe, aber auch Grenzen setzen, und zwar unverrückbare. Konstanz und Berechenbarkeit – im Positiven wie bei Sanktionen – das sind die beiden wichtigsten Erziehungsparameter.

TD: Kennen Sie die *Super Nanny* auf RTL …

NS: Neulich im Hotel habe ich es zum ersten Mal gesehen. Dieses Format ist als Fernsehunterhaltung natürlich eine Zumutung, weil es einen Elends-Voyeurismus bedient. Aber es dokumentiert auf fast schon klinische Weise, wie groß die Verunsicherung von Eltern heute ist und dass es eine Sehnsucht nach Verbindlichkeit gibt, nach klaren Richtlinien und Verhaltensnormen. Übrigens nicht nur bei den Eltern, sondern auch bei den Kindern. Es ist auffällig, dass ausgerechnet die Jugendlichen, die die größten »Problemkinder« sind, am häufigsten das

Wort »Respekt« benutzen. Zwar meinen sie damit nicht Respekt in einem humanistisch gehaltvollen, wechselseitigen Sinne, sondern dass ihnen jemand »Respekt« im Sinne von Angst einflößt. Letztendlich drücken sie damit nur aus, dass sie keine gesellschaftlich definierten Werte erkennen können, aber das Bedürfnis nach Respekt und Unverletzbarkeit haben. Aus der Feststellung, dass sie in der Schule häufig schlechte Noten haben, schließen sie nicht, dass sie sich mehr anstrengen sollten – sondern sie geben sich eine aggressive Gegendefinition. Plötzlich sind nicht mehr Schulnoten wichtig, sondern dass man dem Lehrer möglichst respektlos begegnet, möglichst viele Straftaten begeht und sich möglichst angstfrei verhält. Wir als Gesellschaft müssen uns vorwerfen, dass wir in den letzten zwanzig, dreißig Jahren diese normative Verwahrlosung zugelassen oder sogar als »anti-autoritär« begrüßt haben. Aber es ist kein Wert, keine Werte zu haben. Wer *anything goes* predigt, muss sich nicht wundern, wenn muslimische Prediger den westlichen Lebensstil als Synonym dafür verwenden, dass Leute promiskuitiv leben, Drogen nehmen, nicht arbeiten, an nichts mehr glauben und sich lediglich an einer billigen Bling-Bling-Kultur orientieren. Eine bestimmte Form westlicher Subkultur wird fatalerweise für das gehalten, was die westliche Welt im Kern ausmacht. Wenn wir dieses Missverständnis – das leider auch ein westliches Selbstmissverständnis zu sein scheint – beseitigen wollen, werden wir uns bei allen Unterschiedlichkeiten der Lebensformen wieder auf einen Konsens an allgemein verbindlichen Grundwerten einigen müssen.

TD: Sie haben selbst angedeutet, dass dissoziale Jugendliche meist nicht aus der bürgerlichen Mitte der Gesellschaft stammen, sondern aus subkulturellen Milieus.

NS: Die meisten jugendlichen Straftäter stammen aus sozial schwachen Milieus. Ich halte es jedoch für gefährlich und irreführend, wenn man meint, soziale Schwäche sei ein reines Einkommensproblem. Soziale Schwäche geht weit über materielle Armut hinaus. Es geht um edukative und emotionale Armut, um mangelnde einfühlende Zuwendung und erzieherische Anstrengung. Viele Geldmittel kommen zum Beispiel gar nicht beim Kind an, indem etwa Nachhilfeunterricht finanziert würde, sondern werden in Videotheken und anderswo ausgegeben. Die

Eltern unterstützen nicht den Wert der Bildung. Durch eine bestimmte Form von Trashkultur wurde in den letzten zehn Jahren die Illusion genährt, Erfolg – auf was für einer Ebene auch immer – sei ohne Anstrengung und Selbstdisziplin zu haben. Das hat mit der Realität nichts zu tun und weckt nur Neid. Ein Mensch muss in der Gesellschaft erfahren, dass er gebraucht wird, egal wie einfach seine Arbeit ist. Und er muss von seiner Arbeit anständig leben können. Natürlich gibt es emotionale Verwahrlosung auch nicht selten in materiell gesicherten Kreisen. Die Folgen sind genauso katastrophal.

TD: Wie würden Sie den Haushalt beschreiben, aus dem Sie selbst stammen?

NS: Unsere ökonomischen Verhältnisse waren bescheiden, aber gesichert. Weder meine Mutter noch meine Großeltern waren in einem akademischen Beruf tätig, und in den 70er Jahren waren allein erziehende Mütter ohnehin eine Seltenheit. Mir wurde im Elternhaus Geborgenheit, verbunden mit klaren Regeln und erzieherischen Grundprinzipien, vermittelt. Ich kenne keinen Leistungsdruck im Sinne der Projektion ehrgeiziger Erwartungen der Eltern auf das Kind, aber ein Satz meiner Mutter lautete: »Es wird einem im Leben nichts geschenkt.« Sie hat mir früh vermittelt, dass ich nicht für sie lerne, sondern für mich, und ich mir nur so eine Grundlage schaffen kann, mir einen Lebensweg zu eröffnen, der meine persönlichen Wünsche vielleicht erfüllt. Ich halte das für einen ganz wichtigen Ansatz in der Erziehung. Emotionale Zuwendung muss sich wahrlich nicht in Form von finanzieller Zuwendung ausdrücken. Aus meinen eigenen Kindheitserfahrungen heraus darf ich sagen, es hat meine Entwicklung nicht negativ beeinflusst, dass wir nicht zweimal im Jahr in Urlaub fahren konnten. Mir wird in den aktuellen Debatten zu viel darüber geklagt, dass eine Mutter ihrem Sohn nicht das neuste Computerspiel kaufen kann. Anstatt über eine unspezifische materielle Unterstützung zu reden, sollten wir eher darüber nachdenken, wie wir Familien, die psychosozial sehr schwach sind, stabilisieren, wie wir sie auf einen Weg bringen, der eine Basisintegration in die Gesellschaft möglich macht und ihren Kindern aussichtsreichere Lebensperspektiven eröffnet.

TD: Steht diese Überzeugung auch hinter Ihrer Tätigkeit?

Ihre Patienten sind allesamt Menschen, die aus jeglichem Gesellschaftsrahmen herausgefallen sind.

NS: Ich will als Psychiaterin gesellschaftliche Verantwortung übernehmen. Und mich interessieren die komplexen psycho-sozialen Zusammenhänge, mit denen wir konfrontiert sind, die Möglichkeit, Fehlentwicklungen zu korrigieren, wenn auch meist sehr spät. Die Arbeit, die die Kollegen auf den Stationen leisten, lässt sich am ehesten mit einer Art »zweiten Geburtshilfe« vergleichen. Für mich ist es eine Frage der Humanität, dass man Menschen mit erheblichen Problemen nicht einfach abschreibt. Ich bin zufrieden, wenn es uns gelingt, diesen Menschen, die nicht die »Gnade« der Entwicklungsmöglichkeiten erfahren haben, die der einigermaßen gesettlete Bürger hat, etwas mehr von ihrem Humanum, von ihren menschlichen Möglichkeiten zu vermitteln. Noch viel besser wäre es allerdings, sich nicht erst um das Kind zu kümmern, wenn es im Brunnen liegt, sondern Risikofamilien zu einem viel früheren Zeitpunkt edukativ zu begleiten. Ich halte dies für eine der größten Herausforderungen unserer Gesellschaft, zumal just in jenem Risikomilieu momentan die meisten Kinder geboren werden.

TD: Können Sie noch etwas genauer erklären, wie für Sie bürgerlicher Wertkonservativismus und sozialtherapeutisches Engagement zusammenhängen?

NS: (Lacht.) Keiner muss in der Kirche sein, um hier zu arbeiten – aber ohne den Willen zu ethischem Handeln geht es nicht. Und je älter ich werde, desto skeptischer bin ich, dass wir unsere Werte jenseits einer religiösen Verankerung wirklich denken können. Den Gedanken, dass es ein Humanum gibt, das ganz gleich wie verschüttet und verzerrt in jedem Menschen existiert, dass es etwas Unveräußerliches gibt, das jedem Menschen innewohnt – diesen Gedanken kann ich nicht ohne seine religiösen Wurzeln denken. Doch die Grundhaltung für mich ist: Jeder Mensch hat die ihm innewohnenden Grenzen und Möglichkeiten nicht allein aus sich heraus. Daraus resultiert soziale Verpflichtung.

TD: Als alte Agnostikerin muss ich da einhaken: Wieso brauchen wir einen religiösen Kontext? Reicht ein säkulares Konzept von Menschenwürde und Humanismus nicht aus?

NS: Ohne mit Ihnen einen religionsphilosophischen Disput

beginnen zu wollen: Ich bezweifle, dass der rein säkulare humanistische Ansatz in letzter Konsequenz funktioniert. Und das sage ich, obwohl ich überhaupt nicht religiös erzogen worden bin. Aber mittlerweile bin ich zu der Überzeugung gekommen, dass ein Weltverständnis, das den Menschen von all seinen metaphysischen oder spirituellen Dimensionen befreit, sehr anfällig ist für Totalitarismen. Für rechte wie für linke. Ich halte es für gefährlich, wenn sich der Mensch zum Maß aller Dinge aufschwingt.

TD: Aber erleben wir aktuell nicht gerade, wie sich Vertreter einer bestimmten Religion, des Islam nämlich, zum Maß aller Dinge aufschwingen wollen? Und wie christliche Fundamentalisten im Gegenzug damit beginnen, ebenfalls wieder von »wahren Gläubigen« und »Ketzern« zu reden? Muss man da nicht mit aller Kraft die Fahne einer säkularen Moral hochhalten?

NS: Das Abendland darf nicht den Fehler begehen, seine Religiosität wieder konkretistisch auszulegen. Diese Phase haben wir hoffentlich ein für allemal hinter uns gelassen. Aber nur wer bereit ist, eigene Werte zu vertreten und auch eine Vorstellung von den Wurzeln dieser Werte hat, kann mit anderen, sehr wertverbundenen Gesellschaften darüber in einen Dialog kommen und auch als Gesprächspartner ernst genommen werden. Totale Verneinung kann man doch nicht ernst nehmen. Ich halte es nicht für erstrebenswert, dass ein Jugendlicher im Fernsehen einen Minister respektlos behandelt und dies als völlig selbstverständlich hingenommen wird. Eine Gesellschaft, die so etwas duldet, muss sich nicht wundern, wenn sie von traditionelleren Gesellschaften mit Befremden wahrgenommen wird.

TD: Ich gebe Ihnen völlig Recht, dass »totale Verneinung« keine Antwort des Westens auf die religiösen Bedürfnisse der muslimischen Welt sein können. Aber müssen wir tatsächlich wieder mit der Bibel argumentieren? Reicht es nicht, wenn wir diesem Jugendlichen deutlich machen, dass die Gesellschaft, in der er sich bewegt, ein solches Verhalten nicht toleriert, weil es ihrem – letztlich verfassungsmäßig verankerten – Wertekonsens, dem Prinzip der Menschenwürde und wechselseitigen Achtung, widerspricht?

NS: Die eine Frage ist eine gesellschaftliche. Die andere ist, wie Menschen individuell zu erreichen sind. Beruflich geht es mir darum, dass psychisch kranken Menschen geholfen wird, aus der Straffälligkeit heraus zu finden, und dass sie eine faire Chance der Re-Integration bekommen. Warum ein Mensch sich wohl verhält, ist in diesem Kontext zweitrangig – wenn er sich als Agnostiker wohl verhält, wunderbar! Ich fürchte nur, dass man einen Regel- und Wertekanon in einer Kultur nicht vermitteln kann, indem man ihn wie eine Hausordnung im Bahnhof aushängt.

TD: Sie sind tagtäglich mit Menschen konfrontiert, die Taten begangen haben, die sich der Durchschnittsbürger noch nicht mal in seinen schlimmsten Alpträumen ausmalen kann, und Sie plädieren für eine religiöse Rückbesinnung. Glauben Sie an das »Böse«?

NS: Unsere Patienten sind psychisch schwer krank oder schwer gestört. Das hat mit einem »Glauben an das Böse« nichts zu tun. Wir orientieren uns an einem medizinischen, aber auch an einem strukturell-sozialen Krankheitsbegriff. Wir sprachen über den Wert von Erziehung und Wertevermittlung als wichtige und unabdingbare Basis für eine funktionierende Gesellschaft. Das »Böse« ist für mich als Ärztin keine Kategorie. Es ist einfach psychologisch entlastend, andere Menschen zu bestialisieren. Handlungen können ohne jeden Zweifel bestialisch sein. Die Herausforderung ist, sich immer zu vergegenwärtigen, dass *Menschen* diese bestialischen Handlungen begehen. Ich sage gern und durchaus provozierend gemeint: »Wir alle unterscheiden uns von diesen Straftätern nur durch den Bundeszentralregisterauszug.« Die kognitiven Verzerrungen, die bei diesen Straftätern sehr prononciert ausgebildet sind, existieren auch in unseren Köpfen.

TD: Wenn man in den letzten Monaten Zeitungen und Magazine gelesen und die einschlägigen Talkshows geguckt hat, musste man zu dem Eindruck kommen, dass in den Köpfen einiger gesellschaftlich höchst arrivierter Herren – und leider auch Damen – große »kognitive Verzerrungen« hinsichtlich dessen bestehen, wofür Männer und Frauen in einer Gesellschaft zuständig sein sollen. Darf man die These wagen: Der Herausgeber einer Tageszeitung, der findet, die nobelste Handlung einer Frau sei es, für ihren Gatten zu sterben, befindet sich in einem Kontinuum mit dem Straftäter, der von der Angst schwärmt, die er in den Augen seines sterbenden weiblichen Opfers gesehen hat?

NS: Die offenbar mit Ernsthaftigkeit geführte Debatte, dass Männer für den Verstand und Frauen für Empathie und Gefühl zuständig sind, kann ich nur kopfschüttelnd zur Kenntnis nehmen. Wahrscheinlich gibt es demnächst auch wieder Untersuchungen, die den physiologischen Schwachsinn des Weibes belegen. Aber der Trost für alle Frauen: Intelligenz allein scheint auch nicht immer zum Erfolg zu führen. Konsequenterweise sollte man die so genannte »emotionale Intelligenz« wieder aus dem Tugendkatalog für Manager herausnehmen, denn sonst wäre das ja alles sehr widersprüchlich. Es ist trauriges Kennzeichen unserer hysterisierten Zeit, dass wirklich jeder Unfug zu einem diskussionswürdigen Thema aufgepumpt wird. Viel mehr Relevanz für die Gesellschaft und den Diskurs über Männer und Frauen hat die Tatsache, dass der klassische – von der Gesellschaft mehr oder weniger akzeptierte – Macho-Typ ein Gewalttäter-Risiko-Typ ist. Das Paradoxe an einer hypermaskulinen Lebensführung ist ja, dass in ihr die erwünschten männlichen Attribute wie soziales Standing, Reputation und materieller Erfolg eben gerade nicht erzielt werden, sondern dass sie ganz schnell ins gesellschaftliche Aus führt. Sich heute so zu verhalten wie zu Zeiten der Bärenjagd, ist absolut dysfunktional. Wir erleben häufig, dass Straftäter und Nicht-Straftäter im Hinblick auf Geschlechterrollen-Stereotype durchaus ähnliche Ansichten vertreten. In einer komplexer strukturierten Gesellschaft ist es für alle Beteiligten schwieriger, sich eine soziale Identität zu geben. Und deshalb ist es ein zentraler Bestandteil unserer Behandlungsprogramme, Gewalt- und Sexualstraftäter zu einem angemessenen Rollenbewusstsein zu führen.

TD: Macht es Sie als Forensikerin wütend, wenn medial einflussreiche Männer ein unangemessenes Rollenbewusstsein neuerdings wieder zur großen Geschlechtertugend verklären wollen?

NS: Es macht mich keineswegs wütend – dazu müsste ich es ja erst einmal ernst nehmen. Ich schätze beispielsweise Herrn Schirrmacher prinzipiell sehr, aber leider muss ich sagen, dass er den entscheidenden Punkt nicht trifft, wenn er behauptet, in Ostdeutschland würde durch unverheiratete junge Männer mehr Testosteron zirkulieren und die Asozialität beziehungs-weise Gewalttätigkeit zunehmen, weil es in manchen Regionen dort nicht mehr genügend Frauen zum Heiraten gäbe. Dis-sozialität entsteht nicht durch ledige Lebensführung, sondern die Grundlagen dazu werden sehr früh in der Individuation des Kindes gelegt. Sie haben eine biologische Komponente und werden in der Pubertät am Verhalten sichtbar. Kein Mann wird dissozial, weil er auf dem Heiratsmarkt keine Frau findet. Aller-dings haben dissoziale Männer auf dem Heiratsmarkt keine guten Karten, weil sie von ihrer Struktur und ihrem Verhalten her für viele Frauen eben nicht besonders attraktiv sind.

TD: Sie sind also skeptisch, dass Frauen Männer allein dadurch zivilisieren können, dass sie ihnen Liebe schenken?

NS: Es ist zunächst einmal eine sehr seltsame Vorstellung, dass Frauen dazu da seien, eine Gesellschaft zu zivilisieren, dass Mütter, Töchter, Ehefrauen eine »Spezialistentruppe für soziale Reparaturen« seien, wie Herr Schirrmacher schreibt. Das ist eine Aufgabe für den Menschen, also für Frauen *und* Männer. Natür-lich prüfen wir bei unseren Patienten, ob sie beziehungsfä-hig sind. Wächst jemand in die Lage hinein, eine stabile intime und einigermaßen von gegenseitigem Verständnis und Ver-trauen getragene Beziehung einzugehen, hat er einen großen Reifungsfortschritt gemacht. Das reine Vorweisen eines Trau-scheins sagt aber gar nichts über die charakterlich-psychi-sche Verfasstheit einer Person aus. Es gibt durchaus Täter, die schwerste Sexualdelikte begangen haben und die ganze Zeit verheiratet waren. Dennoch kann man insofern von einer »Zivi-lisierung« durch Frauen sprechen, als dass zum Beispiel die Beschäftigung von Frauen bei der Polizei, im Justiz- und Maß-regelvollzug zu einer Deeskalation und Befriedung des Klimas beiträgt. So halte ich es für eine äußerst positive Entwicklung, dass hier in Eickelborn Frauen mittlerweile dreißig bis vier-zig Prozent des Kollegiums ausmachen. Denn letztendlich geht es darum, unseren Patienten die Realität in einer gesicher-ten Nussschale zu bieten. Unsere Patienten können ihre zum Teil sehr problematischen und unrealistischen Ansichten über Frauen nur korrigieren, wenn sie alltäglich Kontakt mit Frauen haben. Im therapeutischen wie pflegetherapeutischen Bereich setzen wir Frauen außerdem sehr bewusst ein, weil sie diesem männerbündelnden Muckibudenmilieu entgegenwirken – und an der Stelle komme ich mit Herrn Schirrmacher wieder zusammen.

TD: Vielleicht wäre es kein Fehler, ein paar mehr Frauen in manch eine Zeitungs- und Magazinredaktion zu schicken ... Der verstiegenen Hoffnung, dass ein Mann durch die Liebe einer Frau »gerettet« werden kann, hängen allerdings nicht nur Männer an. Es gibt Frauen, die ebenfalls glauben, sie könnten einen Mann durch ihre Liebe aus dem Gefängnis und der Kriminalität heraus auf den Pfad der Tugend führen. Ein belgischer Kommissar hat mir erzählt, dass der berüchtigte Mädchenschänder und -mörder Marc Dutroux, seit er in Haft ist, bereits um die achtzig Heiratsanträge bekommen hat.

NS: Dieses Verhalten zeugt von einer grandiosen weiblichen Selbstüberschätzung. Und es gibt nach wie vor Frauen, die Gewalttätigkeit letztlich für ein Zeichen von Männlichkeit halten. Auf der anderen Seite haben solche Partnerschaftskonstrukte den »Charme«, dass man einen Ring am Finger tragen darf, ohne mit einem Partner tatsächlich zusammenleben zu müssen. Fast alle diese Frauen sind beziehungsvermeidend und selbst psychisch hochgradig auffällig. In seltenen Einzelfällen mögen sich aus solchen Brief- oder Kontaktanzeigen-Bekanntschaften tatsächlich Beziehungen entwickeln, die emotional tragfähig sind. Aber dass allein durch die Kraft der Liebe bei Menschen mit schweren Persönlichkeitsstörungen eine Heilung erzielt werden kann – das ist der Stoff, aus dem Filme sind. Der einzige Weg, auf dem eine Heilung – wenn überhaupt – erfolgen kann, ist durch umfassende therapeutische Maßnahmen.

TD: Sind Sie jemals einem Straftäter begegnet, der Sie an die Grenze des für Sie Erträglichen gebracht hat?

NS: Es gibt Taten, die einen ohne jeden Zweifel persönlich tief erschrecken, aber in der professionellen Tätigkeit müssen Sie den sachlichen Blick bewahren. Gerade dadurch unterscheidet sich ja in vielen Bereichen der professionelle Blick vom Laienblick. Ich will gar nicht verhehlen, dass es einzelne Patienten gibt, die einen bezüglich der Sympathieerzeugung sehr auf die Probe stellen, aber das ist dann auch immer ein Symptom ihrer Störung.

TD: Geraten Sie mit dieser »verständnisvollen« Haltung nicht in die Nähe der Schirrmacherschen Thesen, Männer könnten nichts dafür, wenn sie asozial werden, weil sie nun mal leider mit evolutionären Anlagen ausgestattet seien, die sie für die Zivilisation tendenziell unbrauchbar machen?

NS: So wie es absurd wäre zu leugnen, dass jeder Einzelne über eine unterschiedliche genetische Dispositionen verfügt, wäre es absurd zu leugnen, dass wir als Menschen insgesamt mit der genetischen Ausstattung der Frühgeschichte herumlaufen. Ich halte es für höchst spannend, was im Bereich der Neurobiologie erforscht wird. Zu Beginn habe ich bereits angedeutet, dass die Neigung zu kriminellem Verhalten durchaus biologische Grundlagen hat. Als Forensikerin hoffe ich sehr, dass wir in einigen Jahren bei dieser Frage mehr Klarheit haben.

TD: Wird da nicht mit Hilfe moderner naturwissenschaftlicher Methoden die Gott sei Dank überwundene Theorie Lombrosos aus dem 19. Jahrhundert wieder hoffähig gemacht, es gäbe den »geborenen Verbrecher«, den man bereits an bestimmten Gesichtszügen erkennen könne?

NS: Ich kann nachvollziehen, dass Leute – gerade in Deutschland – die Neurobiologie für eine »gefährliche« Wissenschaft halten, weil sie für falsche Zwecke missbraucht werden kann. Dennoch bringt es nichts, auf diesem Feld Denk- oder Forschungsverbote zu verhängen. Es ist einfach unsinnig abzustreiten, dass es natürlich begründete Neigungen zu elementaren Verhaltensweisen wie Dominanzstreben bei Männern oder Brutpflege bei Frauen gibt. Nur müssen wir selbstverständlich im Auge behalten, dass diese allgemeinen Dispositionen über das einzelne Individuum gar nichts aussagen. Da kenne ich beispielsweise Frauen, die Männer in puncto Dominanz auf der Standspur überholen. Dann stellen wir aber fest, dass solche Frauen sowohl von Männern als auch von anderen Frauen als unweiblich und damit letztlich als negativ wahrgenommen werden. Warum ist das so? Weil wir jenseits aller kognitiven Aufgeklärtheit, politischen Korrektheit und intellektuellen »Emanzipation« biologisch darauf programmiert sind, dass eine weibliche Mutter die unser Überleben sichernde Person ist. »Männliche« Mütter lösen Angst aus.

TD: Ist das der Grund, warum Frauen in Führungspositionen auch heute noch von Mitarbeitern eher gefürchtet werden?

NS: Ja, während Männer mit demselben Verhalten patriarchalisch positiv bewertet werden. Ich gehe sogar so weit, zu sagen, dass wir aufgrund der testosteronvermittelten Dominanz als Menschen dazu neigen, uns männlichen Individuen weit selbstverständlicher unterzuordnen als weiblichen. Insofern habe ich Verständnis dafür, dass man es – rein biologisch betrachtet – für etwas Ungewöhnliches hält, wenn Frauen in Führungspositionen sind. Bei all diesen Reaktionen handelt es sich aber lediglich um unsere »emotionale« Programmierung und nicht um vernünftige Prinzipien. Unsere gesamten zivilisatorischen Errungenschaften beruhen nicht auf unserer Biologie, sondern auf unserer Kulturleistung. Deshalb sage ich ganz deutlich: Natur ist nicht gleich Schicksal! Wir haben eine biologische Ausstattung – aber diese ist kulturell und edukativ überformbar. Menschwerdung hat sowohl soziokulturell als auch individuell stets mit komplexen Wechselwirkungen zu tun. Und deshalb kann die »Biologie« nie als Entschuldigung für Verhaltensdefizite dienen. Unsere natürlichen Anlagen bilden die Begrenzung, an jedem Einzelnen ist es – mithilfe der Gesellschaft – sein Spielfeld möglichst flächendeckend zu nutzen.

TD: Könnte es sein, dass Männer dazu neigen, die Größe ihrer Spielfelder zu überschätzen, und Frauen dazu, diese zu unterschätzen?

NS: Frauen beschäftigen sich mehr mit der Gestaltung ihres Spielfelds, anstatt es ständig erweitern zu wollen. Durch dieses Verhalten werden keine bahnbrechenden wissenschaftlichen Erkenntnisse befördert und auch nicht das Weltall erobert, aber es entsteht in der Gesellschaft viel angewandter Nutzen. Beides ist wichtig und nicht jeder muss alles machen. Womöglich haben Männer stärker die Neigung, die Spielfeldgrenzen zu überschreiten. Wobei es natürlich auch Männer gibt, die gern damit angeben, Grenzen überschritten zu haben, obwohl sie mit ihrer Leistung doch sehr im Rahmen geblieben sind. Und vielleicht ruhen sich Männer auf ihre Weise zu sehr auf der Biologie aus und unterschätzen damit die Möglichkeiten, die sie im Hinblick auf ihre freie Entscheidung haben.

TD: Hat da nicht eine interessante Verschiebung stattgefunden? Quer durch die Jahrhunderte war man sich einigermaßen einig, dass »das Weib« für »Natürlichkeit« steht, während der

Mann kulturellen Fortschritt garantiert. Und plötzlich ist der Mann das natürliche Wesen und die Frau das künstliche?

NS: Ich glaube eher, dass die Zuschreibungen schon immer hin und her geschoben wurden, wie es gerade passte. Denker, die »den Geist« verklärten, waren geneigt, die geistige Sphäre eher dem Mann und die natürliche der Frau zuzuschreiben. Und Denker, die zurück zur Natur wollten, haben die Frau gern als dekadent verkünsteltes Geschöpf geschmäht und die Unverbildetheit des Mannes gepriesen. Viel wichtiger ist aber: Es gehört zum reifen Erwachsenen dazu, dass er in der Lage ist, seine emotionalen Einstellungen und seine intellektuell-rationalen Einsichten gelegentlich miteinander abzugleichen. In anderen Bereichen müssen wir das ja ständig tun: Der Bauch sagt uns, dass schnell Autofahren Spaß macht, der Kopf sagt uns, dass langsam Fahren vernünftig ist. Ich glaube, es ist wichtig, genau diese Unterschiede zwischen ethisch-rational begründbaren Einsichten und biologischen Archetypen zu vermitteln, damit wir insgesamt reifer damit umgehen können.

TD: Haben Sie Verständnis dafür, wenn emanzipierte Frauen sagen: »Lasst uns mit diesem ganzen Biologismus in Ruhe!«?

NS: Frauen schießen sich ins eigene Bein, wenn sie in Bausch und Bogen ablehnen, über biologisch angelegte Unterschiedlichkeiten zwischen den Geschlechtern zu reden. Denn erstens hat jedes Geschlecht auch Anteile des anderen Geschlechts in sich. Und zweitens ist es hilfreich, wenn man die biologischen Ursachen geschlechtsspezifischen Verhaltens versteht. Man muss sich der inneren Fallstricke bewusst sein. Das Problem entsteht doch erst, wenn eine Gesellschaft männliches und weibliches Verhalten unterschiedlich *bewertet.*

TD: Ich bin bereit, Ihnen ein Stück entgegenzukommen: Nur Hardcore-Konstruktivistinnen lehnen es kategorisch ab, über biologische Geschlechterunterschiede zu spekulieren – aber sehen Sie nicht doch einen unerfreulichen Trend, evolutionsbiologische Hypothesen zur Rechtfertigung und Zementierung real existierender Geschlechterungerechtigkeiten zu missbrauchen?

NS: Die aktuelle Debatte über traditionelle Geschlechterrollen ist geprägt von einer allgemeinen Verunsicherung der Gesellschaft durch die Globalisierung und die geforderte Flexibilisierung. Es gibt sehr wenig ökonomische Sicherheit bei gleichzeitig hohem Anspruch an individuelle Wunscherfüllung. Als Kinder sind wir in unserer Generation mit der Vorstellung groß geworden, dass wir unsere Lebenswünsche erfüllen können. Heute, wo wir erwachsen sind, steht das für jeden Einzelnen auf der Kippe. Das macht Angst, und es geht uns letztlich allen so. In Zeiten solcher Verunsicherungen werden dann verschiedene Themen wieder belebt. Dennoch bin ich eine strikte Gegnerin der Nivellierung von Geschlechterunterschieden. In Letzterer drückt sich für mich die Verachtung der naturgegebenen hohen Unterschiedlichkeit von Menschen aus. Wenn die Zweigeschlechtlichkeit des Menschen keinen Sinn machen würde, hätte die Natur schon längst für seine Eingeschlechtlichkeit gesorgt. Ich finde es ausgesprochen bedenklich, dass die formale Gleichberechtigung ausgerechnet in sozialistischen Gesellschaften am weitesten gediehen war. An dieser Front sind wir als freie Bürgergesellschaft extrem gefordert. Und deshalb ist die Gleichwertigkeit von Mann und Frau für mich auch kein Gebot der Frauenbewegung, sondern ein Gebot der Humanität. Es ist ein viel zu wichtiges Grundprinzip aufgeklärter Gesellschaften, als dass diese Frage eine lila Farbe erhalten dürfte.

TD: Wenn man sich in der Geschichte umschaut, muss man allerdings feststellen, dass es – abgesehen von wenigen rühmlich-männlichen Ausnahmen wie Theodor Gottlieb von Hippel, John Stuart Mill und Herbert Marcuse – ausschließlich mehr oder weniger »lila« Frauen waren, die für das Prinzip der Gleichberechtigung gestritten und es als ethischen Grundkonsens zumindest in den westlichen Gesellschaften durchgesetzt haben.

NS: Historisch gesehen gebe ich Ihnen Recht. Aber zu Beginn des 21. Jahrhunderts kommen wir keinen Schritt weiter, wenn Frauen darauf bestehen, Gleichberechtigung sei »ihr« Thema. Gerade der deutsche Feminismus hat im Übrigen einiges soziales Unheil angerichtet, indem er die Mutterrolle entwertet hat.

TD: Muss man den 70er-Jahre-Feministinnen nicht erst einmal zugutehalten, dass sie dafür gesorgt haben, dass Frauen sich endlich als vollwertige Frauen definieren können, ohne Mutter zu sein – und das in einem Land, das seit Martin Luther Mutterschaft zu etwas quasi-Religiösem überhöht?

NS: Man muss respektieren, dass es Frauen gibt, die aus sehr persönlichen Gründen und Kenntnis ihrer eigenen Stärken und Schwächen heraus auf das Glück der Mutterschaft verzichten. Frauen ohne Kinder vorzuwerfen, sie seien »ökonomische Egoisten«, ist eine unzulässige Verkürzung der Sache. Indem Feministinnen aber erklärten, das Wichtigste im Leben einer Frau sei, »Karriere« zu machen, haben sie eine Entwicklung eingeläutet, die zu absurden Auswüchsen geführt hat. Schlagen Sie heute eine gängige Frauenzeitschrift auf, und Sie werden sehen, wie dort ganz gewöhnliche, berufstätige Frauen in höheren Positionen zu »Power-Frauen« und Heldinnen hoch stilisiert werden. Das ist doch Unsinn. Es sind einfach Frauen, die arbeiten. Und auch wer heute fünfzig Stunden pro Woche arbeitet, arbeitet immer noch ungleich weniger als die Bäuerinnen vergangener Jahrhunderte. Besonders gut gefallen mir immer die Beschreibungen der »zierlichen Power-Frau«. In Berufen, deren Ausübung keine Körperkraft erfordert, macht das ja überhaupt keinen Sinn. Aber irgendwie soll der Eindruck erzeugt werden, durch den deutschen Wirtschaftswald würden lauter Hochleistungsrehe springen. Und wenn man sich dann einmal genauer anschaut, was diese »Karriere-Frauen« so alles machen, stellt man fest, dass viele Chefverkäuferin der Schlüpferabteilung bei Karstadt sind. Bei Männern reden wir von Karriere, wenn sie die Vorstandsetagen großer Banken oder Konzerne erklommen haben – bei einer Frau reicht es, wenn sie Abteilungsleiterin ist. Letztlich ist diese inflationäre Verwendung des Begriffs »Karrierefrau« die subtilste Form von Frauenfeindlichkeit. Deshalb mag ich den Begriff auch persönlich nicht.

TD: Für dieses Buch habe ich mehrere Frauen interviewt, die Mütter sind – und von Frauenmagazinen wohl tatsächlich als »Karriere«- oder »Power-Mütter« tituliert würden. Auffällig viele von ihnen haben Töchter – deren Identitätsbildung und Sozialisierung ja offensichtlich etwas unheikler zu sein scheint als die von Söhnen. Dennoch: Ziehen diese extrem berufstätigen Mütter alle potentielle Straftäter heran?

NS: Wenn Sie die Frage so stellen, beantworte ich sie natürlich aus voller Überzeugung mit Nein. Das Rollenmodell ist sogar gar nicht schlecht. Im Übrigen sind ja zuweilen gerade diejenigen Mütter überfordert, die den ganzen Tag zu Hause sind, obwohl sie eigentlich lieber arbeiten würden. Dennoch bin ich persönlich der Ansicht, dass gerade in den ersten drei Lebensjahren eine hinreichend große zeitliche Präsenz der Mutter wichtig ist für eine ungestörte Entwicklung und vor allem auch Bindungsfähigkeit. Als Psychiaterin und Forensikerin sage ich, dass sehr kleine Kinder eine konstante, verlässliche Bezugsperson brauchen – dass diese aber nicht notwendig die leibliche Mutter sein muss. Eine funktional hinreichend gute Mutter genügt. Diese »Mutterperson« kann der leibliche Vater sein oder der Lebenspartner der Mutter. Großeltern oder andere erwachsene Familienangehörige können ein stabiles Betreuungsnetzwerk bilden und selbstverständlich auch gut ausgebildete Kindermädchen.

TD: Was ist mit Krippen, Kitas und Kindergärten?

NS: Wenn die Erzieher und Erzieherinnen entsprechend qualifiziert und in ausreichender Anzahl vorhanden sind, können Kinder sich auch dort gut entwickeln. Selbstverständlich sind Kindergärten und Schulen wichtige Institutionen der Erziehung und gerade sie tragen zur Chancenoptimierung bei. Aber die Erziehung von Kindern bleibt trotzdem weiterhin eine wichtige und unverzichtbare Aufgabe einer Familie – ob Patchwork oder traditionelle Familie ist egal. Lehrer können und sollen nicht Ersatzeltern spielen und die Erziehung der Kinder übernehmen. Eingegriffen werden muss, wenn Kinder emotional und sozial sich selbst überlassen bleiben, wenn sie von Personen betreut werden, die keine Vorstellung davon haben, dass ein Kind keine Miniaturausgabe eines Erwachsenen ist, sondern ein Wesen mit ganz eigenen Bedürfnissen, auf das man sich völlig neu einstellen muss. Im Wesentlichen haben ja diejenigen Eltern Probleme, die selbst schon kein emotional intaktes Elternhaus gehabt haben.

TD: Sie haben früher im Gespräch beschrieben, welch problematische Phase es in der frühen Identitätsbildung eines männlichen Säuglings ist, wenn er erkennen muss, dass die Mutter biologisch ein Anderes ist als er. Müsste man aus dieser Erkenntnis nicht schlussfolgern, dass es für Jungen gut wäre, wenn sie ab der Geburt vom Vater versorgt würden? In *Emergency Room*, meiner Lieblingskrankenhausserie, kommt ein frischgebackener Vater vor, der eine umschnallbare Stillanlage hat mit Silikonbrüsten und einem Milchbeutel auf dem Rücken, so dass er seinen Sohn auch an die Brust legen kann.

NS: Da antworte ich Ihnen ganz als Frau: Die Vorstellung ist für mich wenig begehrenswert.

TD: Gibt es gesellschaftliche Geschlechterungerechtigkeiten, die Sie richtig ärgern?

NS: Hier in unserer westlichen Welt gibt es nur eine einzige Geschlechterungerechtigkeit, die mich wirklich ärgert: Und zwar die soziologisch eindeutig nachweisbare Beobachtung, dass ein Tätigkeits- oder Berufsfeld sowohl hinsichtlich des Ansehens als auch hinsichtlich der ökonomischen Aspekte entwertet wird, sobald Frauen dort zahlenmäßig häufiger vertreten sind.

TD: Nicht nur Polen, auch Frauen verderben die Löhne …

NS: Die Medizin ist ein schönes Beispiel: Früher war der Arztberuf fast ein reiner Männerberuf. Er war hoch angesehen und entsprechend seiner Verantwortung, Kompetenz und Belastung auch sehr gut bezahlt. Mit der Entwicklung hin zu einem »Frauenberuf« ging parallel, dass der Arztberuf an Prestige sehr verloren hat, und die Einkommensmöglichkeiten heute nicht mehr zu vergleichen sind. Hinter all dem steht das Motto »Wenn Frauen etwas auch können, dann ist es wohl doch nicht so anspruchsvoll.« Das ist die unterschwellige emotionale Botschaft – die setzt sich durch. Und die muss unsere Gesellschaft dringend überwinden. Aber so wie es im Augenblick aussieht, bin ich sicher: Sollten Frauen in nennenswertem Ausmaß Vorstandsvorsitzende von DaimlerChrysler oder ähnlichen Konzernen werden, dürfte das heute viel gerügte Gehalt von Top-Managern zuverlässig weit unter die Millionengrenze sinken. Im Übrigen sinkt aber nicht nur das Einkommen der Frauen, sondern in ein und derselben Branche auch das Einkommen der Männer, wenngleich auch nicht auf das entsprechende weibliche Niveau. Und diese Abwärtsspirale bewirkt, dass in immer mehr Familien zwei Menschen arbeiten müssen, um Kinder zu ernähren und wirtschaftlich stabil aufwachsen zu lassen.

TD: Könnte man nicht auch etwas Positives daran finden, wenn durch ökonomischen Druck ein paar Frauen mehr dazu veranlasst werden, ihr Nest zu verlassen und hinaus in die Arbeitswelt zu gehen?

NS: Das ist mir zu ideologisch. Aber umgekehrt ist es mir auch zu ideologisch, die berufliche Ausrichtung der Frau zu schmähen, indem man diese für die geringen Kinderzahlen allein verantwortlich macht. Weitere wichtige Ursachen für diesen Trend sind die Instabilität von Lebensbeziehungen und vor allem die Infantilisierung des Lebensstils von erwachsenen Menschen beiderlei Geschlechts. Wer mit vierzig noch meint, es sei erstrebenswert, wie 25 zu sein, kultiviert eine Art Reifungsverzögerung. Wenn heute jemand mit 34 Chef wird, gilt das als jung. Vor achtzig Jahren hätte er als ziemlich reifer Mann gegolten. Wer Kinder in die Welt setzt, wird damit zwar nicht automatisch erwachsen. Aber er wird automatisch zur Eltern*generation*. Die Jugend dauert so lange, bis wir zu alt sind, um Kinder zu bekommen.

TD: Muss man gemäß der Theorie, dass Frauen im Berufsleben primär die Funktion von Trümmerfrauen haben, die Tatsache, dass wir jetzt von einer Frau regiert werden, nicht als höchsten Ausdruck der Krise betrachten, in der dieses Land steckt?

NS: (Lacht.) Diesen Verdacht hatte ich auch schon. Und ich vermute, dass mit der aufkommenden Großmacht China und der möglicherweise sinkenden Vormachtstellung der USA Frau Clinton oder Frau Rice beste Aussichten auf das Präsidentenamt haben. Im Übrigen finde ich beide hochgradig beeindruckende Frauen. Frauen, bei denen der Begriff »Karriere« wirklich einmal zutrifft.

TD: Wagen Sie eine Prognose, wie sich unsere Gesellschaft in Sachen Gleichberechtigung weiterentwickeln wird?

NS: Wie bei allen politischen, sozialen und individualpsychischen Entwicklungen sollten wir uns nicht auf einen Fortschrittsautomatismus verlassen. Möglicherweise versuchen einige verunsicherte Personen in dieser Gesellschaft momentan tatsächlich, das Rad zurückzudrehen. Aber *in the long run* bin ich vollständig überzeugt davon, dass die verkrusteten Denkmuster weiter aufbrechen werden. Als ich ein Kind war, wurde mir noch gesagt, dass es sich für Mädchen und Frauen nicht geziemt, die Arme über den Kopf zu heben und zu verschränken. Als Studentin bin ich von einem Kommilitonen gefragt worden, warum ich denn überhaupt Medizin studieren würde, das sei doch was für Männer. Als ich mich mit 34 auf meine erste Chefarztstelle beworben habe, fragte einer aus der Kommission: »Wie kommen Sie darauf, dass ausgerechnet Sie als Frau eine solche Klinik übernehmen können?« Als ich vor ein paar Jahren einen Gebrauchtwagen kaufen wollte, fragte mich der Händler, warum ich eine Testfahrt machen wolle – ich könne den technischen Zustand des Fahrzeugs doch ohnehin nicht beurteilen. Ich neige dazu, solche Episoden für satirische Nachbeben zu halten, und bin sicher, dass solche Bemerkungen in fünfzig Jahren niemand mehr verstehen wird. Und es gibt doch schon heute jede Menge Männer, die sich bei solchen Storys ernsthaft an den Kopf tippen, oder zumindest das Gefühl haben, dass sich da jemand danebenbenimmt. Es ist noch keine hundert Jahre her, da wurden die wenigen Medizinstudentinnen vom Anatomieunterricht der Sexualorgane ausgeschlossen. Heute ist das völlig grotesk, kein Hochschullehrer käme auf die Idee, die Wiedereinführung dieser Regelung zu fordern. Vor zweihundertfünfzig Jahren wurden Frauen mit roten Haaren verbrannt, weil sich alle einig waren: Das ist eine Hexe, und sie zu verbrennen eine gute Tat.

TD: Ich will Ihre Zuversicht ja nicht trüben – aber unlängst hat mir einer im Sportstudio »Hexe« hinterher gerufen.

NS: Das würde ich doch eher für einen Flirtversuch mit Mittelalter-Touch halten … Ich kann Ihnen versichern: Sollte dieser Jemand Sie mit der Begründung anzünden, Sie hätten rote Haare gehabt und seien ergo eine Hexe gewesen, wird er keinen gesellschaftlichen Ehrenplatz, sondern ein Zimmer in dieser Einrichtung hier bekommen.

TD: Na, da bin ich aber beruhigt. Liebe Frau Dr. Saimeh, ich danke Ihnen für das Gespräch.

Was geschehen muss ...

Die Dornröschen, die glaubten, in einem Land zu leben, das die Geschlechterkämpfe lange hinter sich gelassen hatte, erwachen. Anders als ihre Märchenschwester werden sie jedoch nicht vom edlen Prinzen wach geküsst. Sondern vom Kollegen, der ihnen bei der Betriebsfeier vor versammelter Mannschaft ins Gesicht lallt: »Ich will dich demütigen!« – und vom Chef, der diesen Laller, obwohl er sich am Ende seiner Probezeit befand, eine Woche später anstandslos fest anstellt. Sie werden wach geküsst vom Feuilletonisten, der ihnen nicht mehr die freie Entscheidung für oder gegen Nachwuchs überlassen will, sondern nur noch die Wahl, ob sie ihr Mutterkreuz bei zwei, drei oder mehr Kindern machen. Good bye, Matrix. Willkommen in der Wirklichkeit.

Nun besteht jedoch die Gefahr, dass das feministische Gejammer: »Die Männer geben uns keine Chance«, sein Echo findet im postfeministischen Katzenjammer. »Haben wir Frauen die Emanzipation verspielt?« – fragt die Journalistin Heike Faller, Jahrgang 1971, im April 2006 in einem so betitelten Essay. Nein. Noch ist nichts verspielt. Die nach 1960 geborenen Frauen sind jung und qualifiziert genug, Emanzipation auf einem neuen Niveau durchzusetzen. Allerdings wird ihnen dies nur gelingen, wenn sie ein paar lieb gewordene Illusionen aufgeben und ein paar grundlegende Einsichten akzeptieren: Für eine Frau, die den Anspruch hat, aus ihrem Leben »etwas zu machen«, gibt es keine Alternative dazu, die Verantwortung für ihr Leben konsequent selbst zu übernehmen. Das Hoffen auf den netten Ehemann, in dessen Windschatten sich alles fügt, ist so trügerisch wie feige. Schon Aristoteles wusste: »Wer Sicherheit der Freiheit vorzieht, ist zu Recht ein Sklave.« Nichts ist befriedigender, als eine große Herausforderung gemeistert zu haben – und an einer echten Herausforderung zu scheitern, garantiert immer noch mehr Würde, als das putzige Heimchen zu sein, das sein Haus wieder so schön mit Blumen geschmückt hat. Frauen müssen endlich damit aufhören, anderen Frauen einzureden, sie hätten zu dicke Oberschenkel – anstatt sie zu ermutigen, den Beruf oder den Partner zu wechseln, falls diese sie bei Lichte besehen nur unglücklich machen. Es ist nicht »peinlich«, Sexismen als das zu bezeichnen, was sie sind: Sexismus. Sich für die Emanzipation zu engagieren, ist kein stilistischer Fauxpas wie die Karottenhose in den 80ern. Wenn Frauen dies beherzigen und ihre Kinder in diesem Sinne erziehen, ist wahrlich nichts verspielt. Der Feminismus ist tot. Es lebe der F-Klassenkampf!

Der Motor dieser neuen Bewegung werden Frauen sein. Wenn man sich in der muslimischen Welt umschaut, scheinen Frauen die einzige Hoffnung auf Veränderung zu sein. In unserer Gesellschaft sieht es nicht viel anders aus. Warum das so ist, und warum es leider so ist und hoffentlich nicht das letzte Wort sein wird, möchte ich zum Schluss des Buches erklären.

Raus aus den Kinderzimmern!

Ein Sender des Berlin-Brandenburgischen Rundfunks wirbt mit dem Slogan »Nur für Erwachsene«. Die Pointe an dem Slogan ist, dass er sich exakt an diejenigen wendet, die dem Erwachsenwerden erbittert abgeschworen haben. Mitte der 60er Jahre sangen *The Who*: *»I hope I die before I get old«*. Knapp vierzig Jahre später singt Robbie Williams: *»I hope I'm old before I die«*.

Beim aktuellen Jugendlichkeitskult ist das Ziel nicht mehr, sich mit Sex & Drugs & Rock & Roll am besten noch vor dem dreißigsten Geburtstag ins Jenseits befördert zu haben. Heute soll die Discosause bis ins Altersheim weitergehen. Wenn wir sie machen lassen, wird es die »Generation Golf« fertigbringen, im Sommer 2030 die Inkontinenzwindel als das ultimativ trendige Party-Accessoire auszurufen.

Die Journalistin Martina Wimmer, Jahrgang 1965, macht sich in ihrem Buch *Champagner für alle!* Gedanken darüber, wie man »in Würde altern kann, ohne erwachsen zu werden«. Mit »man« ist hier »frau« gemeint, und natürlich geht es nicht ohne Augenzwinkern zu bei Fragen wie: »Machen Nadelstreifen schlank oder langweilig?«, »Wer schenkt mir eine Villa im

Süden?«, »Und warum bietet mir keiner im Bus einen Platz an, wenn ich mit den High Heels nicht mehr laufen kann?« Das lässt sich goutieren wie ein Weinbrandpralinchen vor dem Schlafengehen – und trägt letztlich doch nur zu der Annahme bei, das Wichtigste im Leben einer Frau sei, auch mit sechzig noch irgendwie als partytaugliche sexy Hexy rüberzukommen. In Zeiten der öffentlichen Gebäraufrufe ist es ja prinzipiell sympathisch, dass da eine vehement auf ihr Recht pocht, sich nicht dafür rechtfertigen zu müssen, (noch) keine Kinder zu haben. Aber muss das so klingen: »Also bleibt mir ja noch ein bisschen Zeit, um weiter Kinderwagen auf der Straße zu zählen, spontane Abenteuerreisen zu buchen, noch etwas Gewicht abzuhungern, seufzend Strampler für frische Mütter zu erwerben, neue Sexspielzeuge auszuprobieren, die erste Million zu verdienen, um davon endlich ein rotes Cabriolet zu erwerben. Ich hoffe nur, dass es da Modelle gibt, die auch mit Kindersitz noch schick aussehen.«

Keine der in diesem Buch vorgestellten F-Klasse-Frauen würde ich für lust- oder vergnügungsfeindlich halten. Im Gegenteil, die Frage*: How can a Lady misbehave?* beschäftigt nicht nur eine meiner Gesprächspartnerinnen. Doch muss solch gelegentliches *Misbehaving* nicht gleich zu infantilem Hedonismus führen – der nicht allein dadurch besser wird, dass ihn eine Frau zur Schau stellt. Hedonismus kann niemals Lebensinhalt sein, sondern ist immer nur das flotteste Designer-Mäntelchen, mit dem das große Lebensnichts kaschiert wird. Selbst Extrem-Rafting in Borneo kann einem die Erkenntnis nur begrenzte Zeit vom Leib halten, dass das Loch, das einen morgens aus dem Spiegel angähnt, größer ist als der Rachenraum.

Alle in diesem Buch versammelten Gespräche zeigen, dass der zuverlässigste, wenn nicht gar einzige Weg zu einem glücklichen Leben ist, einer Tätigkeit, die man für wert- und sinnvoll hält, mit Leidenschaft nachzugehen. Und nur bei Frauen, die sich auf diesem Weg befinden und auf diesem Weg bleiben wollen, bekomme ich keine Gänsehaut, wenn sie mir erzählen, dass sie schwanger sind. Ebenso wenig wie sich das existentielle Loch mit einem immer noch schickeren Fummel verhüllen lässt, lässt es sich mit einem Kind stopfen. Selbstverständlich gibt es einem weiblichen Leben auch Sinn, Mutter zu sein. Frauen aber, die bereits so weit »anemanzipiert« sind, dass sie ein Lebensziel *für sich* wollen, steuern samt Kind auf eine Katastrophe zu, wenn sie Mutter werden, weil sie kein befriedigendes anderes Lebensziel für sich gefunden oder das bisherige nicht erreicht haben. Dann nämlich wird das arme Kind im günstigsten Fall zum narzisstischen Projekt, das im Mutterbauch Japanisch lernen und mit drei an der Geige brillieren muss. Im ungünstigsten Fall wird es zum Accessoire der Mutter, die ihr Kind so hip zu tragen weiß wie die neusten Glacélederhandschuhe von Gucci. Wenn sich die Mode im nächsten Winter ändert – Pech gehabt. So wie ein Kind nicht in jedem Fall Sinnstiftung bedeutet, lernt keine Frau automatisch dadurch, dass sie Mutter ist, Verantwortung zu übernehmen. Die Mütter, die ihre Neugeborenen in Tiefkühltruhen entsorgen und ihre Kleinkinder in abgedunkelten Kammern verhungern lassen, widerlegen diese biologistisch-konservative Hoffnung aufs Brutalste. Allem Anschein nach haben die Partygirls der »Generation Golf« eine zu gute Kinderstube, um derlei Grausamkeiten zu begehen. Sie begnügen sich damit, ihre Sprösslinge im Mutterleib mitkiffen oder -koksen zu lassen. *Aber echt nur ein bisschen!* Versteht sich.

Es ist fatal, wenn Frauen, die nicht einmal mit Mitte dreißig den Weg aus dem eignen Kinderzimmer herausgefunden haben, anfangen, vom nächsten rosa Kinderzimmer zu träumen.

Die Weigerung erwachsen zu werden, ist allerdings beileibe kein Problem, dass nur den weiblichen Teil der »Generation Golf« beträfe. Im Gegenteil. Claudius Seidl, Feuilletonchef der *Frankfurter Allgemeine Sonntagszeitung*, hängt in seinem Buch *Schöne junge Welt* ebenfalls der Frage nach: »Warum wir nicht mehr älter werden.« An sich selbst beobachtet der Autor, dass er es unverändert toll findet, Schuhe ohne Socken und Anzüge ohne Krawatten zu tragen und nächtelang auf angesagten Partys mit »Frauen, wunderbaren Frauen« abzuhängen – obwohl sein vierzigster Geburtstag nun wirklich eine Weile zurück liegt. Das ungute Gefühl, sein berufsjugendliches Verhalten könne »unangemessen« sein, beschleicht Seidl nur, wenn er sich die Fotos seiner Eltern anschaut. Dann stellt er fest, dass diese mit dreißig bereits älter, gesetzter wirkten als er heute. In biblischer Anlehnung könnte man sagen: Früher hatte der Mann mit vierzig einen Baum gepflanzt, ein Haus gebaut und einen Sohn gezeugt. Heute sitzt der Sohn mit vierzig immer noch im Baumhaus.

Das Schlimme an einer solchen Lebenseinstellung ist nicht ihre latente Lächerlichkeit. Das Schlimme ist, dass sie Erwachsensein verwechselt mit Spießbürgertum. Der Zeitgeisterfahrer rast auf seinem Highway nicht in Richtung Zukunft. Sockenlos lässig steuert er sein Golf Cabrio direkt in die 50er und 60er Jahre zurück, wo der Vati morgens noch im Käfer zur Arbeit tuckern durfte, während die Mutti, die in der Bräuteschule alles Lebensnotwendige gelernt hatte, in der Tür stand und ihre frisch frisierten Bengel anhielt, dem Vati artig nachzuwinken. Der Spießer ist in Wahrheit nicht der Angst-, sondern der Wunschtraum des Partyhengstes. Von erwachsenen, verantwortungsvollen Menschen, wie es die im Buch versammelten Frauen und ihre jeweiligen Lebenspartner/Ehemänner sind, sind Partyhengst und Spießer gleich weit entfernt.

Die Frage, wie unsere Generation erwachsen werden kann, ohne in spießbürgerliche Lebenswelten zurückzufallen, ist zentral. Daher scheint es mir wenig hilfreich, wenn die Literaturkritikerin und dreifache Mutter Iris Radisch, Jahrgang 1959, zur Frage, wie Mutterschaft das Leben verändert, schreibt: »Selbst wenn man die schickere Innenstadtvariante wählt, wird man, ohne es zu wollen, bald zur spießigen Zicke, die sich beim Schuster über die Pin-ups und auf dem Spielplatz über die kackenden Hunde beschwert. Und im Kinderkino ruft man panisch nach dem Geschäftsführer, wenn die Vierjährigen, bevor Pippi Langstrumpf kommt, erst durch Marlboro-Country reiten und Bacardi-Rum trinken müssen […] Mit Kindern kommt die Moderne ins Stottern.« Ohne jeden Zweifel ist man als Mutter – und Vater – zunächst einmal mit einem Wesen konfrontiert, mit dem man weder über Rilke, die *Pet Shop Boys* noch das deutsche Sozialversicherungssystem diskutieren kann. Sondern mit einem Wesen, das man in seiner hilflosen Kreatürlichkeit mit Leib und Seele beschützen und das einen umgekehrt mit Haut und Haaren besitzen will. Nicht zuletzt deshalb habe ich mich in meinem eigenen Leben gegen Kinder entschieden, weil auch ich seit meiner Jugend den Verdacht hege, dass zwischen »Moderne« und Mutterschaft ein Spannungsverhältnis besteht. Die F-Klassen-Mütter im Buch zeigen jedoch – jede auf ihre

Weise –, wie man dieses Spannungsverhältnis aushalten kann, ohne zum Muttertier zu werden. Man muss sein Kind nicht mit gebügelten Socken in den Kindergarten schicken, nur weil es andere Mütter mit diesem Sockenschuss gibt. Dem Terror, jede Mutter müsste ihrem Kind Selbstgebackenes mitgeben, wenn in der Klasse Geburtstag gefeiert wird, kann man sich verweigern, indem man dem Kind vom Bäcker Selbstgebackenes mitgibt – aus keinem Kind wird ein Psychopath, nur weil Mama keine Zeit hatte, den Streuselkuchen selbst zu machen. Und Pin-ups, Hundekacke und Zigarettenwerbung können auch diejenigen nerven, die keine Kinder haben. Außerdem gibt es kreativere Formen darauf zu reagieren, als panisch nach dem Geschäftsführer zu rufen. Die Frage, wie moderne Elternschaft aussehen kann, ist eine der Fragen, die unsere Gesellschaft in den nächsten Jahren am meisten beschäftigen wird – jenseits der zynisch-verlogenen Hochglanz-Parolen, mit ein bisschen Lässigkeit und Spaß sei schon alles unter einen Hut zu zaubern. Was bedeutet es physisch und psychisch für eine Frau, ein Kind *und* einen herausfordernden Beruf zu haben? Welche Rolle müssen die Väter in derart veränderten Familien-Konstellationen spielen? Welche Institutionen muss der Staat bereitstellen? Gerade weil diese Fragen so dringend sind, ist es unerlässlich, sich bei denen umzuschauen, die bereits in zeitgemäßen Familienverhältnissen angekommen sind. Und gefährlich, die Thematik für den berufs-jugendlichen beziehungsweise den als solchen kaschierten Spie-ßer-Diskurs zu missbrauchen.

Die Hoffnung einer Frau, durch Mutterschaft erwachsen zu werden, ist irrig. Die Hoffnung des Mannes, endlich im Leben anzukommen, indem er ein Kind zeugt, ist absurd. Noch keiner hat allein dadurch, dass er seinen Samen in einer Frau abgeladen hat, gelernt, Verantwortung zu übernehmen. Der Literatur-chef der *Zeit*, Ulrich Greiner, vom Jahrgang her zwischen Seidl und dessen Eltern, weiß dies wohl. Deshalb hat er einen Artikel geschrieben, in dem er auf Iris Radischs Vorwurf antwortet, die Rückgänge der Geburtenzahlen kämen vor allem daher, dass es viel zu wenig Männer gäbe, die bereit wären, als Väter tat-sächlich Verantwortung zu übernehmen. Greiners Rezept zur Lösung des Problems: Die Frau soll den Mann wieder als *Pater familiae* und damit allein verantwortlichen Ernährer anerkennen. O-Ton Greiner: »Indem die Frauen die männlichen Domänen nach und nach erobern, gibt es für den Mann keinen zwingenden Grund mehr, sich an der Aufzucht zu beteiligen […] Auch die Intelligenzberufe werden immer mehr von Frauen besetzt, sodass der männliche Vorsprung, hier die Prämie davontragen und sie der treusorgenden Ehefrau zu Hause präsentieren zu können, rapide dahinschmilzt […] Der Mann wird, wenn sich die Frau zu ihrer Andersheit bekennt und alles, was damit zusammenhängt, austrägt und aushält, bereit sein, seine alte Rolle als entsagender Beschützer zu übernehmen.« In schlichtes Deutsch übersetzt: Nur der Vater, dem sein Heimchen am Herd das Gefühl gibt: *Du bist der Macker!*, könnte sich gnädigenfalls entschließen, Verantwortung zu übernehmen. Was für ein beschämendes männliches Selbstbild offenbart sich in solchen Äußerungen?

Greiners Artikel trägt den Titel *Was der Mann nicht kann.* Was genau der Mann nicht kann, wird vom Literaturchef so beschrieben: »Dabei sehe ich im Gebären und Stillen, im Wechseln der Windeln und im einschläfernden Wiegen des Babys ein erotisches Erlebnis höchster und seltenster Art, das ein Mann niemals in derselben Weise wird haben können.« Klammern wir die naheliegende Frage ein, warum Herr Greiner damals, als seine akademische Frau die beiden Töchter zur Welt gebracht hatte, nicht zu Hause geblieben ist, um sich ganztags der Erotik des Windelwechselns hinzugeben. Interessanter ist, welche Neurose hinter dieser Selbstentblößung steht.

Begrabt den Gebärneid!

Spätestens seit Freud besteht der Verdacht, die Männer hätten letztlich nur aus einem einzigen Grund angefangen, Pyramiden zu bauen, Sinfonien zu komponieren und Automobile zu basteln: Aus Neid, dass sie nicht gebären können. Erst unlängst hatte ich das Vergnügen, mit einem Theologen über die Frage zu diskutieren, warum Gott als Mann gedacht werden müsse. Die Argumentation des Theologen: Die Welt wurde vom höchsten Wesen ja nicht geboren, sondern *erschaffen*, sprich: Es geht um *Schöpfung* und nicht um *Geburt*. Deshalb könne Gott keine

Frau sein. So weit gab ich dem gelehrten Herrn Recht. Allerdings musste ich im selben Atemzug entgegnen, dass wir uns aus exakt demselben Grund Gott auch nicht als Mann, sondern nur als androgynes, doppeltgeschlechtliches Wesen denken können. Denn sonst würden wir nicht Gottes *Schöpfung* bewundern, sondern Gottes *Zeugung.* Interessanterweise glaubten auch die (von Männern betriebenen) Naturwissenschaften bis vor zweihundert Jahren, Kinder entstünden, indem der Mann seinen »Geist« in die Frau hineingießt – oder wie es Dietrich Schwanitz in seinem Bestseller *Männer – Eine Spezies wird besichtigt* formuliert: »Der Vater war der alleinige Schöpfer und die Mutter nur der Brutofen. Er war der Pflanzer und sie der Topf (und manchmal ein zerbrochener Krug).« Es war eine der katastrophalsten Begriffsverwirrungen der Menschheitsgeschichte, zu behaupten, das männliche Pendant zum weiblichen Gebären sei das Schöpfen. Nein! Nein!! Nein!!! Wenigstens im 21. Jahrhundert sollten wir endgültig einsehen, dass der dem Gebären komplementäre Vorgang das Zeugen ist. Und wenn dieser relativ überschaubare biologische Akt des Sperma-Abladens den Herren im Vergleich zum langwierigen und komplizierten Prozess der Schwangerschaft und Geburt zu bescheiden erscheint, als dass sie sich darauf etwas einbilden könnten – dann dürfen sie ihr Selbstbewusstsein liebend gern daraus beziehen, dass sie Zeitungsartikel schreiben oder Rasenmäher erfinden. Aber sie sollen bitte nie wieder erzählen, es sei »unfair«, wenn Frauen diese Dinge auch tun, wo sie doch schon die supertolle Gabe des Gebären-Könnens besitzen. Noch einmal zum Mitschreiben: Frauen gebären. Männer zeugen. Alles andere können beide Geschlechter. Und das Wundervoll-Einzigartige an Schöpfungsprozessen ist nicht, dass ein Mann seinen Geist in weibliche Materie verströmt. Sondern dass der Schöpfer Zeuger und Gebärende in einem ist. Liebe Männer, glaubt einer Frau, die freiwillig darauf verzichtet, ihre natürliche Gabe des Gebären-Könnens auszuspielen: Es lebt – und schreibt! – sich besser, wenn einem nicht der Gebärneid das Hirn vernebelt.

Schluss mit der Zivilisationsmüdigkeit!

Damit sind wir jedoch bei dem tieferen Problem angelangt, das hinter den essayistisch-feuilletonistischen Amokläufen der letzten Zeit lauert: Die nagende Sorge der Publizisten, Chefredakteure und Zeitungsherausgeber, dass sie – bei allem elitären und diskursbeherrschenden Getöne – bislang nichts wirklich Relevantes hervorgebracht haben. Mit nachgerade masochistischem Eifer lässt Claudius Seidl in seiner *Schönen jungen Welt* all die »Großen Männer« aufmarschieren, die mit dreißig längst Geschichte geschrieben hatten: Beethoven, Schiller, Hegel, Einstein, Thomas Mann. Er artikuliert sein Leiden am »Büchner-Syndrom«, das ihn an seinem 24. Geburtstag befiel – weil Georg Büchner dieses Alter überhaupt nie erreicht, Fassbinder schon seinen ersten Film gedreht und Orson Welles zum ersten Mal das Titelblatt der *Time* geschmückt hatte. Vor diesem Hintergrund erhält auch die ewige Verlängerung der Jugenddisco eine klare Funktion: Wer sich nicht für erwachsen hält, kann prima davon träumen, welche Heldentaten er in seinem Leben vollbringen wird – wenn er erst einmal groß und stark ist. Und doch, die Sorge bleibt, sich eines Tages aus dieser Welt verabschieden zu müssen und keine Spuren hinterlassen zu haben, die haltbarer wären, als die Strichmännchen, die man als kleiner Junge mit Fingerfarben an die Kinderzimmerwände gemalt und welche die Mama mit mildem Lächeln fortgewischt hat. Allerdings glaubt der Autor, bereits den »Schuldigen« an der Misere ausfindig gemacht zu haben: »Der Preis dafür, dass die Zeit bei uns kaum Spuren hinterlässt, wird damit bezahlt, dass wir kaum Spuren in der Zeit hinterlassen.« »Die Zeit« also soll schuld daran sein, dass die Herren noch nicht das Gefühl haben durften, Historisches vollbracht zu haben. Was ist denn so verkehrt an unserer »Zeit«, dass sie die armen Schreiber des Genius' beraubt? Ist sie wirklich ein so lähmend-lahmer Fluss, dass sich aus seinen Wassern nichts Großes erheben kann? Wir haben den Zusammenbruch des Kommunismus erlebt, wir sehen Katastrophen und Kriege in jedem zweiten Winkel der Erde, wir sind auch in den westlichen Ländern durch fundamentalistischen Terror bedroht und haben fünf Millionen Arbeitslose im eigenen Land. Das Einzige, was wir »Nachgeborenen« am eigenen Leib nicht erfahren haben, ist Krieg. Aber muss man wirklich mit dem Bauch durch die Hölle von Stalingrad gerobbt sein, um einen wichtigen Roman zu schreiben? Liegt es nicht an jedem Einzelnen selbst, ob er aus der Tatsache, solvent geboren worden zu sein, ableitet, ein überflüssiges Leben zu führen? Beginnt der »Ernst des Lebens« tatsächlich erst, wenn einem die Granatsplitter um die Ohren fliegen?

In derselben Zeitung, bei der Claudius Seidl Feuilletonchef ist, wundert sich auch Nils Minkmar: »Was ist nur mit den Männern los? – Der deutsche Mann um die vierzig könnte alles erreichen. Warum tut er es nicht?« Als Antwort auf diese absolut berechtigte Frage fällt Minkmar nur ein, dass »Emanzipation, Zuwanderung, der Fall der Mauer in den letzten Jahrzehnten die Dramatik der historischen Entwicklung bestimmt haben, Männer wurden an die Wand gespielt. Jetzt fühlen sie sich dort wohl [...] Die soziale Gruppe, die die Gesellschaft eigentlich tragen und befördern soll, hat sich in ihr aufgelöst wie Aspirin in Leitungswasser.«

Fast scheint es, als würden wir im Jahre 2006 eine neue deutsche Teilung erleben: Die Bundesrepublik, in der die heute 30- bis 45-jährigen Männer leben, scheint nicht dieselbe Republik zu sein, in der die heute 30- bis 45-jährigen Frauen leben. Hat eine einzige der von mir interviewten Frauen sich darüber beklagt, die Zeiten seien leider so dröge, dass man nichts Gescheites machen kann? In meinem Theaterstück *Bombsong* ließ ich es eine Selbstmordattentäterin tun. Der große Ennui ist mir durchaus nicht fremd. Allerdings halte ich ihn für kein warmes Vollbad, in dem man sich suhlen, sondern für einen Gletschersee, aus dem man schnell herausspringen sollte.

Woran liegt es, dass Frauen Schaffens- und Tatendrang entwickeln, während die Männer, die laut elitärer Selbsteinschätzung »die Gesellschaft eigentlich tragen und befördern« sollten, vor sich hin dämmern? In Vietnam herrschen wohl bereits Zustände, wo die Frauen den gesamtgesellschaftlichen Laden allein schmeißen, und die Männer den lieben langen Tag am Straßenrand sitzen, in den Staub spucken und von Zeit zu Zeit eine Schraube an ihrem Mofa justieren. Könnten die männliche Lähmung und der weibliche Tatendurst in unserem Land der Dichter und Denkmuster daher kommen, dass Frauen eine realistischere Vorstellung von »Größe« haben, und deshalb erst einmal loslegen, bevor sie sich das Hirn darüber zermartern, am Schluss vielleicht doch keinen *Faust III* geschrieben zu haben? Oder müssen wir zu der brutalen Einsicht kommen, die Hegel formulierte: Wenn Gesellschaften, sprich: Männer, nicht von Zeit zu Zeit durch Kriege wachgerüttelt werden, schlafen sie ein? Wollen die Männer die vulgärfeministische Gleichung »Mann = Krieger« selbst aufgehen lassen?

Dass an diesem Gedanken fatalerweise etwas dran sein könnte, muss man befürchten, wenn man die Veröffentlichungen des Schriftstellers Matthias Politycki, Jahrgang 1955, aus dem Jahr 2005 liest. Im Roman *Der Herr der Hörner* lässt der Autor einen zivilisationsmüden Hamburger Bankier in den »schwarzen Süden« Cubas fliehen, wo dieser dem diskreten Charme der Paleros samt ihrer blutigen Rituale erliegen und eine »wütende Festrede vom nahenden Untergang des weißen Mannes« halten darf. Als lebenshungriger Rechercheur war der Autor zuvor natürlich selbst in den »schwarzen Süden« Cubas gereist und muss dort ähnliche Erlebnisse gehabt haben wie sein Protagonist. In dem Essay *Weißer Mann – was nun?* schreibt ein zwischen Traum und Trauma schwankender Politycki: »Die Brutalität des vitalen Lebens, keinerlei Rücksicht auf die moralischen oder gar ästhetischen Standards eines Alten Europäers nehmend, diese ungebremste Wildheit des Willens, die sich nicht selten in schierer Gewaltanwendung Bahn brach – durfte ich sie als Mangel an Kultur verachten? Oder hatte ich sie als Überschuss an Vitalität zu bewundern, angesichts dessen ich von vornherein den Kürzeren zog?«

Selbst Roger Willemsen, der Soft-Talker unter den deutschen Kulturschaffenden, vermochte sich am ästhetischen Reiz des Inhumanen zu erfreuen, als er eine Reise durch Afghanistan machte. So wird im entsprechenden Reisebericht die Burka als »strahlendes Blau« begrüßt in einem »Land ohne Meer«. Ausgerechnet der Mann, der sich so gern als Frauenflüsterer gibt, berichtet stolz, wie er afghanische Mädchen, die unter widrigsten Bedingungen trainieren, um eines utopischen Tages vielleicht doch Profifußballerinnen zu werden, die Frage stellt: »Und habt ihr keine Angst davor, vom vielen Spielen dicke Beine zu kriegen?« Ist es von einem promovierten Germanisten zuviel verlangt, wenigstens beim Durchsehen des Manuskripts zu begreifen, dass solche Geschmacklosigkeiten jede seiner Entrüstungen, was für grässliche Dinge die Taliban getan haben, zur puren Bigotterie verdammen? Wahrscheinlicher ist jedoch, dass die Bigotterie Roger Willemsen nicht einfach unterlaufen ist, sondern dass er sie wohl kalkuliert hat – ein Minimum an zivilisatorischem Lack ist dann eben doch noch nötig, wenn man bei der heimischen Damenwelt beliebt bleiben will. In seiner gesamten *Afghanischen Reise* neutralisiert Willemsen jede Nennung der Talibanschen Bestialitäten mit dem Stoßseufzer: »Aber was haben wir im Westen dagegenzusetzen?« Vielleicht hätte er seine hübsche kleine Reise nicht im Herbst 2005, sondern fünf Jahre früher unternehmen sollen. Vielleicht hätte er dann begriffen, was der Westen außer Coca-Cola und Pornoheftchen sonst noch zu bieten hat.

Man kann es belächeln, dass sich ausgerechnet diejenigen Männer am lautesten nach den Gesetzen der archaisch-brutalen Männerhorde sehnen, die vor Angst zu schlottern beginnen, wenn ihnen nachts in Gelsenkirchen eine Bande Hooligans entgegenkommt. Das Lächeln vergeht einem jedoch, macht man sich klar, dass die meisten Männer, die die Krisenherde dieser Welt freiwillig bereisen, es nicht tun, um sich ihre zivilisationskalten Pfötchen eine Weile zu wärmen und mit streng parfümierten Reisefeuilletons heimzukehren. Die Männer, von denen im Gespräch mit Vera Bohle die Rede war, zieht es zu den privaten »Sicherheitsfirmen« im Irak, weil sie die Gelsenkirchener Hooligans als Kindergartentruppe belächeln.

Nehmt Abschied von der »Apartsheid«!

»Der Westen« steht bei aller Barbarei, in die er vor allem im 20. Jahrhundert zurückgefallen ist, für die Werte der Aufklärung wie Freiheit, Gleichberechtigung und Rationalität. Historisch wurden diese Werte von Männern etabliert. Deshalb ist es ebenso lächerlich wie bedenklich, wenn etwa Dietrich Schwanitz 2001 in dem bereits genannten Bestseller schreibt: »Stellen wir uns vor, die Zivilisation sei ein hübsch eingerichtetes Zimmer: Die Möbel sind geschmackvoll und durchdacht arrangiert, der

Teppich passt farblich perfekt, die Tapete ist ein Traum, und die dekorativen Blumensträuße verleihen dem Ganzen eine heitere und frische Note. Steht uns das Bild deutlich vor Augen? Ja? Dann wird uns sofort klar: Der Mann passt nicht in die Zivilisation. Sie ist einfach nicht sein Biotop.«

Sind die Männer zu Beginn des dritten Jahrtausends tatsächlich so verkommen, dass ihnen, wenn sie das Wort »Zivilisation« hören, als Erstes einfällt, dass sie im Sitzen pinkeln sollen? Auf intellektuell etwas höherem Niveau scheint auch Frank Schirrmacher in seinem Artikel *Männerdämmerung* sagen zu wollen, dass die Werte der Zivilisation Weiberkram sind: »Je zivilisierter eine Gesellschaft, je komplexer und subtiler die Notwendigkeit, unlösbare Konflikte ohne Aggression zu lösen, desto stärker setze eine solche Gesellschaft auf die Frauen als Vermittler.« Das Wahre an der These ist, dass eine zivilisierte Gesellschaft in der Tat die einzige ist, in der Frauen die Chance haben, ihr Leben frei zu gestalten. Dass Frauen aber lediglich die sanften Schlichtungstanten sind, die sich eine hoch zivilisierte – Schirrmachers Idol Arnold Gehlen hätte gesagt: eine dekadente – Gesellschaft leistet, ist Unsinn. Wenn wir uns umschauen, wer die Wenigen sind, die innerhalb der muslimischen Welt – die vermutlich nicht einmal Frank Schirrmacher als hoch zivilisiert bezeichnen würde – für Aufklärung kämpfen, stellen wir fest, dass es besonders oft Frauen sind: Die in Somalia geborene niederländische Politikerin und Publizistin Ayaan Hirsi Ali; die algerisch-stämmige französische Frauenrechtsaktivistin Fadela Amara; die aus Syrien geflohene amerikanische Psychiaterin Wafa Sultan; die im Exil lebende bengalische Ärztin und Schrifstellerin Taslima Nasrin; die marokkanische Soziologieprofessorin Fatima Mernissi. Keine dieser Frauen ist berühmt dafür, in ihrem Ton besonders sanft zu sein. Sie wissen schlicht und einfach, wofür sie kämpfen. Dieses Buch zeigt, dass es auch hierzulande Frauen gibt, die entschlossen sind, die Fackel der Aufklärung weiter zu tragen. Notfalls allein. Doch jede dieser Frauen ist begeistert, wenn ihr ein Mann *dabei* hilft – und nicht in den Mantel.

Wollen die Männer wirklich die von ihnen selbst erfochtenen Errungenschaften der Zivilisation aufs Spiel setzen, weil ihnen einerseits »der Kick« fehlt und sie andererseits jeden Bereich, in dem Frauen reüssieren, trotzig zu denunzieren beginnen? Verhalten sich diese Männer nicht ebenso infantil wie der 15-Jährige, der die Lust am Turnen nur deshalb verliert, weil er erleben musste, wie ein Jüngerer am Reck die bessere Kontergrätsche hinbekommen hat? Verrät dieses Gebaren nicht genau das, was die neuen Minnesänger beständig leugnen: Dass sie tief in ihrem Innern Frauen eben doch für »minderwertig« halten – so wie der 15-Jährige den Jüngeren? Hätte dieser den Turnbeutel ebenfalls hingeschmissen, wenn ihn ein gleichaltriger, in seinen Augen würdiger Konkurrent übertrumpft hätte? Oder wäre er mit diesem in einen Wettstreit getreten – der vermutlich die Leistung von beiden gesteigert hätte?

Im *Faust* seufzt Mephisto: »Hätt ich mir nicht die Flamme vorbehalten, ich hätte nichts Aparts für mich.« In Zeiten von Frauenfußball und Frauenboxen müssen sich die Männer damit abfinden, dass es bald keine Domänen mehr geben wird, die sie als »Aparts« für sich beanspruchen können. Müssen wir Frauen – wenn uns die Zukunft der Menschheit am Herzen liegt, und wir die Jungs davon abhalten wollen, aus purem Beleidigtsein entweder ins Wachkoma zu fallen oder Krieg zu spielen –, müssen wir dann darüber nachdenken, welche frauenfreien Abenteuerspielplätze wir den Männern lassen, in denen sie ihrer Männlichkeit freien Lauf lassen können? Hilft es, wenn wir Frauen darauf verzichten, die allerletzten männlichen Sportbastionen zu schleifen, und das Vergnügen, bei Olympischen Winterspielen zu zweit auf einem Rodelschlitten zu liegen, den Jungs überlassen?

Keine vernünftige Frau hat etwas dagegen, wenn ein Mann sich mit fünf Kumpels zusammentut, um gegen die eigenen und fremden Schweinehunde zu kämpfen, indem er sich per Fahrrad durch die Alpen schindet. Sollen sich die Jungs zu *Fight Clubs* zusammenschließen, wo sie sich nach Büroschluss die Nasen blutig schlagen. Nur sollen sie bitte das absurde Gefühl begraben, ihre Rituale wären besudelt, wenn sie auf dem Weg nach Alpe d'Huez von Judith Arndt überholt werden. Oder sie mit dem Wissen leben müssen, dass an einem anderen Ort zwei Frauen im Boxring stehen und sich die Nasen blutig schlagen.

(Teil-)Entwarnung vor dem Weibe!

Männer werden lernen müssen, mit Frauen ebenso fair und lustvoll zu konkurrieren, wie sie es mit anderen Männern schon seit Jahrtausenden tun. Ansonsten blickt nicht nur die Menschheit, sondern blicken erst einmal sie selbst finsteren Zeiten entgegen. Die einigermaßen Sensiblen unter ihnen ahnen das. Nicht umsonst endet Schirrmachers Männerdämmerungs-Artikel mit dem Szenario der männermordenden Megäre, die das sanfte Fräulein vom Vermittlungsamt als Typus irgendwann ablösen wird: »Dann betreten Klytemnästra und Judith die Szene, Antigone und Gallia Placidia, Katharina und Charlotte Corday und zeigen den Männern, wie man sich aussetzt und einsetzt.« Ich erwähnte es bereits in der Einleitung: Vor lauter weiblicher-Intrigen-Paranoia weiß Frank Schirrmacher weiter vorn im Text keine Patriarchenwitwe von einer *Selfmade-Woman* zu unterscheiden. Jetzt zitiert er Arnold Gehlen, der sich beim Verfassen seiner Zeilen offenbar auf einem ähnlichen Paranoia-Level befunden haben muss. Eine den Tochtermord und Ehebruch rächende Gattin, eine Tyrannenmörderin, eine illegale Bestatterin, eine weströmische Kaiserin (die im Übrigen *Galla* Placidia heißt), eine russische Zarin und eine politische Attentäterin werden alle in denselben Hexenkessel geworfen. Außerdem muss man im Geschichtsunterricht recht konsequent geschlafen haben, um die These zu wagen, diese Frauen hätten in dem Moment »die Szene betreten«, in dem Gesellschaften nicht mehr weiter gewusst hätten, weil sie zuvor von anderen Frauen ins Nirwana gelullt worden wären. So erlaubt sich etwa Antigone, ihren Bruder Polyneikes zu bestatten, als dieser einen Angriffskrieg gegen seinen in Theben regierenden Bruder Eteokles geführt, jenen getötet hatte und dabei selbst gefallen war. Charlotte Corday erdolcht Jean Paul Marat 1793, kurz vor dem Terror-Höhepunkt der Französischen Revolution, die ja nun nicht direkt als mildes Frauenkapitel in die Geschichte eingegangen ist. Etwas ganz anderes haben diese tödlich-intriganten Weiber allerdings gemein: Sie wurden ausnahmslos von männlichen Schriftstellern und Malern zu Ikonen gemacht. Die überwältigende Mehrheit der Werke, die sich auf männermordende Frauen fixieren, stammt – trotz Frauenkrimi-Boom in den 80er und 90er Jahren – nach wie vor von Männern. Was spricht aus diesen Dramen, Gemälden, Romanen? Die masochistische Sehnsucht angeschlagener Möchtegern-Patriarchen nach Frauen, die ihnen endgültig den Todesstoß versetzen? Oder ist es die dunkle Ahnung, sie hätten es verdient, von solchen Frauen zur Strecke gebracht zu werden?

In dem Sequel von *Basic Instinct* darf Catherine Tramell alias Sharon Stone die Männermäuse, mit denen sie ihr Spiel treibt, nicht einfach nur umbringen. Ihr zentrales Opfer, ein Psychoanalytiker, der auf den sprechenden Namen Michael Glass hört, wird durch sie erst zum Mörder, dann wahnsinnig. In der letzten Szene des Films sehen wir ihn im Hof einer geschlossenen psychiatrischen Anstalt im Rollstuhl sitzen. Dumpf, willenlos lässt er sich von seiner blonden Nemesis erklären, dass er es mit diesem friedlichen, Sonnen beschienenen Plätzchen doch eigentlich ganz gut getroffen hat. Das Drehbuch stammt diesmal von einer Frau.

Liebe Männer, wollt ihr wirklich, dass wir euch alle als potentielle Fälle für den Maßregelvollzug betrachten? Falls nicht, schlage ich vor, dass ihr euch daran gewöhnt, den Fragen ins Auge zu schauen, die sich jede Frau seit vielen Jahren stellen muss: Was ist meine Rolle in der Partnerschaft? In der Familie? In der Gesellschaft? Lernt, euch mit denen zu messen, mit denen zu kooperieren, von denen ihr bislang glaubtet, sie bespringen und/oder beschützen zu müssen. Dann braucht ihr auch keine Angst mehr zu haben, dass unter jedem interessanten Frauenbett ein tödlicher Eispickel liegt.

Vergesst die »Großen Alten«!

Eine der Grundthesen dieses Buches ist es, dass Menschen vernünftige Vorbilder brauchen. Eins der großen Probleme der hierzulande theoretisch erwachsenen Männer scheint zu sein, dass sie keine tragfähigen *Rolemodels* für sich gefunden haben. Im Unterschied zu den 68ern, die mit ihren Nazivätern abrechneten, arbeiten sich die nach 1955 Geborenen immer noch an den »großen Patriarchen« ab, die den Zweiten Weltkrieg überlebt und die Bundesrepublik aufgebaut haben. Der Zeitpunkt, zu dem Frank Schirrmacher seine Männerdämmerungs-Thesen veröffentlichte, war kein Zufall. Im Sommer 2002 war Siegfried Unseld gestorben, der markante Verleger, der den Suhrkamp-Verlag wie sein Vorgänger als geistig-literarischen Herzschrittmacher des Landes verstanden hatte. Das »Unheil« hatte in dem Moment seinen Lauf genommen, in dem Unseld verfügt hatte, dass nicht sein Sohn, der selbst Verleger ist, sondern seine zweite Ehefrau, die Schauspielerin und Schriftstellerin Ulla Berkéwicz, in die Geschäftsführung des Verlags nachrücken sollte. Nach längeren Machtkämpfen setzte sich im Frühjahr 2003 die Verlegerwitwe als neue Verlegerin durch. Ähnliche »Enterbungen« hatte es zuvor in der Springer- und der Bertelsmann-Mohn-Dynastie gegeben: Anstatt ihre Imperien an ihre Söhne weiterzugeben, überließen die alten Patriarchen diese lieber ihren deutlich jüngeren, zweiten Ehefrauen – die sie sich von Kindermädchen oder Telefonistinnen zu ergebenen Statthalterinnen herangezogen hatten.

Das Drama des ausgebooteten Sohnes beschreibt Hanns-Josef Ortheil in seinem Unseld-Schlüssel-Roman *Die geheimen Stunden der Nacht*: »In all den Jahren ist er den Verdacht nicht losgeworden, bloß an einem Spieltisch zu sitzen, denn alles, was er hier tut, kommt ihm austauschbar vor, als beträfe es ihn nicht eigentlich oder als könnte es ein anderer genauso erledigen. Ein zentraler Unterschied zwischen den Alten und uns, denkt er, besteht darin, dass die Alten so ein Empfinden nie haben, sie sehen sich niemals als überflüssig an, sie sind fest und absolut davon überzeugt, dass es auf sie und niemand anderen ankommt. Dieses Empfinden von Wichtigkeit haben sie, weil sie den Krieg überlebt haben, bis heute zehren sie von diesem stummen, starken Triumph.«

Ich vermag mir ungefähr vorzustellen, welche Demütigung es für einen Sohn sein muss, vom Stalingrad-gestählten Vater als ewiges »Söhnchen« verhöhnt zu werden. Doch sind diese ewigen »Söhnchen« nicht selbst schuld, wenn sie die Knobelbecher nicht wegtreten, die ihnen die Alten vor die Kinderzimmertüren gestellt haben? Sich im Kinderzimmer zu verschanzen und weiter davon träumen, eines Tages vielleicht doch noch in die Stiefel hineingewachsen zu sein, ist garantiert kein Ausweg. Ich verstehe die Wut der Söhne auf ihre »bösen Stiefmütter«. Ich verstehe allerdings nicht, weshalb die Wut die Söhne so blind macht, dass sie alle Frauen, die nach Macht streben, über denselben Intrigantinnen-Kamm scheren – wie Frank Schirrmacher dies in exemplarischer Weise tut. Klüger wäre es zu erkennen, dass mächtige Patriarchenwitwen, »weibliche Übernahmen«, wie die Journalistin Ulrike Posche sie in ihrem gleichnamigen Buch untersucht, jeder echten *Selfmade-Woman* ebenfalls suspekt sind.

Boys! Stop being »Boys«!

All die unterschiedlichen Gründe, die Männer anführen, um zu erklären, warum sie sich so schwer damit tun, ihr atavistisches Rollenbild zu verändern, lassen sich letztlich auf eine simple Formel bringen: *Boys will be Boys*. Sucht man in der *Internet Movie Database* nach diesem Titel, erhält man neun Treffer. Die filmische Umsetzung der resignativ-liebevollen bis trotzigen Einsicht, dass Jungs halt immer Jungs bleiben werden, beginnt bereits 1897 und reicht bis in unsere Gegenwart. Die Populärmusik hat sich des Themas ebenfalls gern angenommen. Ganz gleich ob Countrybarden, Boygroups oder Rocker – alle singen sie: *Boys will be Boys!* So bittet David Kersh in seinem gleichnamigen Countrysong die Mädels höflich, die Jungs Jungs sein zu lassen. Bei den *Backstreet Boys* ruft der Jungs-Körper nach dem des Mädchens – weshalb das Mädchen sich nicht länger zieren soll. Bei den Rockrangen *Roger Miret And The Disasters* schließlich folgt auf die Erkenntnis der grundsätzlichen Unveränderbarkeit des Mannes konsequenterweise der Ruf: »*Oi! Oi!*«
Komplett anders sieht die Lage aus, forscht man nach *Girls will be Girls*. Ganze zwei Filme dieses Titels kennt das Internet. Der eine davon ist interessanterweise eine grelle *Camp*-Komödie, in der alle Frauenrollen von Männern gespielt werden. Sogar das Foto von Madonna, das im Film auf einem Zeitschriftencover zu sehen ist, soll angeblich nicht die echte Madonna zeigen, sondern einen Transvestiten. An der musikalischen Front: Ebenfalls Fehlanzeige. In den von mir frequentierten *Internet-Music-Stores* gibt es keinen Song mit dem Titel *Girls will be Girls*. Einzig Cyndi Lauper darf als Gaststimme bei *The Hooters*

singen, dass Mädels Mädels bleiben und diese ihr Leben so leben, wie es ihnen gefällt – *»from either side of the fence vive la difference«*. Für alle, die ihn nicht ohnehin bereits erkannt haben: Der *Hooters*-Song heißt: *Boys will be Boys* …

Aber ist es ein Wunder, dass der entsprechende *Girls*-Schlachtruf in der Popkultur so selten ertönt? Besteht der Stolz der Frauen nicht gerade darin, dass sie in den letzten vierzig Jahren eben nicht länger »Girls« geblieben sind, sondern sich entwickelt haben – und deshalb einzig ein Transenfilmer und außerdem noch ein paar Pornoproduzenten den Titel benutzen? Frauen haben Rollen erobert, die ihnen wahrlich nicht in die Wiege gelegt waren. Verlangt man umgekehrt von Männern, dass sie ihre Rollenvorstellungen wenigstens zu Beginn des dritten nachchristlichen Jahrtausends ein wenig überdenken, ertönt ein Entrüstungschor, als habe man den Papst einen nackten Mann genannt. Mädels haben sich von der Hüterin der Feuerstelle zur Bundeskanzlerin entwickelt. Nur Jungs sollen in alle Ewigkeit Jungs bleiben müssen?

Natürlich haben wir eine biologische Veranlagung. Aber diese ist, wie Nahlah Saimeh es so schön formulierte, »kulturell und edukativ überformbar«. Wird die angeblich so viel starrere biologische Codierung des männlichen Geschlechts im Unterschied zum weiblichen nicht nur vorgeschoben, um nicht zugeben zu müssen, dass die klassischen weiblichen Rollen einfach tatsächlich unbefriedigender, weniger herausfordernd, frustrierender sind? Jungs bleiben nicht deshalb Jungs, weil ihre »Natur« es ihnen verböte, sich in andere Richtungen zu entwickeln, sondern weil sie schlicht und einfach keine Lust haben, in einer Gemeinschaft die klassischen weiblichen Funktionen zu übernehmen. So betrachtet zeichnen sich die Hohelieder auf die Frau, die naturbeschwipste Männer neuerdings wieder singen, durch eine besondere Hinterhältigkeit aus. Mit Schmelz wird dort von der Wichtigkeit der »sozialen Intelligenz«, der »emotionalen Wärme«, der »Selbstlosigkeit« geschwärmt, die Frauen so viel mehr besäßen als Männer. Würden die Naturfreunde diese Charaktermerkmale tatsächlich als so viel wertvoller erachten – wer oder was hindert sie daran, sie zu erwerben? Ihre »Natur« verbietet es ihnen nicht mehr, als sie ihnen verbietet, an einem Tag Termine in drei europäischen Hauptstädten wahrzunehmen, fünf

Liter Bier an einem Fernsehabend zu trinken und sich in Berg-
regionen herumzutreiben, in denen der Mensch nichts verloren
hat.

Runter von den Bäumen!

Wir werden die Herausforderungen des dritten Jahrtausends
nicht in Angriff nehmen – geschweige denn lösen – können,
solange wir mit der Steinzeitkeule argumentieren. Wer sich
beim Evolutionsbiologen Rat darüber holt, wie eine Gesellschaft
mit den Veränderungen umgehen soll, die dadurch entstanden
sind, dass Frauen neue Rollenfelder erobert haben, macht sich
so lächerlich, wie der Kernphysiker, der glaubt, die Probleme
der Atomkraft lösen zu können, indem er bei Prometheus nach-
schlägt. Nichts spricht dagegen, zu erforschen, wie der biologische Bauplan unserer Spezies oder der genetische Code des
einzelnen Individuums ausschaut. Doch darf die Erforschung
dieser uns prägenden Koordinaten uns nicht dazu verleiten,
die Willensfreiheit vorschnell aufzugeben. Die Evolutions- und
Hirnforschung formulieren wissenschaftliche Hypothesen –
sie sind keine Entschuldigungslieferanten für diejenigen, die
zu bequem oder ängstlich sind, an sich zu arbeiten. So wie sich
jeder Einzelne keinen Gefallen tut, wenn er darauf besteht, »halt
so eine Struktur« zu haben, anstatt mit aller Kraft nach der
Überwindung seiner dysfunktionalen Strukturen zu streben,
blockieren sich die Geschlechter in ihrer Entwicklung, wenn
sie sich auf ihrem Mann- oder Frausein ausruhen. Und es ist
mehr als verdächtig, dass der Hinweis, man würde »der Natur
ins Handwerk pfuschen« am liebsten Frauen gemacht wird, die
beschlossen haben, auf der Welt anderes zu tun, als Kinder in
eben diese zu setzen. Keiner – außer ein paar christlich-funda-
mentalistischen Spinnern – wirft Krebsforschern und -ärzten
vor, »mit den Urgewalten zu spielen«, wenn sie darum ringen,
eine von der Natur als tödlich beabsichtigte Krankheit überleb-
bar zu machen. Darwin lässt sich nicht zum »Happy-Weekend«-
Tarif buchen.

Im April 2006 referiert die *FAZ* ein bis dato nur in den USA
erschienenes Buch Philip Longmans. In diesem soll der ameri-

kanische Soziologe zu der Erkenntnis kommen, dass wir einem
»Frühling des Patriarchats« entgegengehen, da die konservativen
Kreise in den westlichen Gesellschaften ungleich mehr Kinder
zur Welt brächten als die fortschrittlichen. Ignorieren wir das
merkwürdige Jahreszeitenverständnis der Hobby-Naturkund-
ler, die im Frühherbst – denn dies ist der Zustand, in dem sich
das Patriarchat allenfalls befindet – schon wieder Frühlingsluft
wittern. Fragen wir uns lieber, was für ein Bild von gesellschaftlicher Weiterentwicklung die *FAZ* vermitteln möchte, wenn sie
solchen Parolen einen Leitartikel im Feuilleton einräumt? »Konservative Familien« werden »konservative Kinder« hervorbringen, so wie weiße Familien nur weiße Kinder hervorbringen?
Oder: Hähä, ihr Emanzen, sägt durch euren »Gebärstreik« mal
schön weiter an dem Ast, auf dem ihr sitzt! Wodurch hat Simone
de Beauvoir den Lauf der Dinge mehr beeinflusst: Dadurch, dass
sie keine Kinder bekommen hat? Oder dadurch, dass sie Bücher
veröffentlicht hat, die Frauen bis heute prägen? – Nicht zuletzt
solche Frauen, die in »konservative Familien« hineingeboren
wurden und dringend nach einer Orientierung suchen, die ihnen
bei der Emanzipation hilft. Was ist aus dem zivilisatorischen
Gedanken geworden, dass es eine der wichtigsten Aufgaben des
Staates ist, Kindern Institutionen zu bieten, in denen sie zu
emanzipierten Bürgern heranwachsen können – wenn die Familie darauf beharrt, primär Blutsbande zu sein?

Schenkt man den Berichten Glauben, ist das deutsche Schul-
system mehr oder weniger am Ende. Täglich erfahren wir oder
hören wir von Müttern und Vätern, dass es in diesem Land nicht
genug Kinderbetreuungs- und Kindergartenplätze gibt. Und
dass die wenigen, die es gibt, allzu oft schlecht sind. Journalisten, »Intellektuelle«, die in einer solchen Situation weiter fordern, Frauen sollen in die Breschen springen, die eine falsche
Politik geschlagen hat, handeln verantwortungslos. Die Forderung nach besseren Bildungsmöglichkeiten für Kinder hat sich
in erster Linie an die Politik zu richten. Jeder, der anderes tut,
hat die geistig-moralische Bankrotterklärung unseres Staates
bereits in Kauf genommen.

Vielleicht sollten diejenigen Politiker, die schwadronieren,
Frauen müssten mehr Kinder gebären, damit das deutsche Ren-
tensystem nicht zusammenbricht, einmal durch das restlos zer-

siedelte Ruhrgebiet fahren. Dann würden sie unmittelbar begreifen, dass es diesem Land gut täte, wenn seine Bevölkerung um einige Millionen schrumpfte. In früheren Epochen oder anderen Gesellschaften übernahmen beziehungsweise übernehmen Kriege und Epidemien die Aufgabe, die Bevölkerung von Zeit zu Zeit zu dezimieren. Nur der Reaktionär, der Denkfaule, kann von einer »demographischen Katastrophe« reden, mit der wir es heute angeblich zu tun hätten.

Eine weitere Warnung der Panikhorste lautet: Das Schlimme an der deutschen Bevölkerungsimplosion sei, dass gleichzeitig die Bevölkerungszahlen der ärmeren bis ärmsten Länder explodieren. Dieser Gedanke hat in Deutschland Tradition. So wusste bereits der erste Bundesfamilienminister Dr. Franz-Josef Wuermeling 1954: »Nichts führt so schnell zum Niedergang eines Volkes wie Kinderarmut und damit Schwächung der heranwachsenden Generation. Außerdem sind Millionen innerlich gesunder Familien mit rechtschaffen erzogenen Kindern als Sicherung gegen die drohende Gefahr der kinderreichen Völker des Ostens mindestens so wichtig wie alle militärische Sicherung.« Schade eigentlich, dass der Bundesfamilienminister damals nicht gleich vorgeschlagen hat, sein Ministerium mit dem Verteidigungsministerium zusammenzulegen. Und glauben diejenigen, die heute das Vaterland an der Gebärfront verteidigen wollen, wirklich, wir hinderten einen einzigen Elendsflüchtling daran, den Weg in die »Erste Welt« zu suchen, indem jede westliche Frau wieder drei plus x Kinder gebiert? Begreifen wir lieber, dass Entwicklungshilfe nichts ist, womit der Westen sich den Ablass für seine kolonialen und anderen kapitalistischen Sünden erkauft. Entwicklungshilfe muss das Ziel haben, die kritischen Länder auf den Weg zu einem gesellschaftlich-wirtschaftlichen Niveau zu bringen, an dessen Ende die Menschen die Auswanderlust nur noch packt, wenn sie sich nach der italienischen *Dolce Vita* sehnen, im Schatten des Eiffelturms leben wollen, die britischen Umgangsformen begeistern, die deutsche Sprache lieben oder in der Schweiz Käser werden wollen. Und was die *German Angst* angeht, unsere Gesellschaft könnte in den nächsten zwanzig Jahren »überfremden«, da nur noch die braven Muslimas, nicht aber die deutschen Akademikerinnen genügend Kinder bekämen – warum wollen diese schlecht verschleierten Rassisten

lieber, dass sich die Akademikerinnen den Muslimas annä-
hern anstatt umgekehrt? Sorgt dafür, dass türkisch-arabische
Mädchen mehr Bildung erhalten, und ihr werdet erleben, dass
in zehn Jahren auch in dieser Community die Geburtenzahlen erheblich sinken. Bildung ist immer noch das beste Verhü-
tungsmittel.

Misstraut den Familienfei(r)ern!

Schaute man sich in den letzten Jahren auf heimischen wie
internationalen Leinwänden und Bildschirmen um, musste man
den Eindruck bekommen, die Film- und Fernsehmacher hätten
zu der Erkenntnis zurückgefunden, die schon die antiken Tra-
gödienschreiber antrieb: Das Wort »Familientragödie« ist ein
Pleonasmus – Familie *ist* Tragödie. Im Kino feierte *Das Fest*
des dänischen Regisseurs Thomas Vinterberg einen riesigen
Erfolg – ein Film, der Familie als Ort von Brutalität und Inzest
vorführt. Die vielleicht beliebteste Fernseh-Familie des frühen
21. Jahrhunderts waren *Die Sopranos* – die Familie als Mafia-
Clan. Bei *Six Feet Under* dürfen drei Generationen unter einem
Dach wohnen – und im Keller liegen im wahrsten Sinne des
Wortes die Leichen: Die Fishers sind Bestatter. Die einzige
»heile« Familie, die es geschafft hat, sich seit den 80ern auf
dem Bildschirm zu halten, sind die knuffig gezeichneten *Simp-
sons. Diese Drombuschs* dagegen sind im deutschen Fernseh-
Archiv gleich neben *Die Familie Hesselbach* gezogen. Mutter
Beimer kümmert sich zwar immer noch um die Belange der
Sonntagnachmittagsnation, aber *Die Lindenstraße* ist eher eine
Nachbarschaftsklamotte denn eine Familienserie im engeren
Sinne.

Doch seit einer Weile scheint Familie wieder »in« zu sein.
Lifestyle-Magazine berichten aufgeregt, wie immer mehr junge
Menschen der Familie wieder ihr Ja-Wort gäben und sonntags gern auch Sauerbraten äßen. In einem Telefon-Interview
mit einer mittelwichtigen deutschen Tageszeitung entdeckt der
Philosoph Rüdiger Safranski den Menschen als Familientier –
»anthropologisch gesehen«. Diese tief schürfende Erkenntnis ist
im März 2006 sogleich eine *dpa*-Meldung wert. Auf der anderen

Seite wird viel Hohn über einer Familienministerin ausgeschüttet, die sich im heimischen Wohnzimmer mit Ehemann, sieben Kindern, vier Lämmern und einem Blumensträußchen ablichten lässt. Warum? Weil die Frau eine der in Deutschland argwöhnisch beäugten »Karrieremütter« ist? Oder weil das Foto aussieht, als sei es die Vorlage für eine Skulptur des amerikanischen Kitsch-Künstlers Jeff Koons, und damit zeigt – sicher höchst unbeabsichtigt –, wie trashig und surreal der Traum von der heilen Großfamilie in einer urbanen Welt daherkommt?

Der Wortmächtigste unter den neuen Familienfans, Frank Schirrmacher, (der selbst leider nur einen Sohn hat, der leider bei seiner geschiedenen Ehefrau lebt,) lobt Familie nicht deshalb, weil Menschen dort im Idealfall ein zivilisiertes Miteinander erlernen – er lobt sie als »Schicksalsgemeinschaft«. Was dabei herauskommt, wenn »Blut« gepriesen wird, weil es dicker ist als Wasser, können wir am unverstelltesten an den so genannten »Ehrenmorden« ablesen: Männliche Familienmitglieder schlachten weibliche Familienmitglieder ab, nur weil diese es gewagt haben, aus der »Schicksalsgemeinschaft« auszuscheren und ein eigenes Leben zu beginnen. Zwar will uns Frank Schirrmacher die Familie in seinem *Minimum*-Bestseller als »Überlebensfabrik« schmackhaft machen. In Wahrheit sind es aber gerade die tödlichen Tragödien, die ihn von den Höhen seines Frankfurter Herausgeber-Sessels herab faszinieren. So ist Schirrmachers historisches Lieblingsbeispiel das Drama, das sich im Jahre 1846 in der Sierra Nevada, am so genannten »Donner-Pass«, abspielte: Ein Treck bleibt im Schnee stecken, unter den Siedlern beginnen Mord und Totschlag. Schirrmachers Pointe: Nicht etwa die kräftigen, allein reisenden, sondern die Männer im Familienverband haben die höchste Überlebenschance. Das scheinbare Mysterium ist schnell aufgeklärt: Die Familien-Männer überleben deshalb länger, weil sie Ehefrauen dabei haben, die bereit sind, sich für sie aufzuopfern. Ins Schwärmen bringt den Herausgeber dabei eine Frau: »Tamsen Donner wird im Verlauf dieser Geschichte eine wichtige, manche sagen: eine heroische Rolle spielen. Sie nämlich wird zeigen, dass ein Mensch bis über den Tod hinaus zu einem anderen Menschen halten kann […] George Donner blieb im Vergleich zu den anderen Männern nur deshalb so lange am Leben, weil seine Frau

Tamsen ihn aufopfernd gepflegt hat [...] Tamsen überlebte ihn nur um zwei Tage.«

Eine ähnliche Geschichte hat Euripides bereits ums Jahr 440 vor Christi herum erzählt: Der todkranke Herrscher Admet darf am Leben bleiben, weil seine Frau Alkestis bereit ist, an seiner Statt in den Tod zu gehen. In einer Aufführung der Münchner Kammerspiele vom Herbst 2001 erzählt der Regisseur Jossi Wieler dieses Stück nicht als Tragödie, sondern als das, was es im Kern ist: Als bitterböse Schmierenkomödie. Alkestis ist in seiner Inszenierung nicht die große, aus Liebe dem eigenen Leben Entsagende. Sondern eine frustrierte Ehefrau, die den Opferselbstmord als Chance ergreift, ihrem inhaltsleeren, überflüssigen Leben an der Seite eines unerfreulichen Gatten wenigstens am Schluss noch Heroismus einzuhauchen. Vielleicht hätte sich Frank Schirrmacher diese Inszenierung seines Geschlechtsgenossen anschauen sollen, bevor er anfing, das hohe Lied auf die »weibliche Fähigkeit zur Selbstaufgabe« zu singen. Wir können nicht auf der einen Seite die Attentäter von *nine/eleven* für destruktive, narzisstisch schwer gestörte Charaktere halten, und auf der anderen Seite »Märtyrerinnen der Liebe« zu leuchtenden Vorbildern verklären. Menschen, die andere (ihre Familie, ihren Mann) oder anderes (ihr Land, ihren Gott) mehr »lieben« als sich selbst, sind keine besonders noblen Charaktere — sondern wandelnde Zeitbomben. In ihnen gärt ein gefährliches Gemisch aus Minderwertigkeitsgefühl, Neid, Todeswunsch und Größenwahn, wie es zuletzt Hans Magnus Enzensberger in seinem Essay *Schreckens Männer – Versuch über den radikalen Verlierer* beschrieben hat. Der einzige — was die Sozialverträglichkeit angeht, allerdings höchst relevante — Unterschied zwischen »Schreckens Männern« und »Schreckens Frauen« scheint zu sein, dass Letztere (noch) dazu neigen, sich allein in die Luft zu jagen, die Autoaggression also nicht mit Fremdaggression kombinieren. Erste islamistische Selbstmordattentäterinnen, die mittlerweile sogar aus westlichen Gesellschaften wie Belgien oder Deutschland stammen können, sind jedoch Hinweise darauf, dass wir uns auf die größere weibliche Sozialverträglichkeit nicht allzu sehr verlassen sollten.

Natürlich wird an dieser Stelle der Chor derjenigen anschwellen, die mir vorwerfen, mit kaltschnäuzigem Rationalismus »die

Liebe« zu verflachen. Dazu sei nur angemerkt: Zeigt mir die Bibliotheken, die voll wären mit Theaterstücken, Romanen, Gedichten, in denen sich ein Mann aus Liebe zu einer Frau opfert. Wir sprechen von *sich opfern, damit sie leben kann* – nicht davon, dass ein stolzer Prinz den Tod wählt, weil er seine Angebetete nicht heiraten darf und stattdessen die von den königlichen Eltern oder der Staatsraison bestimmte Schreckschraube ehelichen soll. Spätestens seit *Romeo und Julia* wissen wir, dass auch Männer imstande sind, sich aus Liebeskummer zu töten. Deshalb bewies James Cameron goldenen Instinkt, als er in *Titanic* den Romeo-erprobten Leonardo diCaprio als Jack besetzte, der seiner geliebten Rose im eiskalten Wasser des Atlantik die rettende Planke überlassen darf. Möglicherweise erklärt der Umstand, dass wir hier zum ersten Mal auf großer Leinwand sehen, wie sich ein schöner junger Mann für eine schöne junge Frau opfert, den gigantischen Erfolg, den der Film beim (jungen) weiblichen Publikum hatte. Doch einerseits wird dieses heroische männliche Liebesopfer dadurch relativiert, dass das ganze Drama auf dem Klassenkonflikt *Underdog-Boy loves Upperclass-Girl* basiert. Vor *Titanic* durfte im amerikanischen Kino hin und wieder schon ein Schwarzer für die edle weiße Herrin ins Wasser beziehungsweise Feuer gehen. Damit die Frau des männlichen Selbstopfers wert ist, muss sie also mindestens eine Klasse oder besser noch: Rasse über dem Mann stehen. Andererseits kann es selbst der tiefromantische Jack nicht lassen, bevor er stirbt, seine Rose mit der Prophezeiung zum Durchhalten zu animieren, dass sie später »einen Haufen Babies kriegen« wird. Und tatsächlich: Dass Rose sich reproduziert, erfahren wir in der Rahmenhandlung. Selbst im Hollywood-Kino entspringt die Havarie-Etikette »Frauen und Kinder zuerst« somit keinem galanten Heroismus, sondern darwinistischem Kalkül.

Ähnliche Skepsis möchte ich bei der »Mutterliebe« anmelden, die vom *SZ-Wissen*-Magazin – passend zum Muttertag 2006 – bereits auf dem Titelblatt als »stärkste Kraft in der Natur« gepriesen wurde. Im Innern des Heftes wird von den heroischen, bisweilen aussichtslos-selbstzerstörerischen Kämpfen berichtet, in die sich (Tier-)Mütter zum Schutze ihrer Jungen stürzen. Die Schwarze Finsterspinne *Amaurobius ferox* etwa soll sich von ihrer frisch geschlüpften Brut widerstandslos auffressen lassen.

Der Autor beschließt seinen Artikel mit den Worten: »Wer wollte angesichts solch eines extremen Verhaltens entscheiden, wer die besseren Mütter hat? Mensch oder Spinne?« Tja, wer wollte? Es ist schade, dass das SZ-Magazin den Löwinnen keinen Artikel gewidmet hat, die ja als sprichwörtliche Jungen-Verteidigerinnen gelten. Dann hätten wir nämlich erfahren, dass diese mitnichten eingreifen, wenn ein neuer Alpha-Löwe als erste Amtshandlung nach der Rudelübernahme alle Jungen totbeißt, die der vorherige Alpha-Löwe gezeugt hat. Aber vermutlich durften die Löwinnen nicht ins Heft, weil sich der Autor jenes Artikels am Schluss hätte fragen müssen, wozu solche Geschichten jenseits des zoologischen Interesses eigentlich gut sein sollen. Oder er hätte sich trauen müssen zu schreiben, dass auch die Menschenmütter, die ihre Kinder töten oder verhungern lassen, weil sie ihrem neuen Lebenspartner nicht genehm sind, sich vorbildlich löwinnenhaft verhalten.

Mit keinem Begriff wurde im Kampf der Geschlechter mehr Schindluder getrieben als mit dem der »Liebe«. Um die Feuilletondame, die sich vor Jahren schon Sorgen um meine Gemütsverfassung machte, zu beruhigen: Ich halte Liebesbeziehungen für etwas absolut Wundervolles. Es ist ein unbeschreibliches Glück, einen loyalen, sensiblen und dennoch starken Partner zu haben, dem man auf Augenhöhe begegnen kann, und der dies gleichfalls tut, anstatt zu raunen: »Schau mir in die Augen, Kleines!« An der Seite eines Ignoranten oder Haustyrannen zu leben, ist jedoch deutlich schlimmer, als sein Müsli morgens allein löffeln zu müssen.

In einer seiner Kolumnen erklärt Harald Martenstein, es stimme ja gar nicht, dass vor allem die Frauen unter den Paschas leiden, sondern in Wahrheit stünden die armen Männer unter dem Pantoffel: »Siebzig- oder achtzigjährige Ehemänner befinden sich häufig in einem mentalen Zustand, der sich mit einem ausgeglühten Restbauernhof in der Mark Brandenburg vergleichen lässt.« Wo der Martenstein Recht hat, hat er Recht. Die Ehefrau, die ihren Mann mit »sanfter Gewalt« zwingt, mageren Bioghurt zu essen, obwohl dieser lieber Sahne-Joghurt mag, ist nur unwesentlich sympathischer als der Mann, der seine Frau zur Sau macht, weil sie schon wieder keinen Sahne-Joghurt gekauft hat. Allerdings sollte man der Vollständigkeit halber ergänzen, dass nicht wirklich starke Frauen die ärgsten Kommandeusen im Haushaltskittel sind – keine der Frauen in diesem Buch behandelt ihren Partner wie einen dummen Buben. Die Meisterschaft im Nörgeln und Ehemann-Gängeln entwickeln Frauen aus Frustration darüber, dass sie draußen, in der richtigen Welt, so verdammt ohnmächtig sind. Frauen, die trotzig stolz behaupten, eine große »heimliche« Macht über ihren Gatten zu besitzen und deshalb gar keine andere Macht zu wollen, sind wie Zierfische, die sich ihr Aquarium als Ozean schönreden.

Wenn ich die weibliche »Selbstlosigkeit« nicht lobe, sondern sie eher für eine Neurose, für den »Alkestis-Komplex« halte, mache ich mich damit automatisch zu einer Hohepriesterin des Egoismus? Ich denke nicht. Das »egoistische Karriereweib« und die »aufopferungsvolle Mutter/Ehefrau« sind zwei Seiten derselben Münze. Ein stabiles, ausbalanciertes Selbst- und Weltverhältnis haben sie beide nicht. Und so ist es auch nicht weiter erstaunlich, dass es immer wieder Frauen gibt, die mit Mitte dreißig vom einen (dem Karriereweib) zum anderen (der Aufopfermutti) mutieren und einer interessierten Öffentlichkeit erklären, dass sie jetzt erst zu ihrer wahren Bestimmung gefunden hätten und alles vorher Irrtum war. Die Münze ist lediglich von der einen auf die andere Seite gekippt. Wollen wir unserer Gesellschaft – und uns selbst – etwas Gutes tun, sollten wir diese Münze in den Gully der Geschichte werfen. Und eine neue Münze prägen, die auf der einen Seite einen Menschen zeigt, der sich selbst liebt, ohne größenwahnsinnig zu sein. Und auf der andere Seiten einen Menschen, der sich tatsächlich um andere sorgt, der fähig ist *to care*, ohne damit die eigene Leere zu kaschieren, die das Wort »Selbstlosigkeit« ja bereits ausdrückt.

Die hysterisch geführten Debatten um Kinderschwund und Altersvorsorge zeigen nur, dass die Sorge eine reale ist, wie der Zusammenhalt in einer post-familiär strukturierten Gesellschaft aussehen kann. Eine Weile mag der Glaube an den Sozialstaat, der die Rolle der allzeit Gewehr bei Fuß stehenden Ehefrau, Mutter oder Tochter übernimmt, getragen haben. Jetzt jedoch zu fordern, die Frauen sollten wieder die »Spezialistentruppe für soziale Reparaturen« (Schirrmacher) werden, ist ungefähr so, als fordere man, wieder mit der Pferdekutsche zu fahren – weil man erkannt hat, dass der Autoverkehr zu Problemen führt. So wie die Autoindustrie forscht, um umweltverträglichere, unfallsicherere Autos zu bauen, müssen diejenigen, die sich mit der Funktionsweise und den Problemen einer Gesellschaft beschäftigen, darüber nachdenken, wie soziale Netzwerke im 21. Jahrhundert aussehen können.

Wie tief sich reaktionäre Denkmuster allerdings nicht nur in männliche, sondern auch in weibliche Hirne eingeprägt haben, zeigt der Müttergenesungsweckruf, den Eva Herman, die Nachrichtensprecherin, Talkshow-Moderatorin und dreifach geschiedene Mutter eines Sohnes, im Mai 2006 in dem sonst eher elitären Polit- und Kultur-Magazin *Cicero* veröffentlichen durfte: »Seit einigen Jahrzehnten verstoßen wir Frauen zunehmend gegen jene Gesetze, die das Überleben unserer menschlichen Spezies einst gesichert haben. Wir missachten sie, weil wir glauben, uns selbst verwirklichen zu müssen […] Welche Gnade sich in dieser schöpfungsgewollten Aufteilung (Mann = Jäger beziehungsweise Ernährer, Frau = Hausfrau und Mutter) findet, kann man heute nur noch selten beobachten. Wenn sie aber eingehalten wird, so hat das in aller Regel dauerhafte Harmonie und Frieden in den Familien zur Folge […] Es ist die Frau, die in der Wahrnehmung ihres Schöpfungsauftrages die Familie zusammenhalten kann.« Vielleicht genügt es, ein Bäuerchen zu machen, vergegenwärtigt man sich, dass diese Zeilen jener Frau aus der Feder geflossen sind, die dem darbenden Land ihre Rat spendende Ammenbrust bereits zuvor mit Werken wie *Vom Glück des Stillens* dargereicht hat. Nachdenklicher muss es einen stimmen, wenn auch die seriöse Publizistin Susanne Gaschke in ihrem Buch *Die Emanzipationsfalle – Erfolgreich, einsam, kinderlos* den Sündenbock für den Bevölkerungs- und angeblichen Sozialschwund bereits im Titel ausfindig macht. Die *Zeit*-Redakteurin, ebenfalls Mutter eines Kindes, bewohnt dasselbe Wolkenkuckucksheim wie die Gute-Nachrichten-Versprecherin, wenn sie schreibt: »Nach heutigem Erkenntnisstand sind Kinder auch, so brutal das klingt, eine Versicherung gegen die Einsamkeit des – überwiegend weiblichen – Alters.«

Sind die während des »Dritten Reichs« oder früher geborenen Witwen, die sich so herzzerreißend allein zum Supermarkt schleppen, deshalb einsam, weil die böse Emanzipation ihnen eingeflüstert hätte, sie sollten Karriere und keine Kinder machen? Oder sind sie einsam, obwohl sie zahlreiche Kinder haben, die – emanzipiert oder nicht – offensichtlich nur eine geringe Neigung verspüren, sich in Sachen Altenbetreuung zu engagieren? Einen äußerst verräterischen Fauxpas in diesem Zusammenhang beging der Großfamilienfreund Matthias Matussek, der sich unlängst im Editorial des *Spiegel* mit einem Orgelpfeifen-Foto aus seiner Kindheit präsentierte, auf dem er und seine vier Brüder zu sehen sind. In einer Talkshow des RBB rutschte ihm die Bemerkung heraus, dass seine Mutter im Altersheim lebe. Auf den Zwischenruf einer Zuschauerin: »Was macht Ihre Mutter denn im Altersheim, wenn sie fünf Söhne hat!«, wollte oder vermochte Herr Matussek nicht zu antworten.

Die Frage, wie das Leben der heute Alten aussieht, und wie sich unser Lebensabend in dreißig, vierzig Jahren gestalten wird, ist eine absolut ernsthafte. Sie lässt sich nicht seriös beantworten, solange Frauen eingeredet wird, die Emanzipation sei schuld an der grassierenden Einsamkeit, und Frauen müssten begreifen, dass sie nur eine Chance hätten: Möglichst viele Töchter in die Welt zu setzen, auf dass unter diesen wenigstens eine ist, die bereit ist, die Rolle der Altenpflegerin zu übernehmen. Wer dafür plädieren will, dass die Betreuung der Alten im traditionellen Familienverband stattfindet, muss an allererster Stelle dafür plädieren, dass Söhne sich im selben Maße verpflichtet fühlen wie Töchter.

Noch hilfreicher wäre es jedoch, die Familiengeigen wieder an die Wand zu hängen und nüchtern zuzugeben, dass es dort, wo »die Alten« in der Familie bleiben, auch wenn sie schwere Pflegefälle werden, rasch zu unwürdigsten Zuständen kommt. Die Polizeistatistiken belegen, dass misshandelte, unterversorgte Greise und Greisinnen ebenso oft in Familien- wie in Altersheimbetten liegen. Wer in Würde alt werden und sterben will, muss sich mit dem unangenehmen Thema auseinandersetzen und Entscheidungen, Vorkehrungen treffen, solange er noch im Vollbesitz seiner Handlungsfähigkeit ist. Die Frage nach dem eigenen Lebensende zu verdrängen und irgendwie auf den Sozialstaat oder die lieben Kinder zu hoffen, ist fahrlässig. Jeder bleibt für sein Leben verantwortlich – bis zum Schluss. Will er diesem Schluss einigermaßen komfortabel entgegengehen können, muss er zunächst einmal finanziell Vorsorge treffen. Fragen Sie eine x-beliebige Finanzberaterin: Sie wird Ihnen haarsträubende Geschichten erzählen, wie absolut ahnungslos die allermeisten vom Ehemann ernährten Frauen sind, was ihre finanzielle Absicherung im Alter angeht.

Mindestens ebenso wichtig ist es jedoch, sich rechtzeitig nach Lebensräumen, Institutionen umzuschauen, die einen in Würde alt sein lassen. Ich kenne Neunzigjährige, die nicht in den Alters-Elendskasernen vor sich hin vegetieren, in die sie gegen ihren Willen von den Kindern letztlich doch gesteckt werden. Sie leben in durchaus angenehmen Einrichtungen, die sie zum Teil selbst verwalten und in die sie sich bereits im Alter von fünfzig Jahren eingekauft haben. Wir machen uns gern lustig über die Amerikaner und ihre Seniorenstädte wie das in gleich zwei deutschen Dokumentarfilmen vorgeführte *Sun City*. Ich persönlich würde meinen Lebensabend lieber an einem geschützten, sonnigen Ort mit gleichgesinnten Gleichaltrigen verbringen, als mir im Berliner Winter von dreißigjährigen Schnepfen sagen zu lassen, ich könnte auch mal wieder zum Lifting gehen, und mir von halbstarken Lümmeln die Gehhilfe wegtreten zu lassen. Je mehr Leute sich nach solchen Orten umschauen, desto mehr wird es von ihnen geben – das ist eins der schönsten Gesetze des Kapitalismus. Und wem aus unserer WG-erprobten Generation das abgeschottete Seniorendorf zu spießig ist, der soll eben rechtzeitig damit beginnen, sich nach geeigneten Freunden umzuschauen, mit denen er im Prenzlauer Berg eine Alters-WG gründen kann.

Der große Verlierer beim Zerfall der klassischen Familie ist nicht »die« Gesellschaft, wie uns die neuen Familienfreunde weismachen wollen. Es sind auch nicht die armen Einzelkinder, die keine drei Geschwister mehr haben. Am allerwenigsten sind es die »einsamen Emanzen«. Die Verlierer sind alle diejenigen, die bislang die »natürliche Fürsorglichkeit des Weibes« ausgenutzt haben.

Emanzipierte Frauen und Männer aller Länder, vereinigt euch!

Alle Texte und Gespräche in diesem Buch haben gezeigt: Der F-Klassenfeind weltweit sind nicht *die* Männer. Es sind die dummen Männer, wie Marie von Ebner-Eschenbach bereits vor hundertfünfzig Jahren erkannte. Wobei der deutsche Feuilletonpascha, der lateinamerikanische Macho, der muslimische Frauensteiniger und der indische Witwenverbrenner nur unterschiedlich abstoßende Erscheinungsformen derselben Fratze sind. Und leider kann ich der derzeitigen deutschen geistig-politischen »Männer-Elite« die Frage nicht ersparen, warum ausgerechnet sie sich als *Backlasher* hervortun muss.

Das muslimisch-erzreaktionäre Marokko wird seit 1999 mit König Mohammed VI. von einem Mann regiert, der sich trotz Hasskampagnen der Bärtigen immerhin traute, den Harem seines Vaters aufzulösen und ein liberaleres Familienrecht einzuführen, wonach die kulturübliche Polygamie erschwert, das Heiratsalter auf 18 Jahre erhöht wird, und Frauen zum ersten Mal in der Geschichte des Landes Scheidungen einreichen können.

Das Geburtsland des Machismo, Spanien, hat mit seinem Ministerpräsidenten José Luis Rodríguez Zapatero einen Mann an der Spitze, der nach seinem Wahlsieg im März 2004 die schönen Worte sagte: »Wenn wir ein erneuertes demokratisches System schaffen wollen, das auf der Höhe der Demokratien des 21. Jahrhunderts ist, müssen die Frauen dieselben aktiven Rollen haben wie die Männer.« Seinen schönen Worten ließ der Spanier schöne Taten folgen, indem er María Teresa Fernández nur zwei Tage nach Amtsantritt zu seiner Stellvertreterin ernannte und sieben der 14 Kabinettsstühle weiblich besetzte. Klar werden die deutschen Politiker jetzt einwerfen: »Was ist denn daran, bitte, so toll? Wir haben schließlich eine Frau zur Kanzlerin gemacht!« Wie gern sie das getan haben, habe ich in der Einleitung des Buches beschrieben. (Lobend erwähnt sei an dieser Stelle unser Bundestagspräsident Norbert Lammert, der sich am 22. November 2005 aufrichtig zu freuen schien, die Wahl der ersten deutschen Bundeskanzlerin verkünden zu dürfen.)

Bemerkenswert an den spanischen Vorgängen ist, dass sie in einem Land geschehen, dass nicht bis 1945, sondern bis 1975 eine faschistische Diktatur war – in der Frauen ohne Zustimmung ihres Mannes keinen Pass beantragen durften; in der Ehemänner das Recht hatten, sich den Lohn ihrer arbeitenden Ehefrau aufs eigene Konto überweisen zu lassen; in der »Ehebruch« ein Delikt war, für das Frauen ins Gefängnis wanderten, wohingegen der männliche Seitensprung keinen Straftatbestand, sondern die von Don Juan inspirierte Alltagskultur darstellte. Die Gleichberechtigung von Mann und Frau wurde bei uns – vor allem dank der unbeugsamen Elisabeth Selbert, einer der vier Mütter des Grundgesetzes – 1949 in der Verfassung verankert, in Spanien geschah dies 1981.

Voll Hochachtung – und vielleicht auch mit ein bisschen Neid – muss man anerkennen, mit welcher Geschwindigkeit sich die Spanier und Spanierinnen in den letzten dreißig Jahren emanzipiert haben. In ihrem Buch *So geht's, Deutschland!* hat die Wirtschaftsjournalistin Ulrike Fokken errechnet, dass die Bundesrepublik Deutschland, wenn sie ihr bisheriges Emanzipationstempo beibehält, noch zweihundert bis dreihundert Jahre brauchen wird, um eine »Demokratie des 21. Jahrhunderts« im Zapateroschen Sinne zu werden.

Allerdings wäre es naiv und unfair zu behaupten, dass an dieser Misere einzig und allein die deutschen Männer Schuld sind. Es gibt einen zweiten mächtigen F-Klassenfeind: Die dumme Frau.

Möglicherweise kann man die Frauen in anderen Ländern und Kulturen nicht ganz so harsch verurteilen, die etwa in China gezielt weibliche Föten abtreiben; die in Afrika ihre Töchter festhalten, wenn diesen die Klitoris und/oder die Scheide verstümmelt werden; die in der muslimischen Hinterwelt glauben, »das Beste« zu tun, wenn sie ihre Jungs zu Tyrannen und ihre Töchter zu Sklavinnen erziehen – allzu oft haben sie kaum eine Chance, es besser zu wissen. Für die Frau jedoch, die sich hier bei uns, ohne Not, dem Patriarchat unterwirft und damit seine Gesetze festigt, fehlt mir jegliches Verständnis. Jede Akademikerin, die sich von ihrem Ehemann aushalten lässt, weil ihr die Kämpfe da draußen irgendwie »zu anstrengend« sind, verhöhnt mit ihrem Verhalten die mutigen Frauen, die in anderen Teilen der Welt unter Lebensgefahr darum kämpfen, sich aus dem Burka-Tschador-Patriarchat zu befreien.

Jeder soll nach seiner Façon selig werden. Das ist wahr. Wahr ist aber auch, dass jeder mit seinem Verhalten die gesamtgesellschaftliche Wirklichkeit prägt. In diesem Sinne wird die Devise des Alten Fritz durch den alten feministischen Spruch relativiert: Das Private ist das Öffentliche.

Die Werte der Aufklärung sind und waren: Freiheit, Gleichheit, Brüderlichkeit. Nicht Feigheit, Gleichgültigkeit, Bequemlichkeit. Dass die Aufklärung selbst ihre Werte immer wieder pervertiert hat, ist mittlerweile nicht nur denen bekannt, die Adorno und Horkheimer gelesen haben. Doch sollte uns die *Dialektik der Aufklärung* nicht dazu verleiten, dass wir ihre Ideale mit dem Holocaust auskippen. Bislang hat die Menschheit keine besseren gefunden.

Die anti-autoritäre »Erziehungs«-Regel »nichts verbieten«, das sozialpädagogische Verständnis für alles und jedermann und multikulturelles *Laissez-Faire* sind keine moralischen Haltungen. Sie sind der Krückstock, mit dessen Hilfe derjenige aufrecht zu gehen glaubt, der kein moralisches Rückgrat mehr hat. Wer sich als verantwortliches Individuum begreift und seiner eigenen Freiheit selbst Grenzen setzt, wird sich auch wieder trauen, anderen Grenzen zu setzen.

Unser Staat und unsere Gesellschaft müssen Immigranten klarmachen, was sie von ihnen verlangen – nicht dass sie Eisbein essen, Udo Jürgens hören und Lodenmäntel tragen, sondern dass sie unser Grundgesetz, und damit auch die Gleichberechtigung von Mann und Frau, respektieren.

Eltern müssen ihren Kindern klarmachen, was sie von ihnen verlangen – nicht dass sie bei Tisch artig schweigen, ihre Hemdchen nicht schmutzig machen und brav knicksen, sondern dass ihrem eigenen Welteroberungsdrang dadurch Grenzen gesetzt sind, dass es noch andere Menschen gibt, die diese Welt bewohnen möchten.

Und auch die Geschlechter müssen sich wechselseitig klare Zeichen geben, was sie voneinander erwarten. Bridget Jones, die sich nicht entscheiden kann, ob sie lieber den netten Langweiler Mark Darcy oder den coolen Hund Daniel Cleaver haben will, sollte nicht der heiteren Identifikation dienen. Sondern der Abschreckung. Die Männerwelt hat ausnahmsweise mein uneingeschränktes Verständnis, wenn sie nicht begreifen kann, welcher Teufel solche Frauen reitet, und deshalb, wie der Journalist Hannes Stein, vermutet, die Frauen müssten an einem »Darcy-Cleaver-Syndrom« leiden: »Der perfekte Mann sei, bitte schön, immerfort beides: Gut und böse, Däne und Italiener, Gentleman und Tamerlan. Und wehe dem Mann, der beim Flirten durchblicken lässt, dass er der Dame seines Herzens jederzeit heißen Kakao ans Bett bringen würde (was für ein Weichei). Wehe aber auch dem Mann, der durchblicken ließe, dass er dazu *nicht* bereit wäre (was für ein gemeiner Kerl).«

Bitte, liebe Geschlechtsgenossinnen, redet euch nicht damit heraus, die Soziobiologen hätten euch erklärt, eure ganze Verwirrung käme einzig und allein daher, dass eure Gene an den fruchtbaren Tagen den Zuchtstier und an den sonstigen den Stallochsen wollen. Auch Frauen sind nicht wirklich attraktiv, solange sie noch mit einem Arm am Baum hängen.

Den Männern ist allerdings vorzuhalten, dass auch sie an einer entsprechenden Krankheit leiden: Dem »Doris-Day-Sharon-Stone-Syndrom«. So wie die Frau nicht Rambo und Softi in einem haben kann, können auch die Herren der Schöpfung nicht Heimchen und Vamp gleichzeitig bekommen. Aus der Tatsache, dass die Männer dieses Syndrom besser in ihren Alltag integriert kriegen – indem sie ihr Hirn nicht hauptsächlich damit auslasten, zu überlegen, für welche der beiden sie sich nun entscheiden sollen, sondern im Regelfall beim Eheweib bleiben und die Geliebte nebenher laufen lassen – aus dieser männlichen Begabung können Frauen zwei Schlüsse ziehen: Sie müssen in der Frage »Ehebruch« gleichfalls skrupelloser werden. Oder sie sollten sich als »Ehefrauen« beziehungsweise »Geliebte« weigern, das Spiel länger mitzuspielen. Am allersinnvollsten wäre es aber, der abgehalfterten Hü-Hott-Mähre den Gnadenschuss zu geben und sich auf die Suche nach emanzipierten, vernünftigen Männern zu machen, die Stärke nicht mit Machotum und Sensibilität nicht mit Waschlappigkeit verwechseln. Ebenso möchte ich die Herren animieren, weniger nach Frauen mit langen blonden Beinen oder Muttis Ausschau zu halten, sondern Frauen zu bevorzugen, die ihnen loyale Verbündete und ebenbürtige Partnerinnen sein können.

Vielleicht wird der Mann als Samenspender eines gentechnischen Tages tatsächlich nicht mehr gebraucht. Oder die Frau als

Gebärende. Und was dann? Dann kommt im Geschlechterkampf das Armageddon, in dem die Frauen die Männer oder die Männer die Frauen ausrotten?

Solche Gedankenspiele zeigen nur eins: Auf welchen Holzweg uns die vulgäre neo-darwinistische Sichtweise der Welt führt. In Zeiten, in denen religiöse Fundamentalisten die dritte Morgenluft schnuppern und versuchen, das Fortschrittlich-Humane mit dem Koran, der Bibel oder der Thora totzuschlagen, ist es verheerend, wenn die Säkularen *Die Entstehung der Arten* zu ihrer heiligen Schrift machen. Was die Welt braucht und immer brauchen wird, sind starke Persönlichkeiten, Individuen, die einen unverwechselbaren eigenen Charakter ausgebildet haben. Und erst in zweiter Linie Männer oder Frauen sind. Hören wir endlich auf, historisch und kulturell gewachsene Geschlechterdummheiten für gott- oder naturgegeben zu halten. Dann hat auch dieses Land eine Chance, noch vor dem Jahr 2250 im 21. Jahrhundert anzukommen.

F-Klassenbücher
(Auswahl)

Ateş, Seyran: *Große Reise ins Feuer. Die Geschichte einer deutschen Türkin*, Berlin 2003

Bohle, Vera: *Mein Leben als Minenräumerin*, Frankfurt am Main 2004

Dorn, Thea: *Berliner Aufklärung*, Hamburg 1994

Dorn, Thea: *Bombsong*, in: *Frankfurter Positionen 2001*, Frankfurt am Main 2002, oder als CD mit Musik von Ulrike Haage, 2003

Dorn, Thea: *Die Brut*, München 2004

Glaubitz, Uta: *Der Job, der zu mir passt. Das eigene Berufsziel entdecken und erreichen*, Frankfurt am Main 1999 (Neuausgabe 2003)

Glaubitz, Uta: *Generation Praktikum. Mit den richtigen Einstiegsjobs zum Traumberuf*, München 2006

Illner, Maybrit (Hg.): *Frauen an der Macht. 21 einflussreiche Frauen berichten aus der Wirklichkeit*, Kreuzlingen/München 2005

Kullmann, Katja: *Generation Ally. Warum es heute so schwierig ist eine Frau zu sein*, Frankfurt am Main 2002

Kullmann, Katja: *Fortschreitende Herzschmerzen bei milden 18 Grad*, Köln 2004

Papert, Ines (zusammen mit Karin Steinbach): *Im Eis. Wie ich auf steilen Routen meinen Weg fand*, München 2006

Saimeh, Nahlah (Hg.): *Was wirkt? Prävention – Behandlung – Rehabilitation*, Bonn 2006

Wiener, Sarah: *Kochen mit Sarah Wiener*, Berlin 2004

Wiener, Sarah: *Sarah Wieners mediterrane Küche*, Berlin 2006

Bücher für F-Klassen und solche, die es werden wollen

(sehr kleine, sehr subjektive Auswahl der Autorin)

Beauvoir, Simone de: *Das andere Geschlecht. Sitte und Sexus der Frau*, Hamburg 1951

Bierach, Barbara: *Das dämliche Geschlecht. Warum es kaum Frauen im Management gibt*, Weinheim 2002

Faludi, Susan: *Backlash. Die Männer schlagen zurück*, Reinbek bei Hamburg 1995

Franks, Suzanne: *Das Märchen von der Gleichheit. Frauen, Männer und die Zukunft der Arbeit*, Stuttgart 1999

Glucksmann, André: *Hass. Die Rückkehr einer elementaren Gewalt*, München/Wien 2005

Hirsi Ali, Ayaan: *Ich klage an. Plädoyer für die Befreiung der muslimischen Frauen*, München 2005

Karsch, Margret: *Feminismus für Eilige*, Berlin 2004

Mill, John Stuart, Harriet Taylor Mill und Helen Taylor: *Die Hörigkeit der Frau. Texte zur Frauenemanzipation*, Frankfurt am Main 1976

Posche, Ulrike: *Weibliche Übernahme. Wie Frauen in Deutschland sich die Macht nehmen*, Frankfurt am Main 2004

Rose, Ingo und Barbara Sichtermann: *Männer am Rande des Nervenzusammenbruchs,* Berlin 2006

Sichtermann, Barbara und Andrea Kaiser: *Frauen sehen besser aus. Frauen und Fernsehen*, München 2005

Vinken, Barbara: *Die deutsche Mutter. Der lange Schatten eines Mythos*, München 2001

Weingart, Susanne und Marianne Wellershoff: *Die widerspenstigen Töchter. Für eine neue Frauenbewegung*, Köln 1999

Wolf, Naomi: *Die Stärke der Frauen. Gegen den falsch verstandenen Feminismus*, München 1993

Woolf, Virginia: *Ein eigenes Zimmer*, Frankfurt am Main 2001

PIPER

Ayaan Hirsi Ali
Mein Leben, meine Freiheit

Die Autobiographie. Aus dem Englischen von Anne Emmert
und Heike Schlatterer. 496 Seiten mit 8 Seiten Farbbildteil.
Gebunden

Sie ist Abgeordnete, Bestsellerautorin, »Europäerin des Jahres
2006«, wurde zu einer der wichtigsten Frauen der Welt gewählt – aber vor allem ist Ayaan Hirsi Ali eine Frau, die für die
Rechte der muslimischen Frauen, für die westlichen Werte
und für die Freiheit kämpft. Das hat seinen Preis: Jeden Tag
muß sie damit rechnen, daß islamische Fanatiker sie töten
wollen, nie kann sie einen Schritt ohne Bewachung tun. Jetzt
erzählt sie, wie aus einem Flüchtling aus Afrika eine »poli-
tisch-intellektuelle Kämpferin mit den Looks eines Pariser
Models und der Schärfe einer Anklägerin vor dem Haager
Strafgerichtshof« (Werner A. Perger, Die Zeit) wurde. Streng
muslimisch erzogen, beginnt sie früh aufzubegehren: dagegen, daß es ihr einziges Lebensziel sein soll, Söhne zu gebären,
daß sie jeden Abend für den Tod aller Juden beten muß, gegen die Zwangsheirat.

01/1590/01/R

BON/TISS KS. 4 27/10/2000 16:11:22
ANZ ARTIKEL   Betrag
  1 Cafe Lat.Lar.T   2.70

Inen Total (incl MWSt)   2.70
EUR   3.00
Rueckgeld   0.30

              SATZ   BRUTTO   MWST
INCl. MWSt: 16.00%   2.70   0.37
Wir freuen uns auf
Ihren naechsten Besuch!
Str.Nr.: 129525432

MALIK

Susanne Fischer

Meine Frauen-WG im Irak

Die Villa am Rande des Wahnsinns. 256 Seiten mit 16 Seiten
Farbbildteil. Gebunden

Gemeinschaftsküche, drei Shampoos im Bad, ein Fernseher für
alle. Eine ganz normale WG in Hamburg oder Berlin,
könnte man meinen stünden nicht die Wächter vor dem Haus,
Männer in Pluderhosen mit Schnellfeuergewehren. Und wären da nicht die Muezzins, die fünfmal täglich zum Gebet rufen.
Susanne Fischer und ihre WG-Partnerinnen wohnen im
Nordirak, im kurdischen Sulimania. Aus den verschiedensten
Ländern sind sie gekommen, um irakische Journalisten aus-
zubilden, sie Meinungsfreiheit und unabhängiges Berichten zu
lehren. Zu Hause hatten sie eigene Wohnungen, Freunde,
Ehemänner. All das haben sie zurückgelassen für ein Leben auf
Zeit mit Fremden. Lichtjahre entfernt von der westlich-mo-
dernen Welt Frankfurts oder New Yorks werden die Frauen, die
daheim vielleicht nie Freundinnen geworden wären, zur ver-
schworenen Gemeinschaft. Denn die Welt vor ihrer Tür ist viel
fremder, als sie es sich je sein könnten.

02/1069/01/R